本书得到国家社会科学基金重大项目子课题"'十二五'时期我国发展的创新驱动战略研究"（11&ZD004）和教育部人文社会科学重点研究基地 2006 年度重大项目"入世后外资企业在中国对外贸易中的地位变迁及其影响和对策"（06JJD790004）资助

"中国制造"的
发展路径与战略选择

范黎波 著

中国社会科学出版社

图书在版编目（CIP）数据

"中国制造"的发展路径与战略选择/范黎波著．
—北京：中国社会科学出版社，2012.1
ISBN 978 - 7 - 5161 - 0483 - 5

Ⅰ.①中…　Ⅱ.①范…　Ⅲ.①企业管理—技术革新—
研究　Ⅳ.①F279.23

中国版本图书馆 CIP 数据核字（2012）第 005816 号

策划编辑　卢小生（E - mail：georgelu@ vip. sina. com）
责任编辑　卢小生
责任校对　石春梅
封面设计　杨　蕾
技术编辑　李　建

出版发行	中国社会科学出版社　　出版人　赵剑英
社　　址	北京鼓楼西大街甲 158 号　　邮　编　100720
电　　话	010 - 64073835（编辑）　64058741（宣传）　64070619（网站）
	010 - 64030272（批发）　64046282（团购）　84029450（零售）
网　　址	http：//www. csspw. cn（中文域名：中国社科网）
经　　销	新华书店
印　　刷	北京市大兴区新魏印刷厂　　装　订　廊坊市广阳区广增装订厂
版　　次	2012 年 1 月第 1 版　　印　次　2012 年 1 月第 1 次印刷
开　　本	787 × 1092　1/16　　插　页　2
印　　张	20　　印　数　1—6000 册
字　　数	452 千字
定　　价	48.00 元

量和比较各国的技术成就时，应选用能反映整体水平和创新能力的复合指标，
联合国开发署（UNDP）的指标体系，并参照世界银行的国别分类方法，采集
国家和地区的数据，计算了 1985—2005 年各国的技术成就指数，对比其差距和
势，中国的情况基本如下：从整体来看，这期间技术成就水平明显提高，但在国际
属中等偏下水平。从"新、旧技术扩散"两个维度来看，表现尚佳，但与发达国家
比，仍居下风；"技术创造"这一维度则说明中国明显处于劣势；"人力技能"维度
明进展有限，投入仍感不足。

其次，从专利申请来看，根据 2002—2007 年《专利合作条约》（PCT）的专利申请
数据分析，中国申请数的年均增长率高达 40.33%，在发展中国家和新兴经济体中遥遥
领先，也高出日本很多。2007 年，中国申请数仅次于美国、日本、德国、韩国、英国
和法国而居世界第 7 位，而最近的数据显示，中国已超越美国而成为全球申请专利最多
的国家。申请结构方面则高新技术占了一半，以个别产业和申请人而论，电信业中的华
为、中兴已进入世界前列，几乎可以与西方跨国公司并驾齐驱。上述趋势和结构说明，
近年来中国的研究开发投入和创新能力都有长足的进步，但从密度看，差距依旧很大。
2006 年每 10 亿美元 GDP 中的专利申请数，韩国为 122 项，日本为 87 项，而我国仅为
24 项；2006 年，每 100 万人口中的专利申请数，日本、韩国各为 2721 项和 2592 项，
美国、德国分别为 742 项和 522 项，而我国仅为 93 项，可谓望尘莫及。中国货物出口
额已冠全球，但对欧盟每 1 亿美元出口中自主知识产权的专利数只有 0.5 项，而欧盟对
华出口的相应数字则为 22 项，足见差距之大。可见，中国在科技领域虽已取得了可喜
的进步，但整体而言尚难与西方大国相抗衡，这正是在西方跨国公司主导的全球制造业
价值链治理模式中中国仍屈居低端的主要原因。

最后，从外商直接投资的技术溢出效应看，改革开放以来，中国吸引外资的规模之
大、增长之速，举世瞩目，通常认为外资的溢出效应对提升我国技术水平具有促进作
用，唯其具体评价则学术界说法不一。本书根据科技是经济增长的内生变量这一理论观
点，进行了实证检验，结果发现，情况并不像预期的那样理想。垂直溢出主要对上游产
业有正向效应，但大多局限在出口导向型产业，加工贸易比重大的产业较为明显。至于
水平溢出的正向效应在检验中不仅缺乏支持，甚至相反而存在挤出效应，即外资挟其知
识产权和营销网络的优势，对同行业内资企业的技术升级有抑制作用。此外，自 1992
年起推行的"以市场换技术"的办法，其效果也不如预期，这一方面是因为中国企业
往往侧重外延式的规模扩大，而忽视集约式的内生增长，以致在与外方的合作过程中，
互补性的资源投入不足，弱化了自己吸收新知识、消化新技术的能力。另一方面，外方
首先考虑的是利用我国廉价的劳动力，在华研究开发的大多是适应当地市场的改良性技
术，其独创性和先进性不足。

在宏观层面，本书从以上三个不同角度揭示了中国的技术缺口和差距，进而又通过
中观层面的分析来相印证，即以机电产业为例进行剖析：由于机电产业是制造业的核心
和基础，而且近年来机电产品在中国出口中比重最大，故其结论具有代表性。本书据此
认为，必须对"代工"模式进行理性的反思。然而这并不意味着否定加工贸易的重要

中国制造业"升级换代"的途径和方法探索

代 序

从国内生产总值看,中国已是世界第二大经济休,从贸易额看,前几年中国的出口额虽稍逊于德国,而今也已跃居首位,享有"世界工厂"之誉。但在全球制造业的价值链中,中国却始终处于低附加值的位置,用形象化的"微笑曲线"便能凸显这一状况:中国承担的组装、加工环节处于曲线的中段,这是谷底;而研究开发、设计和营销、品牌等环节分据曲线左右上升的两段,这是峰巅,它们切去了蛋糕的大部分。这表明拥有科技优势的西方跨国公司在全球价值链的构成和分配中仍然占据主导地位,而中国制造业总体规模虽大,但国际竞争力不强,被嵌入在全球价值链的低谷。故抢占制高点,实现制造业的"升级换代"成为举国上下共同关心的热点,这也是贯彻"结构调整、经济转型"方针的一项战略任务。2011 年政府工作报告指出:要"改造提升制造业","加大企业的技术改造力度"。"十二五规划纲要"指出:要"转型升级,提高产业核心竞争力";其中第九章指出,要"加快应用新技术……提高产品技术含量和附加值"。由此可见,中国制造业"升级换代"的关键在于科技进步和自主创新,这是持续增强国际竞争力进而在全球价值链治理模式中掌握主动的根本途径。

本书正是以上述关键为切入点展开论证和探讨的,全书分为宏观、中观和微观三篇,从国家、产业和企业三个层面进行分析,虽然三者层次不同,但都贯穿了同一条主线,即中国制造业存在的技术缺口和差距以及如何解决的途径和方法,故书中有关文献回顾、理论阐释、实证检验、政策建议、典型案例等内容莫不围绕着这条主线逐步展开。从全书的框架和内容可以看出,研究结果最终落实到企业,即中国企业在技术上如何追赶并超越西方领先企业。

既然以科技进步和自主创新为切入点,故本书就从国家层面讨论所谓"技术缺口"问题。20 世纪 60 年代,钱纳里[①]等人提出发展中国家经济增长的障碍在于"双缺口",即储蓄不足和外汇短绌。我国的储蓄率一直很高,外汇储备今已冠于全球,而一系列重要产业的核心技术仍存在瓶颈,故"技术缺口"成了中国经济持续增长面临的严峻挑战。改革开放以来,通过自主研究开发、购买引进、外资利用等渠道,中国制造业的技术水平迅速提高,这是有目共睹的事实,为什么说仍存在缺口和瓶颈,而且还是严峻的挑战?本书有关章节从不同的角度作出了回答,概括起来大致如下:

首先,从技术成就指数及其四个维度来看,影响各国技术水平的因素很多,故在衡

---

① H. B. Chenery et al. , Foreign Assistance and Economic Development, AER, 1966, 56 (4).

作用，下面的代工演进途径仍有可取之处：OAM（代工组装）—OEM（代工制造）—ODM（代工中承担一部分设计）—OBM（在代工产品中逐步推出自己的品牌）。但在新的形势下，一方面土地和劳动力供应日趋紧张，另一方面中国已有一定的技术基础和可用的基础设施，故更应强调追赶超越和自主创新战略，这才是"升级换代"的主要途径和后发企业的追赶战略，以便改善并扭转在全球价值链中的不利地位，其中特别突出"组织学习"的三个互补过程。就思想渊源而言，这些术语和概念出自西方的企业理论，但本书不仅予以综合、筛选和评析，而且"去粗取精、去伪存真"，借鉴以 LLL 范式为依据的追赶战略，结合时代和环境的变化，进行了富有创意的发展而自成一家之言，在学术研究中，其理论深度和实用价值都有新的进展。

LLL 范式作为一个理论框架，最早由澳大利亚麦考瑞大学（Macquarie University）教授马休斯（J. A. Mathews）在 1998 年美国圣地亚哥的学术会议上提出，后经修订充实，并据此拟订发展中国家后发企业在技术上追赶发达国家领先企业的战略即《后发企业的竞争优势：从资源基础观角度对工业追赶战略的诠释》（*Competitive Advantages of the Latecomer Firms：A Resource – Based Account of Industrial Catch – Up Strategies*），载 2002 年《亚太管理杂志》（*Asia – Pacific Journal of Management*）。但本书构筑的范式体系，其内涵与马休斯的不同，在理论深度和实用价值上都有新的超越，试作比较如下：

从理论深度看，新古典主义的企业理论注重研究政府、市场和企业三者的关系，而对企业作为配置、运用资源的一种有效的组织形式及其演变的内在规律性，则缺乏理论上的深入拓展。依据资源基础观的企业理论，将技术追赶从国家层面落实到企业层面，阐明"组织学习"是提升企业竞争地位的途径，并与追赶战略结合起来研究，这是马休斯的贡献。但是，他的体系及其依据的资源基础观未能充分反映知识经济时代的特征，在知识经济时代，知识和技术是保持竞争优势的源泉，是构成企业核心竞争力的要素。20 世纪 90 年代，美国国会报告《美国的技术》强调："创造新知识的速度以及利用新知识的能力将决定美国的竞争地位。"故企业的战略任务就是"Coordination, Identification, Learning"，即协调、鉴别、学习新知识和新技术。资源基础观将企业视为行政协调下的一束资源（A bundle of resources under administrative coordination），在资源中虽也列入了知识、品牌、营销系统等无形资产（intangible assets），但知识仍未占中心位置，也未凸显"组织学习"的作用。马休斯虽跨前了一步，即强调了知识和"组织学习"对企业提升技术能力的重要性，并概括为 LLL 范式，即 Linkage – Leverage – Learning（关联—杠杆—学习），但只偏重于知识的获取和利用，未能深入剖析企业如何通过知识的积累转化为新的知识，并提升自主创新能力的内在机理。从吸收、模仿到创新是一个质的飞跃，对技术的追赶和超越具有重要意义，但这个十分复杂的过程在马休斯的体系中却成了"暗箱操作"，难以清晰地展示出来。本书依据知识基础观，不仅突出了知识和学习对企业技术追赶的关键作用，而且运用博弈方法研究了探索性、转化性和开发性三个学习过程的内在关联性和互补性，阐明了"组织学习"对提升技术和创新能力的作用机制，并进行大量的实证检验，以提供支持。掌握了客观规律性，具体制定和实施追赶战略也就有了科学基础，使本书的范式体系更具实践意义。

从实用价值看，马休斯的论文发表于 21 世纪初，但其观点和范式是在 20 世纪 90 年代形成的，主要反映了亚洲"四小龙"的实践情况，这些国家和地区资源有限，除韩国有一定的工业基础外，新加坡以及中国香港和台湾地区都没有较为完整的工业体系，而且国内市场狭小，故马休斯的理论概括及其适用范围都有一定的局限性。本书的研究密切联系中国实际，结合中国在新的历史时期提出的自主创新的战略任务和政策导向，故有很强的针对性和适用性，对其他较大的发展中经济体也会有一定的参考价值。

综观全书，理论分析与实证检验结合得较好，丰富的内容和科学的方法使全书成为一项严谨的研究成果，故希望能引起学术界的关注，从而有助于推进对中国制造业"升级换代"问题更加深入的探讨。

我与本书作者在对外经济贸易大学共事多年，时相切磋，获益良多，本书杀青之日，我有幸成为最早的一个读者，特写下读后的一点理解和体会，愿与各位读者交流，不妥之处，请予指正。

王林生
2011 年 12 月于对外经济贸易大学

前言："中国制造"的发展路径与战略选择

伴随着中国开放经济发展，"中国制造"已经取得了不俗业绩，现在又来到一个新拐点。我们需要集体反思，需要究其根本，需要重新定义，目标就是要让"中国制造"的优势最大化。

"中国制造"的优势源泉在哪里？首先是直面全球竞争对手确认我们的"某些优势"和强项，然后就是标杆学习和专注投入。中国企业机遇太多，如果企业赚了钱，5年后可能又进入了一个新的行业，有的在土地升值后变成地产开发商了，久而久之，实业和主业荒废了。也许正是因为这样，中国企业在管理上更多地借鉴了美国的管理理论和经验，偏重操作层面。其实，企业经营并不像金融游戏那么简单，需要沉下心来学习，进入一个领域就需要专注地投入，并在该领域做出卓越成就。从国外跨国公司的发展历程来看，由专业化到全球化这个过程通常需要20年。

很多中国企业在发展过程中经历过多元化和专业化的艰难抉择，业务领域渐成多元化扩张。同时，与业务扩张相配合，在市场拓展上也表现出用户多元化和区域多元化。当然，我们不能将这一过程简单地理解为单一的多元化或者专业化。日本爱普生公司是从手表制造业起家的，慢慢地发展成集手表、半导体、液晶、投影机、打印机为一体的IT产品公司，实现了产品多元化、用户多元化和市场多元化。评价多元和专业的关键要素是在这个过程中是否形成和建立了技术平台与核心专长。例如2009年之前，液晶显示、喷墨打印和投影等，沿着自己的技术路径和专长，各自为政，更多的企业是在扩大自己领域的业务。其实，许多企业拥有非常多的技术，在宽松的氛围下，每个人、每个部门都可以自由发挥。但是，现在不同了，这些技术正在整合成为一个技术平台或核心专长。

其次，一定要倾听用户的声音，深知用户到底需要什么，要"究其根本"，持续改进，努力达到极致目标，这就是具有普适性的管理原则——结果（客户）导向。企业要根据用户需求，创造满足或者超越原始需求的产品和服务。比如，在中国的喷墨打印机商用市场，就要特别注意两点：一是产品构造一定要简单；二是客户尤其关注打印成本。结果导向管理落实到企业内部管理流程就是我们经常谈到的PDCA（P是Plan，D是Do，C是Check，A是Action）。

最后，"中国制造"迫切需要"主体性"思考，不仅要提高对自己经济身份和文化身份的认知，而且还要有工业精神和人文精神的追求，只有这样，才能引领时代进步。

我个人比较认同不要受到思潮和精英的左右，做有信仰和有精神追求的企业。招商银行就很坚持自己的观点，它可能是唯一一个没有外资股份的大型商业银行。它在给定的战略逻辑下，围绕客户需求，持续开发中间产品和终端市场，始终处于"领跑者"的行业地位。现在有一种倾向，极端保守者和激进改革分子都认为，与西方相比，中国处于一个事事不如人的可悲境地。其实这种情绪是很可怕的。

在工业精神方面，日本公司的经验可资借鉴。日本有很多优秀的制造企业，在技术上追求极致——最小、最美、最精，比如尺寸、美观度和精度。也有像本田公司那样的非"技术唯一主义者"，注重技术、设计、客户体验和人文关怀。

在全球经济舞台上，一些中国企业表现出来的只顾经济利益、不顾长远发展的态度已经引起争议。我们需要虚心学习欧洲公司，它们既具有竞争力，又有人文精神，而人文精神是保证企业良好而规范的商业行为的重要基石。中国企业家必须注意学习，把人文与管理深深地结合起来。

"中国制造"在许多方面已经进入西方经济学和管理学的未知领域。雨中背稻草会越来越重。"中国制造"要走的路很长，要攀爬的坡很陡，还会有许多人对中国企业的所作所为并不认可。"中国制造"需要的就是韧性和执著，正如意大利谚语所说：罗马不是一天建成的。

在本书终稿之际，我要特别感谢王林生教授，在我怀着忐忑不安的心情邀他为本书作序时，王教授欣然应允，并常常与我就研究中的重点和难点问题探讨交流，使我有了更多的学习机会。我还要感谢给予过本书帮助和支持的良师益友，感谢他们为本书立意、构思、写作和最终出版所贡献的睿智、新知和精力。郑建明教授、李自杰教授、宋志红副教授、张军生博士、吴勇志博士、江琳女士等都直接参与了本书部分章节的研究设计和数据挖掘工作；在读博士研究生王肃同学、马聪聪同学、张岚同学等都是我学术工作的得力助手。

范黎波

2011 年 11 月 15 日于北京

目　录

宏　观　篇

中　观　篇

微　观　篇

第一章　引言

第一节　问题提出——思想实验

我们的研究从纯粹的思想实验开始。实验目标和方法是基于萨缪尔森（P. Samuelson，2004）发表的论文 "*Where Ricardo and Mill Rebut and Confirm Arguments of Mainstream Economists Supporting Globalization*" 设计的。实验内容是理解"中美竞争力的变迁和中国企业在这个变迁过程中实现竞争力升级的路径"，同时理解中国制造和中国跨国公司的成长路径和行为方式。这个实验是从宏观层面入手的，基本上能够折射微观层面企业的战略与行为。

在开放经济条件下，贸易与投资产生的短期和长期收益是什么？随着贸易自由化、跨境资本流动的便利化和市场有序的递级开放，一个国家的产业和企业可以获得"静态惠益"与"动态惠益"。静态惠益是基于现有生产能力可迅速实现的收益；动态惠益是与更大的全球市场相连接，产业和企业通过积极参与国际竞争，资源配置能力和竞争优势显著提高，技术与制度创新能力显著增强。进一步说，一个国家获得静态惠益和动态惠益的基础是什么？静态惠益和动态惠益是否具有稳定性？是内生的还是外生的？

可以考虑这样两种可能的情形：一种情形是经济体在具备比较优势的领域大幅度地提高了生产率；另一种情形是经济体在原本不具备比较优势的领域显著地（或大幅度地）提升了生产率。这样两种生产率进步的情形有什么本质的不同呢？

以"衬衫换飞机"作为实例。首先，考虑第一种生产率进步的情形，造衬衫是中国的比较优势，当中国造衬衫的生产率大幅度提升（萨文假定"提高到原来的4倍"）之后，中国继续以衬衫换美国的飞机，会损害美国的利益吗？肯定不会。因为中国造衬衫的生产率提高，美国造飞机的生产率没变，因此，中国衬衫的相对价格就变得更加便宜。换言之，美国的贸易条件因为中国衬衫生产率的提升而改善了。中国的贸易条件又如何呢？这取决于需求，在"穆勒需求"下——穆勒假定的两国都把收入平均花费在飞机和衬衫这两种商品上——造衬衫的技术进步也提高了中国的福利。

其次，考虑第二种生产率提升的情形，我们可以推理两种极端的情况。假设中国在美国的出口部门（飞机制造）突然出现一个巨大的技术进步是不现实的，因为在自由贸易状态下，中美两国的专业化分工只能导致各自加强其原来的比较优势；再大胆地假设一下，中国在原本不具备比较优势的飞机制造部门发生了生产力革命（这恰恰是后来居上经济的共同特征），萨缪尔森在他的论文中也提出了"后进经济在原先不具备比较优势的部门大幅度提高了生产率"的设想。这当然是一个假设，因为中国只从事具备比较优势的生产，只生产衬衫、不制造飞机，那如何提升自己造飞机的生产率呢？假设中国真的在飞机制造部门出现了惊人的技术进步，那对中国经济和美国经济会产生什么影响呢？

萨缪尔森（2004）的观点很突兀。他认为，倘若中国真的在飞机制造方面提高了生产率，那就可能"永久地损害了美国利益"，"中国的技术引进与进步可能长久地损害美国利益"？是的，只能同意，因为在限定的范围里怎样也找不到不同意的根据。萨缪尔森很坦然，"'有时'一国生产率的提高只能对自己有利，却永损他国的利益"。这里的"有时"很值得推敲。萨缪尔森构想的——在中国突然大幅度提升本来不具备比较优势的造飞机生产率的情况下——中美两国的相对利益究竟会发生什么变化？萨缪尔森的推理如下：（1）世界总产出的潜力大大增加；（2）美国造飞机的比较优势下降，直到中国造飞机的生产率升到这样一个位置，以至于"两国从事与不从事贸易的境况相同，彼此再也没有任何从事进出口的优势"；（3）因此，美国自愿地退回到"不贸易状态"，自己既生产飞机也生产衬衫，从而导致人均实际收入下降——也就是"利益被永久地损害"。中国呢？当然也贸易不成，不过，此时的中国已经提升了造飞机的生产率，可以关门享受实际人均收入上升。应该承认，在设定的前提之下，我们这个严密的逻辑推理是正确的。尽管受到损害的一方不喜欢，但确实是可能的。从美国视角看，要避免美国的利益长久被损害，根本出路就是不断发展更多具备比较优势的产品和行业，同时加快调整越来越守不住的生产和服务。究竟还有多少时间呢？仁者见仁、智者见智。真实经济世界里的欧美、日本尚具比较优势的领域还很多，中国在原本不具备比较优势领域里的生产率进步不过刚刚开始，远不够普遍，更不够快。

从中国视角看，开放经济目标之一就是全面提升中国产业和企业的竞争力。从具有比较优势的领域起步，逐步扩展和超越，甚至包括在没有优势的领域创造性地获得优势。中国的"草根"企业（中小企业）原创能力很强，颠覆了许多理论框架。浙江台州的经济发展至少可以说明一些竞争优势不是"强化原来的比较优势"的结果，而完全是"内生的"。我们曾经研究过3家公司。第一家公司生产摩托车和沙滩车的发动机，第二家公司出口帐篷、太阳伞和沙滩椅的面料，第三家公司是做高压锅的苏泊尔（2006年法国SEB公司通过公开收购成其第一大股东）。这三个行当已经形成了竞争优势，而以前在台州根本就不存在！退回三十年看，台州的比较优势恐怕只有农副业，要是永远只能提升原来具备比较优势部门的生产率，断不会有今日之台州。

这个"中美竞争力变迁和可能的结果"思想实验是比较接近现实的。实验预示，中国制造的竞争力跃升，既可能发生在自己的出口部门（如制造衬衫），也可能发生在自己的进口部门（如飞机制造）；中国制造在既有的或新兴的产业领域，在自己的进口部门或出口部门实现竞争力提升需要实现从"外生"到"内生"的跨越，实现生产率的大幅度提升，竞争能力明显增强，这就是"动态惠益"。克鲁格曼（Paul Krugman）在其专著 *The diminished Expectation* 中指出，"生产率好像很空洞乏味，但从长期来看，生产率决定一切"（Productivity isn't everything, but in the long run it is everything）。从某种意义上说，生产率和竞争力提升的关键是积极参与国际竞争。正如史蒂芬·尼凯尔（Stephen Nickell, 1996）所说，也许竞争的本质不是单一企业的效率提高，而是更多的企业参与其中，争奇斗艳，最终卓越企业能够脱颖而出，笑到最后（Perhaps competition works not by forcing efficiency on individual firm but letting many flowers bloom and ensuring that only the best survive）。

第二节　问题提出——现实困境

一　困境 I

钱纳里和斯特鲁特（Chenery and Strout, 1966）在《美国经济评论》上发表了《对外援助与经济增长》（*Foreign Assistance and Economic Development*）的论文，提出"双缺口"理论，认为发展中国家在经济发展过程中面临三类资源约束：（1）由于缺乏技术、熟练劳动力、企业家和其他投入互补品所产生的"技术约束"；（2）由于储蓄不足所产生的"储蓄缺口"；（3）由于商品和服务的进口增长幅度高于出口而产生的"外汇缺口"。这三类资源约束都可能单独构成对经济发展的制约。

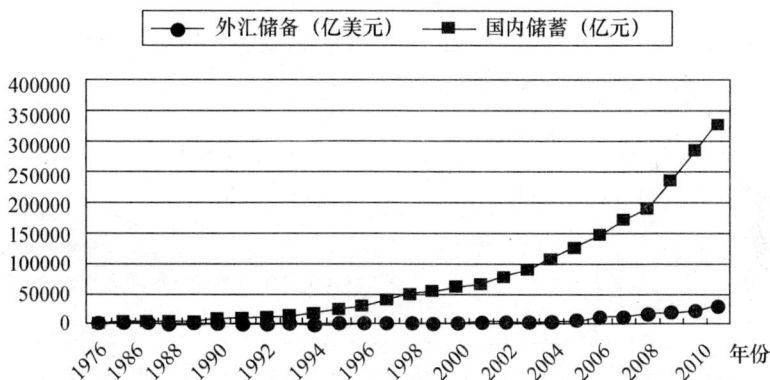

图 1-1　中国 1976—2010 年外汇储备与国内储蓄趋势

在中国开放经济发展过程中，储蓄与外汇储备已由改革初期的"双缺口"转变为"双剩余"格局，中国制造的"技术缺口"还很大，与中国的外汇和储蓄的大量"剩余"形成了巨大的反差（见图 1-1、表 1-1 和表 1-2）。

以信息技术产业（IT）"技术缺口"为例。自 1999 年以来，IT 产业一直是中国规模最大的产业，2007 年，中国成为全球第三大 IT 贸易国和最大的 IT 产品贸易顺差国，与此相伴的却是较低的技术发展水平和国际竞争能力。无论是从产业的经济类型构成比例看，还是从市场份额、掌握核心技术角度看，IT 跨国企业作为个体或整体，在中国 IT

表 1 - 1 中国部分产业核心技术瓶颈

行业/产品	战略性技术瓶颈	一般性技术瓶颈	备注
民航飞机	发动机、航电系统	维护配件	发动机与航电系统靠进口
高速铁路	车轮、车轴和 IDBC 芯片	铁轮子、电控系统软件硬件、道岔等常用配件	没有配件保障安全,高速铁路列车的常用配件和电控系统软件硬件全部需要国际采购
轿车	内燃机、发动机电控系统	电控喷嘴、ABS、安全气囊、自动变速箱及变速箱、汽车钢板、螺丝	内燃机的核心技术还是掌握在外国公司手中
彩电业	芯片		所有彩电业所用芯片全靠进口,完全不能生产
手机	基带芯片		手机所用芯片全靠进口,2006 年国产手机基带芯片基本被德州仪器、高通和摩托罗拉等垄断,市场份额超过 90%
液晶显示业	芯片		2007 年中国消耗了价值约 880 亿美元的芯片,同比增长 23%,连续三年居全球之首,液晶面板 98% 依赖进口,芯片由跨国巨头供应
造船业	船用低速机、中速机、船用发电机组	导航、通信、舱室、自动化设备以及电机、电器等关键部件	中国国产设备装船率不足 40%,日本、韩国达 85% 以上
洗衣机、电冰箱	集成电路、芯片		中国不能生产洗衣机、电冰箱上的集成电路和芯片
玩具	集成电路、芯片		中国完全不能生产玩具里的集成电路和芯片
工程机械	液压元器件、变速箱、控制系统、发动机		2007 年徐工出口创汇 5 亿美元,而购买国外零部件就花费约 3 亿美元
风力发电	轴承、液压件、电控系统		中国整机研究开发和生产企业已超过 40 家,生产几十个型号机型,缺乏大批高质量的零部件与之配套
数控机床	数控系统、电主轴、刀具	滚珠丝杠、直线导轨	中高档与大型数控机床以及数控系统高度依赖进口,其中,电主轴 80% 以上依赖进口,高精度、高效率、高可靠性的刀具 80% 依赖进口
摩托车	发动机		中国摩托车企业不具备自主研究开发大排量、低排放、高性能、高技术含量摩托车发动机的能力
电梯	节能变频技术、控制柜(电路板)		2006 年,奥的斯、三菱、日立、迅达、通力等 13 家大型外企已占据中国电梯市场 80% 的份额

资料来源:笔者于 2010 年 12 月根据相关资料和数据归纳。

产业各细分市场(见表 1 - 2)上都获得了很强的竞争优势。IT 产业浓缩了 "中国制造" 面临的技术 "瓶颈"。

表1-2 信息（IT）产业的技术与专业分工

（1）集成电路	芯片
（2）软件及系统集成服务	（A）应用软件
	（B）嵌入式软件
	（C）支撑软件
	（D）系统软件
（3）通信与网络设备制造	（A）移动通信设备及零部件
	（B）光通信网络系统，如北电网络（Nortel）等
	（C）路由器、交换机、集线器、网卡等网络设备
（4）计算机	（A）服务器
	（B）内存芯片
	（C）显示器
	（D）打印机
	（E）投影仪
（5）消费类电子	（A）彩电
	（B）DVD
	（C）数码相机
	（D）摄像机
	（E）音响
（6）新型电子元器件以及相应的专用设备	（A）片式元器件（表面贴装元器件）
	（B）传感器和敏感元器件
	（C）绿色电源（美国APC公司是全球领导厂商）
	（D）新型电力电子器件（SIT）

资料来源：本书根据相关资料和数据归纳。

（一）集成电路产业

中国芯片需求量增长迅速，但八成以上依靠进口。2008年，在设计、加工和后工序产业链上，中国芯片产业上述三者的比重分别为12.8%、17.2%和70%。可见，中国企业主要集中在附加值低的产业链环节。

（二）软件及系统集成服务

在应用软件方面，跨国企业如SAP公司、甲骨文（Oracle）公司在高端市场占据绝对主导地位。以SAP为例，公司成立于1972年，总部位于德国沃尔多夫市，是全球最大的企业管理软件与协同商务解决方案的供应商，是全球第三大独立软件供应商。目前，全球有120多个国家和地区的超过19300家用户正在运行着60100多套SAP软件。财富500强企业有80%以上都在从SAP的管理方案中获益。SAP在全球50多个国家和地区拥有分支机构，并在多家证券交易所上市，包括法兰克福和纽约证交所。SAP早在

20 世纪 80 年代就同中国的国营企业合作并取得了成功经验。1994 年年底，SAP 在北京设立了代表机构，1995 年正式成立 SAP 中国公司，1996 年、1997 年陆续设立上海分公司和广州分公司。作为中国 ERP 市场的绝对领导者，SAP 的市场份额已经达到 30%，年度业绩以 50% 以上的速度递增。

在嵌入式软件方面，英国 ARM 公司作为全球领先的 16/32 位嵌入式 RISC 芯片技术方案供应商，其芯片体系已在全球成为标准，超过 100 家著名 IT 企业正在使用着 ARM 的技术，市场份额超过 70%。

在支撑软件方面，市场基本由国外软件所垄断，如五大关系数据库软件厂商甲骨文、IBM、微软、Sybase 和 NCR 占了全球数据库软件市场的近 90%。

在系统软件方面，包括 UNIX、Windows、Linux 等软件，由包括微软等在内的 IT 跨国企业绝对垄断。

（三）通信与网络设备制造业

（1）属于移动通信设备制造业的手机产业低端市场已被中国国内手机企业占领，但核心芯片和高端显示屏依赖进口，而且高端市场依然属于 IT 跨国企业。

（2）光通信网络系统方面，目前能够提供这种技术的主要厂商有北电网络（Nortel）、朗讯（Lucent）、思科（Cisco）、讯远通信（Ciena）。

（3）包括路由器、交换机、集线器、网卡等在内的网络设备主要由思科和 Juniper 控制，但中国华为公司正茁壮成长。

（四）计算机产业

（1）服务器市场，总的来说，惠普、IBM、戴尔占据了市场的前三名。

（2）内存芯片市场，韩国三星和现代半导体公司（Hynix）、美国美光（Micron）、德国英飞凌（Infineon）占据了市场前四名。

（3）显示器市场，LCD 显示器前三位是三星、LG - Philips 和友达光电；国内厂商主要集中在 CRT 显示器市场，并且有一半左右是 OEM 厂商。

（4）打印机市场，爱普生、利盟（Lexmark）和佳能占据了喷墨打印机市场份额前三甲；惠普占据整个激光打印机市场的绝对份额。

（5）投影仪市场，产品和技术主要掌握在如惠普、爱普生、富可视（Infocus）、索尼、日立、NEC、奥图码等 IT 跨国企业手中。

（五）消费类电子工业

（1）彩电市场，中国国产彩电仍以中、低端为主，未掌握全部核心技术。

（2）DVD 市场，受制于 6C 联盟与 3C 联盟。

（3）数码相机市场，主要为日韩产品，索尼、佳能和富士位列前三甲。

（4）摄像机市场，全球 70% 的家用摄像机采用索尼机芯，专业摄像机的芯片则几乎百分之百被索尼垄断。

（5）音响市场，为美国杜比公司和 DTS 公司垄断。

（六）新型电子元器件以及相应的专用设备

（1）片式元器件（表面贴装元器件）主要企业有日本村田、太阳诱电（Taiyo Yuden）、松下和京都陶瓷，以及韩国三星。

（2）传感器和敏感元器件，实用产品的 80% 来自国外，另有 10% 是采用国外传感器和敏感体进行二次组装，其余 10% 是国产产品。

（3）绿色电源，美国 APC 公司是全球领导厂商。

（4）新型电力电子器件（SIT）主要企业有日本东北金属株式会社，丰田纺织机械、松下、三菱电机，美国 GE 公司、BellLab，瑞典 ABB，法国 Alsrhom – Dre。

客观上说，IT 产业存在很强的技术垄断性，除了产业发展水平本身的原因外，也与 IT 产品的特点有很大关系。IT 产品具有以下特点：一是复制的低成本性，即前期的研究开发投入大，但一旦获得某项技术，进行复制的成本很小；二是具有"网络效应"，即学习一种 IT 产品的使用需要付出成本，消费者会对特定 IT 产品产生依赖心理；三是具有一定技术标准，先进入市场者占据主动。

二　困境 II

在经济全球化背景下，自 20 世纪 90 年代以来，发达国家跨国公司开始经历深刻的战略转型和结构性变革，加快了国际产业转移的步伐。如通用电气、3M、IBM 和 HP 公司等逐渐将制造业环节向资源消耗成本低廉的发展中国家转移，并蜕变成为服务型跨国公司，与零售业跨国公司沃尔玛、家乐福等一样，通过为客户提供全面系统解决方案来控制市场终端；而微软和 Google 等一批知识型新兴跨国公司则通过高强度研究开发投入和知识产权保护系统，牢牢掌握关键技术和技术的系统升级，以确保自己"赢在起点"的先动者优势，它们的国际化起点高，创业阶段的战略定位就是国际市场。这些来自发达国家的跨国公司（也可以称"采购商"）借助全球价值链治理结构的安排，在组织、协调和整合其与发展中国家公司之间的贸易中扮演着日益重要的角色，而来自发展中国家的制造商（或称为"供应商"）尽管在名义上是独立的，但是它们对跨国公司具有很强的依赖性，实现产业升级和获得关键价值环节控制权变得很遥远。

基于全球价值链治理结构建立的发达与发展中国家间的贸易扩展与经济合作问题，格雷菲（Gereffi，1999）给出了两个核心观点（central proposition）：

（1）发展中国家与发达国家之间的贸易正越来越多地被跨国公司（采购商）所主导（coordinated global buyers）。收益分配（distribution of gains）能力受制于价值链控制力，而控制力又取决于一些重要的无形资产，例如研究开发、设计、品牌和营销能力等，这些资产基本上都被跨国公司控制，回报率高，进入障碍大（Kaplinsky，2000）。相反，发展中国家的制造商主要从事制造业务，按照跨国公司提供的标准生产产品，获得较低的回报。跨国公司不会与它们的制造商共享核心竞争力，在有些情况下甚至阻止他们获得这些能力。所以，当发展中国家的制造商想要发展他们自己的品牌或者建立自己的营销渠道时，他们几乎很少能够实现自己的计划，因为这样做投资巨大，阻碍重重。

（2）被整合到采购商主导的产业链（buyer – driven chain）上的发展中国家的制造商通常借助以下方式来提高产业升级的概率：一是进口零部件组装（assembly of imported components）；二是负责整个生产流程管理（包括零部件采购）（the entire production process including the sourcing of components）；三是自主设计产品（design their own products）；四是在本国和全球市场销售具有自主品牌的产品（sale of their own branded product in national and global markets）。上述四种方式也可以说是四个阶段，这种四个阶段序贯升级模式被学术界描述为 OEA→OEM→ODM→OBM，但这个升级并不会自动实现（Humphrey and Schmitz, 2002）。施米茨（Schmitz, 2004）认为，全球价值链代工体系（OEA 和 OEM）有助于发展中国家实现产业升级或低端发展阶段的工业化进程，但是，在进入高端工业化进程中，却广泛地遭遇了被"俘获"的现象。中国制造已经深深地嵌入了发达国家跨国公司主导的全球价值链，中国制造如何实现产业升级，如何定位自己的战略选择和如何设计自己的成长路径，学术界和企业界始终存在乐观和悲观两种观点。不管存在怎样的观点，中国的制造商已经嵌入了跨国公司主导的全球价值链，这是既定事实。存在决定意识，我们需要谋划战略，找寻路径。

三　困境Ⅲ

在中国转型经济发展进程中，"中国制造"面临的挑战是巨大的。其中最为集中的说法是"中等收入国家陷阱"。这个概念是 2006 年世界银行在《东亚经济发展报告》中提出的。其含义是：一个经济体从中等收入向高收入发展过程中，既不能重复又难以摆脱以往由低收入进入中等收入的发展模式，经济增长容易出现震荡、徘徊或停滞……例如，劳动力价格上涨，人们对产品质量提出了更高的要求，而且环保成本正从外部化转向内部化。进一步说，经济发展到了一个阶段会遭遇瓶颈，不仅产业结构升级困难重重，而且社会矛盾日益凸显，社会公平遭遇质疑，财富分配更加困难。社会进步是以承受巨大的压力为代价的。如果你不能够承受，就不要选择进步。1972 年，日本人均GDP 接近 3000 美元，1984 年突破 1 万美元；1987 年，韩国人均 GDP 达到 3000 美元，1995 年达到了 11438 美元。人均国民收入从 4000 美元增长到 1 万美元，日本用了 12年，韩国为 8 年，中国台湾为 10 年。2010 年，中国 GDP 实现 5.9 万亿美元，人均 GDP接近 4000 美元。从某种意义上说，"中等收入国家陷阱"是"中国制造"竞争力提升的重要"瓶颈"，其影响是长期而深远的。

第三节　研究框架和内容

本书的研究框架和内容如图 1－2 所示，主要包括宏观篇、中观篇和微观篇三个部分。在宏观层面上，首先从技术成就指数和 PCT 国际专利申请两个角度切入，研究了"中国制造"的技术缺口；然后通过对外商直接投资和研究开发投入的研究，探索中国经济增长和创新能力提升的源泉。在中观产业层面，主要研究了外商直接投资技术溢出的水平效应和垂直效应，并以机电产业为例，研究了"中国制造"在产业层面的内生演进及影响因素。本书还结合大样本，从组织学习过程视角分析了后发企业的技术追赶战略和行为路径。在微观层面，重点研究了企业内员工知识共享、模仿、吸收能力和创新能力之间的关系，并基于战略演进和技术学习的视角，分别研究了华晨宝马、北京松下、惠普、摩托罗拉和北京第一车床厂五个企业案例。

```
                        ┌──────────────┐
                        │  思想实验      │          提出问题
                        │  现实困境      │
                        └──────┬───────┘

┌──────────┐ ┌──────────┐ ┌──────────┐ ┌──────────┐
│技术差距、技术│ │"中国制造"技│ │外商直接投资与│ │研究开发投入与│  宏观篇
│扩散与收敛效应│ │术缺口的再讨论│ │中国技术创新能│ │经济增长的协整│
│          │ │          │ │力的协整分析 │ │分析       │
└──────────┘ └──────────┘ └──────────┘ └──────────┘

 ┌──────────┐ ┌──────────┐ ┌──────────┐
 │外商直接投资技│ │中国机电产业国│ │基于组织学习过│  中观篇
 │术溢出的水平效│ │际竞争力的内生│ │程的后发企业技│
 │应与垂直效应研│ │演进       │ │术追赶战略研究│
 │究        │ │          │ │          │
 └──────────┘ └──────────┘ └──────────┘

 ┌──────────┐ ┌──────────┐ ┌──────────┐
 │企业内员工知识│ │智力资本与企业│ │基于知识属性的│
 │共享、模仿、吸│ │绩效关系的研究│ │合资企业动态演│
 │收能力和创新能│ │          │ │进研究      │
 │力关系的研究 │ │          │ │          │
 └──────────┘ └──────────┘ └──────────┘
 ┌──────────┐ ┌──────────┐ ┌──────────┐
 │国际合资企业的│ │跨国公司在华战│ │新国际分工体系│  微观篇
 │战略演进与技术│ │略演进的制度经│ │下跨国公司的战│
 │学习       │ │济学分析    │ │略演进与转型 │
 └──────────┘ └──────────┘ └──────────┘
 ┌──────────┐ ┌──────────┐
 │中国跨国公司海│ │中国跨国公司成│
 │外成长的战略路│ │长的LLL路径  │
 │径演进      │ │          │
 └──────────┘ └──────────┘
```

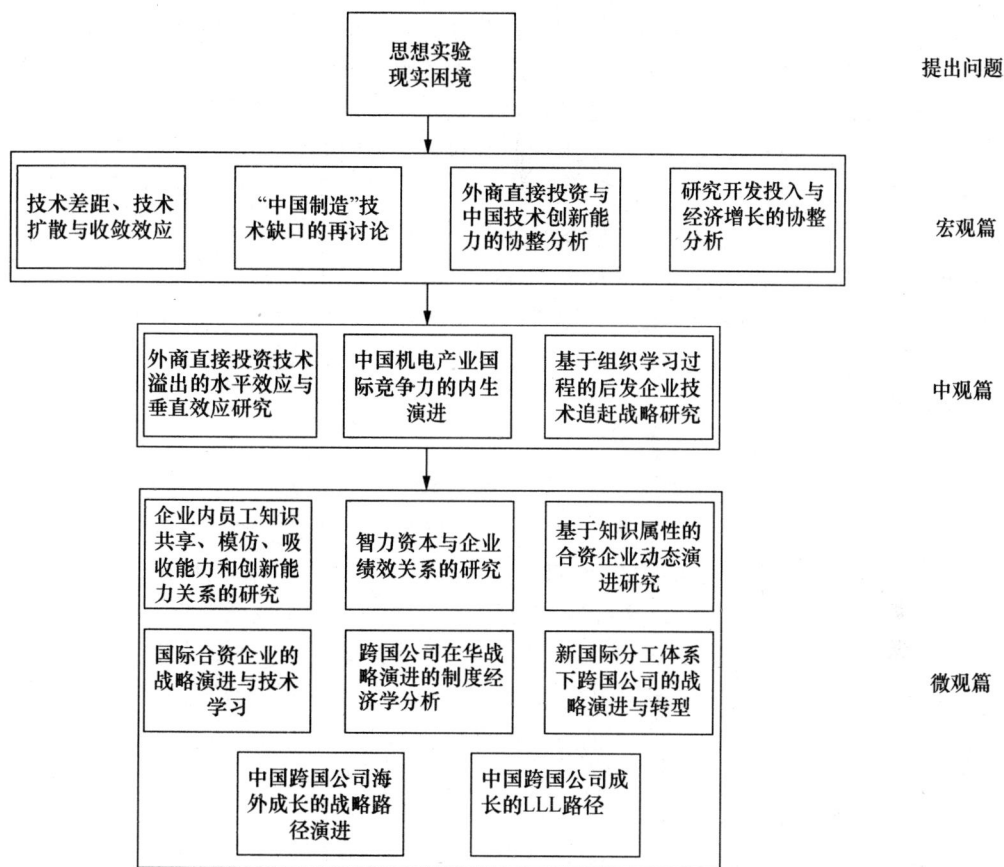

图 1 - 2 本书的研究框架和内容

第四节 研究方法和资料来源

一 文献综述分析方法

文献研究和分析法主要是指收集、鉴别、整理与研究主题有关的文献，通过对文献的研究，形成对事实科学认识的方法。本书通过查阅大量文献、资料，浏览电子图书数据库等途径，查阅国内外学者的已有研究，在对技术能力和知识管理等相关理论和实证研究文献分析与评价的基础上，归纳出了不同的知识管理内容、特征以及在不同历史时期的适用条件。

二 逻辑推理方法

逻辑分析方法的基本方法是归纳和演绎，归纳是从观测的现象或具有显著性的个案出发，认知和找寻事物（事件）之间的本质联系和关联性；演绎是从概念出发，通过逻辑推理，发现和找寻客观性与一般性存在。

　　本书在界定技术能力和知识管理研究的基础上，沿着三条主要线索进行逻辑推理：一是基于个体、团队、组织和组织之间的逻辑线索研究创新和知识管理问题；二是基于本土企业、合资企业到企业收购的逻辑线索研究创新和知识管理问题；三是基于微观企业、中观产业和产业集群的逻辑线索研究创新和知识管理问题。

　　三　实证分析方法

　　通过文献检索分析以及博弈论的演绎推导，提出了相应的理论假设。在企业管理人员中进行问卷调查，收集问卷后进行数据分析，从而证明本书所提出的整体模型与理论假设的真实性。本书运用统计分析（SPSS 16.0）、结构方程模型（Lisrel 8.7）等方法进行描述性统计分析，通过相关分析、效度和信度检验、路径分析、验证性因子分析对假设进行检验。

　　实证主义把感性观察视为科学知识发展的坚固基础（如果不是唯一基础的话），它赋予感觉观察以认识论的首要性，根据事实本身就意味着承认归纳主义原则。按照归纳主义的观点，在许多不同的环境中得到大量但有限数量的观察，使人们能够正确地推断规律或类似规律的一般规则。19世纪的实证主义经常依靠归纳法优越论的逻辑，但在20世纪，实证主义逐渐放弃了对归纳主义的效忠而赞成演绎主义。按照后者的观点，科学活动是借助于从理论中演绎推断经验假设，然后根据经验检验这些假设，不管是归纳主义者还是演绎主义者，都倾向于严格区分"观察语言"与"理论语言"，即假定观察陈述（记录人们已观察到的东西的陈述）是没有理论预设的，因此具有可靠的实质。实证主义者认为，一个陈述，如果它的构建方式使人们有可能发现经验证据支持它，那么它是可证实的陈述；否证主义者认为，如果它的逻辑结构允许人们发现经验的反证，那么它就是可证伪的。从实证主义的观点看，不可检验的命题（即不可证实的或不可证伪的）不属于科学领域。

　　实证主义的核心概念之一是休姆（Hume）的因果关系：X有规律地由Y相继，是X为Y原因的必要充分条件。由因果关系的规则性，导出了另一个主要假设：说明和预测的对称：即允许人们说明一种现象的同样格式也使人们能够预测该现象；反之亦然。此外，实证主义者坚持自然主义，即坚信自然科学与社会科学方法的统一性。最后，大多数实证主义者坚持事实与价值的严格区分：不可能从实然中推出应然来；反之亦然。

　　自20世纪中叶以来，实证主义的堡垒受到了猛烈的攻击，它的主要假设和论点，如事实与价值的区分、理论陈述和观察陈述的区分、休姆式的因果关系概念、有关意义的证实主义理论、说明和预测对称的观念，都已经一个接一个地被破坏了。主要的批判来自三种理论：解释学、批判理论和实在论。解释学认为，实证主义忽略了社会生活的意义。批判理论则怀疑关于事实与价值的区分：即便研究者在追求"客观性"时，价值和兴趣必然影响整个研究过程，而且社会研究不是简单地描述或说明社会实在，它的一个主要目标是为被研究的个人的自我解放服务。实在论则认为，实证主义科学的说明观是有问题的：实证主义者倾向于把因果关系归结为有规律的联结，这不能确立规律同偶然的一般法则的区别。实在论者业已证明，观察到的规则性不足以提出因果关系的断言；相反，所需要的是，指出能说明观察到的规则性怎样产生的隐蔽机制。贝特（Baert，2002）认为，实证主义的最薄弱点在于：它假定在观察与理论之间存在着严格的区别，只有凭借理论的预设观察才是可能的。

四　案例研究与标杆学习

对企业来说，案例研究和标杆学习的含义是什么呢？任何企业，只要你不是行业老大，你起码应该清楚你的竞争对手和谈判对手是谁？所有对手不管是新手还是老手，都有值得你学习的地方。这个学习可以概括为"干中学"（learning by doing）、"学中学"（learning by learning）。

当你成为行业老大时，问题既简单也复杂。复杂性的含义是："你飘飘然，不知道应该向谁学习，学习什么。"简单性意味着你可以制定规则，可以获得先动者优势。北京松下显像管公司提出了"高山洪水理论"。原意是：你一定要做成行业老大，这样洪水来了，你最后一个被淹没，洪水退了，你第一个脱身，因为你在最高端。

宏 观 篇

第二章 技术差距、技术扩散与收敛效应

第一节 引言与文献回顾

基于钱纳里和斯特鲁特（1966）的描述，"技术缺口"表现在原创技术和应用技术两个重要领域，它已经成为中国制造竞争力提升的"瓶颈"，一些产业技术基本处于"山寨"阶段。本章从国家创新能力的视角，试图说明中国与国际先进水平之间技术缺口的大小及其演进趋势，以此解释自主创新与赶超战略的可行性，在此基础上提出相应的政策建议。

自索洛（Solow，1956）以来，技术创新对于长期经济增长的核心作用得到了广泛认可。围绕国家创新能力研究，学术界形成了"供给推动"（supply push）和"需求拉动"（demand pull）两个基本假说。前者认为，创新活动的决定因素包括科学知识的发现、技术机会、研究实验室的效率、投资的机会成本等（Rosenberg，1974；Dosi，1988）；后者认为，市场需求和盈利驱动刺激了研究开发投入（Judd，1985；Romer，1990）。基于两个假说的实证研究发现，研究开发投入对一国创新能力有着决定性影响（Anneloes and Hesen，2004；Cheung and Lin，2004）。纳尔逊（Nelson，1993）认为，20 世纪 80 年代流行的通过结构调整、降低成本和提高质量等传统做法来获取竞争优势的做法不再适用，包括技术、制度、流程和产品等在内的持续创新已成为企业和国家获得全球竞争力的决定性因素。这促使我们进一步思考，既然研究开发投入如此重要，为什么世界各国没有尽量把资源配置给技术创新部门呢？事实上，世界各国研究开发投入占其 GDP 的比重均不高，不少国家还低于 0.5%，仅少数国家超过了 3%。显然，研究开发投入无法充分解释国家创新能力的高低。

弗曼等（Furman et al.，2002）对罗默（Romer，1990）的新技术生产模型[①]、波特（1990）的国家竞争优势理论和纳尔逊（1993）的国家创新体系等理论加以综合和折中，提出了全新的国家创新能力理论，认为国家创新能力取决于公共创新设施（Public Innovation Infrastructure）、基于产业集群的微观创新环境和产业集群与创新公共设施的联结质量三个因素。其中，公共创新设施包括一国的知识存量、人力资本和研究开发

[①] 罗默（1999）提出，新技术的生产速度是知识存量和研究开发人员数量的函数，而研究开发投入是由研究开发部门的生产效率和新技术的私人经济收益决定的。

投入、对外开放度以及产权和税收制度；微观创新环境包括要素环境、需求环境、支持性和相关产业的发展与企业战略及竞争状况。

现有文献对微观创新环境的实证研究比较充分，例如，波特和斯特恩（Porter and Stern，2001）以经济合作与发展组织国家 25 年的创新活动为样本进行研究，发现创新成败在很大程度上取决于地域环境因素（Local Matters）；弗伯等（Faber et al.，2004）对欧盟 14 国的研究也认为，国家创新能力由大量创新管道（innovation trajectory）组成，创新管道与产业集群有关。

迄今为止，对于公共创新设施的研究仍停留在理论描述阶段，缺乏实证研究，而公共创新设施对各国的创新能力和经济增长的作用却日益突出。正是基于这一点，本章采用实证研究来比较各国间的技术差距，并对收敛效应的存在与否进行了验证。

第二节　各国技术成就水平与技术差距的演进

关于如何衡量国家间技术成就水平差距的指标，实际上并没有一致的结论。一方面是因为衡量"技术成就水平"的指标缺乏统一标准，另一方面因为指标选取方法有随意性（Archibugi and Coco，2005）。迄今四种类别的研究受到关注：（1）侧重投入指标。如教育水平、科学家和工程师的数量、研究开发投入等，该指标是由联合国贸发会议首先提倡的（Romer，1986）。（2）侧重结果指标。如批准的专利数量、能源消耗系数和高科技产品出口占总出口的比重。（3）侧重过程的指标。关注的是技术进步与扩散中的动态学习机制，如国家创新能力指标反映的是与成功创新相关的国家和企业层面的政策措施（Furman，2002）。（4）技术成就水平指标。即联合国开发计划署（UNDP，2001）提出的技术成就指数，它从四个维度来综合衡量各国的技术成就水平，但 UNDP 只计算了各国 2000 年的技术成就指数。本章采取了最后一种方法，计算了全球 134 个国家或地区的技术成就指数，把 2000 年的年度数据扩展为 1985—2005 年的面板数据，在此基础上讨论了国家间的技术差距与收敛效应。

一　技术成就指数及其四个维度

技术成就指数反映了网络时代一个国家技术创新的基础平台能力。该指数反映的是已有的技术成就，而不是未来的努力；反映的是一个国家整体创新的基础能力和参与创新的程度，而不是反映一个国家在全球技术发展中的领先程度。以美国和芬兰为例，美国拥有更多的发明和网络主机，但在技术成就指数排名中却落后于芬兰，因为芬兰的网络技术的扩散更广泛，国民参与创新的程度更高。

一个国家的技术成就水平取决于很多因素，本章采用复合指标[①]，这有利于克服单项指标的不足，更有利于整体水平的评估，且有利于国家间的比较。

---

① 一个复合的指数有利于国家与其他国家尤其是领先国家进行比较。一个国家的技术成就有很多构成因素，但是使用一种复合指数比用很多种不同的方法更有利于整体的评估。

（1）技术创造（technological creation）。技术创造包括每百万人平均专利数和每千人从国外获得的专利技术特许费收入两个指标，该指标反映的是过去的仍在创造价值的成功创新。创造能力很重要，否则就无法充分利用技术创新的成果。

（2）新技术扩散（diffusion of recent innovation）。互联网时代，一个国家必须利用网络来获得创新利益。这里采用每千人网络主机数和高新技术产品出口在总出口中所占比例两个指标。由于出口产品分类的复杂性和时效性，本章采用高端技术出口比率这一指标来替代。

（3）旧有技术扩散（diffusion of old innovation）。互联网时代要求扩散旧有技术，这是新技术创新的前提，而技术扩散需要通信和电力的支持。这里采用每千人电话线程数和人均电力消耗两个指标，而且以对数的形式表示，因为旧有技术扩散在技术进步初期的作用较大，但在后期却不重要。

（4）人力技能（human skill）。新技术的创造者和使用者都需要技能。这种能力来源于基本教育所产生的认知能力和科学及数学能力，可用 15 岁以上的人均受教育年数和科学、数学及工程学的学生总入学率两个指标来衡量。职业教育数据因难以获得而未计算在内。

本章参照 UNDP（2001）的计算方法，将年人均专利数、从国外获得的专利许可费用、网络主机数、高新技术产品出口在总出口中所占比例、电话普及率、电力使用量、15 岁以上的人均受教育年数和科学、数学与工程学的学生总入学率 8 项指标进行汇总，计算得出各国每年的技术成就指数，样本包括 134 个国家或地区，涵盖了发达国家和发展中国家，选取了近 21 年数据齐全的年份，计算所需数据均来源于联合国教科文组织等国际机构，具有很强的可信度。

二 技术差距的变动与演进趋势

本章采用了两种方法对技术成就水平变动趋势进行分析：一种是按照世界银行的国家分类标准，划分为高收入国家、中等收入国家、低收入国家，分别对每一个群组的国家进行平均数、中位数和变异系数的计算分析，下文称其为"三分法"；另一种是将所有国家分为五等分，每个等分分别进行平均数、中位数和变异系数的计算分析，下文称其为"五分法"。其中，平均数和中位数反映了各个群组的总体技术水平，变异系数反映了同一群组各国之间的内部差异。

（一）三分法

从变异系数看，连续 21 年的数值相对较为稳定。低收入国家在 0.5—0.6 之间，中等收入国家在 0.3—0.4 之间，高收入国家在 0.2—0.3 之间（见图 2 - 1），说明各群组年技术成就指数变异程度变化不大，其中，高收入国家之间变异度较小，低收入国家群组的变异度相对较大。总的来说，三个群组内部的变异趋势保持稳定，群组之间的差异程度也相对稳定。

从图 2 - 2 看出，无论是平均数还是中位数，高收入国家与中等收入国家的技术成就水平的差距都有缩小的趋势。从平均数来看，1985—1994 年间，二者之间的差距在 0.20 左右；1995—2004 年间，差异大约缩小为 0.16。从中位数来看，1985—1994 年间，二者的差距在 0.23 左右；1995—2004 年间，差异缩小为 0.20（见图 2 - 3）。

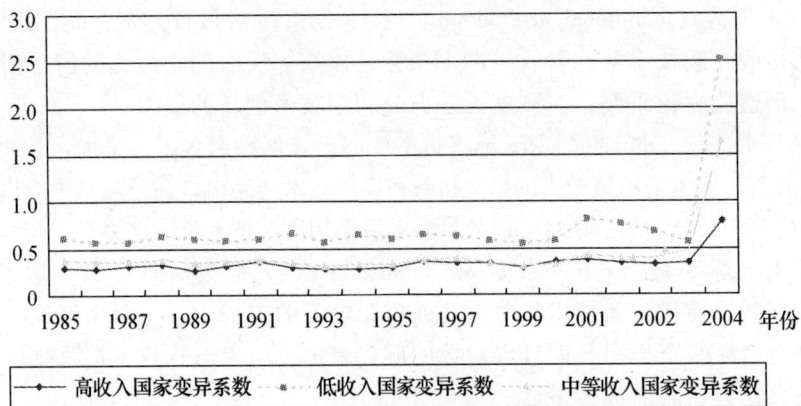

| 高收入国家变异系数 | 低收入国家变异系数 | 中等收入国家变异系数 |

图 2 - 1　三分法变异系数

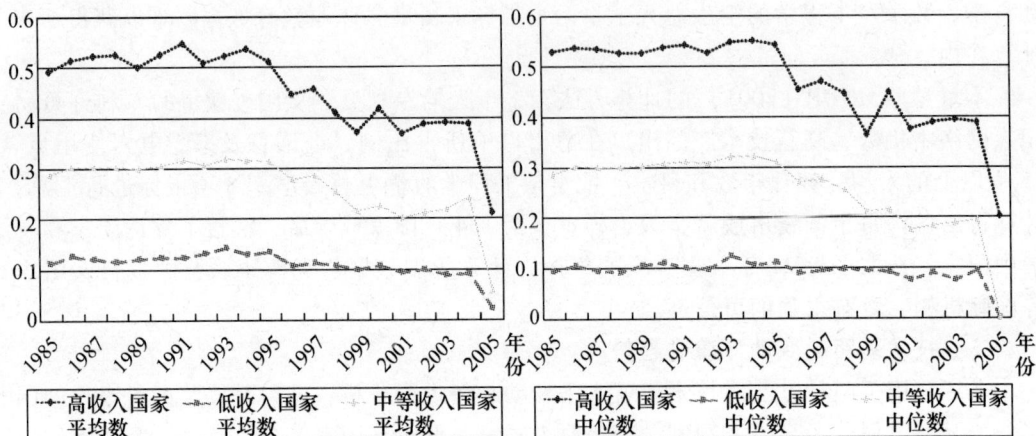

| 高收入国家
平均数 | 低收入国家
平均数 | 中等收入国家
平均数 |

| 高收入国家
中位数 | 低收入国家
中位数 | 中等收入国家
中位数 |

图 2 - 2　三分法平均数和中位数

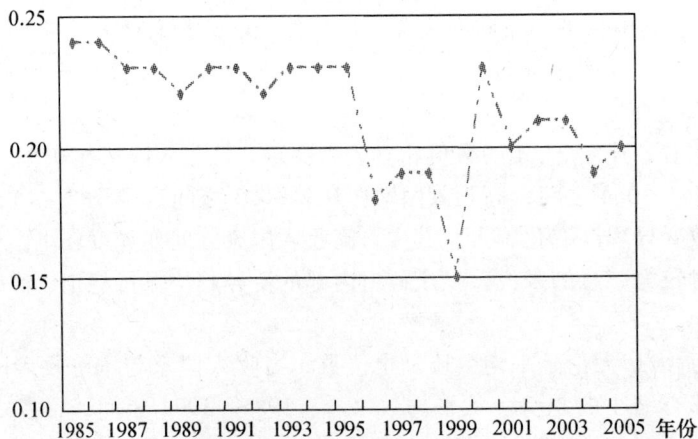

图 2 - 3　高收入国家与中等收入国家技术成就指数中位数之差

可以看出，高收入国家的中位数与中等收入国家的中位数的差值从20世纪80年代的0.23左右逐步下降到目前的0.20左右。从总体趋势看，高收入、中等收入、低收入这三个群组国家的技术成就水平呈逐步趋同的态势，全球技术成就水平差距总体上呈现出平缓的收敛态势，高收入国家的增长有所减慢，而中低收入国家的增长略有增强。但个别始终处于技术领先地位的发达国家，继续保持强劲的增长势头，远远超过世界平均水平。因此，尽管全球技术成就水平呈现出收敛效应，但并不排除个别国家存在马太效应。可见，经过20世纪八九十年代的发展，高收入国家与中低收入国家之间呈现出技术差距缩小的趋势。

与世界平均数、中位数及位于首位的芬兰相比（见图2-4），20世纪80年代，中国的技术成就水平低于世界平均水平，通过持续的研究开发投入和引进外资等途径，到90年代中期，中国已接近世界平均水平并保持至今。但与以芬兰为首的领先国家相比，差距非但没有缩小，在90年代后期反而开始逐步拉大。

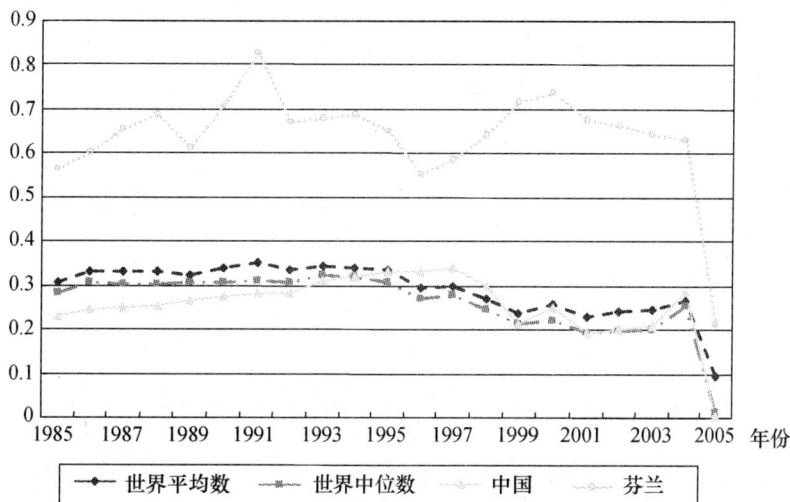

图2-4 中国与芬兰及世界平均水平的比较

（二）五分法

为了保证分析的稳健性，我们按技术成就指数由高到低的顺序，把样本分为五个群组进行分析。从变异系数的变化趋势看，技术成就指数最低的第五群组内变异性最大，而群组一至群组四这四个群组的变异程度也呈增加态势，但每个群组内部的变化却较为平缓。在群组一和群组二中，群组内的国家技术水平比较相近。而在群组三和群组四中，群组内的变异程度较大，与三分法的结果基本一致（见图2-5）。

从平均数和中位数看，总体上呈平缓的收敛趋势。群组一的平均值与群组五的平均值的差已经从1985年的0.5缩小到了2005年的0.32，说明发展中经济体的技术成就水平并没有呈现出显著的递增态势，同时也说明发达经济体的技术成就水平增长出现了一些回落而使得各群组间的差距缩小（见图2-6和图2-7）。

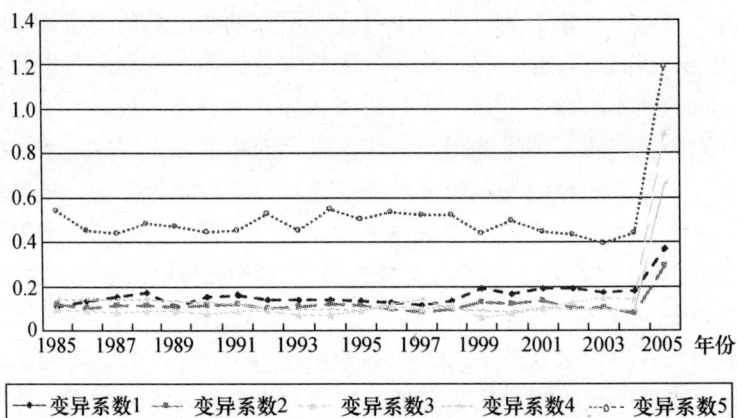

图 2 – 5　五分法变异系数

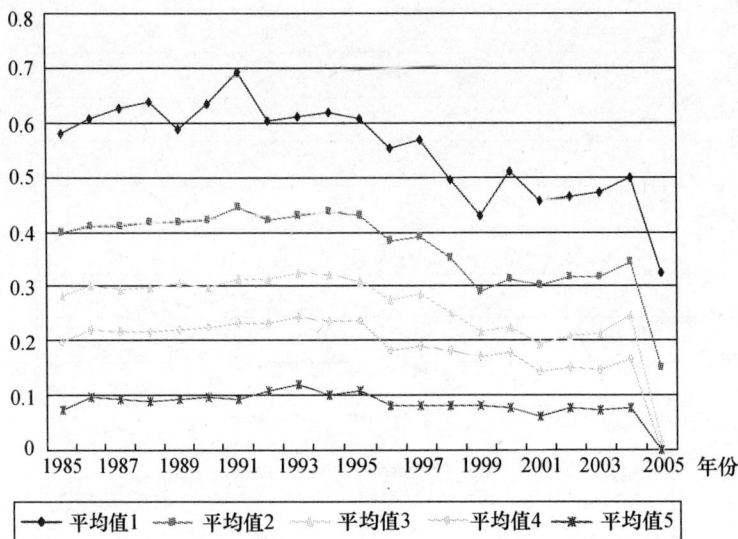

图 2 – 6　第一类国家和第五类国家平均值的差值

（三）中国与国际水平之间的技术差距及其结构特征

中国的技术成就水平在时序演进上经历了快速增长与平稳发展两个阶段，正从快速增长阶段向平稳发展阶段过渡。总体而言，中国的技术成就水平在过去 20 多年里有了明显提高，但仍处于中等偏下的水平。与同一个群组的巴西和印度相比，除了高新技术产品出口比例和 15 岁以上教育年限这两个指标略高之外，中国在其他方面都逊色于巴西，但各项指标均优于印度。与第一群组的发达国家相比，中国的差距仍然很大，特别是在技术创造方面；在新技术扩散方面虽有所提高，但仍然处于劣势；在人力技能方面，人力技能培养的差距也制约着整体技术能力的提高。

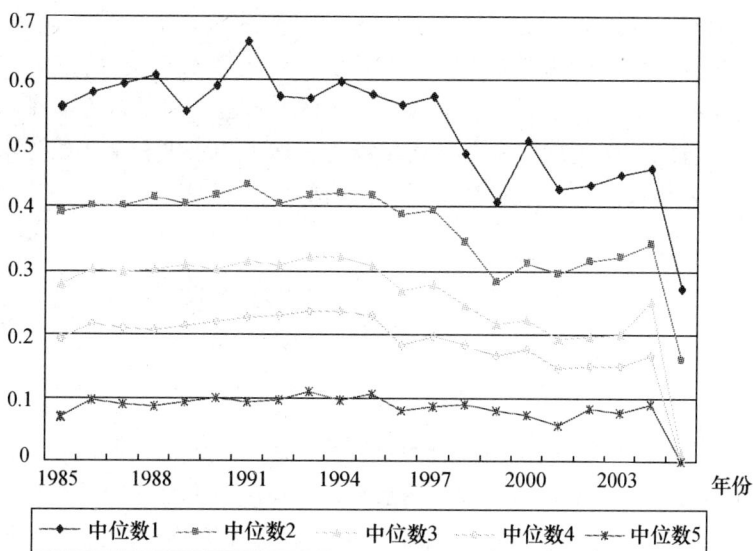

图 2-7　五分法中位数

在技术创造方面，人均专利数指标反映了一国当前的创新实力。日本和瑞典处于领先地位。1985—2005 年，芬兰每百万人均专利数由 114 项增长到 214 项；日本的成就更为显著，每百万人均专利数由 350 项增加到 875 项，而中国专利总数由 42 项达到了 20574 项，由 0.04 项/百万人上升到 15.7 项/百万人。另一个指标是人均从国外获得的专利许可费用，芬兰 2004 年的该项指标达到人均 1032.95 美元，中国由 20 世纪 80 年代后期的人均 0 美元逐步增长到 2002 年的人均 0.18 美元，说明中国在技术创造方面远远落后于发达国家，且增长缓慢。

在新技术扩散方面，技术扩散为发展中国家采用赶超战略提供了很好的机会，主机数和高薪技术产品出口是重要的衡量指标。芬兰的网络主机数 1985—2005 年间由 106 台/千人增加到 287 台/千人，中国的网络主机数由 1998 年的 0.014 台/千人增加到 2005 年的 0.24 台/千人。显然，芬兰在技术扩散方面占有绝对优势，但中国也具备了很强的技术吸收能力。另外，中国的高端技术产品出口比例由 15% 上升到 30%，成为推动技术能力提升的重要因素。

在旧有技术扩散方面，电话和电力使用量是衡量指标。由于国家所处的发展阶段不同，该指标计算过程中已采用对数的形式消除了这一影响。挪威的电话使用量由 1985 年的 438 台/千人增加到 2005 年的 1508 台/千人，中国从 1985 年的 3 台/千人稳步增加到 2005 年的 479 台/千人；中国电力使用量从 1985 年的 385 千瓦时/人上升到 2005 年的 1676 千瓦时/人，挪威从 25724 千瓦时/人增长到 26477 千瓦时/人。

在人力技能方面，1985—2005 年间，中国 15 岁以上人口平均接受教育年限是 4.9—6.3 年，芬兰是 7.8—10 年，日本是 8.7—9.4 年。高等教育中科学、数学和工程学的学生总入学率芬兰为 29%，日本为 21%，发展中国家则不到 10%，表明中国在人力技能开发方面投入不足。

从以上指标数字的比较中可以发现，中国的技术成就水平在过去 20 多年有了明显提高，但仍处于中等偏下水平。中国在新技术扩散和旧有技术扩散方面进步较大，但在技术创造和人力技能方面进展很小，说明中国与全球平均水平和全球领先水平之间的技术差距的缩小主要来自技术扩散和技术吸收能力的提高。

第三节　结论与政策建议

一　一般结论

通过 1985—2005 年 134 个国家或地区的技术成就指数的计算分析，高收入国家、中等收入国家和低收入国家间的技术成就水平差距在总体上呈轻微的收敛效应，而不是马太效应。正如 Tanaka（2006）所言，非竞争的观念和廉价劳动力使发展中国家能够通过模仿来弥补自身的技术能力欠缺，即使在初始技术较为落后的情况下也是如此。出现收敛效应的原因可能是：（1）高收入国家在技术创新达到一定水平后遭遇增长瓶颈，仅仅依靠本国的研究开发投入已无法维持原有的增长态势；（2）中低收入国家可以通过积极的科技政策及技术引进与模仿来提高自己的技术吸收与创新能力，加快技术转移与扩散的速度，获取后发优势。收敛效应的存在说明技术赶超战略具有可行性。

在各个群组内部，则呈现一定程度的马太效应。在高收入国家群组中，芬兰、德国、日本、韩国、美国、爱沙尼亚、中国香港和新加坡等国家和地区的技术成就水平显著高于平均水平，其他国家或地区增速缓慢；在中等收入国家群组中，菲律宾、乌克兰等国的技术成就水平进步显著，阿根廷和基里巴斯等少数国家下降趋势明显，包括中国在内的其他国家或地区均与群组内平均水平保持一致；在低收入国家群组中，印度、埃塞俄比亚、吉尔吉斯斯坦、蒙古、越南、塔吉克斯坦等呈明显的上升趋势，与群组内平均水平相比有较大优势，所罗门和孟加拉等国呈现逐年下降的趋势。

二　与中国相关的结论

中国的技术成就水平在过去 20 多年里有了显著提高，但仍处于中等偏下水平。这说明，中国政府长期以来实施的鼓励利用外资、技术引进和"用市场换技术"等开放政策对中国的技术成就水平提高是非常有效的。

中国在新技术扩散和旧有技术扩散方面进展很大，在技术创造和人力技能开发方面进展不明显。这说明中国从开放经济中获得的利益主要是"静态惠益"，"动态惠益"[①]不明显。

---

① 在开放经济——贸易自由化、外资流入和市场准入等——条件下，一个国家的产业和企业可以获得"静态惠益"与"动态惠益"。静态惠益是基于现有生产能力可以迅速实现的收益；动态惠益是与更大的全球市场相连接，一个国家的产业和企业通过积极参与全球竞争，其资源配置和竞争能力会显著提高，技术与制度创新的步伐会明显加快。基于此分析，中国未来外资导向应该更多地追求"动态惠益"。

在完成了一定程度的技术积累后，中国技术成就水平已经进入了一个平稳发展时期，提升速度趋缓说明技术扩散的收益开始递减，中国需要从战略上更加注重技术创造和人力技能开发，需要有新的制度安排，包括更加充分的市场激励、企业主动、政府促进和制度创新，这应该成为"中国制定"技术战略和政策制定的基础。

三 政策建议

技术创造和人力技能开发是中国进一步提高技术成就水平的"增长极"。技术创造有赖于重大创新项目，如高速铁路项目，这种项目投资应该以政府为主体，通过重大项目投资来刺激企业商业性创新项目开发。随着时间的推移，政府投资的比重可以逐步减少，但在起步和扩展阶段是必需的。美国在冷战时期的一些重大创新项目基本上是由国家投资进行的，占到50%。现在美国政府在重大创新投资方面所占比重开始下降，企业逐步成为创新项目的投资主体，2006年美国政府在重大创新项目支出方面减少到了27%，私人部门占73%。

政府的产业政策应该注重两个领域：一个是产业的主导因素。任何一个产业发展、结构调整与创新都直接受制于一些主导要素，例如，现在汽车产业发展的主导因素是节能技术和环保技术，如果政府能够通过刺激主导要素发生变化并激励创新，汽车产业发展就会进入一个新的阶段。另一个是将现有的高新技术产业园区逐步重整为各具特色的产业集群，不断优化基于集群的微观创新环境，不断提高产业集群与公共创新设施之间的连接质量，为企业创新提供一个新的管道。

在外资政策上，创新利用外资方式应该着重于外资的质量和技术贡献，无疑引进战略投资者和研究中心应该是外资政策的着力点。

第三章 "中国制造"技术缺口的再讨论

第一节 引言

钱纳里和斯特鲁特（1966）提出的"双缺口"理论认为，发展中国家在经济发展过程中面临三类资源约束，包括：（1）由于缺乏技术、熟练劳动力、企业家和其他投入互补品所产生的"技术约束"；（2）由于储蓄不足所产生的"储蓄缺口"；（3）由于商品和服务的进口增长幅度高于出口而产生的"外汇缺口"。这三类资源约束都会阻滞经济发展。经过30年的积累与发展，我国储蓄与外汇的"双缺口"已经转变为"双剩余"格局，而"技术缺口"有放大趋势。

据海关总署统计，在1970—2007年的38年间，中国的贸易条件（Terms of Trade，TOT）改善年份只有13个，占总年份的1/3，其间，贸易条件从总体上恶化了21.54%。其主要原因是：（1）中国加工贸易出口比例逾2/3和外资企业在出口中所占比重很大；（2）跨国公司从战略和技术上加强对其全球产业价值链的控制，攫取了很大部分产业增加值和产品的附加值。而两个成因的实质还是技术问题。例如，1999年以来，IT产业是中国规模最大的产业，中国在2007年成为全球第三大IT贸易国和最大的IT产品贸易顺差国，与此相伴的却是较低的技术发展水平和国际竞争力。从某种意义上说，IT产业显示了"中国制造"正受困于技术短板。

基于全球化视角的技术竞争或"技术缺口"现在越来越多地聚焦在研究开发投入、专利竞争或标准竞争等领域，许多发达国家和跨国公司已经把专利申请量和授权量作为一个国家（或地区）经济实力和创新能力的晴雨表，美国公司甚至将知识经济时代的生存法则浓缩为"或拥有专利，或被淘汰出局"（patent or perish）。但国际专利制度发展到目前，仍然不存在一个国家授予的"专利"可获全球各国背书。《专利合作条约》（Patent Cooperation Treaty，PCT）越来越具有国际影响力。通过提交一份《专利合作条约》国际专利申请，申请人可以同时获得在其他签约国的发明保护。与传统专利制度相比，《专利合作条约》国际专利申请的相关费用缴纳时间可推迟18个月（某些专利甚至可以更长）。在这期间，申请人可以估计和推测有关专利获得保护的可能性及专利发明的潜在的商业价值等关键信息。《专利合作条约》国际专利的申请量在2007年创下历史最高的156100个，其中最显著的增长来自东北亚地区，占总数的1/4（25.8%）。本章基于2002—2007年的面板数据，解释了《专利合作条约》国际专利申请的发展趋势及结构差异，从理论上阐明了中国已经从开放经济中获得了一定程度的"静态惠益"和"动态惠益"，并分析了中国制造的"技术缺口"及其深刻的基础原因，提出了具有操作性的政策建议。

第二节 《专利合作条约》国际专利申请的趋势与结构分析

《专利合作条约》国际专利申请增速惊人。自1978年缔结条约以来，《专利合作条约》申请达到25万件，用了18年时间，这一数字翻一番的50万件却只花了4年时间，再翻一番，到100万件只花了4年时间。2004年开始，世界知识产权组织（WIPO）[①]开始运用电子手段处理来自全球的申请，申请方式简洁有效，而且成本很低[②]。截至2007年，《专利合作条约》国际专利申请量达到200万件，年均增长5.60%，与世界国内生产总值（GDP）约4.5%的年平均增长率基本是一致的，具有明显的相关性。《专利合作条约》国际专利申请数大幅度攀升，不仅反映出一个国家经济增长的速度，而且从一个侧面反映出这个国家的经济发展趋势，同时也体现出这个国家经济的国际化程度。

表3-1显示了15个主要国家在2002—2007年间《专利合作条约》国际专利申请数的变动情况。2007年，《专利合作条约》国际申请继续保持高速增长的态势，并创下了有史以来的最高纪录，达156100个专利申请，比2006年增长4.7%。在2007年的排行榜上，美国第一，日本第二，德国第三，法国第五，英国第六，荷兰第八，瑞士第九，瑞典第十。美国的发明者和企业提交了52280个《专利合作条约》专利申请，占总数的33.5%（较2006年增加2.6%）。日本击败了德国，以占总申请数目的17.8%，位居第二，较2006年增加2.6%。德国的专利申请占总数的11.6%，位居第三，较去年增长8.4%。紧随其后的是韩国（专利数占总量的4.5%，较去年增长了18.8%）和法国（占总量的4.1%，较去年增加2.1%）。在15个热门排列的国家中，中国取得了两位数的增长（总量位列第七，增长率较去年为38.1%）。除此之外，2007年两位数增长的国家还有巴西（15.3%）、马来西亚（71.7%）、新加坡（13.9%）和土耳其（10%）。

基于2002—2007年6年间《专利合作条约》专利申请数的面板数据、技术领域分布、国别或地区分布等维度，可以得出如下判断或初步结论。

---

① 世界知识产权组织（World Intellectual Property Organization，简称WIPO）是一个致力于促进使用和保护人类智力作品的国际组织。总部设在瑞士日内瓦的世界知识产权组织，是联合国组织系统中的16个专门机构之一。它管理着涉及知识产权保护各个方面的24项（16部关于工业产权，7部关于版权，加上建立世界知识产权组织公约）国际条约。

② 2007年，53%的申请是以电子方式提交的。另有15%使用了《专利合作条约》—EASY软件（著录数据为电子方式，专利说明使用纸件提交）。剩余32%仍完全使用纸件申请提交。世界知识产权组织通过实施信息技术以及将某些职能外包（如部分翻译工作），提高了《专利合作条约》申请的效率。现在，世界知识产权组织收到的所有《专利合作条约》申请都经过扫描，以电子形式处理。

表 3 – 1　　　　　2002—2007 主要国家《专利合作条约》国际专利申请数

单位：件

国别	2002 年	2003 年	2004 年	2005 年	2006 年	2007 年
美国	41296	41028	43350	46697	50941	52280
日本	14063	17414	20263	24841	27033	27731
德国	14326	14662	15218	16000	16732	18134
韩国	2520	2949	3558	4688	5944	7061
法国	5089	5171	5185	5741	6242	6370
英国	5376	5206	5026	5085	5090	5553
中国	1018	1295	1706	2493	3951	5456
荷兰	3977	4479	4285	4516	4529	4186
瑞士	2755	2861	2899	3277	3577	3674
瑞典	2990	2612	2850	2873	3316	3533
意大利	1982	2163	2189	2345	2716	2927
加拿大	2260	2270	2105	2320	2566	2707
澳大利亚	1759	1680	1837	1998	2001	2054
芬兰	1762	1557	1672	1890	1845	1952
以色列	1174	1130	1227	1458	1589	1683
其他全部	8045	8722	9254	10278	11084	10800
总计	110392	115199	122624	136500	149151	156100

资料来源：根据附录中的相关数据整理而成。

一　国别或地区分布

基于 2002—2007 年公布的《专利合作条约》专利申请数，发达国家居于主导地位，新兴经济体发展迅速，尤其东北亚地区。

仅美国就申请了全部申请数的 1/3，申请数排名前 16 位国家的申请数占全球总申请数的 93%。2007 年，美国以 52280 件申请数位居榜首，占总申请数的 33.50%，比上年增长 2.6%；日本以 27731 件申请数排名第二，增长了 2.6%。工业七国 2007 年申请数量为 115702 件，比上年增长 3.79%，占总体公布申请数量的 74.1%，与上年基本持平。从经济合作与发展组织成员国的表现来看，2007 年其成员国合计申请数量达到 136805 件，同比增长 3.59%，占总体数量的 87.1%，较 2006 年略有增长。

自 2004 年起，世界知识产权组织开始对《专利合作条约》国际专利申请数量进行排行。在新兴经济体系中，中国（第 7 位）和韩国（第 4 位）分别以 38.10% 和 18.80% 增长速度跻身排名前 10 位，成为《专利合作条约》专利申请发展最快的两个国家。2007 年，东北亚地区的《专利合作条约》国际专利申请占总申请数 25.8%，在全球专利活动中所占的份额令人惊叹，同时也部分地说明世界创新格局正在发生潜在变化，东北亚地区正成为全球创新动力的一极①。

---

① 世界知识产权组织总干事卡米尔·伊德里斯认为，看到有明显证据表明该地区各国能得心应手地使用国际专利制度这一手段刺激商务活动和经济增长，非常令人鼓舞。

2002—2007 年间，新兴经济体的国际《专利合作条约》专利申请增速要远远高于其他一些发展中国家。这期间，《专利合作条约》国际专利申请数年均增速超过两位数的 4 个国家为：中国（40.33%）、韩国（23%）、日本（14.84%）和巴西（14.31%），只有日本为发达国家，其他均为新兴经济体。2007 年，世界知识产权组织从发展中国家收到的专利申请中，人数最多的申请国家有韩国（7061 件）和中国（5456 件），其次为印度（686 件）、南非（390 件）、巴西（384 件）、墨西哥（173 件）、马来西亚（103 件）、埃及（41 件）、沙特阿拉伯（35 件）和哥伦比亚（31 件）。在成员总数中，发展中国家占 78%，即 138 个国家中的 108 个，都已经签署了入会协议。造成发展中国家呈现这种两极分化差异的主要原因可能与其经济发展程度和国际贸易方式的差异有较大的关系。

二 技术领域分布

总体来说，近 6 年高新技术领域的国际《专利合作条约》专利申请比重很大，主要有通信、信息技术、分析与测量技术、控制技术、医学技术、制药、化妆品等领域。其中分析与测量技术、控制技术的年平均增长 13.26%，生物技术为 20.75%，工业加工为 15.0%，航天技术与军事武器为 14.73%。根据国际专利分类法[①]（IPC, the International），2007 年《专利合作条约》专利申请的主要技术领域类别名称被分门别类地进行了细分（参考附录 1）。在 2007 年申请的专利中，按比例从高到低排序，所占比重较大的领域有通信（10.5%）、信息技术（10.1%）及药品（9.3%）。增长最快的技术领域有核工程（24.5% 增长率）、通信（15.5% 增长率）。同时，一些传统领域如精细有机化学、材料加工、纺织、造纸等领域出现了较大幅度的负增长。

技术领域的分布情况反映了当前以及未来的技术热点分布，也在一定程度上反映出全球经济状况的一些特点，既能反映各国政策的变化倾向，也能对各国产业政策的制定形成一定的启发。从 2007 年《专利合作条约》国际申请来看，近年发展迅速的通信以及信息技术领域在专利申请上保持着稳定高速的增长，可以期待稳定的技术研究开发投入会支持通信和 IT 产业在未来几年仍然可以获得稳定的发展。世界能源供给紧张的问题以及环境保护压力的增加，必然会促使替代传统能源的新能源技术加速发展。核工程技术在 2007 年已成为各技术领域中专利申请发展最快的技术领域。此外，药品技术的发展也将是未来科技创新能力提升的重要领域。

三 国际专利密度的比较分析

依据本章中的面板数据以及世界银行的相关指数，我们可以通过国际专利密度来衡量一国的技术创新水平。国际通用的专利密度测算方式有两种。

一种是以国际专利申请数与一国 GDP 的比值作为指标来衡量。通过对主要国家 2002—2007 年 GDP 年均增长率与国际专利申请平均增速的比较来检测两者之间是否存在某种相关关系。依据表 3-2 的数据，可以发现具有代表性国家的 GDP 年均增长率与《专

---

① 国际专利分类法是目前国际上占主导作用的专利文献分类法，按专利文献的技术内容或主题进行分类，以方便资料的检索。

利合作条约》国际专利申请数年均增速的相关系数为 0.69。仅从有限的数据统计来看，相关系数数值并不是很大，或者说 GDP 增长只是一个国家国际专利数量增长的因素之一。

表 3 - 2　　　　　　　　部分国家 PCT 国际专利申请数增速与 GDP 增长率

单位:%

部分国家列表	国际专利年均增速	GDP 年均增长率
法国	4.85	0.78
德国	8.21	0.67
意大利	4.68	2.43
日本	14.84	1.97
中国	40.33	9.60
韩国	23.00	4.78
美国	4.89	3.12
加拿大	2.83	3.9
印度	7.8	7.02
巴西	14.31	2.77

资料来源：根据目录中的相关数据整理而成。

　　根据所获得的 2000—2006 年连续 7 年的专利申请数与 GDP 的比值，韩国和日本是最具创新性的国家。到 2006 年，韩国平均每 10 亿美元 GDP 有 122 件《专利合作条约》国际专利申请，日本达到每 10 亿美元 GDP 有 87 件的申请数量；其后是俄罗斯联邦（每 10 亿美元 GDP 有 32 件）、新西兰（每 10 亿美元 GDP 有 26 件）和中国（每 10 亿美元 GDP 有 24 件），其国际专利申请率也很高。值得一提的是，从 2000—2006 年，中国的专利密度有了大幅度的提升，从 2000 年的每 10 亿美元 GDP 有 9 件提高到 24 件，提升幅度为 167%。韩国也有小幅度提升。而一些传统优势国家则出现了相对下降，例如，乌克兰由 2000 年每 10 亿美元 GDP 有 59 件下降到 22 件，德国、芬兰、英国、瑞典都出现了一定程度的下降。这种情况的出现，一方面与新兴经济体经济发展速度和程度有关，另一方面也可能与发达国家研究开发成本的上升有较大关系，而新兴经济体相对低廉的人工成本可能对其专利密度的提升有很大作用。从 2006 年绝对数值的比较来看，韩国和日本的单位 GDP 的国际专利申请密度是欧洲和北美洲工业化国家的 5—8 倍、中国的 4—5 倍。绝对数量第一的美国达到每 10 亿美元 GDP 将近 20 件的水平。韩国、日本和中国的排名较高，可能与其经济外向程度有一定的联系。依据这样的分布状况，我们可以推断国际专利密度的大小除了与一国的经济发展速度和程度相关以外，还与其经济外向程度有关。

　　另一种是《专利合作条约》国际专利申请数与一国每百万人口的比值。通过这种测算方式得出的结果，与前面的测算结果存在一定程度的相近性，但以此测算方式衡量的国别技术创新水平在一些国家出现了位次上的差异。2006 年的数据显示，国际专利密度最高的前两个国家依然是日本（每百万人口 2721 件）和韩国（每百万人口 2592

件），且两者呈现一定的收敛性（2000 年日本是 3028 件，韩国是 1549 件）。接下来是美国（每百万人口 742 件）、德国（每百万人口 522 件）和芬兰（每百万人口 346 件）。中国则下降到第 22 位，即每百万人口 93.2 件，但与 2000 年的 20 件相比，中国的国际专利密度提升了 236%。此外，国际专利密度增幅较大的有韩国、新西兰、美国等国家；下降幅度较大的国家有以色列、芬兰、英国、瑞典等国家，尤其是以色列，从 2000 年的每百万人口 254 件下降到 37 件。但总体而言，相对第一种测算方式，依据该测算方式衡量的指标并没有出现较大的波动性。从绝对值的比较来看，日本、韩国的国际专利密度是美国的 3—4 倍，欧洲工业国家的 10—15 倍，是中国的 26—28 倍。可以推断，造成这种差距的主要原因除了人均经济发展程度的差异以外，教育水平的差异也是非常重要的原因。

需要特别说明的是，无论采用哪种方式测算《专利合作条约》国际专利密度的指标，日本和韩国都是国际专利密度最高的国家，其技术创新水平也处于相当高的水平。

四　申请人分布

从 2007 年前 50 位申请人排行榜（参考附录 2）可以看出，来自发达国家的 500 强企业仍是《专利合作条约》专利申请的主体。在前 50 位的申请人中，来自发展中国家的企业或研究机构只有 5 个，中国的华为技术申请数量最多，其他 4 家均来自韩国。这表明，发展中国家与发达国家在专利技术水平上的差距，与双方在跨国企业数量上的悬殊有着密切的联系。因此，培育具有世界水平的跨国公司对发展中国家的科技创新能力有着决定性影响。

在 2007 年《专利合作条约》热门会员的名单上，可以看到一些排名上的变化。日本松下成为第 1 位（全年 2100 件申请），超过荷兰的飞利浦公司（2041 件申请）。德国的西门子（1644 件）位列第三。中国的华为技术上升了 9 个位置，成为第四大申请人，全年有 1365 件申请。紧接着有德国 Bosch（1146 件）、丰田汽车（997 件）、美国 Qual-comm（974 件）、微软（845 件）、摩托罗拉（824 件）和诺基亚（822 件）。在前 20 名的公司中，有 6 个来自美国，6 个来自日本和 3 个来自德国，这三个国家的 GDP 总量也是美国第一，日本紧随其后，德国排第三。可以看出前 20 名的申请人数量与这三个国家的 GDP 总量具有明显的相关性。

从公司的业务范围来看，电子电气是前 50 位申请人国际专利申请最重要的技术领域大类，其中，通信、信息技术又是该大类中的热点细分领域。通信、电子信息是近年来一直处于高速发展的全球热点产业，这也反映出产业的发达程度能够推动企业提升专利技术水平。

第三节　《专利合作条约》国际专利申请的理论分析

从理论角度看，自索洛（Solow，1956）以来，技术创新对于长期经济增长的核心作用得到了广泛认可。围绕国家创新能力研究，学术界形成了"供给推动"和"需求拉动"两个基本假说，前者认为创新活动的决定因素包括科学知识的发现、技术机会、研究实验室的效率、投资的机会成本等（Dosi，1988），后者认为市场需求和盈利驱动刺激了研究开发投入和专利申请（Romer，1990）。基于两个假说的实证研究发现，研究开发投入和专利申请等对一国创新能力有着决定性影响（Archibugi and Coco，2005）。

近十年来，中国政府和企业的研究开发投入力度大大增强，中国《专利合作条约》国际专利申请数连续几年保持快速增长是一个有力的佐证，而且《专利合作条约》已成为中国创新主体获取国外专利保护的主要途径。这表明中国企业尤其是高新技术企业的创新能力正在快速提升。据美国专利商标局、欧洲专利局和日本特许厅统计数据，2007 年，中国向美国、欧洲和日本提交的发明专利申请数大幅度增长，而且在美国、欧洲、日本提交的发明专利申请增长幅度均高于各国专利申请量的增幅。这些向外国申请的发明专利约有 2/3 通过《专利合作条约》提交，2007 年申请量达 5400 多件，比2006 年增长了 38.1%，超过荷兰，成为第七大专利原属国，年均增长率高达 40.33%。

进一步分析，在开放经济条件下，中国通过贸易渠道和跨境直接投资，已经从国际分工中获得了很大的"静态惠益"与"动态惠益"。静态惠益是基于现有生产能力可迅速实现的收益；动态惠益是与更大的全球市场相连接，一个国家通过积极参与全球竞争，资源配置和竞争能力会显著提高，技术与制度创新的步伐会明显加快（Sen，1998；Allow，1962；范黎波，2008）。其中，"动态惠益"有进一步放大的趋势。从《专利合作条约》专利申请的结构看，高新技术企业的申请已占中国《专利合作条约》专利申请总量的五成以上，高新技术企业已成为中国《专利合作条约》专利申请的主力军。中国通信产业颠覆了以往"中国制造"的模式，在 3G、NGN、IPTV 等产品质量和技术创新等方面已经实现了重大突破；在技术商业化方面，以华为、中兴通讯为代表的中国厂商甚至已经超越了部分欧美厂商，在某些领域还率先开辟了向国外企业进行专利授权许可的先河。华为技术从 2006 年的第 13 位在 2007 年则以 1365 件跃居第 4 位，创下发展中国家企业的历史新高。中兴通讯也从第 92 位升至第 52 位。对于中国来说，寻求国际化发展的龙头民营高科技企业和国有高科技企业是国际专利申请的主要力量。基于分析可以得出一个简单的结论：中国的自主创新能力正在不断提升，创新主体利用知识产权参与国际竞争意识逐渐增强。

当然，基于统计分析发现，中国的"技术缺口"尚没有根本性逆转。目前，中国的世界货物贸易出口额已经远远超日本，位居世界第三，与位居前两位的美国、德国的差距也不大，但是，《专利合作条约》专利申请则远远落后于上述三国。以中国最大的贸易伙伴欧盟为例，据海关统计，2007 年，欧盟各国向中国的出口额达到 1110 亿美元，同期在中国的发明专利申请量超过 2.4 万件，每出口 1 亿美元的发明专利申请为22.1 件；而中国向欧盟的出口额达到 2452 亿美元，每出口 1 亿美元的发明专利申请却不到 0.5 件。正如引言所说，这与中国的出口贸易结构有很大的相关性：即外商投资企业出口和加工贸易出口已经达到中国总出口的 2/3。事实也表明，在中国的出口贸易中，具有自主知识产权的产品还比较少，核心竞争力仍然有待提高。

第四节　政策建议

　　在全球化背景下，中国企业的国际竞争力培育和强化已经成为必然，竞争力的主要元素之一是技术水平和创新能力，而技术和创新能力的基础是知识产权优势，这不仅要求企业持续进行研究开发投入，更需要企业从战略、组织及人力资源管理等各个方面强化专利理念，在企业的各个层级建立完整的知识产权管理体系。同时，中国企业要勇于走向海外和全球市场，主动迎接更大范围和更高难度的挑战，只有在这种情况下，企业才能有足够的动力去提升研究开发创新实力，并寻求国际知识产权的保护。可喜的是，像华为、中兴这些企业正在将眼光投向海外市场，越来越关注国际知识产权的保护，投入大量资金用于研究开发并加强对外合作，以期在专利上获取利益。

　　另外，创新能力的提升离不开政府的支持和政策引导。企业是创新力量的主体，国家创新能力的提升很大程度上依靠企业创新实力的增强。政府的积极影响可以体现在对企业创新过程的各个环节的政策支持力度上，从而政府的支持工作可以从多方面展开，如创新人才来源的培育、创新金融优惠政策的实施、知识产权保护的制度建设等方面，最终逐步形成一个有效的国家创新体系。胡锦涛总书记在党的十七大报告中明确指出，中国要加快建立以企业为主体、市场为导向、产学研相结合的技术创新体系，引导和支持创新要素向企业集聚，促进科技成果向现实生产力转化。事实上，华为在《专利合作条约》国际专利申请上所取得的巨大成功，除华为自身的专利战略外，离不开深圳市的支持和政策引导。2007 年，深圳的国内专利申请量再创历史新高，达 35808 件，居中国大中城市第 2 位；其中发明专利的申请量为 19198 件，连续两年居中国大中城市首位。2007 年，深圳市共资助发明专利申请 12862 件，发放资助金额 5534.5 万元。2008 年，深圳市对专利工作的资助补贴预算达到 1.1 亿元。

　　企业自身寻求创新的意识提升，政府政策支持的有效实施，必然会形成持续的良性循环，从而有利于和谐创新环境的实现。在政府寻求转换经济增长方式、将创新提升到国家发展战略层面的背景下，这样一个和谐的创新环境，将是中国的经济在取得 30 年发展成就之时，同时也是资源环境压力剧增之时，进一步获得快速发展的关键途径。

附录 1　《专利合作条约》国际专利申请的技术领域分布

技术领域	2007 年		比 2006 年增长（%）
	公布数量（件）	占公布总量比重（%）	
电子电气			
电器设备、电气工程、电能	11035	0.057081818	9.60

续表

技术领域	2007 年		比 2006 年增长
	公布数量（件）	占公布总量比重（%）	（%）
声像技术	7759	0.040135734	4.10
通信	15751	0.08147673	15.50
信息技术	15109	0.078155794	9.60
仪器仪表·			
半导体	6587	0.034073216	7.80
光学	5960	0.030829872	1.10
分析、测量、控制技术	13531	0.06999312	2.30
医学技术	11890	0.06150456	5.70
原子核工程	712	0.003683032	24.50
化学品、材料			
精细有机化学	6082	0.031460953	− 6.60
高分子化学、聚合物	5946	0.030757453	0.70
化学工程	5863	0.030328111	3.20
表面加工、涂层	4247	0.02196887	− 2.60
材料、冶金	4045	0.020923965	5.40
药品、生物技术			
生物技术	7228	0.037388979	− 2.50
药品、化妆品	13936	0.072088103	0.10
农业、食品	2309	0.011943989	− 1.20
加工工程			
工业加工	5295	0.027389962	5.70
搬运、印刷	6261	0.032386884	0.40
农业和食品加工、机械和设备	1478	0.007645394	− 1.70
材料加工、纺织、造纸	5312	0.027477899	− 3.10
环境技术	1780	0.009207579	12.30
机械装置、运输			
机床	3132	0.016201201	4.10
发动机、泵、叶轮机	4170	0.021570565	12.70
热处理及设备	2297	0.011881915	11.40
机械组件	5084	0.026298501	7.10
运输	6696	0.034637051	10.20
航天技术、武器	507	0.002622608	− 1.20
消费品、土木工程			
消费品和设备	8629	0.044636068	3.80
土木工程、建筑、采矿	4688	0.024250074	6.60

附录2 2007年《专利合作条约》国际专利申请的企业排名

单位：件

2007 年排名	申请人	原属国	2007 年发布的申请数	相比 2006 年的增长数
1	松下电器公司	日本	2100	−244
2	皇家飞利浦电器公司	荷兰	2041	−454
3	西门子公司	德国	1644	164
4	华为技术有限公司	中国	1365	790
5	罗伯特博世公司	德国	1146	184
6	丰田公司	日本	997	293
7	高通有限公司	美国	974	366
8	微软公司	美国	845	603
9	摩托罗拉有限公司	美国	824	187
10	诺基亚公司	芬兰	822	−214
11	BASF 公司	德国	810	94
12	3M 创新产业公司	美国	769	42
13	LG 电器公司	韩国	719	152
14	富士通有限公司	日本	708	137
15	夏普公司	日本	702	206
16	NEC 公司	日本	626	253
17	英特尔公司	美国	623	−67
18	先锋公司	日本	611	117
19	国际商业机器公司	美国	606	241
20	三星电器公司	韩国	598	93
21	爱立信公司	瑞典	597	25
22	宝洁公司	美国	575	83
23	霍尼威尔国际有限公司	美国	520	12
24	杜邦公司	美国	504	−19
25	通用电器公司	美国	438	159
26	汤姆森许可公司	法国	416	113
27	惠普开发公司	美国	405	−104
28	博世和西门子家用电器有限公司	德国	398	116
29	富士胶片股份有限公司	日本	372	372
30	加利福尼亚大学董事会	美国	364	−52

2007 排名	申请人	原属国	2007 年发布的申请数	相比 2006 年的增长数
31	索爱移动通信	瑞典	360	211
32	飞思卡尔有限公司	美国	355	101
33	波士顿科学国际有限公司	美国	342	15
34	诺华公司	瑞士	342	115
35	法国电信	法国	341	38
36	LG 化学有限公司	韩国	332	70
37	伊斯曼柯达公司	美国	330	− 64
38	阿斯利康	瑞典	299	59
39	金佰利全球有限公司	美国	299	16
40	美敦利有限公司	美国	297	37
41	电子和电信研究协会	韩国	288	87
42	思科技术有限公司	美国	283	40
43	大金工业有限公司	日本	279	46
44	三菱公司	日本	279	− 337
45	东电电子	日本	272	52
46	佳能公司	日本	265	− 1
47	株式会社村田制作所	日本	257	9
48	朗讯科技公司	美国	251	208
49	尼康公司	日本	244	28
50	恩智浦半导体	荷兰	241	241

第四章　外商直接投资与中国技术
创新能力的协整分析

第一节　研究背景

中国改革开放 30 年来，外商直接投资（FDI）对中国经济发展起到了十分重要的推动作用。外商直接投资给东道国带来的最大利益就是技术转移与技术扩散（UNCTAD，1999）。研究表明，外国投资者会给东道国企业带来新的或者经过改善的管理技术（Allard and Lundborg，1998）。许多研究表明，与众多国家广泛进行国际投资的国家比那些很少进行国际投资的国家拥有更多的向技术发达国家学习的机会。

一些实证研究表明，流入发达国家（如澳大利亚、英国和美国）的外商直接投资都存在正向技术扩散效应（Caves，1974；Haskel et al.，2002；Keller and Yeaple，2003）。但是，对于流入发展中国家的外商直接投资的技术扩散效应却很难得到一致的结论。哈达德和哈里森（Haddad and Harrison，1993）、艾特肯和哈里森（Aitken and Harrison，1999）、德杨克夫和诺克曼（Djankov and Hoekman，2000）以及康宁斯（Konings，2001）等人的研究表明，外商直接投资在摩洛哥、委内瑞拉、捷克、保加利亚、罗马尼亚和波兰等发展中国家不存在技术溢出效应。而布隆斯特罗姆和波森（Blomstrom and Persson，1983）、考柯和哲杨（Kokko and Zejan，1994）、考柯（Kokko，1996）等人的研究发现，外商直接投资的技术扩散效应假设在乌拉圭、印度尼西亚、墨西哥等国成立。

国内学者对于外商直接投资技术溢出效应的研究，已经有大量的文献。蒋殿春（2004）通过比较静态分析，认为外商直接投资带来的竞争效应往往会恶化国内企业研究开发的融资能力，其总体结论是，在大多数情况下，跨国公司带来的竞争冲击将会弱化中国企业研究开发的动机和能力。王晓红和胡景岩（2006）认为，外商直接投资的技术溢出效应是发展中国家利用跨国公司投资增强自主创新能力，实现产业快速升级，经济跨越式发展所产生的一个最重要的效应。冼国明和薄文广（2006）的研究表明，外商直接投资对于中国各地区的技术创新会发挥积极的影响，但这种影响受到人力资本、各地区的基础设施、市场经济得以顺利运行的制度环境、法制环境等"门槛"效应的影响。陈柳（2007）通过 1987—2003 年长江三角洲地区的面板数据，分析了本土技术创新能力和外商直接投资技术溢出两者对该区域经济增长的作用，其结论认为，考虑到本土创新因素之后，外商直接投资技术溢出不再表现出对经济增长的显著正面作用；而本土创新能力与该地区的经济增长却存在显著的正相关关系。

从以上文献回顾可以发现，以往的研究侧重于考察是否存在以及存在正向或负向的外商直接投资技术溢出效应。外商直接投资在对中国经济增长作出贡献的同时，是否也促进了中国技术创新能力的提高？本章正是基于这一视角，运用实证方法来考察外商直接投资与中国创新能力之间的长期及短期关系。

第二节　变量、数据与方法

本章选取外商直接投资流量和专利授权数作为替代指标来研究外商直接投资对创新能力的影响。在此，我们以中华人民共和国统计局公布的实际利用外商直接投资金额作为衡量外商直接投资的指标。由于实际外商直接投资额的原始数据是以美元标价的，因此，我们把当年的外商直接投资原始数据转换成以人民币标价的外商直接投资额（RFDI），然后对该数值取对数（LNRFDI）（见表4-1），并得到该变量随时间变化的趋势图（见图4-1）。

表4-1　　　　　　　　　　外商直接投资样本数据（1990—2005）

年份	FDI（亿美元）	FEX	RFDI（亿元）	lnRFDI	PTN（件）	lnPTN
1990	34.8700	4.7832	166.7902	5.1167	22588	10.0252
1991	43.6600	5.3233	232.4153	5.4485	24616	10.1112
1992	110.0700	5.5146	606.9920	6.4085	31475	10.3569
1993	275.1500	5.7620	1585.4143	7.3686	62127	11.0369
1994	337.6700	8.6187	2910.2764	7.9760	43297	10.6758
1995	375.2100	8.3510	3133.3787	8.0499	45064	10.7158
1996	417.2600	8.3142	3469.1831	8.1517	43780	10.6869
1997	452.5700	8.2898	3751.7148	8.2300	50992	10.8394
1998	454.6300	8.2791	3763.9272	8.2332	67889	11.1256
1999	403.1900	8.2783	3337.7278	8.1130	100156	11.5145
2000	407.1500	8.2784	3370.5506	8.1228	105345	11.5650
2001	468.7800	8.2770	3880.0921	8.2636	114251	11.6462
2002	527.4300	8.2770	4365.5381	8.3815	132399	11.7936
2003	535.0467	8.2770	4428.5815	8.3958	182226	12.1130
2004	606.2998	8.2768	5018.2222	8.5208	190238	12.1560
2005	603.2459	8.1917	4941.6094	8.5054	214000	12.2737

注：FEX 表示折算汇率；RFDI 表示以人民币标价的外国直接投资额；lnRFDI 和 lnPTN 表示 RFDI 和 PTN 的自然对数。

资料来源：中宏数据库。

对于创新能力,我们选用 1990—2005 年国家知识产权局授权的专利数量作为替代指标。其中,专利数量包含了发明（invention）、实用新型（utility model）和外观设计（design）。对该指标取对数后得到的趋势图见图 4-2。本书之所以不选择专利申请数而选择专利授权数基于以下两个理由[①]:（1）专利申请经过审查程序,就进入授权阶段。然而,并非所有的专利申请都能批准为专利。从中华人民共和国科技部公布的专利申请数和授权数来看,二者之间具有较大的差异（见表 4-2）。（2）从专利申请的结果来看,授权的专利比申请的专利更具有新颖性,作为创新能力的代替指标也更为恰当。

表 4-2　　　　　　　　　　　专利申请受理与授权分布情况

单位：件

年份	受理				授权			
	合计	发明	实用新型	外观设计	合计	发明	实用新型	外观设计
1990	41469	10137	27615	3717	22588	3838	16952	1798
1991	50040	11423	33282	5335	24616	4122	17327	3167
1992	67135	14409	44369	8357	31475	3966	24060	3449
1993	77276	19667	47538	10071	62127	6528	46717	8882
1994	77735	19067	45511	13157	43297	3883	32819	6595
1995	83045	21636	43741	17668	45064	3393	30471	11200
1996	102735	28517	49604	24614	43780 ·	2976	27171	13633
1997	114208	33666	50129	30413	50992	3494	27338	20160
1998	121989	35960	51397	34632	67889	4733	33902	29254
1999	134239	36694	57492	40053	100156	7637	56368	36151
2000	170682	51747	68815	50120	105345	12683	54743	37919
2001	203573	63204	79722	60647	114251	16296	54359	43596
2002	252631	80232	93139	79260	132399	21473	57484	53442
2003	308487	105318	109115	94054	182226	37154	68906	76166
2004	353807	130133	112825	110849	190238	49360	70623	70255
2005	476300	—	—	—	214000	—	—	—

资料来源：有关年份《中国科技统计年鉴》。

从图 4-1 和图 4-2 可以看出,在对 RFDI 和 PTN 取对数之后,二者具有随时间变化的趋势,因而是非平稳时间序列。也就是说,在数据中存在单位根。在这种情况下,使用传统的估计技术（基于古典假设的关于扰动项的性质）将会导致不正确的推论（Rao,1994）,这潜在地导致了无意义或者伪造的结果（Granger and Newbold,1974；Harris,1995）。随着时间序列分析的发展,学者们（Engle and Granger,1987；Johansen,1988）提倡把协整技术作为估计包括非平稳变量模型的适当的方法。

---

① 冼国明和薄文广（2005,2007）的研究采取了专利申请数量作为创新能力的代替指标。陈柳（2007）选取了专利授权数作为区域创新能力的指标。本书认为,后者的处理更为恰当。

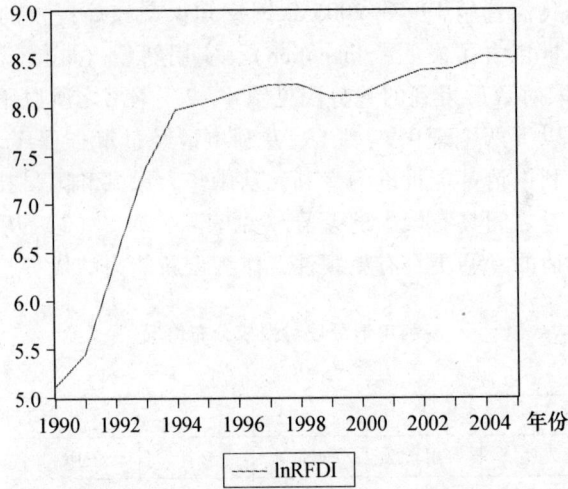

图 4 - 1　lnRFDI 的变化趋势 （1990—2005）

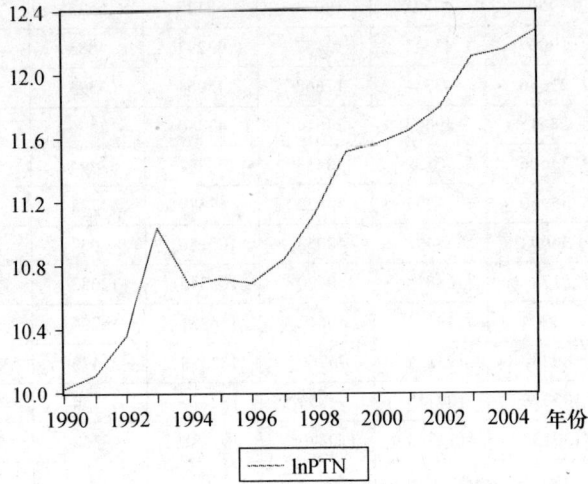

图 4 - 2　lnPTN 的变化趋势 （1990—2005）

第三节　计量分析与结果说明

一　单位根检验

在进行协整分析之前，必须先检验变量是否是平稳的。采用迪基—富勒（Dickey - Fuller）的 ADF 检验方法，对表 4 - 1 的数据 lnRFDI 和 lnPTN 及其一阶差分变量 DlnRFDI 和 DlnPTN 进行平稳性检验，结果见表 4 - 3。

表 4 - 3 检验变量序列的平稳性

变量	ADF 检验	检验类型（c，t，k）	临界值	结论
lnRFDI	- 2.175476	（c，t，0）	- 3.324976*	非平稳
lnPTN	- 2.577282	（c，t，2）	- 3.362984*	非平稳
DlnRFDI	- 2.808438	（c，0，5）	- 2.771129*	平稳
DlnPTN	- 4.107071	（c，0，2）	- 3.144920**	平稳

注：检验类型（c，t，k）分别表示 ADF 检验中是否会有常数项 c、时间趋势项 t 以及滞后期数为 k。 - 3.144920** 表示该值是 5% 的显著水平下的临界值；- 3.324976* 表示该值是 10% 的显著水平下的临界值。

结合表 4 - 3、图 4 - 3 和图 4 - 4，可以看出，虽然时间序列变量 lnRFDI 和 lnPTN 是非平稳的，但是它们的一阶差分变量 DlnRFDI 和 DlnPTN 是平稳的。由此可知，时间序列 lnRFDI 和 lnPTN 都是一阶单整序列，即 I（1）。因此，序列可能存在协整（Dickey et al.，1991）关系，也就是说，可能存在两个序列的平稳线性联合，这意味着它们之间存在长期、稳定的关系。

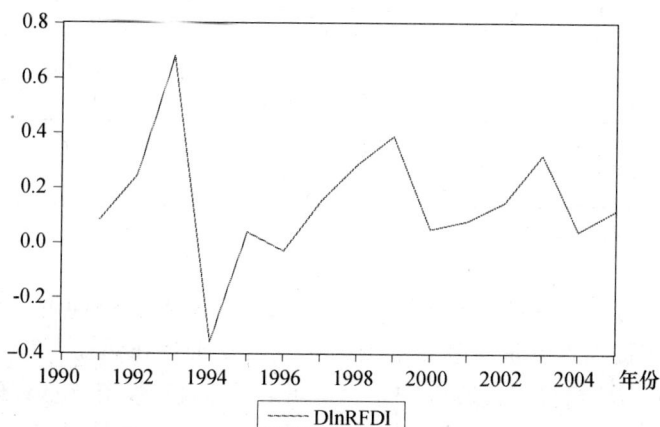

图 4 - 3 lnRFDI 的一阶差分序列（1990—2005）

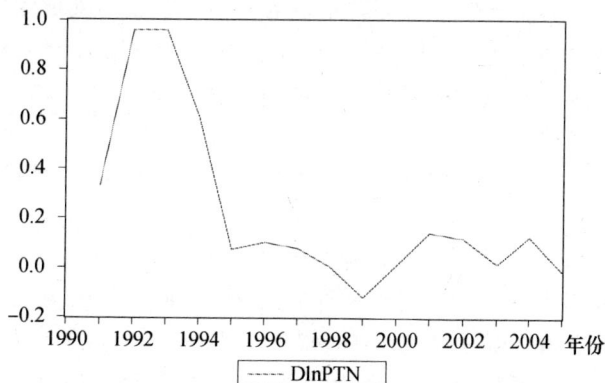

图 4 - 4 lnPTN 的一阶差分序列（1990—2005）

二　协整检验

根据恩格尔和格兰杰（Engle and Granger）的原始定义，对于双变量模型，协整要求两个变量要具有相同的单整阶数。从前面的单位根检验中，我们已经得出两个变量都是一阶单整的结论。运用 E—G 两步法，对 1990—2005 年外商直接投资流量与中国的专利授权数之间的协整关系进行检验，检验结果如下：

第一步：估计方程。首先用 OLS 法估计协整向量，再检验残差是否是单位根。用 Eviews 5.0，我们得出下面的方程：

$$\ln PTN = 7.149335892 + 0.5211164637 \times \ln RFDI$$

$R^2 = 0.600896$，校正的 $R^2 = 0.572388$，$F = 21.07857$

第二步：对残差的单位根检验。

估计的残差 $u = \ln PTN - 0.5211164637 \times \ln RFDI - 7.149335892$

检验结果显示，ADF $= -1.63020267$，小于 10% 水平的临界值（见表 4 - 4），所以，估计的残差序列 u 在 10% 的水平拒绝原假设，即接受不存在单位根的结论；因此，可以确定估计的残差为零阶单整，上述结果表明：$\ln PTN$ 和 $\ln RFDI$ 之间存在协整关系。协整向量为：（1，-0.5211164637，-7.149335892）。

表 4 - 4　　　　　　　　　　　对残差的单位根检验

残差	ADF 检验	检验类型（c, t, k）	临界值	结论
U	-1.63020267	(0, 0, 6)	-1.600140*	平稳

注：表 4 - 4 中的符号含义同表 4 - 3。

从反映外商直接投资流量与创新能力长期关系的协整检验中的第一步可以看出，从长期来看，外商直接投资流量对创新能力的弹性为 0.5211164637，即外商直接投资流量每增长 1%，专利授权数约增长 0.52%，说明了外商直接投资流量对创新能力的拉动作用并不显著。

三　误差修正模型

描述创新能力与外商直接投资流量之间随着外商直接投资流量变化的短期波动向长期均衡调整的误差修正模型为：

$$\ln PTNt = C(1) + C(2) \times \Delta \ln RFDIt + aecmt - 1 + ut$$

也可以写成：

$$\Delta \ln PTNt = C(1) + C(2) \times \Delta \ln RFDIt + a \ln PTNt - 1 - 0.5211164637 \times \ln RFDIt - 1 - 7.149335892) + ut$$

根据亨德里（Hendry）从一般到特殊的建模方法，我们首先选定 4 阶的滞后变量，然后逐步排除一些不显著的变量，得到估计后的 ECM 如下：

$$D\ln PTN = 0.3527167266 - 0.3238169423 \times D\ln PTN（-2）- 0.3063303412 \times D\ln PTN（-3）- 0.4534072436 \times D\ln RFDI（-4）- 0.2435227024 \times ecmt - 1$$

$R^2 = 0.789770$，校正的 $R^2 = 0.649617$，D. W. $= 2.576238$

以上分析结果表明：

（1）在 1990—2005 年间，外商直接投资流量和专利授权数之间存在着长期动态均衡关系。

（2）在短期内，专利授权数的变动受到自身和外商直接投资流量的变动因素的影响。其中，滞后 2、3 年的专利授权数增长变动、滞后 4 年的外商直接投资流量的变动对专利授权数的变动影响在 5% 的显著水平下是显著的，再没有其他滞后期的因素影响专利授权数的变动。

（3）ecm 是误差修正项，该项系数反映了误差修正模型自身修正偏离均衡误差的作用机制。当修正系数为 1 时，专利授权数和外商直接投资流量的当年均衡误差在下一年就可以调整到均衡状态。此模型中的系数为 0.2435227024，说明专利授权数和外商直接投资流量的短期变动偏离它们长期均衡关系的程度并不大，外商直接投资流量和专利授权数之间的均衡关系对当期非均衡误差调整的自身修正能力不强。

四 格兰杰因果关系检验

协整检验结果表明，外商直接投资流量与中国的专利授权数之间存在长期的均衡关系，但这种均衡关系是否构成因果关系，即是由外商直接投资流量的增加提高了创新能力，还是由创新能力的提高吸引了外商直接投资流入量，前面的回归并不能够回答这个问题，所以还需要进一步的验证。格兰杰因果关系检验只适用于平稳变量，所以我们使用 1990—2005 年间外商直接投资流量与中国的专利授权年度数据一阶差分后的数据，对其进行格兰杰因果关系检验，结果如表 4-5 所示。

表 4-5　　　　　　1990—2005 年研究开发投入与经济增长的因果检验

滞后期	外商直接投资流入量的变动不是专利授权数变动的格兰杰原因	专利授权数变动不是外商直接投资流入量的变动的格兰杰原因
1 年	0.00910（0.92573）	0.36622（0.55735）
2 年	4.53618（0.04822）	2.32429（0.16003）
3 年	9.16370（0.01785）	3.68306（0.09723）
4 年	1.18580（0.50522）	0.33242（0.84052）

表 4-5 中的第一列是滞后期数，第二列、第三列是格兰杰因果关系检验的零假设，每一行中第一个数据是 F 统计量数值，括号内的值是 F 统计量在零假设成立时的概率显著水平。

通过检验结果，得出的结论为：

（1）在滞后期为 2 年、3 年时，外商直接投资流量的变动是专利授权数变动的格兰杰原因，因为从 F 统计量数值的概率水平看是拒绝原假设的。这表明外商直接投资流量对专利授权数的增加有预测作用，滞后期为 1 年、大于等于 4 年时，外商直接投资流量的变动不是专利授权数变动的格兰杰原因，因为此时 F 统计量数值的概率水平说明只能接受原假设。

（2）滞后期为1年、2年、4年时，专利授权数变动不是外商直接投资流量的变动的格兰杰原因，因为从 F 统计量数值的概率水平看是接受原假设的。滞后期为3年时，专利授权数变动是外商直接投资流量的变动的格兰杰原因。

第四节　结论与政策建议

本章利用1990—2005年中国的专利授权数和外商直接投资流入量数据，采用时间序列数据分析方法，首先对时序数据进行平稳性处理，然后运用协整、误差修正模型和格兰杰因果检验，实证分析外商直接投资流量与专利授权数之间的长期关系及短期动态因果关系，得出的结论及解释如下：

外商直接投资流量与中国的专利授权数之间存在着一定的相关关系，尽管各自增长是非平稳的，但就长期而言，它们之间却构成了长期稳定的均衡关系。在我们所研究期间的短期内，滞后三年的专利授权数与外商直接投资流量之间互为格兰杰原因；而滞后两年的专利授权数变动是外商直接投资流量变动的格兰杰原因。在其他情形下，专利授权数与外商直接投资流量之间不存在显著的因果关系。这种现象表明，外商直接投资流量对专利授权数的贡献在短期内是不明显的。

本章认为，产生这一现象的原因可能包括：

（1）从外商直接投资流入的类型来看，早期流入中国的外商直接投资在很大程度上是为了利用中国廉价的劳动力，主要是采取来料加工和进料加工贸易的方式，把中国当做一个"加工厂"。而处于价值链上游的研究开发活动则一般被分配在母国，甚至仅仅局限于发达的工业化国家以及较发达的发展中国家。跨国公司在中国设立研究开发机构虽然在20世纪90年代末就已经出现，但只是近年来在华研究开发投资才达到新一轮高潮。因此，较高的外商直接投资流入量不能预期提高专利授权数也就在情理之中了。

（2）从微观层面上讲，企业的吸收能力对创新能力具有直接显著的正向影响。正如我们在2007年的一项研究所表明的，企业的吸收能力是一个企业成功地开发利用来自组织外部的技术能力或知识的一个必要条件。影响企业吸收能力的主要因素包括新技术知识的积累和研究开发活动的投资。研究开发活动有助于新技术知识的产生及新技术能力的积累。

以上分析的政策含义包括两个方面：

（1）政府不仅应当继续采取政策吸引外资在华建立研究开发机构，而且要提高外资研究开发机构的档次。一是要鼓励跨国公司整合其在华的多个研究开发机构，形成在其母公司中地位更高的海外研究开发机构。二是要鼓励在华外资研究开发机构从事水平更高的研究开发活动，从目前以针对中国市场的适应性、专门性研究开发活动为主，变为更多地从事供母公司在全球市场应用的创新性研究开发活动。三是要大力加强知识产权的保护，否则跨国公司不会愿意在华从事高水平的研究开发活动。

（2）增强中国企业的技术吸收能力。一是激励企业提高研究开发投入占销售收入的比重。企业对于研究开发的投资越多，就越可能产生更多的技术知识。二是创建吸引人才和保留人才的机制，研究开发人员的水平和素质对于企业技术创新能力的提升具有至关重要的作用。三是鼓励中国企业与跨国公司合资进行研究开发活动，通过在基础技术、技术信息等方面的交流以及与跨国公司研究开发机构联合承担研究开发课题，提高本土企业的技术学习和创新能力。

第五章　研究开发投入与经济增长的协整分析

第一节　引言

在新增长（内生增长）理论产生之前，技术进步对经济增长的作用被大大低估了，其中的原因在于经济学家倾向于把新知识、发明和创新看成是游离于经济模型框架之外的"外生变量"。

在哈罗德—多马模型中，技术水平被假定是不变的，经济增长取决于每个劳动力可以在劳动中支配更多的资本，即经济学所说的"资本深化"过程。罗伯特·索洛（1956）提出，长期经济增长所依靠的不是资本和劳动力的投入，而是"科技进步"。但在索洛的研究中，并没有解释科技进步的来源，以及科技进步是如何加速经济增长的。技术发明、创新、独创性统统被作为"外生"因素，置于他的理论模型之外。

保罗·罗默（P. Romer, 1986）和卢卡斯（Lulas, 1988）基于阿罗（K. J. Arrow, 1962）的"干中学"模型，提出了新增长理论，对索洛的理论作了创造性的发展。在罗默的模型中，除了列入资本和劳动这两个生产要素以外，还有另外两个要素，即人力资本和技术水平。罗默的模型中所列入的劳动是指非熟练劳动，而人力资本则是指熟练劳动，人力资本用正式教育和在职培训、受教育时间长度来表示。罗默认为，模型中所列入的技术水平这一要素体现于物质产品之上，如新设备、新原材料等，它们表示技术创新的成果。换言之，技术进步体现在两方面：一方面是体现在劳动者的熟练程度，在模型中用人力资本来表示；另一方面体现于新设备、新原材料等物质产品之上的技术先进性，在模型中用技术水平表示。新增长理论认为，从本质上讲，技术进步是经济增长内在的、决定性的因素。在技术进步的条件下，资本边际效益递减规律可以避免，经济增长的持续性也可以保持，而技术进步高度依赖于研究开发投入和其他知识创新活动资源的总量。

基于理论演化分析，可以发现要素投入和科技进步都是经济增长的引擎。科技进步越来越重要。科技进步源于教育投入、研究开发投入、企业技术、管理与制度创新等，其中，研究开发投入在任何科技进步中都处于核心地位，可以说，研究开发投入的数量和使用效果直接影响到经济增长和科技进步。因此，研究开发投入与经济增长的关系具有重要的理论意义和实践价值。

中国的经济增长是否符合新增长理论模型？研究开发投入与经济增长之间是否相

关？这个领域的定性研究很多，但实证研究不多。而且，由于不同的研究者对数据的处理方法不同，以致得出的结论也不同。最典型的研究为舒元和徐现祥（2002）采用琼斯（Jones，1995）检验新增长理论的模型，实证分析了1952—1998年间中国经济增长的典型事实。结果发现，这些典型事实明显地拒绝新古典增长理论和研究开发类型的增长理论，而相对比较支持AK类型增长理论。他们的结论是，中国经济增长的引擎是要素的持续投入，而不是技术进步。他们还从"干中学"的角度，把"探索适合中国国情的经济建设道路"（被称为"制度变迁"）纳入经济增长模型，证明其本身可以作为中国经济增长的引擎。

　　本章采用时间序列数据分析方法。首先对变量以及数据来源进行了说明，然后对时序数据进行了平稳性处理，接着运用协整、误差修正模型和格兰杰因果检验，实证分析了研究开发投入与经济增长之间的长期关系及短期动态因果关系，最后归纳了实证分析的结果并进行了讨论。

第二节　变量与数据

　　这里，我们首先对本章所涉及的变量及数据进行说明，包括数据来源及数据的处理方法。

　　一　变量

　　研究开发投入：根据经济合作与发展组织（OECD）2002年的定义，研究开发是指由创造性的工作所构成的活动，其目的是提高知识的存量，并利用这些存量知识来实现新的应用。通常认为，按照研究开发活动结果的应用目的，研究开发活动的类型可以分为基础型研究、应用型研究和试验发展三种。在本章中，我们根据中华人民共和国科技部提供的数据，将以上三种类型研究开发活动数据进行加总，作为研究开发投入的数据。

　　经济增长：对于该变量，本章采取国内学者（杨俊和李雪松，2007；朱翊敏和钟庆才，2002；李斌，2004）普遍采用的方法，将实际GDP作为衡量经济增长的指标。

　　二　数据

　　我们选用1987—2005年中国的研究开发经费投入（亿元）来反映样本时期的研究开发投入状况，用国内生产总值（GDP，亿元）反映经济增长，样本数据共18个（见表5-1）。

　　为了减少干扰因素，本章分别用物价指数（CPIC）和国内生产总值指数（EGDPC）对研究开发投入和国内生产总值的名义值进行对应调整，得到实际的研究开发投入（PRD）和实际国内生产总值（PGDP）；在对实际研究开发投入和实际国内生产总值取自然对数（见表5-2）①，得到lnPRD和lnPGDP后，分别绘制时间序列图（见图5-1和图5-2）。

---

　　①　考虑到时序数列取对数之后一般不会改变其时序性质，且对数化后的数据容易得到平稳序列，因此在回归中本章对各项数据进行了对数化处理。

表 5 - 1 样本数据

年份	GDP	EGDPC	RD	CPIC	PGDP	PRD
1987	11962. 5	234. 3	74	114. 3	51. 05634	0. 647419
1988	14928. 3	260. 7	89. 5	135. 8	57. 26237	0. 659057
1989	16909. 2	271. 3	112. 31	160. 2	62. 32658	0. 701061
1990	18547. 9	281. 7	125. 43	165. 2	65. 84274	0. 759262
1991	21617. 8	307. 6	150. 8	170. 8	70. 27893	0. 882904
1992	26638. 1	351. 4	209. 8	181. 7	75. 80563	1. 154651
1993	34634. 4	398. 8	256. 2	208. 4	86. 84654	1. 229367
1994	46759. 4	449. 3	309. 8	258. 6	104. 0717	1. 197989
1995	58478. 1	496. 5	349. 1	302. 8	117. 7807	1. 152906
1996	67884. 6	544. 1	404. 8	327. 9	124. 7649	1. 234523
1997	74462. 6	592. 2	481. 9	337. 1	125. 7389	1. 429546
1998	78345. 2	638. 5	551. 1	334. 4	122. 702	1. 648026
1999	82067. 5	684. 1	678. 9	329. 7	119. 9642	2. 059145
2000	89468. 1	738. 8	895. 7	331	121. 0992	2. 706042
2001	97314. 8	794. 2	1042. 5	333. 3	122. 5319	3. 127813
2002	105172. 3	860. 1	1287. 6	330. 6	122. 2792	3. 894737
2003	117390. 2	941. 8	1539. 6	334. 6	124. 6445	4. 601315
2004	159878. 3	1087. 4	1966. 3	347. 7	147. 028	5. 655162
2005	183084. 8	1198. 7	2450. 0	353. 96	152. 7631	6. 921686

资料来源:《中国科技统计年鉴》(1990—2006);《中国统计年鉴》(2006),中国统计出版社 2006 年版。

表 5 - 2 **PRD 和 PGDP 的自然对数 (1987—2005)**

年份	LNPRD	LNPGDP	年份	LNPRD	LNPGDP	年份	LNPRD	LNPGDP
1987	- 0. 43476	3. 93293	1994	0. 180644	4. 64508	2001	1. 140334	4. 808371
1988	- 0. 41695	4. 047644	1995	0. 142286	4. 768824	2002	1. 359626	4. 806307
1989	- 0. 35516	4. 132388	1996	0. 210684	4. 826431	2003	1. 526342	4. 825466
1990	- 0. 27541	4. 187269	1997	0. 357357	4. 834208	2004	1. 732569	4. 990623
1991	- 0. 12454	4. 252472	1998	0. 499578	4. 809758	2005	1. 934659	5. 028888
1992	0. 143798	4. 328173	1999	0. 722291	4. 787193	—	—	—
1993	0. 206499	4. 464143	2000	0. 995487	4. 79661	—	—	—

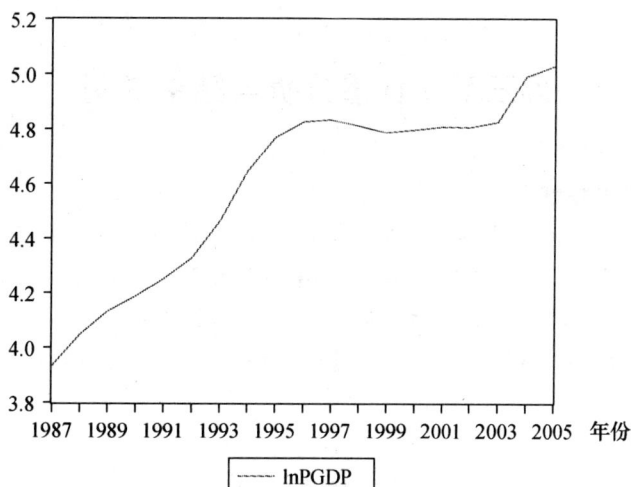

图 5 – 1　**lnPGDP 的变化趋势**（1987—2005）

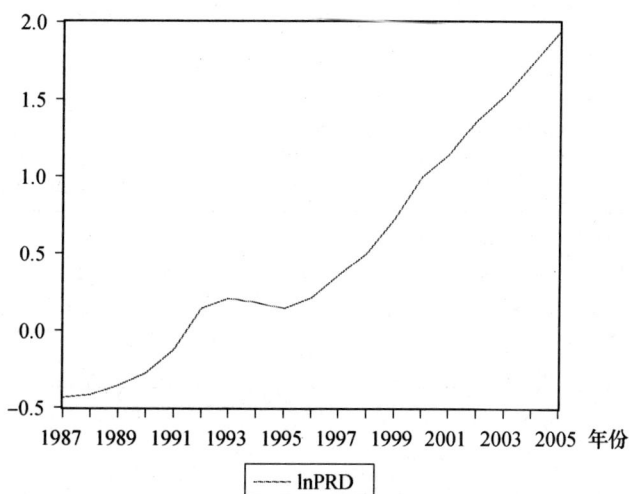

图 5 – 2　**lnPRD 的变化趋势**（1987—2005）

　　为了研究研究开发投入和经济增长之间的相关关系，一般的做法是根据现有的样本资料，建立比较合适的回归方程。但我们在进行传统的回归分析时，要求所用的时间序列必须是平稳的。然而，从图 5 – 1 和图 5 – 2 可以看出，在我们将要建立的模型中的变量显现出极强的时间趋势。也就是说，在数据中存在单位根。在这种情况下，使用传统的估计技术将会导致不正确的推论（Rao，1994），这会潜在地导致无意义或者伪造的结果（Granger and Newbold，1974；Harris，1995）。随着时间序列分析的发展，学者们（Engle and Granger，1987；Johansen，1988）提倡把协整技术作为估计包括非平稳变量模型的适当的方法。本章将依据相关的协整理论对研究开发投入和经济增长之间的关系进行分析。

第三节　计量分析与结果说明

一　检验变量平稳性

在进行协整分析之前，必须先检验变量是否是平稳的。采用迪基—富勒的 ADF 检验方法，我们对表 5 - 2 中的数据 lnPRD 和 lnPGDP 及其一阶差分变量 DlnPRD 和 DlnPG-DP 进行平稳性检验，结果见表 5 - 3。结合表 5 - 3 及图 5 - 1 至图 5 - 4，可以看出，虽然时间序列变量 lnPGDP 和 lnPRD 是非平稳的，但是，它们的一阶差分变量 DlnPGDP 和 DlnPRD 是平稳的。

表 5 - 3　　　　　　　　　　　检验变量序列的平稳性

变量	ADF 检验	检验类型（c，t，k）	临界值	结论
lnPGDP	- 1.991375	（c，t，3）	- 4.8025***	非平稳
lnPRD	- 1.346735	（c，t，1）	- 3.3086*	非平稳
DlnPGDP	- 2.044372	（0，0，5）	- 1.977738**	平稳
DlnPRD	- 3.467605	（c，t，4）	- 3.388330*	平稳

注：检验类型（c，t，k）分别表示 ADF 检验中是否会有常数项 c、时间趋势项 t 以及滞后期数为 k。- 4.8025*** 表示该值是 1% 的显著水平下的临界值；- 1.977738** 表示该值是 5% 的显著水平下的临界值；- 3.388330* 表示该值是 10% 的显著水平下的临界值。

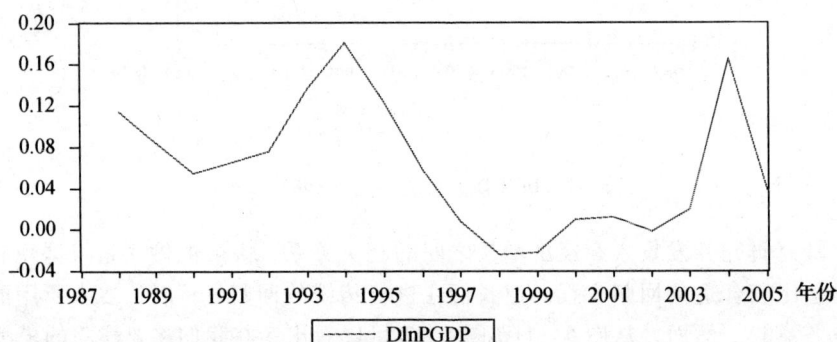

图 5 - 3　lnPGDP 的一阶差分序列（1987—2005）

从上面的分析可知：模型中变量的时间序列都是一阶单整的，即 I（1）。所以，序列可能存在协整（Dickey et al.，1991）关系，也就是说，可能存在两个序列的平稳线性联合，这意味着它们之间存在长期稳定的关系。

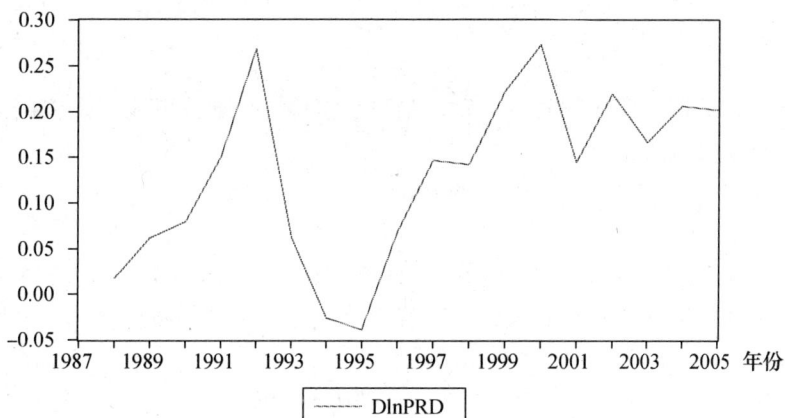

图 5-4 lnPRD 的一阶差分序列图 (1987—2005)

二 协整检验和误差修正模型

(一) 协整检验

根据恩格尔和格兰杰对协整所作的原始定义,对于双变量模型,协整要求两个变量要具有相同的单整阶数 (沃尔特·恩德斯,2006)。从前面的单位根检验中,我们已经得出两个变量都是一阶单整的结论。运用 E—G 两步法,对 1987—2005 年中国的经济增长和研究开发投入之间的协整关系进行检验,检验结果如下:

第一步:估计方程

首先用 OLS 法估计协整向量,再检验残差是否是单位根。利用计量分析软件 Eviews5.0,我们得出下面的方程:

$\ln PGDP = 4.402 + 0.382 \times \ln PRD$

$R^2 = 0.639184$,校正的 $R^2 = 0.616633$,$F = 28.34397$

第二步:对残差的单位根检验

估计的残差 $u = \ln PGDP - 0.382 \times \ln PRD - 4.402$

检验结果见表 5.4。由于 ADF 值为 -2.233033,小于 5% 水平的临界值,所以,估计的残差序列 u 在 5% 的水平拒绝原假设,即接受不存在单位根的结论,因此,可以确定估计的残差为零阶单整,上述结果表明,$\ln PGDP$ 和 $\ln PRD$ 之间存在协整关系。协整向量为:$(1, -0.382, -4.402)$。

表 5-4   对残差的单位根检验

残差	ADF 检验	检验类型 (c, t, k)	临界值	结论
U	-2.233033	$(0, 0, 1)$	-1.964418 **	平稳

注:表中符号含义同表 3。

从第一步可以看出,从长期来看,研究开发投入对 GDP 的弹性为 0.382,即研究开发投入每增长 1%,GDP 将约增长 0.382%,表明了研究开发投入对 GDP 的拉动作用比较显著。

（二）误差修正模型

随着研究开发投入变化的短期波动，描述经济增长与研究开发投入之间向长期均衡调整的误差修正模型为：

$$\Delta \ln PGDP_t = C（1）+ C（2）\times \Delta \ln PRD_t + aecm_{t-1} + \mu_t$$

也可以写成：

$$\Delta \ln PGDP_t = C(1) + C(2) \times \Delta \ln PRD_t + a(\ln PGDP_{t-1} - 0.382 \times \ln PRD_{t-1} - 4.402) + \mu_t$$

根据亨德利一般到特殊的建模方法，我们首先选定 4 阶的滞后变量，然后逐步排除一些不显著的变量，得到估计后的 ecm 如下：

$$D\ln PGDP = 0.141 - 0.411 \times D\ln PRD + 0.377 D\ln GDP（-4）- 0.250 \times D\ln PRD（-1）- 0.335 ecm_{t-1}$$

$$R^2 = 0.611885，校正的 R^2 = 0.556440，D.W. = 1.687598$$

以上结果表明：

（1）在 1987—2005 年间，中国的研究开发投入和经济增长之间存在着长期动态均衡关系。

（2）在短期内，GDP 的变动受到自身和研究开发投入的变动因素的影响。其中，滞后 4 年的 GDP 增长变动、滞后 1 年的研究开发投入变动对 GDP 的变动影响只有在 10% 的显著水平下才是显著的，再没有其他滞后期的因素影响 GDP 的变动。

（3）ecm 是误差修正项，该项系数反映了误差修正模型自身修正偏离均衡误差的作用机制。当修正系数为 1 时，经济增长和研究开发投入的当年均衡误差在下一年就可以调整到均衡状态。此模型中的系数为 0.335，说明 GDP 的增长和研究开发投入的短期变动偏离它们长期均衡关系的程度并不大，GDP 和研究开发投入之间的均衡关系对当期非均衡误差调整的自身修正能力不强。

（4）从上述误差修正模型中可以得知，误差修正项的系数是显著的，这说明从长期来看，GDP 和研究开发投入之间是相互影响的，一方面中国经济的快速增长使得研究开发投入增加；另一方面，研究开发投入的增加会促使人力资本等的提升，进而将推动技术进步，并且随着技术的吸收和应用，从而转化为生产力，最终使得经济增长。

三　格兰杰因果关系检验

协整检验结果说明，中国的研究开发投入与经济增长之间存在长期的均衡关系，但这种均衡关系是否构成因果关系，即是由研究开发投入的增加带来经济的增长，还是由经济的增长带来了研究开发投入的增加，前面的回归并不能回答这个问题，所以还需要进一步的验证。格兰杰因果关系检验只适用于平稳变量（恩德斯，2006），所以我们使用中国 1987—2005 年的研究开发投入和 GDP 年度数据的一阶差分后的数据，对其进行格兰杰因果关系检验，结果如表 5-5 所示。

通过检验结果，得出的结论为：

（1）在滞后期为 1 年、2 年、3 年时，经济增长是研究开发投入的格兰杰原因。这表明经济增长对研究开发投入的增加有预测作用，滞后期大于等于 4 年时，经济增长不

表 5 - 5　　　　　　　1987—2005 年研究开发投入与经济增长的因果检验

滞后期	研究开发投入不是经济增长的原因	经济增长不是研究开发投入的原因
1 年	12. 1750（0. 00400）	19. 9092（0. 00064）
2 年	1. 89770（0. 20014）	9. 53733（0. 00481）
3 年	1. 37327（0. 32737）	5. 07905（0. 03539）
4 年	1. 05947（0. 47835）	3. 01686（0. 15507）

　　注：表格的第二、三列的每一行中的数据是 F 统计量数值，括号内的值是 F 统计量在零假设成立时的概率显著水平。

是研究开发投入的格兰杰原因。说明之前几年的经济虽然增长了，但是并不能预测研究开发投入增加。

（2）滞后期为 1 年时，研究开发投入是经济增长的原因，这说明滞后 1 年的时候，研究开发投入确实能够预测经济将会增长，这时的研究开发投入已经达到能够推动经济增长的程度。而滞后期大于等于 2 年时，研究开发投入构成经济增长的格兰杰原因并不显著，这可能是因为还有很多其他因素影响经济增长，从而不能预测经济将会增长。

第四节　结论与讨论

本章利用 1987—2005 年中国的研究开发投入和 GDP 数据，分析了研究开发投入与经济增长之间的长期关系及短期动态因果关系，得出了与舒元和徐现祥（2002）研究不同的结论。这可能是以下两个方面的原因造成的：

其一，由于数据选取的时间范围不同而导致的差异：1953—1987 年间的许多经济数据表现出浓厚的计划经济因素，而 1987—2005 年间的数据市场因素占有更大的权重。

其二，研究开发投入对经济增长的效应显现需要更长的时期。本章的结论及解释是：中国研究开发投入与经济增长之间存在一定的相关关系，尽管各自增长是非平稳的，但就长期而言，它们之间构成了长期稳定的均衡关系。

在我们所研究期间的短期内，滞后 1 年、2 年、3 年的经济增长对研究开发投入变动有着显著影响；滞后 1 年的研究开发投入变动是经济增长的格兰杰原因，而滞后 2 年以后的研究开发投入变动对经济增长的贡献不明显。从总体上看，近期的经济增长是研究开发投入变动的原因，而研究开发投入变动不是经济增长的格兰杰原因。原因可以归咎为：研究开发投入和经济增长的关系跨技术和商业两个界面。研究开发投入主要表现在技术领域，从技术扩展到商业应用需要一个过程，在这个过程中，市场激励和企业家精神非常重要。以飞机制造为例，当莱特兄弟成功上天的时候，飞机就已经发明了，但这个时间飞机并不具备商业价值。直到 30 年后的 1935 年，麦道公司推出了 MD - 3，真正的飞机才问世。MD - 3 不是技术意义上的发明，而是经济意义上的创新，它的技术当时已经是现成的，包括可变间距的螺旋桨、伸缩式起落架、轻质机体、气冷式引擎、摆动割翼等。MD－3的贡献不是单项发明，而是系统整合了5项发明，这说明从研究开发投入到商业成功应用需要经历一个过程。

经济增长是一个复杂的系统，而且具有间歇性。研究开发投入与经济增长之间的关系不是"细节性复杂"，而是"动态性复杂"[①]。解构"动态性复杂"：

（1）需要关注"反馈"，发现环状的因果互动关系，从而求得"杠杆解"。研究开发投入与经济增长之间存在两种类型的反馈：类似滚雪球效应的"增强反馈"和类似自然界食物链稳定效应的"调节反馈"。这两种反馈的效应是不同的，"增强反馈"会产生放大和振荡，而"调节反馈"则会产生稳定和僵滞。

（2）需要关注"时间延滞"，研究开发投入对影响经济增长，总需要一段时间才能看到期待的情况发生。

基于上述解构，我们可运用系统基模（archetype）对研究开发投入和经济增长之间的关系进行再认知和阐释。这两个系统基模是：成长上限和舍本逐末。

研究开发投入的成效在经济增长的初始阶段是比较显著的，双方的拟合度比较高，研究开发投入促进经济增长源于系统的"增强反馈"。但随着时间的推移，"增强反馈"运行到一定程度就会遭遇抑制成长的"调节反馈"，遇到各种限制和瓶颈。一旦"调节反馈"发挥作用，政府和企业往往会继续加大研究开发投入，这种加大的投入力度，常常会使得经济体产生剧烈的振荡和起伏。当研究开发投入在促进经济增长中遭遇成长上限时，需要着眼于"调节反馈"，消除了研究开发投入中的限制因素后，"增强反馈"才可能再发挥作用，经济体又会进入一个新的发展期。"上限"之外还有"上限"，甚至"极限"。我们常常发现，尽管研究开发投入增加了，但技术创新成果及技术应用的实际能力却没有实质性改进，这可能就是"调节反馈"在发挥作用。事实上，研究开发投入最大化并不一定形成商业利润的最大化。在研究开发投入的同时，我们还应该在政策上和企业战略上注重专利保护、技术学习和应用、人力资本开发以及竞争激励，这些都是研究开发投入与经济增长之间关系的重要的中介变量。

舍本逐末指的是一个系统中，复杂问题往往存在多个解，最明显的解通常解决的是简单问题，往往能够缓解症状，但不能消除病根。在一个经济体中，经济增长是一个复杂问题，往往存在多个解。在许多情况下，我们习惯于把经济增长看做是要素投入以及与之相关的财政与货币政策作用的结果。基于此，我们需要进一步厘清，研究开发投入是推动经济持续增长"杠杆解"，我们需要有这样一个共同的"治本"愿景。

长期以来，中国经济增长存在两个缺口，在弥补储蓄和外汇"双缺口"的同时，科技进步和创新对经济增长的贡献度被忽视了。因此，我们需要长期关注中国经济增长中的"技术因子"——技术学习、技术积累、技术原创和创新能力。

---

① 佛里斯特（1958）的系统动力学理论把结构方法、功能方法和历史方法融合为一个整体，目的在于提升人类组织的"群体智力"，从整体出发寻求改善系统行为的路径和机会，它与混沌理论（Chaos Theory）、复杂性科学（Science of Complexity）所探讨的内容相同。

中 观 篇

第六章 外商直接投资技术溢出的水平效应与垂直效应研究

第一节 问题的提出

进入 21 世纪以来，国际全球化趋势日益加强，作为科技全球化的重要推动力之一，外商直接投资对发展中国家技术创新能力的构建和可持续战略竞争力的形成具有基础性作用。作为国际资本流动的主要方式，外商直接投资对东道国经济发展的影响一直是国际直接投资领域的学者们重点关注的问题，同时外商直接投资的技术溢出效应是跨国公司经营理论的一个核心研究主题。在开放条件下，通过引入外商直接投资来促进中国经济的快速可持续增长是中国长期坚持的发展战略之一。自 1978 年改革开放以来，中国吸引外商直接投资的数量呈持续性增长。数据显示，截至 2008 年年底，中国已经成为最具吸引力的投资目的国，全国累计批准设立外商投资企业 66 万家，实际使用外商直接投资金额达到 8554.1 亿美元。2008 年，中国实际使用外商直接投资额为 924.0 亿美元，为历史最高值。

尽管中国外商直接投资在绝对值上有了很大的提升，但中国产业结构仍存在许多不合理的问题与现状：中国产业处于全球价值链分工的低端，高附加值产品少；产业技术升级过度依赖外来技术，缺乏自主创新能力；产业的发展主要依赖资金、能耗以及低廉劳动力的大量投入。显然，这种粗放型的增长模式是难以延续的。通过经济转型和产业结构的优化升级来提高发展的质量，是中国经济可持续发展的关键所在。

现在的问题是，中国境内存在大量的外商直接投资，这些外资为什么没有很好地促进中国产业结构的优化调整呢？在发展中国家，由于跨国公司与当地企业之间存在着巨大的技术差距，外商直接投资对当地企业的技术溢出效应是东道国产业结构升级的重要渠道。经过 30 多年外资吸收与利用的实践，外商直接投资对国内企业是否产生了显著的水平关联效应和垂直关联效应？水平关联效应和垂直关联效应哪个影响更明显？

因此，对外商直接投资溢出机制的进一步探讨是我们了解外商直接投资与中国产业结构升级的中间纽带，这将使我们更加明确外商直接投资促进中国企业发展的内在机制，从而有利于产业政策的制定和产业结构的升级。对外商直接投资溢出机制的不同理解会导致政策制定的差异，而这将影响中国企业研究开发能力的提升、国际分工地位的改善、国际竞争力的增强，以及社会整体福利水平的提高。探讨外商直接投资对国内企业的影响，在价值链上要关注跨国公司对上下游相关产业以及同行业内的内资企业的影响，以及利用外商直接投资的技术外溢效应提升本国企业的技术水平，提高本国的国际竞争力是本书的研究重点。

由于外商直接投资溢出发生的机制更有可能是通过行业间而非行业内（Ethier and Markusen，1996；Kugler，2001）。因此，区分行业内与行业间溢出，并从水平联系和垂直联系的视角来分析中国工业部门的外商直接投资溢出具有重要的现实意义。中国吸引的外商直接投资大部分流入了工业部门，本书利用中国工业部门的相关数据，对外商在华直接投资的水平关联效应和垂直关联效应进行初步分析和探讨。

第二节　文献回顾与理论假说

一　理论研究回顾

有关外商直接投资技术溢出效应的理论研究始于 20 世纪 60 年代，麦克杜格尔（MacDougall，1960）在研究一般福利效应时，把外商直接投资技术溢出效应作为一个重要现象，最早对其进行了理论分析。随后对于外商直接投资技术溢出效应的研究，引起了学者的浓厚兴趣。赫希曼（Hirschman，1958）是最早提出后向关联效应和前向关联效应的学者，他系统地分析了关联效应对经济增长的重要性，并把关联效应定义为：创建一个行业引起另一个新行业的增长，关联效应具有协同性，多个行业合在一起的关联效应通常大于单个行业内部简单叠加的关联效应。马库森（Markusen，1999）将外商直接投资所产生的技术溢出划分为两种类型：一是水平型技术溢出，即外商直接投资的进入对外资所在行业内的企业产生了技术溢出效应。二是垂直型技术溢出，即外商直接投资对其所在的行业相关联的其他行业产生了技术溢出，包括前向关联效应和后向关联效应。

如果外资企业和内资企业属于同一行业，它们之间是竞争关系时，外商直接投资就会设法防止技术溢出产生，这可以通过采用知识产权、商业机密、给工人支付高工资以阻止劳动力流动等方式来实现，也可以通过在一些模仿能力较困难的地区或行业建厂来实现。此外，外商直接投资对上游行业产生的技术扩散一般不加以阻拦，因为它们可以从中获益，获得更高质量的中间投入品，因而，后向关联即外商直接投资与东道国当地供应商之间的这种联系，将是技术溢出产生的主要渠道。由这种渠道产生的技术溢出可以归结为以下几种方式：（1）从外商直接投资到当地供应商的直接技术溢出；（2）外商直接投资对本地供应商产品标准要求的提高，有助于本地供应商对生产管理系统进行升级改造以及进行技术创新；（3）外商直接投资的进入加大了对中间投入品的需求，有助于本地供应商获取规模经济收益。类似的，经过前向关联效应，东道国内资企业可以从处于上游行业的外资企业获得质量好、技术含量高且价格低廉的中间投入品，由此可以提高本地企业的生产效率。并且，由外商直接投资销售的这些产品通常还附有相关的辅助售后服务，而这些服务，东道国国内企业原来通过进口中间投入品是无法获取的。

艾特肯和哈里森（1999）指出，由行业内（对竞争对手的技术模仿）或行业间

（前后向关联效应）技术溢出而给东道国国内企业所带来的好处可能会由于内、外资企业间激烈的相互竞争而抵消掉，即外资企业会侵吞内资企业的国内市场份额，由此而导致东道国国内企业越来越小的市场份额将不足以补偿它们的固定成本投入。因此，大多数实证研究表明，由于外商直接投资的进入所带来的激烈竞争将会对同行业的内资企业产生负向外部性。马库斯和维纳布尔斯（Markusen and Venables，1999）认为，跨国公司的进入会加速本土中间产品生产企业的扩张，并促使这些企业生产出质量更高的产品。UNCTAD（2001）指出，对于发展中国家而言，外商直接投资企业通过购买东道国当地企业中间产品和服务所产生的后向关联溢出效应，以及通过提供其所生产的产品和服务给东道国当地企业产生的前向关联溢出效应，比通过示范、竞争以及劳动力的流动产生的行业内溢出效应更为重要。德里菲尔德（Driffield，2002）认为，外商直接投资企业通过购买本地供应商的中间产品和服务，能促使其提高中间产品质量。库格勒（Kugler，2005）认为，由于存在很多投入品供应商，将会使产业内溢出效应有限而行业间溢出效应为正，即产业间的垂直溢出效应往往比水平溢出效应要高。此外，环境的动态性，吸收能力的大小对技术的垂直与水平溢出有显著的调节作用（Ulrich Licht-enthaler，2009）

二　实证研究回顾

最早对外商直接投资的溢出效应进行计量研究的是卡维斯（Caves），通过对澳大利亚1969年产业层面数据的计量分析，他发现，外资确实对澳大利亚相关产业的劳动生产率有着正面积极的影响（Caves，1974）。类似的国别研究，如格洛伯曼（Globerman，1979）对加拿大进行的分析；Kokko（1994，1996）对墨西哥的研究；Liu 等人（2000）对英国的研究；Chuang 和 Lin（1999）对希腊的研究；Renato（2000）对葡萄牙的研究；Lipsey 和 Sjholm（2001）对印度尼西亚的研究。这些研究都得出了肯定的结论，证实外商直接投资溢出效应的存在。

此外，也有一些学者通过国别研究得出了不同的结论。哈达德和哈里森（1993）对摩洛哥的研究所得出的结论认为，跨国公司对该国国内企业的劳动生产率并没有显著的影响，他们认为，摩洛哥国内企业与跨国公司之间存在较大的技术差距，阻碍了跨国公司溢出效应的产生。而艾肯特和哈里森（1999）对委内瑞拉的研究所得出的结果甚至是否定的。他们的研究认为，当地企业的劳动生产率与产业内外资企业所占比例之间是负相关的关系。

上述研究都只是局限于产业内部，一直以来，外商直接投资行业间溢出效应都是实证研究中的薄弱环节。卡茨指出，20世纪50年代流入阿根廷制造业的外商直接投资对当地企业的技术进步有着显著作用，这种技术进步的影响并不局限于外商直接投资所在的行业内部，因为这些外资企业可以通过"制定零部件或者原材料的最低质量标准、价格、交货期等措施而使得相关的当地企业逐渐变得现代化"（Katz，1969）。这里卡茨实际上谈到的就是外商直接投资溢出效应中的关联机制，只是当时没有明确指出"关联"这一后来为学者广为使用的概念。在对外商直接投资的行业间溢出效应的实证研究中，计量方法的运用始于库格勒（2000），库格勒（2006）指出，外商直接投资的行业间溢出效应比行业内溢出效应应该明显得多，因为跨国公司会尽量减少对同行业东道国企业的技术溢出，以免增强竞争对手的实力，而对前后向的关联企业则不存在竞争关系，技术溢出反而有利于跨国公司。艾特肯和哈里森（1991）对委内瑞拉制造业中的外商直接投资研究，也得出了一些关于外商直接投资产业间溢出效应的结论。他们认为，委内瑞拉制造业中的外商直接投资通过前向关联产生了显著的溢出效应，而后向关联的作用并不明显，这一结论似乎与大多数人的直观感受并不一致。对此，他们的解释是，在委内瑞拉制造业进行投资的外商直接投资有着较高的进口倾向，因此通过后向关联与当地企业发生的联系较少。

　　洛佩斯（Lopez，2003）利用墨西哥1993—1999年的工厂面板数据，采用 Olley - Pakes 估计法，其实证结果认为，出口竞争的加剧与美国的市场准入对全要素生产率产生正效应；外国资本对全要素生产率产生正效应，但行业内溢出效应为负。格玛等（Girma et al.，2004）利用英国1992—1999年的公司面板数据，采用 OLS 估计方法，但采用函数的二阶泰勒展开式一阶差分。分析结果认为，出口导向型跨国公司会产生水平正溢出效应，而当地市场导向型跨国公司通过前向关联产生正溢出效应；当地出口企业从与出口导向型跨国公司的后向关联中受益，但当地市场导向型跨国公司的后向关联导致生产率损失。哈里斯和罗宾逊（Harris and Robinson，2004）利用英国1974—1995年的工厂面板数据，采用动态面板数据框架下的系统广义矩（GMM）估计法，分析结果为竞争和"吸收能力"效应有时要超过潜在的收益效应，从而导致负溢出效应；行业间溢出效应一般比行业内溢出效应更加普遍。库格勒（2005）利用哥伦比亚1974—1998年的公司面板数据，采用协整分析与误差修正模型，其实证结果认为，外商直接投资溢出效应的部门模型显示，知识传播发生在行业间而不是行业内，而跨国公司与当地上游供应商的外包关系是一种扩散途径。菲利普·阿伯拉罕姆等（Filip Abraham et al.，2010）通过来自中国1500家制造企业的纵向数据研究显示，技术纵向溢出效应与外商直接投资的所有权结构与来源国家的开放程度有关。

　　国内学者的研究成果主要包括：王耀中、刘舜佳（2005）对技术溢出的途径和渠道进行了划分，认为前后向关联效应对国内工业企业的产出有显著的外部性，并且前向关联的技术溢出更加明显。严兵（2006）依据在伊静（2003）研究基础上设计的行业间溢出效应指标，对中国分行业数据进行了检验，发现行业内和行业间的外资溢出效应均不明显。姜瑾和朱桂龙（2007）对中国1999—2003年行业层面的面板数据的研究发现，行业间溢出效应和前向联系溢出显著为正，但后向联系溢出为负。许和连等（2007）对1999—2003年中国35个工业行业面板数据的研究发现，外商直接投资企业通过向上游产业的当地企业购买中间产品和服务，产生了积极的后向关联效应。可以看出，虽然研究成果存在差异，但多数实证研究表明，外商直接投资行业间的溢出效应是正的，其中又以后向关联溢出效应最为明显。

　　综上所述，外商直接投资技术溢出是一个复杂的系统问题。技术溢出程度和路径具有明显的国别差异性。从以上文献回顾可以看出，外商直接投资存在正的溢出效应在理论上获得了一致性的认可，但大多数国内外支持性的实证研究很难找到。迄今为止，绝大多数微观层面和对发展中国家的研究没有找到外商直接投资行业内溢出正向作用的证据，一些研究结果表明，跨国公司的存在对东道国企业的生产率甚至起负面作用（Gory and Greenaway，2003）。中国的部分学者结合调研数据，证明了跨国公司技术溢出对中国企业技术的自主创新具有抑制作用（高山行等，2010）。

三　对外商直接投资技术溢出效应的再认识

当外商直接投资的进入或者在行业中的存在引起东道国国内企业生产力的提高而外商直接投资又不能将由它本身所带来的外部性完全内部化时，来自外商直接投资的技术溢出就产生了。当东道国国内企业通过对外资企业新技术的模仿或雇用受外资企业培训过的工人来提高本企业生产力时，技术溢出就发生了。另外，由于外商直接投资的进入加剧了东道国国内市场上的竞争程度，而迫使内资企业更有效地利用现有资源或研究开发新技术来提高生产力时，也产生了技术溢出（Blomstrom and Ari Kokko，1998）。

如果外资企业和内资企业属于同一行业，它们之间是竞争关系时，外商直接投资就会设法防止技术溢出产生，这可以通过采用知识产权、商业机密、给工人支付高工资以组织劳动力流动等方式来实现，也可以通过在一些模仿能力较困难的地区或行业建厂来实现。

另外，外商直接投资对上游行业产生的技术扩散一般不加以阻拦，因为它们可以从中获益，获得更高质量的中间投入品，因而，后向关联即外商直接投资与东道国当地供应商之间的这种联系将是技术溢出产生的主要渠道。由这种渠道产生的技术溢出可以归结为以下几种方式：（1）从外商直接投资到当地供应商的直接技术溢出；（2）外商直接投资对本地供应商产品标准要求的提高，有助于本地供应商对生产管理系统进行升级改造以及进行技术创新；（3）外商直接投资的进入加大了对中间投入品的需求，有助于本地供应商获取规模经济收益。

类似的，经过前向关联效应，东道国内资企业可以从处于上游行业的外资企业获得质量好、技术含量高且价格低廉的中间投入品，由此可以提高本地企业的生产效率。并且，由外商直接投资销售的这些产品通常还附有相关的辅助售后服务，而这些服务，东道国国内企业原来通过进口中间投入品是无法获取的。

同样，外商直接投资在产业间也可能产生负的技术溢出效应。首先，跨国公司对当地中间产品的需求增加也可能促使更多的外商直接投资企业进入上游产业参与竞争，会对东道国上游企业产生市场挤出效应，出现负的后向关联技术溢出效应。其次，上游产业产品质量的提高可能会提升中间产品的价格，增加企业的生产成本，如果价格相对昂贵的中间产品只能被生产率较高的下游外资企业密集使用，而不能被生产率较低的内资企业密集使用，这会进一步拉大内外资企业的技术差距，产生负的前向关联溢出效应。

第三节　研究设计

一　研究思路

基于以上分析，为检验外商直接投资的水平关联和垂直关联对中国企业的技术溢出效应，本书借鉴了布莱洛克（Blalock，2001）和 Javorcik（2004）的建模思想，利用柯布—道格拉斯（Cobb－Douglas）生产函数进行检验分析。与微观层面研究不同的是，行业层面的研究对生产函数回归不需要考虑要素投入的内生性问题，因为微观的企业层面数据需要考虑其可能会根据自身掌握的生产信息来决定要素投入而带来的序列相关性问题，因此计量模型的构建是从行业层面来进行的。

二　计量模型与研究变量

根据泽尔纳等（Zellner et al.，1996）的看法，对于整个行业层面来说，由于行业的产出是所有该行业企业的数据加总，因此具有随机性，要素投入变量的内生性在行业层面数据中是不存在的。同时考虑到数据的可获得性，因此，构建计量模型如下：

$$\ln Y_{it} = \alpha + \beta_1 \ln K_{it} + \beta_2 \ln L_{it} + \beta_3 FDI_{it} + \beta_4 Horizontal_{it} + \beta_5 Forward_{it} + \beta_6 Backward_{it} + \lambda_i + \mu_t + \varepsilon_{it}$$

式中，下标 i、t 分别表示行业和时间年份；α 代表截距项；λ_i 为不可观测的行业效应，目的在于控制不随时间而变的行业特定影响；μ_t 为不可观测的时间效应，是一个不随行业的不同而变化的变量，它解释了所有没有被包括在回归模型中与时间有关的效应；ε_{it} 为随机干扰项。

Y_{it} 代表 i 行业 t 时的中国内资工业行业总产出，用工业总产值表示，由全行业数据和外资数据相减而得。K_{it} 代表 i 行业 t 时的中国内资工业行业的资本投入，用固定资产净值表示，由全行业数据和外资数据相减而得。L_{it} 代表 i 行业 t 时的中国内资工业行业的劳动力投入，用全部从业人员平均人数表示，由全行业数据和外资数据相减而得。FDI_{it} 代表 i 行业 t 时的外资资本份额，用外资的固定资产净值与全行业的固定资产净值的比率来表示。

在模型的建立过程中，涉及变量指标 $Horizontal_{it}$、$Forward_{it}$、$Backward_{it}$ 的构建，在本书的检验过程中，我们根据 UNCTAD（2001）对外商直接投资水平关联溢出效应、前向关联溢出效应和后向关联溢出效应的定义，同时借鉴了布莱洛克（2001）和 Javorcik（2004）的方法来设定指标。

$Horizontal_{it}$ 为水平关联效应，以外资工业总产值占全行业的工业总产值的比率来表示。

$Forward_{it}$ 为垂直关联效应中的前向关联效应，定义为除行业 i 本身外，其所有上游行业 k 中外资企业产出所占比例的加权平均，即：

$$F_{it} = \sum_{k,k \neq i} \partial ik \times Hkt$$

式中，权重 ∂ik 是产出部门 i 的产品提供给各投入部门 k 中间使用的数量，该系数可以从投入产出表——直接消耗系数表中各行取得（剔除对角线上的元素是因为前面的水平关联变量 H 已经考虑了这种行业内效应）。构建这一变量的目的在于体现作为顾客的当地企业与外资企业供应商之间的联系密切程度。

$Backward_{it}$ 为垂直关联效应中的后向关联效应，定义为除行业 i 本身外，其所有下游行业 m 中外资企业产出所占比例的加权平均，即：

$$B_{it} = \sum_{m, m \neq i} \partial im \times Hmt$$

式中，权重 ∂im 是投入部门 i 在生产过程中消耗各产出部门 m 的产品数量，该系数采自投入产出表——直接消耗系数表各列（剔除对角线上元素的理由同上）。构建这一变量的目的在于反映作为供应商的当地企业与外资企业顾客间的联系强度。

此外，为了检验模型中的时间效应，本书在模型中添加了 3 个时间虚拟变量。

三　样本数据

本书实证检验所用数据主要根据 2006—2009 年《中国统计年鉴》中相关资料整理得来。为保持统计口径的连续性，本书所选行业没有包括废弃资源和废旧材料回收加工业。由于本书需要测度外商直接投资的垂直关联效应，故投入产出表中的数据非常关键，为最大限度地利用这些技术系数，我们按照《2005 年中国投入产出表》的统计口径来进行行业间的垂直关联效应的测度。

关于数据的选取：外资企业数据直接来自"外商投资和港澳台商投资工业企业主要指标"。全行业数据直接来自"按行业分规模以上工业企业主要指标"。而实证中涉及的"直接消耗系数"取自中国投入产出学会公布的《2005 年中国投入产出表》，由于在实证中主要采用了 2005—2008 年的数据，因此本书假定各行业间的结构在短期内不会发生改变，即这三年产业的关联程度不会发生大的改变。在检验过程中所有计算、估计均用 STATA 软件来完成。

四　检验方法

本书采用以下三种方法估计面板数据模型：混合数据普通最小二乘法（pooled OLS）、固定效应模型（fixed effect model）和随机效应模型（random effect model）。其中，混合 OLS 模型假定所有的行业都是同质的，完全不考虑行业之间的差异。而固定效应模型和随机效应模型则考虑了不同行业之间的差异，它们的差别在于固定效应模型假定这种行业之间的差异是固定不变的，可以用一系列的常数来表示；而随机效应模型假定这种差异服从某一随机分布，可以用一个随机变量来表示。三种方法的回归方程如下：

（1）混合 OLS 模型：

$$\ln Y_{it} = \alpha + \beta_1 \ln K_{it} + \beta_2 \ln L_{it} + \beta_3 FDI_{it} + \beta_4 Horizontal_{it} + \beta_5 Forward_{it} + \beta_6 Backward_{it} + \varepsilon_{it}$$

（2）固定效应模型：

$$\ln Y_{it} = \alpha + \beta_1 \ln K^{it} + \beta_2 \ln L_{it} + \beta_3 FDI_{it} + \beta_4 Horizontal_{it} + \beta_5 Forward_{it} + \beta_6 Backward_{it} + \alpha_1 + \varepsilon_{it}$$

（3）随机效应模型：

$$\ln Y_{it} = \alpha + \beta_1 \ln K_{it} + \beta_2 \ln L_{it} + \beta_3 FDI_{it} + \beta_4 Horizontal_{it} + \beta_5 Forward_{it} + \beta_6 Backward_{it} + \nu_i + \varepsilon_{it}$$

式中，下标 i 代表行业；t 代表年份。α_1 和 ν_i 分别表示其他没有观测到的行业因素的影响，其中，ν_i 服从随机分布，α_1 是只与行业相关的一个常数，是各行业中对公共截距项的偏离。ε_{it} 表示残差项。

需要注意的是，因为这三个模型的假定不同，三个模型中可能影响参数估计值的因素也并不一样。一般来说，因为面板数据同时包含了横截面因素和时间序列因素，所以参数估计值可能会受到这样两种不同因素的影响：一种是不同组别数据之间的差异，称为组间效应（between effect，在本书的模型中即指不同行业之间的差异）；另一种是同一组数据内部不同年份之间的变化，称作组内效应（within effect，在模型中就是指同一个行业不同年份之间的差异）。在固定效应模型中，所有的组间效应都已经通过固定效应消除掉，参数估计值只取决于组内效应。混合数据最小二乘法因为根本没有考虑行业差异，所以参数估计值同时由组内效应和组间效应决定。而在随机效应模型中尽管考虑了行业之间的差异，但只有当行业之间的差异服从正态分布时，参数估计值才会完全不受组间效应的影响，一旦这个假定不成立，参数估计值也可能会受到组间效应的影响。我们将通过 F 检验、LM 检验和豪斯曼（Hausman）检验来选择计量模型。

第四节　实证结果分析

对于面板数据的估计，通常可以采用三种模型：混合 OLS 模型、固定效应模型和随机效应模型。区分不同模型需要看使用该模型的假设条件是否得到满足。模型选择的过程分为三步：（1）利用 F 检验比较混合 OLS 模型和固定效应模型；（2）利用 LM 检验比较混合 OLS 模型和随机效应模型；（3）利用豪斯曼检验比较固定效应模型和随机效应模型。三种模型的估计结果如表 6 – 1 所示。

表 6 – 1　　　　　　　　　　　　三种模型的估计结果

解释变量	固定效应模型	随机效应模型	混合 OLS 模型
常量	1. 101136	1. 673447 ***	2. 622332 ***
	(0. 7139807)	(0. 461253)	(0. 4169794)
lnl	0. 2831563	0. 3494248 ***	0. 446647 ***
	(0. 1439587)	(0. 090334)	(0. 0791036)
lnk	0. 7527572 ***	0. 6512278 ***	0. 4574054 ***
	(0. 098186)	(0. 0758392)	(0. 0742588)
FDI	1. 722951 ***	1. 606387 ***	1. 482106
	(0. 3756822)	(0. 351132)	(0. 9647966)
Horizontal	− 1. 340993 ***	− 1. 259136 ***	− 1. 467128
	(0. 6029043)	(0. 495187)	(0. 9894019)
Forward	− 0. 5603433	0. 1491365	0. 6026945 **
	(0. 7833631)	(0. 3540484)	(0. 2569078)
Backward	2. 812376	0. 7471995	0. 3743744
	(1. 558302)	(0. 6249837)	(0. 4115698)
dumt2	0. 1094492 ***	0. 1200365 ***	0. 1435793
	(0. 018767)	(0. 0172329)	(0. 1067849)

续表

解释变量	固定效应模型	随机效应模型	混合 OLS 模型
dumt3	0.2238315 ***	0.2456229 ***	0.2901404 ***
	(0.0279001)	(0.0239288)	(0.4169794)
Dumt4	0.2791672 ***	0.3095964 ***	
	(0.044082)	0.0365382	
调整后的 R^2	0.9719	0.9709	0.8409
Ftest（OLS vs. FE)			F（34，62）= 284.54
P – Value			0
LMtest（OLS vs. RE)		Chi2（9）= 3444.92	
P – Value		0	
Hausmantest（FE vs. RE)		Chi2（9）= 6.48	
P – Value		0.6909	

注：*** 、** 、** 分别表示在 1% 、5% 、10% 的水平上显著；括号内数字为标注差。

　　从实证检验结果可以得到：（1）F 检验（F（34，96）= 214.68，Prob > F = 0.0000）表明，固定效应模型优于混合 OLS 模型；（2）Breusch and Pagan 的 LM 检验（chi2（9）= 3444.92，Prob > chi2 = 0.0000）表明，随机效应模型优于混合 OLS 模型；（3）豪斯曼检验（chi2（9）= 6.48，Prob > chi2 = 0.6909）表明，随机效应模型优于固定效应模型。综上所述，本书采用随机效应模型来估计参数。

　　从随机效应模型的结果可以看出，内资企业的劳动力贡献和资本的贡献都非常显著；前后向关联效应均不显著，而水平关联的负效应非常显著；时间效应很显著，每年呈现增长的趋势。

第五节　研究讨论及建议

　　本书从技术溢出角度对外商直接投资在中国的水平技术溢出效应、垂直技术溢出效应进行了实证检验与分析。结果显示，外商直接投资的水平技术溢出效应为负（在 1% 的水平上），垂直技术溢出效应也不显著；而从传统要素投入来看，劳动力投入和资本存量的系数估计值显著为正，这一结果说明，传统要素对中国企业的发展仍发挥着重要作用，与国内学者的研究（周燕、齐中燕，2005）结论比较吻合。本书的结论有一些意外，原因可能包括：（1）数据类型。使用公司层面面板数据，对确定外商直接投资技术溢出效应的真实程度最为合适，而囿于资料所限，本书行业层面的面板数据进行分析可能会对实证结果产生影响。（2）行业划分。本书所用的是二位码工业行业数据，行业类别划分不够细化，导致外商直接投资在许多次级行业之间的溢出效应被包含于更高一级行业类别内部外商直接投资行业内溢出效应之中，从而导致原本应该计算在行业间溢出效应的计量为行业内溢出效应。

外商直接投资对东道国产业和企业或具有溢出效应，或具有挤出效应。在本书的样本行业中，外商直接投资产生了水平挤出效应。即外资企业凭借其资源、技术和管理等所有权和内部化优势，在行业内设置了许多隐性的、人为的障碍，在市场竞争中抢占了大量中国本土竞争对手的市场份额。本书与严兵（2006）的研究结论一致，他将水平溢出效应不显著归咎于外资企业与国内企业的关联程度不高。本书认为，中国企业在经济开放条件下，随着外商直接投资规模持续扩大，强关联（Linkage）已经形成，问题的关键在于中国企业在强关联的基础上没有集中投入研究开发，从而导致低吸收能力和整合能力。

从垂直技术溢出效应视角看，雅伯和穆切利（Jabbour and Mucchielli，2004）研究发现，如果当地供应商与外资企业的技术要求差距较大，后者将不会大量地从当地采购专用的中间投入品，因为即便它们愿意转移技术，当地供应商也没有能力吸收。本书认为，中国本土企业长期以来关注替代性资源开发，弱化了互补性资源投入与开发，无法形成强合作能力并获得专业化分工优势。从某种程度上说，中国许多企业的成长是基于规模的外生成长而不是基于专业化分工的内生成长。

从企业层面上看，本书认为，利用外资与"中国制造的技术能力"在战略上是匹配的，技术能力是检验外资利用质量的关键指标之一。在全球化条件下，中国企业需要理性地反思"代工"的分工模式，取而代之的是一个全新的 LLL（Linkage – Learning – Leverage）成长路径。其中，第一个 L 是广泛联结，这是"代工"阶段的一个重要贡献。这个阶段是积累经验和获取规模经济优势，这个阶段不仅包括生产者联结，也包括部分的市场联结。第二个 L 是学习，通过与大客户和供应商建立良好的合作关系，进行探索性、转换性和开发性学习并由此获得内生优势。第三个 L 是通过研究开发投入、技术整合和人力资本开发等路径，嵌入深层次的专业分工并获得专业化优势。从产业价值链视角看，LLL 路径从存量资源开发入手，通过稀缺性能力开发和创新能力提升，获取更多的增量优势。

从政策层面上说，尽管本书的结论产生了一些疑义，但经验告诉我们，中国企业的技术水平应该到了发生质变的阶段。首先，在宏观层面上，土地和廉价的低水平的劳动力供应已经出现重大短缺，客观上要求企业必须从战略上推进技术和产品升级。其次，技术质变的基础支撑条件已经具备，如高水平的人力资源储备非常丰富并可以持续为企业提供大量的专业化人才。最后，从市场条件看，随着中产阶层和城市化发展，消费市场的差别化、多元化和高级化趋势会进一步加强，对企业的战略投资和经营行为会产生深刻影响。为了促进中国企业在开放经济条件下实现技术升级，政策上需要创造一种新的技术环境，如建立符合国际规范的技术标准、环保标准、劳工标准等，推进企业形成创新增长的新路径。

第七章　中国机电产业国际竞争力的内生演进

第一节　引言

从竞争力的角度研究产业发展成为 20 世纪后期世界各国政府和研究机构所关注的热点问题。许多学者围绕着产业竞争力的来源、理论基础、评价方法等进行了广泛的研究。从理论研究来看，国外学者基本上沿着两条路径进行：一是以李嘉图的比较优势理论和克鲁格曼、杨小凯等人的新兴古典经济学理论为基础的产业竞争力从外生到内生的研究（Krugman，1979；Yang and Borland，1991），主要强调宏观层面的资源优化配置问题；二是以波特的竞争优势理论和海默的核心竞争力理论为基础的产业竞争力从外部影响因素到产业价值链的研究（Porter，1990；Prahalad and Hamel，1990），其理论立足于产业发展的微观基础，强调企业所起的关键作用。二者都研究产业竞争力的来源及影响因素，强调人力资本积累和技术进步对产业竞争力的决定作用，但后者将技术创新、产品研究开发等环节列为价值链的"核心"部分，这些"核心"部分则是保持企业竞争优势的源泉。

在经验解释方面，大量文献都是以波特—邓宁（Porter - Dunning）模型为基础展开的，而且就某个方面进行实证分析。弗格伯格（Fagerberg，1995）采用 16 个经济合作与发展组织国家 1965—1987 年的统计数据通过对数线性回归模型，对波特—邓宁模型中的"需求条件"对产业竞争力的影响进行了实证检验，证明该条件对产业国际竞争力具有正向影响。金和马里奥（Kim and Marion，1991）利用美国食品制造业 1967—1987 年的数据建立计量模型，证明了国内市场结构与竞争强度对产业国际竞争力的决定作用。莫雷诺（Mareno，1997）根据西班牙 1978—1989 年制造业的面板数据建立了对数模型，实证检验了制造业出口竞争力的决定因素。此外，许多学者分别从劳动生产率、实际汇率、出口单价、劳动成本等角度实证分析了产业国际竞争力的影响因素。保罗和莫特（Paul and Mote，1967）从生产成本和价格的角度对印度棉纺织业的竞争力进行了实证分析，他们发现，通过改善工资—劳动生产率比例，可以降低生产成本，进而提高印度棉纺织业的竞争力。施纳贝尔（Schnabel，1997）对 1970—1991 年间经济合作与发展组织 14 个成员国的劳动生产率进行了比较，通过比较发现，美国的劳动生产率最高，但其他国家（尤其是日本）的劳动生产率正在向美国收敛，从而得出美国竞争力下降、其他经济合作与发展组织国家竞争力上升的结论。冈萨雷斯（González，

2006)运用1960—1988年114个国家的面板数据进行实证分析,发现劳动生产率提高较快的国家,其出口市场份额的增长率也较快。布鲁纳和卡利(Brunner and Calì, 2005)通过运用1991—2002年的出口单位价值(unit values)数据衡量南亚四国制造业竞争力的动态变化,认为南亚四国的出口竞争力要略高于东南亚的竞争对手,低于经济合作与发展组织国家的竞争力;但是,南亚四国的出口增长源于成本下降导致的出口数量的上升,而非出口商品质量的上升;具有出口竞争力的行业主要集中在资源密集型、标准技术密集型和劳动密集型产业。古铁雷斯(Gutierrez, 2006)通过对南斯拉夫的工资水平和生产成本、实际有效汇率以及结构性因素的国际比较,认为产业竞争力的持续提升需要通过提高劳动生产率和优化资源配置来实现。

20世纪90年代初,国内学者就已注意到,单纯依靠基于资源禀赋的比较优势来提升中国制造业国际竞争力的途径是行不通的。郭万青(1990)在分析了李嘉图比较优势理论在不同发展阶段国家的适用性之后,认为中国应运用马克思主义世界观和方法论批判地吸收、借鉴和继承西方比较优势理论;但对于如何吸收、借鉴和继承则并未深入展开。此后,国内理论界对于如何对待和运用比较优势理论以及遵循静态还是动态比较优势理论等问题进行了争论。林毅夫(1999,2001,2003)强调发展中国家应实施比较优势战略,并以日本和亚洲"四小龙"利用比较优势原则获得经济发展和产业竞争力提升的案例进一步强化他的比较优势战略思想。而王允贵(2002)、郭克莎(2003)则认为,应将技术创新和边干边学纳入分析的视野,以比较优势的转换为导向,同时有选择地利用静态比较优势,有重点地推行逆比较优势战略。他们对比较优势的研究主要侧重于静态和动态角度的分析。邹薇(2002)认为,分工和专业化是比较优势之源,内生比较优势关心交易成本,突出规模经济的作用;这与克鲁格曼和杨小凯的观点是相同的。裴长洪、王镭(2002),金碚(2003),王瑞祥、穆荣平(2003)等则分别从比较优势、竞争优势和后发优势的角度来研究产业竞争力。在此基础上,郭克莎(2000),吕铁(2002),郑海涛、任若恩(2004),杨丹辉、侯民军(2003),程池超、孙江明(2006),张小蒂、孙景蔚(2006),金碚(2006),李云凌、谢玉梅(2008)等人运用劳动生产率、以贸易数据为基础的各种指数以及比较优势和竞争优势等指标对中国制造业的国际竞争力进行了实证研究。

随着内生比较优势研究的深入,国内一些学者开始从新贸易理论角度对产业竞争力进行实证分析。耿伟(2006)采用马尔可夫链来考察中国制造业比较优势动态分布的固化性和流动性的程度,发现中国制造业比较优势模式的演变具有固化性的特征。杨汝岱(2008)运用1994—2005年中国分行业经济统计数据和详细的贸易数据考察了工业制成品出口增长的影响因素,认为技术升级是出口增长的重要原因,技术复杂度越高的行业,出口增长速度越快,发现新贸易理论对中国出口增长能够提供更为合理的解释。

综上所述,国内的研究主要沿袭了国外的研究路径;在实证研究方面,多数文献侧重于中国制造业产业竞争力的国际比较及影响因素,而对于产业竞争力的增长方式、技术升级路径则涉及较少。本章尝试将内生增长理论、新贸易理论与波特—邓宁模型结合起来考察中国制造业的典型产业——机电产业①国际竞争力的增长方式；之所以将机电产业作为考察对象，主要基于该产业的产业关联度、产业链特点等因素。作为资本技术密集型产业，这些产业的发展模式关系到中国经济及产业增长方式的改变。此外，本章还将探索机电产业的技术进步路径，为中国产业结构调整和升级提供有益的借鉴。下面第二节主要介绍本章的研究方法及数据来源，第三节是模型设定与变量说明，第四节是实证结果分析，第五节是研究结论及建议。

第二节　研究方法与数据来源

一　机电产业国际竞争力综合指数的计算

在实证研究中，多数学者以显示性比较优势指数、贸易竞争指数等单一指标作为被解释变量来构建模型，但考虑到单一指标在衡量产业国际竞争力方面的局限性，本章在张金昌（2001），裴长洪、王镭（2002）和金碚（2006）等人研究的基础上构建机电产业的国际竞争力综合指数，以此指数来反映机电产业的国际竞争力状况（见表 7 - 1）。本章在指标的选择上，充分考虑各个指标的优缺点，显示性比较优势指数较好地反映了产业的相对优势，剔除了经济总量波动对产业国际竞争力的影响。净出口显示性比较优势指数反映了进口和出口两方面对产业国际竞争力的影响，剔除了产业内贸易和产业分工的影响。贸易竞争指数则是从贸易专业化的角度对产业国际竞争力进行考察，剔除了通货膨胀等经济因素对产业国际竞争力的影响。世界市场占有率从一国产业的绝对竞争优势角度反映了产业的国际竞争力；市场渗透率则是从不同目标市场的角度考察一国产业的绝对国际竞争力；相对竞争优势指数则是从竞争对手的角度考察在目标市场上的相对竞争力。而贸易增长率和产业内贸易指数则是从竞争潜力的角度来衡量产业的国际竞争力。

机电产业国际竞争力综合指数以 1992 年为基年，即 1992 年各机电产业的国际竞争力综合指数为 100，分别计算出 1993—2008 年各机电产业相对于基期的国际竞争力综合指数。具体步骤如下：首先按照公式（A）和公式（B）对相应指标进行标准化，然后根据各个指标的重要性赋予不同的权重，最后用标准化后的指标向上逐级乘以相应的权重，最终得到机电产业国际竞争力综合指数。具体标准化计算公式为：

考察年份指标 =（考察年份指数 - 基年指数）+100　　　　　　　（A）

考察年份指标 =（考察年份指数 ÷ 基年指数）×100　　　　　　　（B）

该综合指数主要由三级指标构成，其中，一级指标主要从比较优势、竞争优势和潜在优势三个方面进行衡量，比较优势和竞争优势赋予相等的权重，而潜在优势的权重相

---

① 根据 2002 年国家统计局第二次修订并实施的国民经济行业分类，本章涉及的机电产业包括：通用设备制造业、专用设备制造业、交通运输设备制造业、电气机械及器材制造业、通信设备、计算机及其他电子设备制造业和仪器仪表及文化、办公用机械制造业。

表 7 - 1　　　　　　　　　　机电产业国际竞争力综合指数构成及权重分配

一级指标（权重）	二级指标（权重）	三级指标（权重）		
机电产业国际竞争力综合指数	比较优势指标（2/5）	显示性比较优势指数（1/3）——适用公式（B）	国际市场显示性比较优势指数（0.4）		
			目标市场显示性比较优势指数（0.6）	美国市场（0.36）
				欧盟 25 国（0.35）
				东盟 10 国（0.15）
				日本市场（0.14）
		净出口显示性比较优势指数（1/3）		
		贸易竞争指数（1/3）	适用公式（A）		
	竞争优势指标（2/5）	国际市场占有率（1/3）	适用公式（B）		
		市场渗透率（1/3）——适用公式（B）	美国市场（0.36）		
			欧盟 25 国（0.35）		
			东盟 10 国（0.15）		
			日本市场（0.14）		
		相对竞争优势指数（1/3）——适用公式（B）	美国市场（0.43）	相对于日本的竞争优势指数
				相对于韩国的竞争优势指数
				相对于印度的竞争优势指数
				相对于巴西的竞争优势指数
			欧盟市场（0.41）	相对于美国的竞争优势指数
				相对于日本的竞争优势指数
				相对于韩国的竞争优势指数
				相对于印度的竞争优势指数
			东盟市场（0.16）	相对于美国的竞争优势指数
				相对于日本的竞争优势指数
				相对于韩国的竞争优势指数
				相对于印度的竞争优势指数
	潜在优势指标（1/5）	出口增长率（1/2）	适用公式（A）		
		产业内贸易指数（1/2）	适用公式（A）		

对较低。在二级指标中，一级指标项下的各指标均采用等权重的处理方法。在三级指标中，不同目标市场的指标权重确定方法遵循以下原则：一是把 2008 年中国向目标市场的总出口额作为整体，向各目标市场的出口额占整体目标市场出口额的比重作为权重。二是以目标市场美国、欧盟 25 国、日本和东盟 10 国为例。2007 年，中国向上述四个目标市场总出口额为 6741.4 亿美元，其中，向欧盟出口 2451.9 亿美元，向美国出口 2327 亿美元，向日本出口 1020.7 亿美元，向东盟出口 941.8 亿美元；各个目标市场的权重是：欧盟市场为 0.36，美国市场为 0.35，日本市场为 0.14，东盟市场为 0.15。对于相对竞争优势指数项下中国与各个竞争对手相比较的权重则采用等权重的处理方法。

关于机电产业国际竞争力综合指数的构成、所适用的标准化公式以及具体权重的分配见表 8 – 1。

二　机电产业国际竞争力增长的实证方法

中国机电产业是随着改革开放和经济实力增强不断发展壮大的，为了反映出机电产业国际竞争力增长的发展过程，本章采用跨期分析的方法，将考察期间 1993—2008 年分为两个时期：1993—1997 年和 1998—2008 年。主要是由于从 1998 年开始，中国具有分行业数据的制造业统计口径发生了改变：1993—1997 年的统计口径为全国独立核算企业；1998—2008 年的统计口径为全国大中型工业企业（全国国有及销售收入为 500 万元以上的非国有企业）。因此，为了消除统计口径不同所造成的误差，本章考察期间划分为两个阶段。

通过跨期的实证分析，可以更加清楚地考察机电产业国际竞争力的影响因素变化情况，从而为其国际竞争力增长方式的研究提供一个清晰的脉络。

三　机电产业技术进步路径的实证方法

由于机电产业属于资本技术密集型产业，因此，本章所研究的机电产业技术进步路径主要考察该产业竞争力增长过程中技术进步影响因素的变化，即该产业技术进步是通过资本要素增加还是通过人力资本的积累来实现的。此外，考虑到市场环境以及规模因素可能能对技术创新具有重要的影响作用，我们还将市场竞争、规模经济两个变量作为控制变量加入模型中。

四　数据来源

本章计量分析所使用的数据主要来源于两个途径，其中机电产业竞争力综合指数计算过程中所使用的原始数据来源于联合国贸易统计数据库（UN COMTRADE），通过国际产业标准分类（ISIC Rev3）与国家统计局产业分类的一一对应关系对机电各产业进行归类加总，从而得出各机电产业的相关数据。各解释变量的数据均来自国家统计局历年《中国统计年鉴》和《中国科技统计年鉴》。

第三节　模型设定与变量说明

一　变量选取与模型设定

本章主要研究机电产业国际竞争力的增长方式，根据内生性增长理论和新贸易理论，在充分考察和借鉴罗默（1986，1990）、杨小凯（1991）、阿宏和豪伊特（Aghion and Howitt，1992）等人研究的基础上，我们构建以下基本模型：

$$\ln ICI_{it} = \alpha_{it} + \beta_1 \ln L_{it} + \beta_2 K_{it} + \beta_3 \ln P_{it} + \mu_{it} \tag{7.1}$$

式中，ICI 代表机电产业国际竞争力；L 代表劳动力要素；K 代表资本要素；P 代表技术要素；μ 代表随机误差项；i 表示行业截面；t 表示时间截面。现实中，产业国际竞争力的影响和决定因素不仅仅局限于此；根据波特的钻石模型，还包括需求条件、相关辅助产业的状况、企业策略、结构与竞争对手等因素，但考虑到上述因素在量化中存在困难，我们根据数据的可获得性，选取市场需求和市场竞争状况作为控制变量。此外，我们还综合分析了王仁曾（2002）、赖明勇和阳小晓（2002）、张小蒂和孙景蔚（2006）、杨汝岱（2008）等人的研究，将产业规模加入影响因素之中。在此基础上，本章提出如下假设：

假设1：国内市场竞争对机电产业国际竞争力增长具有重要的促进作用；国内市场竞争越激烈，机电产业国际竞争力增长越快。金和马里奥（1991）、江小涓（2007）和杨汝岱（2008）等学者均认为，国内市场竞争有利于产业国际竞争力的提高。

假设2：规模经济是机电产业国际竞争力增长的基础。克鲁格曼（1979）认为，由于规模经济的存在，提高了国际外商直接投资水平，促进了国际专业化分工水平与效率，促进了产业内贸易的发展和国际产业价值链的形成，最终提高一国的产业国际竞争力。邹薇（2002）和刘小铁（2004）等也持有类似观点。

假设3：人力资本的积累和技术创新是机电产业国际竞争力增长的原动力，也是机电产业持续保持竞争优势的重要因素。邹薇（2002）认为，人力资本和知识要素具有递增的生产力，谁拥有更多的人力资本和知识要素，谁就能在未来的市场竞争中处于有利地位。Yang和Borland（1991）、王仁曾（2002）等认为，技术创新对产业国际竞争力具有决定作用。

假设4：技术进步取决于机电产业的人力资本和研究开发费用投入。以罗默（1986，1990）、卢卡斯（Lucas，1988，1993）、格罗斯曼和赫尔普曼（Grossman and Helpman，1991）、阿宠和豪伊特（1992）为代表的新增长理论学者认为，技术进步是干中学、研究开发和人力资本投资的结果。

根据上述分析，加入控制变量后，我们建立最终计量模型：

$$\ln ICI_{it} = \alpha_{it} + \beta_1 \ln L_{it} + \beta_2 K_{it} + \beta_3 \ln P_{it} + \beta_4 \ln MS_{it} + \beta_5 \ln GP_{it} + \beta_6 \ln TKR_{it} + \mu_{it} \tag{7.2}$$

在模型（7.2）中，MS 表示机电产业的市场竞争状况；GP 代表机电产业的工业总产值增长速度；TKR 代表机电产业的固定资产占全国工业总固定资产的比重。

二　变量说明

劳动力要素（L）：该变量用于衡量劳动力要素在机电产业国际竞争力提升过程中所发挥的作用，采用各产业年末从业人数减去科技人员活动人数来表示。劳动力要素的弹性系数为正，则所表现的产业特点为劳动密集型。

资本要素（K）：用于衡量资本要素对机电产业国际竞争力提升的贡献度，采用固定资产净值年平均余额＋流动资产年末平均余额来表示。

技术创新要素（P）：技术创新因素主要选取专利申请件数作为代理变量，用以衡量技术因素的影响作用；本章使用专利申请件数作为衡量技术创新因素的指标，这是与专利本身的优点分不开的。首先，专利几乎涵盖了所有的技术领域，是不同国家对技术创新的一种同质测度（Malerba and Orsenigo，1996）。其次，专利文献中含有大量的关于发明、技术和发明者等相关信息；许多国家都有专利系统或数据库，这样具有时间序列性和一定程度的可比性（Soete，1979；Basberg，1987）。

国外学者还常使用专利数据作为技术创新能力的特征，正如斯通曼（Stoneman，

1983）所言，专利尽管不是衡量技术创新最好的一个指标，但至少是可以衡量的。玛勒巴和奥森戈（Malerba and Orsenigo，1997）也认为，专利统计为技术变革分析提供了唯一的源泉，就数据质量、可获得性以及详细的地区、产业而言，任何其他数据都无法与专利数据相媲美。

国内市场竞争状况（MS）：反映国内市场竞争状况的指标一般比较准确的应该是产业集中度指数，但由于数据的限制，本章选取各产业的企业数量作为国内市场竞争状况的代理变量。

市场需求状况（GP）：该指标主要通过市场需求规模、需求层次以及需求增长率来考察，而当市场需求快速增长时，往往会直接促进产业的高速发展，因此，本章选取机电产业的工业增加值增长速度作为代理变量。

国内产业规模（TKR）：以机电产业固定资产占工业总资产的比例作为代理变量，用来衡量机电产业的规模经济对其国际竞争力的影响。

三　技术升级路径模型的设定

我们考察机电产业的技术升级路径，实际上就是检验技术创新因素在机电产业国际竞争力提升过程中主要影响因素的变化，据此来判断其技术升级路径的选择。因此，本章以机电产业的专利申请件数为被解释变量，以机电产业科技活动人员数和科技活动经费支出作为主要影响因素构建模型，同时将市场竞争、规模经济作为控制变量加入模型中。

$$\ln P_{it} = \alpha_{it} + \beta_1 \ln re_{it} + \beta_2 \ln hr_{it} + \beta_3 \ln MS_{it} + \beta_4 \ln TKR_{it} + \mu_{it} \qquad (7.3)$$

在模型（7.3）中，re 表示机电产业的科技活动经费支出；hr 表示机电产业的科技活动人员数。

第四节　实证结果分析

一　机电产业国际竞争力增长方式的实证分析

我们首先利用中国机电产业 1993—2008 年的面板数据对模型（7.1）和模型（7.2）进行 F 检验，在 1% 的显著水平下，采用不变常数项固定效应模型进行计量分析。为了避免面板数据可能产生的异方差性和序列相关性，本章在回归过程中主要采用似然不相关回归（SUR）方法；在模型估计中使用的计量软件是 EVIEWS6.0。

表7-2 和表7-3 分别是 1993—1997 年和 1998—2008 年机电产业国际竞争力提升方式的实证结果。在 1993—1997 年（以下简称"第一期"）和 1998—2008 年（以下简称"第二期"）两个考察期内，可以明显发现，机电产业国际竞争力的提升方式呈现较大变化，大部分解释变量估计系数的符号均出现逆转。从模型的拟合优度来看，结果令人满意：大部分的拟合优度均超过了 80%，仅有个别时期的拟合优度在 70%—80%。

表 7 - 2　　　　　　1993—1997 年机电产业国际竞争力增长方式的实证结果

	模型 (7.1)	模型 (7.2)			
常数项 C	4.862431	6.624549	10.89313	6.764978	6.815279
	(33.52438) *	(22.12779) *	(14.08756) *	(32.54183) *	(7.491956) *
lnL	-0.830658	-1.354541	-0.775999	-0.768380	-0.768327
	(-18.84773) *	(-11.86260) *	(-6.688263) *	(-13.15223) *	(-2.078901) ***
lnK	0.158519	0.184231	-0.103851	0.337517	0.448292
	(1.923962) ***	(4.255843) *	(-1.171993)	(7.311371) *	(4.101518) *
lnP	0.124184	0.084288	-0.000862	0.103238	-0.054815
	(0.955001)	(0.845197)	(-0.005093)	(0.886734)	(-2.750487) **
lnMS		0.446651			-0.017299
		(4.624678) *			(-0.088920)
lnGP			-0.211750		0.031250
			(-3.589049) *		(1.135549)
lnTKR				-0.367330	-0.345695
				(-7.029995) *	(-1.415369)
R^2	0.786109	0.842518	0.745239	0.819003	0.909792
调整后的 R^2	0.761430	0.817321	0.691605	0.790043	0.877954
F 统计量	31.85247 *	33.43709 *	13.89491 *	28.28088 *	28.57558 *
D.W. 统计值	2.022124	1.955311	1.749154	2.094029	1.818669
观测值	30	30	24	30	24

注：括号内为 t 检验值；* 表示通过 1% 显著水平的检验；** 表示通过 5% 显著水平的检验；*** 表示通过 10% 显著水平的检验。

表 7 - 3　　　　　　1998—2008 年机电产业国际竞争力增长方式的实证结果

	模型 (7.1)	模型 (7.2)			
常数项 C	4.862431	6.071703	4.736460	2.106115	-0.593663
	(34.53217) *	(28.27413) *	(7.684955) *	(1.967543) ***	(-1.757238) ***
lnL	-0.377690	0.039671	-0.519888	-0.522058	0.491362
	(-7.817412) *	(0.554173)	(-2.413827) **	(-3.099529) *	(7.316621) *
lnK	-0.102861	-0.091997	0.066562	0.521269	0.851133
	(-2.413583) **	(-1.816929) ***	(0.404196)	(2.212373) **	(13.14900) *
lnP	0.550871	0.578664	0.536489	0.399299	0.117198
	(43.65009) *	(41.83088) *	(7.345581) *	(5.512764) *	(6.183528) *

	模型 (7.1)	模型 (7.2)			
lnMS		− 0.429390			− 0.447392
		(− 12.75858)*			(− 7.854350)*
lnGP			− 0.183592		0.092398
			(− 2.033480)***		(4.679468)*
lnTKR				− 0.493924	− 0.226173
				(− 3.143934)*	(− 1.945720)***
R²	0.867078	0.915141	0.848019	0.875244	0.896362
调整后的 R²	0.859957	0.908969	0.835613	0.866171	0.885409
F 统计量	121.7662*	148.2828*	68.35234*	96.46519*	1045.661*
D. W. 统计值	1.618333	1.615038	1.782610	1.610104	1.731298
观测值	60	60	54	60	54

注：括号内为 t 检验值；* 表示通过 1% 显著水平的检验；** 表示通过 5% 显著水平的检验；*** 表示通过 10% 显著水平的检验。

首先考察模型 (7.1)，通过比较表 7 - 2 和表 7 - 3 的回归结果，在两个时期 (1993—1997 年和 1998—2008 年) 内，除了劳动力要素的弹性系数未发生变化外，资本要素和技术创新要素的弹性系数均出现了根本性的转变。由于机电产业属于资本技术密集型产业，劳动力要素对其国际竞争力呈现负向影响，且通过 1% 显著水平的检验，这一结果符合机电产业的特性；由此我们也可以看出，中国机电产业国际竞争力的提升不是依赖劳动力要素的投入实现的；至少从国际竞争力角度考察，中国机电产业不具有劳动密集型的特点。

资本要素对机电产业国际竞争力的影响在两个时期内呈现逆转性的变化。在 1993—1997 年，资本要素的弹性系数为正，且通过 10% 显著水平的检验；这说明该时期内，资本要素的增加促进了机电产业国际竞争力的提升，而且是三个生产要素中唯一的正向影响因素。但在 1998—2008 年，资本要素的弹性系数变为负，并通过 5% 显著水平的检验；这一变化符合凯恩斯的资本要素边际效率递减规律。此外，资本要素被认为是经济和贸易增长的外生变量，由该要素所体现的经济和产业增长被视为外生性增长。因而，资本要素在中国机电产业国际竞争力提长过程中所体现出来的这种变化在一定程度上反映了该产业由外生到内生增长的发展路径。

技术进步历来被认为是提高劳动生产率的关键因素；同时，新兴古典经济学和新贸易理论认为，技术进步是内生增长的必要条件之一。通过考察模型 (7.1) 中两个时期技术创新要素弹性系数的变化，我们不难发现，第一期的技术创新因素对机电产业国际竞争力提升的影响并不明显，未通过显著性检验。而第二期，技术创新要素与其国际竞争力提升呈正相关，且通过 1% 显著水平的检验。这与资本要素弹性系数符号的变化恰好形成鲜明的对比。从中国机电产业发展历程来看,该产业在发展初期尚不具备国际竞争力,产业规模较小、技术水平低下,主要依赖资本要素的增加才得以发展;因此,资本要素是机电产业国际竞争力提升的主要来源,机电产业缺乏技术创新能力。随着干中学和技术的积累,技术创新要素逐渐取代资本要素,成为机电产业国际竞争力提升的重要来源。由此看来,技术创新因素对机电产业国际竞争力提升的贡献变化符合预期假设3。

基于模型(7.1)实证分析的结果可以发现,中国机电产业国际竞争力正在经历由外生性增长到内生性增长的发展历程;在这一过程中,资本要素和技术创新要素弹性系数的变化提供了经验数据支持。

接下来,我们在模型(7.2)中通过分别加入控制变量和同时加入控制变量的方式来考察各控制变量对模型(7.1)中解释变量的影响,同时考察各控制变量对机电产业国际竞争力提升方式变化的影响机制。

首先,我们将市场竞争变量加入到模型中,由实证结果可以看出,该控制变量并未改变原解释变量弹性系数的符号;但从市场竞争对机电产业国际竞争力的影响来考察,不同考察时期却出现了与以往文献结论相背离的结论。在第一期,国内市场竞争对机电产业国际竞争力具有明显的正向影响,这一结论与以往文献的研究一致,符合预期假设1。在第二期,国内市场竞争的弹性系数符号为负,且通过1%显著水平的检验;这一结果出乎意料,与以往多数文献的结论大相径庭。究其主要原因,加入世界贸易组织后,中国机电企业数量迅速增加,国内市场逐渐呈现竞争过度的格局;在这种情况下,机电产品出口量涨价跌,企业规模经济效应不明显;由此导致机电产业国际竞争力的提升速度低于机电企业数量的扩张幅度。此外,一些机电产业尚未形成国际竞争力,诸如汽车、精密仪器等,其竞争主要局限于国内市场,尚未体现在机电产业国际竞争力中。因而国内市场竞争对其国际竞争力呈现负向影响也就不足为奇了。

其次,我们将国内市场需求加入到模型中,从两期的回归结果来看,该变量对机电产业国际竞争力均呈负向影响,且分别通过了1%和10%显著水平的检验。该结果与以往文献的结论又出现背离。波特认为,国内市场需求对产业国际竞争力具有促进作用;而且,弗格伯格(1995)采用16个经济合作与发展组织国家1965—1987年的统计数据通过对数线性回归模型,对波特—邓宁模型中的"需求条件"进行了实证检验,证明该条件对产业国际竞争力具有正向影响作用。中国的这种情况可以通过机电产业的定位以及产业结构特点得以解释。中国机电产业在发展之初就定位于"出口导向型",政府出台一系列鼓励机电产品出口的政策;这在客观上促使机电企业更多地关注国际市场的需求。此外,中国机电产业利用外资的比例逐年提高,使得机电产品出口中加工贸易的比例相对较高,这也是造成国内需求对该产业国际竞争力呈现负向影响的一个主要原因。因此,国内市场需求对机电产业国际竞争力提升的影响并未像波特—邓宁模型中所预期的那样明显。

再次,我们考察规模经济对各解释变量和被解释变量的影响。从实证结果来看,在考察的两期内规模经济的弹性系数均为负,且通过了1%显著水平的检验;这一结果不符合预期假设 2，表明中国机电产业尚未形成规模经济。虽然该变量未能对机电产业国际竞争力产生正向影响，但该变量却改变了资本要素在第二期的弹性系数符号，使得资本要素对国际竞争力呈现正向影响。同时，该变量还使技术创新要素的弹性系数下降了 1.3% 左右。这说明，中国机电产业通过资本要素的增加正在逐步形成规模经济，并间接地提升了其国际竞争力；由于规模经济不明显，技术创新对国际竞争力的原有影响力度有所下降。因此，总体来看，规模经济仍然是未来中国机电产业国际竞争力提升的必然选择。

最后，我们将所有控制变量同时加入模型（7.2）中，在第一期，各控制变量对机电产业国际竞争力的影响均不显著，这与分别加入控制变量的情况出现差异。但是，同时加入各控制变量，却改变了技术创新要素的弹性系数符号，使其对机电产业国际竞争力呈现负向影响，并通过 1% 显著水平的检验。在第二期，各控制变量中，国内需求条件的影响变为正向，且通过 1% 显著水平的检验，但其弹性系数较小，不足 1%；其他两个控制变量的影响并未发生明显变化。各控制变量的同时加入使得劳动力要素和资本要素的影响方式发生逆转，由模型（7.1）中的负向变为正向；资本要素影响方式的改变可以通过机电产业尚未形成规模经济来解释。但是，劳动力要素弹性系数为负的结果却令人费解；较为合理的解释可能在于资本要素的增加一定程度上替代了劳动力要素，使得劳动力要素的边际产出增加，从而导致劳动生产率提高，进而对其国际竞争力产生正向影响。但这并不意味着中国机电产业属于劳动密集型产业，出现这一现象仅仅是机电产业发展中的一个阶段性特点而已。总体来看，中国机电产业国际竞争力提升处于依赖资本要素增加向依靠技术创新过度的发展阶段；内生增长的特点已经非常明显。

通过两个时期的实证分析不难看出，中国机电产业国际竞争力正在经历着由外生向内生增长的转变；新兴古典经济学理论和新贸易理论似乎对这一转变能够提供较为合理的解释。但波特—邓宁模型中，国内市场竞争和国内需求条件对产业国际竞争力的影响作用并未出现在中国机电产业中；但这并不意味着，波特—邓宁模型对中国产业国际竞争力的提升就没有借鉴意义。毕竟，产业国际竞争力处于不同的发展阶段所依赖的要素和条件会有所变化，放之四海皆准的理论是不存在的。

二　机电产业技术进步路径的实证分析

由上述实证分析可知，技术创新要素正逐渐取代资本要素而成为中国机电产业国际竞争力提升的主要驱动力；本部分将重点考察在中国机电产业国际竞争力提升过程中技术进步的路径依赖。根据模型（7.3）进行计量回归，实证结果见表 7-4。

首先，我们考察技术创新的基本影响因素。由表 8-4 可以看出，在考察的两期内，科技经费支出的影响均为正向，且都通过 1% 显著水平的检验；而科技活动人员数在第一期影响不显著，第二期为负向影响，且通过 1% 显著水平的检验。这一结果与预期假设 4 存在一定的出入，研究开发费用的增加确实促进了技术进步，这一点是符合预期假设 4 的；但以科技活动人员为代表的人力资本却并未对技术进步发挥促进作用。因此，实证结果只是部分地符合预期假设 4。由此可以看出，中国机电产业当前技术创新存在的主要问题是片面地强调研究开发经费的增加，而忽视了人力资本投入不足的问题，这对未来该产业的增长方式及国际竞争力提升均会产生不良的后果。

表 7 - 4　　　　　　　　　　机电产业技术进步路径的实证结果

	1993 - 1997		1998 - 2008	
常数项 C	- 2.723496	- 1.466947	- 5.017682	- 7.705741
	(- 3.389499)*	(- 0.625798)	(- 4.556242)*	(- 4.192709)*
lnRE	0.560184	0.607748	1.553893	1.412123
	(4.341355)*	(2.703486)**	(22.70112)*	(17.92182)*
lnHR	0.107213	- 0.279717	- 0.750228	- 0.461972
	(4.341355)	(- 0.812306)	(- 5.557138)*	(- 2.037003)**
lnMS		0.264828		0.223683
		(1.873267)***		(2.024290)**
lnTKR		- 0.000113		- 0.529532
		(- 0.000603)		(- 2.949357)*
R^2	0.891040	0.881339	0.943467	0.921093
调整后 R^2	0.882969	0.862353	0.941672	0.915919
F 统计量	110.3987*	46.42106*	525.6953*	178.0154*
D. W. 统计值	1.982517	1.829902	1.798560	1.768874
观测值	30	30	66	66

注：括号内为 t 检验值；* 表示通过 1% 显著水平的检验；** 表示通过 5% 显著水平的检验；*** 表示通过 10% 显著水平的检验

其次，我们加入控制变量来考察机电产业技术进步的路径依赖。在两期内，控制变量的加入并未改变研究开发经费和人力资本要素对技术进步的影响方式；国内市场竞争在两期内均对技术创新产生显著的正向影响；而规模经济在第一期影响不显著，在第二期则对技术创新呈现显著的负向影响。这也在一定程度上验证了模型（7.2）的实证结果，即规模经济不足不仅限制了机电产业的技术创新，而且对其国际竞争力的进一步提升也构成了障碍。

最后，我们将模型（7.2）和模型（7.3）的实证结果结合起来考察机电产业国际竞争力的提升机制。根据上述分析，我们可以发现，一是资本要素的增加促进了机电产业国际竞争力的提升，同时，资本要素的边际收益递减规律促使机电产业的提升方式发生改变，逐步由技术创新所替代。二是国内市场竞争促使机电企业增加研究开发投入、进行技术创新，并使之逐渐成为机电产业国际竞争力提升的主要驱动力；但国内市场的过度竞争又妨碍了机电产业规模经济的形成，使得国内市场竞争和规模经济对其国际竞争力呈现负向影响。三是通过资本要素和研究开发经费的持续投入，一方面，促进机电产业规模经济的形成；另一方面，加快机电产业的技术进步。但不容忽视的是，在技术创新中，人力资本的投入不足将是限制未来中国机电产业国际竞争力提升的重要因素。

第五节　结论与建议

本章研究发现，中国机电产业国际竞争力正在经历由外生性增长到内生性增长的发展历程。在这一增长过程中，（1）国内市场竞争对机电产业国际竞争力的影响呈现阶段性差异。大量文献研究认为，国内市场竞争对产业国际竞争力呈正向影响；而本章的研究显示，国内市场竞争在机电产业发展初期确实对其国际竞争力提升具有明显的促进作用，但随着国内机电企业数量的增加，这种正向影响已经变为负向。国内市场的过度竞争不利于中国机电产业规模经济的形成，限制技术创新能力的提高。（2）规模经济对机电产业国际竞争力具有显著的负向影响；而从发达国家相同产业的发展考察，中国机电产业的产业集中度略显偏低，以汽车产业为例，不论是美国、日本还是德国，其市场结构都是寡头垄断的格局。因此，规模经济是未来机电产业国际竞争力提升的必然选择。（3）技术创新因素是机电产业国际竞争力内生性增长的核心。但从技术进步路径依赖来看，中国机电产业的技术创新当前主要以研究开发经费的增加为主要方式，科技人员投入不足将成为限制其技术创新速度的主要因素，这也是技术创新尚未完全发挥其内生性作用的主要原因。

为此，本章提出如下建议：

（1）规模经济的形成不能仅仅依靠资本要素的增加；为了避免国内市场过度竞争的弊端，中国机电产业应适当提高产业集中度，加快企业的集团化发展；在现有机电产业规模的前提下，以市场配置资源为基础，政府鼓励机电企业的购并、重组，以逐步形成机电企业和产业的规模经济。

（2）中国机电产业的技术创新应兼顾研究开发经费和人力资本的投入。机电产业大部分属于技术密集型产业，技术创新决定着企业和产业的生存与发展。而当前中国机电产业则处于固定资产投资扩张和技术创新同时进行的发展阶段，这就需要转变其发展模式，将发展重点转移到技术创新上来；减少或抑制该产业的固定资产投资规模。在技术创新方面，机电企业不要盲目追求最先进的技术创新，而是要根据市场需求来决定技术创新的方向和层次。华为公司在这方面做得非常成功，为机电企业和产业的发展提供了有益的借鉴。

（3）从专业化分工角度来看，中国机电产业发展中，大型机电企业主要从事技术创新和市场营销，中小型机电企业则从事专业化生产，这样使得中国机电产业形成一个完整的产业链，这对于进一步促进该产业国际竞争力的提升将产生长远的影响。当然，在整个机电产业链中还应该考虑全球资源的配置问题，这是未来的发展方向；但当前首要考虑的应是国内机电产业的整合问题。这是一个渐进的过程，政府应通过产业政策调整来把握发展的节奏，不能急于求成。

总而言之，机电产业国际竞争力提升要以规模经济为基础、以市场需求为导向、以技术创新为核心；这样，中国机电产业才能进一步提升在全球产业链中的分工地位，持续保持其竞争优势，进而促进中国机电产业国际竞争力的提升。

附录　国际竞争力综合指数计算中涉及的公式

公式中字母的含义：X 表示出口额，M 表示进口额，i 表示产业，j 表示出口国，k 表示进口国，t 表示年，W 表示世界。

一　比较优势的指标

（一）显示性比较优势指数

$RCA = (X_{ij}/X_{jt}) / (X_{iW}/X_{Wt})$

式中，X_{ij} 是 j 国家 i 产业的出口额；X_{it} 是 j 国家在 t 时期所有产业的出口总额；X_{iW} 是 i 产业的世界出口额；X_{Wt} 是 t 时期的世界出口总额。

（二）净出口显示性比较优势指数

$NERCA_{it} = [X_{it}/\sum_i X_{it} - M_{it}/\sum_i M_{it}] \times 100$

式中，$\sum_i X_{it}$ 表示 t 时期一国 i 产业的出口总额，$\sum_i M_{it}$ 表示 t 时期一国 i 产业的进口总额。

（三）贸易竞争指数

$NTB_{it} = (X_{it} - M_{it}) / (X_{it} + M_{it})$

式中，X_{it} 和 M_{it} 分别代表一国 i 产业的出口和进口总额。

二　竞争优势的指标

（一）国际市场占有率

$MS_{ij} = X_{ij}/X_{iw}$

式中，MS_{ij} 是 j 国家 i 产业或产品的世界市场占有率；X_{ij} 是 j 国家 i 产业的出口总额；X_{iw} 是世界 i 产业的出口总额。

（二）市场渗透率

$S_{ik} = X_{ik}/M_i$

式中，S_{ik} 表示一国 i 产业在 k 进口国的市场渗透率；X_{ik} 表示一国 i 产业向 k 进口国的出口额；M_i 表示 k 进口国对 i 产业的进口总额。

（三）相对竞争优势指数

$A_i^k = X_{ik}/C_{ik}$

式中，A_i^k 表示一国 i 产业与竞争对手国家 i 产业在 k 进口国市场上的相对竞争优势；X_{ik} 表示一国 i 产业向 k 进口国的出口额；C_{ik} 表示竞争对手国家 i 产业向 k 进口国的出口额。

三　潜在优势的指标

（一）出口增长率

$GR_i = [(X_{it}/X_{it_0})^{1/(n-1)} - 1] \times 100\%$

式中，X_{it}表示 t 时期该国 i 产业出口额；X_{it_0}表示 t_0 时期该国 i 产业的出口额；$n = (t - t_0) + 1$。

（二）产业内贸易指数

$$IIT_{ij} = 1 - \left| X_{ij} - M_{ij} \right| / \left(X_{ij} + M_{ij} \right)$$

式中，IIT_{ij}是 j 国 i 产业内贸易指数；X_{ij}是一定时期内 i 产业的出口额；M_{ij}是一定时期内 i 产业的进口额；$X_{ij} + M_{ij}$为 i 产业的贸易总额；$\left| X_{ij} - M_{ij} \right|$为 i 产业的贸易差额，两者之差是产业内贸易进出口相重合也就是贸易伙伴之间在该产业贸易重合的部分，它与贸易总额之比就是产业内贸易指数（IIT）。

第八章 基于组织学习过程的后发企业技术追赶战略研究

第一节 问题的提出

一 问题提出的现实背景

（一）金融危机之后带来的思考

经历了 2007 年金融危机之后的中国，以自然资源与低廉劳动力投入为主导的经济增长方式已经走到了尽头。关于东亚增长源泉的"克鲁格曼质疑"① 的争论已经过去，但对于面临经济追赶使命的中国来说，这场"金融危机"所包含的经验和教训将具有深远的含义。

后发优势作为一种系统优势，要使其得以有效利用，必须最大限度地加以发挥，以使后发优势最大化，从而实现最为有效的经济赶超。中国在资本积累过程中充分利用了劳动力成本低廉的优势，采取"经济至上"、"经济优先"的原则发展经济，表现为一种"高投入、高增长"的增长方式；另一方面，伴随着经济高速增长又出现了"高投入、高消耗、高污染"的现象，付出了巨大的"增长代价"。结果，经济发展了，但却严重污染了环境，即所谓"先增长、后治理"的模式。从后发优势视角来看，不是以"可持续发展"为前提，而是在投入增加的过程中，同时获得了技术水平和生产率的大幅度提高。中国在 21 世纪初由于这场"金融危机"所带来的对外贸易量的下滑，导致国内产业链条的断裂以及投资渠道不畅，进而影响到经济的增长。其根源不仅仅在于源自美国的"金融风暴"的冲击，国内的产业技术升级缓慢，未能及时调整产业结构，导致新的经济增长点迟迟未能出现也是一个重要原因。经济增长方式的转变以及可持续发展的实现，归根结底，需要依赖技术进步和全要素生产率的提高，以尽可能少的物质资本投入，尤其是自然资源投入，获得尽可能高的产出。

---

① 保罗·克鲁格曼在《外交事务》杂志 1994 年 11—12 月号上发表了题为 "The Myth of Asia's Miracle" 的论文，对东亚的经济增长提出了疑问，国内学术界将其称为"克鲁格曼质疑"。克鲁格曼的观点在当时对东亚经济发展一片赞扬的气氛中招致了众多的批驳并引起了争论。过去几十年里，东亚新兴工业国家或地区经济的高速增长并不是什么奇迹，像苏联经济在 20 世纪 50 年代和 60 年代的高速增长一样（他将新加坡与苏联进行了比较），主要靠的是政府惊人的资源动员能力所促成的投入的增长（劳动和资本），而不是靠效率（即"全要素生产率"）的提高。这种靠"流汗"而不是靠"创新"获得的经济增长难以持续，因为这种增长将受到投入品本身的限制——劳动投入无法再增长，教育水平很难再提高，资本积累也难以维持在高水平上。所以，他认为，不存在什么"东亚经济奇迹"或"亚洲模式"。

出口导向型经济增长方式的拐点出现。在后金融危机时期，出口导向型经济增长方式和投资拉动型经济增长方式对国民经济发展的支撑已经难以为继，技术学习与创新上的突破是中国未来产业结构调整与经济增长的根本保证。出口导向型经济增长方式曾经导致了1987年日本经济泡沫的破灭和1997年东南亚经济泡沫的破灭，国际经验早已证明，这种经济增长方式无法长久，也不可能保证一个国家经济的可持续发展。中国1990—2009年中国出口占GDP的比重如图8－1所示。

出口占GDP的比重（%）

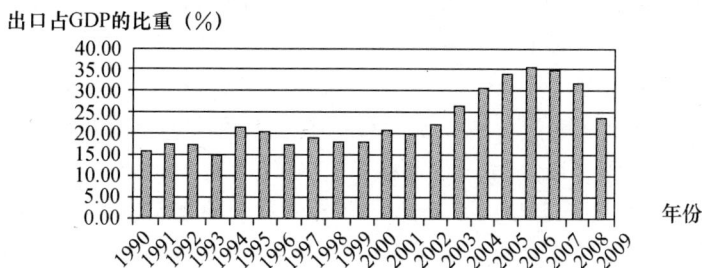

图 8－1　1990—2009 年中国出口占 GDP 的比重

资料来源：根据中经网统计数据整理得出

中国在 1998 年保经济增长的时候，非常注重出口的贡献，后来中国连续大幅度和大范围地提高出口退税率，降低出口关税，对出口实施了各种各样的优惠政策，使得出口对中国经济增长的贡献越来越大，从而使得中国经济逐渐走上了出口导向型经济增长方式的道路，到了 2007 年，出口对 GDP 的贡献已接近 40%。实际上，从 2003 年开始，出口导向型经济增长方式的弊端就开始在中国显现出来了。当时，我们感到出口导向型经济增长方式的弊端主要有二：一是引起了中国国际收支的双顺差，即贸易顺差和资本顺差，双顺差导致大量的外汇涌入中国，迫使中央银行不得不发行大量人民币来收购这些外汇，中央银行在外汇占款项目下发行的人民币过多，从而导致国内通胀的压力过大。从 2003 年 5 月开始，中国宏观经济就不断显现出通胀的压力。二是大量外汇作为对外购买力的符号，在国内不能使用，迫使我们只能用外汇对外投资，而这种对外投资既促进了传统体制的复归，又使得大量外汇在对外投资中无法实现增值保值。从 2008 年开始，中国的出口对 GDP 的贡献急转直下，到 2009 年出口额占 GDP 的比重仅有 24%，外贸依赖型的经济增长方式在中国经济发展的历程中出现了转折点。不仅如此，出口导向型经济增长方式还带来了更深层次的弊端，当国际市场对中国产品需求下降、国际市场不能支持中国出口增长时，出口导向型经济增长方式会导致随着出口的萎缩，中国过剩的生产能力没有出路，企业只好收缩经营规模甚至倒闭，从而出现增长速度下滑，失业人口增加，等等。

近些年来，中国经济增长过分依赖投资和出口双轮驱动，这在很大程度上造成了基本建设投资规模的扩大和国际收支的失衡，从而推动物价上涨。长期以来，中国过度投资形成的过剩产能，以大量出口廉价制成品的形式加以释放，以此来维持较高的经济增长。这在一段时间内的确能够奏效，但是，长期的巨额贸易盈余，必然会导致本币升值压力。为了保护出口企业和维持高额出口，就不得不由中央银行大量购买外币，以此来保持本币的低汇率。这样做的后果是，长期货币超量发行，流动性泛滥，积累大量过剩的购买力，最终反映为资产泡沫和通货膨胀。在以投资和出口拉动的粗放经济增长模式难以为继的情况下，找到新经济增长引擎，谋求经济增长模式转变则成为后金融危机时代的首要选择。

（二）技术创新与技术追赶成为中国未来经济增长的引擎

当前的世界金融危机，本质上属于世界产业周期的危机。世界经济发展史表明，全球性经济危机往往会成为催生重大科技创新和新兴产业崛起的动力与契机。1857 年的世界经济危机引发了以电气革命为标志的第二次技术革命，1929 年的世界经济危机引发了第二次世界大战后以电子、航空航天和核能等技术突破为标志的第三次技术革命。2000 年美国的高科技泡沫破裂后，标志着 IT 产业作为推动美国与世界经济增长引擎时代的结束。正是在 IT 产业作为经济增长引擎结束后，缺乏新的引擎产业跟进，形成产业空洞的背景下，在高科技时期形成巨额剩余的资本开始流向房地产业与金融业。由金融投资家与房地产商合谋演绎出了支撑美国经济增长的畸形引擎产业：虚拟经济。从这个角度看，2007 年全球性的金融危机本质上是产业周期危机，所以，我们应对金融危机的着力点，不仅仅是金融秩序重建，还有实体产业动力再造。

1. 20 世纪八九十年代日本对技术创新战略的误区

早在 20 世纪 80 年代日本获得追赶战略的巨大成功之后，也遭遇到与今天中国类似的经济转型期。80 年代当世界经济面临着从电气化经济向信息经济转型时，当时的日本与美国采取两种不同的发展战略，结果导致其在 90 年代后走向了两条完全不同的发展道路。日本在 80 年代转型的失败有两个问题值得反思：一是面对世界经济转型，日本未能作为战略性反应，继续沿着传统思路进行。80 年代末，面对世界经济的转型，美国在国内开始从传统产业向高科技产业进军的同时，在对外战略上，通过日元升值对日本经济进行打压。而日本在满足于已有经济增长成果中，对世界经济转型失去敏感性，把保经济持续增长的战略重点，仍然放在已有的传统产业领域。而在同一时间，美国从增量、拐点思维的高度，把社会资源配置到高新技术的新经济领域，结果使美国成为 90 年代信息经济的最大赢家。二是日本把经济衰退的根源归咎于金融政策失误，一直未能从增长方式、战略决策、产业结构上找原因，使应对危机错上加错。在整个 90 年代后，当日本陷入困境之后，仍未从增长模式上反思原因，使日本经济一直在跟从战略的迷途中徘徊。

2. 技术创新成为中国技术追赶战略的重点

中国走向创新与追赶的转型具有两个优势：一是我们已开始意识到出口导向与投资拉动增长模式的局限性。虽然我们尚未从模式的高度，但已经从增长方式转型层面开始认识。二是对正在发生的新技术革命与世界经济转型，有很强的敏感性。早在 2002 年，林毅夫教授在北京大学发表的演讲中，对杨小凯教授强调落后国家要通过宪政体制改革，先进行制度模仿以克服制度方面的后发劣势的观点进行了批评①。林毅夫认为，作

---

① 参见林毅夫《后发优势与后发劣势——与杨小凯教授商榷》，北京大学英杰交流中心，2002 年 6 月 12 日。

为后发优势主要内容和形式的技术模仿，是后发国后来居上的主要依据，后发国通过技术模仿，促进生产要素的积累和产业结构的升级，最终达成经济发展。本书持有与林毅夫类似的观点，制度的转变是一个长期的缓慢的过程，宪政体制不是经济长期发展成功的充分或必要条件，而且没有"放之四海而皆准"的最优制度，技术能力是后发经济体追赶的核心内容。后发技术追赶机制的核心在于将外部动力内生化为自身能力，出口拉动型增长建立于存在外需这一前提之下，如果一旦外需消失，这种增长模式的脆弱性将是不言而喻的；即使在外需存在的条件下，通过出口推动经济发展也是有条件的，仅仅按照比较优势原则出口初级产品来获取外汇收入的战略并不成功。

中国政府及时认识到了这些误区，追赶型经济的重心放到了技术的自主创新之上，对当前中国的技术追赶模式做出了调整和转换，从利用技术模仿后发优势提升为主要利用技术创新后发优势。温家宝总理在2010年3月的政府工作报告中提出，要认真贯彻自主创新的方针，全面推进创新型国家建设。在2010年3月江苏省代表团审议政府工作报告的会议上，胡锦涛总书记强调指出，建设创新型国家是国家发展战略的核心，也是提高综合国力的关键。胡总书记、温总理的上述讲话，充分反映了党中央、国务院对增强自主创新能力的高度重视。要提高自主创新能力，就需要特别强调增强技术创新能力，因科学创新与技术创新不同，故在当前国家推动全面建设小康社会中的意义也不同。从全球技术经济学研究的进展来看，越来越多的学者认为，在推动经济增长方面，技术创新比科学创新的贡献更大。在中国处于追赶型经济的条件下，在组织学习的基础上进行自主创新将成为技术追赶战略的重点。

（三）技术追赶战略实施中存在问题

1. 过于依赖国外的现有技术，创新投入不足

中国技术追赶战略的全面推行始于改革开放，受当时短缺的宏观经济形势约束，技术引进受到生产短缺的抑制。虽然中国始终将技术引进作为技术后发优势战略的重点，但在实际实施过程中，弥补生产缺口替代技术缺口成为战略的重心，技术后发优势在一定程度上成为投资规模与生产能力扩张的副产品，这种情况下的技术引进出现了诸多问题。一方面，以生产能力替代技术能力，导致技术引进质量较低。由于中国发挥技术追赶战略的起点是通过迅速引进外国技术，短时间内形成生产能力以增加供给，因此，在较长的时间内，中国在技术引进过程中，不是把技术能力的引进放在第一位，而是将生产能力的扩张摆在了第一位，结果影响了中国技术后发优势的潜力与程度的发挥。另一方面，"以市场换技术"策略未达到预定的目标①。"以市场换技术"策略吸引的外国技术，多数属于市场寻求型的投资与贸易，不能有效地吸引技术和资源寻求型的投资与贸易。因此，在中国的技术引进中普遍存在技术先进性不足、适用性不强、技术层次低以及重复引进、技术输入与技术垄断并存的现象，从而损害了中国发挥技术后发优势。

由于过于依赖国外的现有技术，导致中国企业技术创新的投入相对弱化，技术创新

---

① 1992年前后，中国针对技术引进中的问题，提出"以市场换技术"方针，明确将投资缺口转向技术缺口，从生产能力转向技术能力。

能力的提升又受到创新投入不足的制约。从宏观层面看，中国直到 2002 年研究开发投入强度才突破 1%，2008 年达到了 1.54%，这不仅和现阶段的发达国家存在很大差距，而且低于主要发达国家在历史上处于工业化后期的水平。同样处于工业化后期，美国的研究开发投入强度为 1.4%—3.0%，联邦德国为 2.06%—2.52%，英国为 2.11%—2.22%，日本为 1.59%—1.91%。因此，即使和中国的经济发展阶段相对应，中国的研究开发投入也是严重不足的。从企业层面看，2008 年中国企业 500 强统计显示，中国企业 500 强平均研究开发费用为 5.68 亿元，研究开发费用占营业收入的比例平均为 1.32%，有 232 家企业的研究开发投入强度小于 1%。而按照国际经验，研究开发费用占企业销售收入的比重低于 1%，企业难以生存，达到 2% 可以维持生存，达到 5% 以上，才会有竞争力。这表明，即使中国规模最大的企业，研究开发投入强度也没有达到在国际市场竞争中维持生存的水平，研究开发投入不足对中国企业的技术创新产生了严重的影响。

2. 忽视组织学习能力在转型期技术追赶的关键作用

后发经济体（国家、企业）的模仿与单纯的复制不同，"复制" 较为简单低级，它是原样不动地照搬照抄，"模仿" 则主要指的是一个学习过程。在以杨小凯和林毅夫为代表的这场争论中，后发经济体的技术潜力与能力如何形成，则未予以说明和论证，他们忽略了组织学习过程对后发经济体追赶战略的影响。长期以来，中国在理论与实践上重视技术引进、进口高科技产品和资本货物（包含了技术）、购买专利和版权、吸收外国直接投资（FDI）、加入全球生产链，等等。在这个过程中忽视了企业消化与吸收技术过程的组织学习。近些年来，个体之间、组织之间以及个体与组织之间的知识转移、创新成为组织学习过程研究的热点，并在企业创新、跨国知识与技术转移等领域得到了广泛应用。进入 21 世纪以来，学者们对组织学习过程的定义逐渐系统化，把组织学习过程视为动态环境中对知识的获得、转化与开发创新过程。

不仅如此，中国对后发企业技术追赶当中的组织学习过程还存在认识上的误区，认为发展中国家后发企业获得和使用技术的组织学习是两个过程：一是引进技术学习；二是自身的创新学习。但在实践中，依赖于外部技术的引进永远无法赶超领先企业的技术；同样，后发企业由于自身技术积累不足，无法跳跃式地进入创新阶段。介于知识与技术获取以及创新之间的转化过程则没有受到应有的重视，而这个过程却是知识与技术创新的黑箱。组织学习过程是一个对外部知识获取、吸收转化与再创新的全面过程。单纯重视技术引进是中国长期以来无法占领技术制高点的一个重要原因，中国技术原创力的主要原因并不在于中国对创新不重视，而是缺乏具备自主创新能力的转化性学习过程。

二　问题提出的理论背景

（一）新国际分工与全球价值链治理对组织学习产生重要影响

新国际分工格局使得过去受政治制度和地理位置制约的市场瞬间成为一个统一体，跨国公司在历史演进过程中成为新国际分工的主导机制和全球经济发展的主流，推动和促进全球生产要素在全球价值链中配置和组织生产的能量得到加强（Gereffi，1999；Dunning，2000）。有学者指出，发端于 19 世纪末 20 世纪初的全球化浪潮是以发达的跨国公司工业技术变革的推动为主要特征的，而 20 世纪末 21 世纪初来自发展中国家的后发企业将日渐成为推动全球化的一股新力量，这主要体现为发展中国家后发企业的技术能力追赶与升级过程（Child et al.，2005；Sarah et al.，2010）。20 世纪中期以来，产业内贸易（intra - industry trade）理论对新国际分工现象有较强的解释力，而成为国际贸易理论发展的主要趋势之一。产业内贸易使产品价值链在全球范围内实现重构，对国际分工产生重大影响，促进了国际专业化分工水平提高和效率改进，提高了产品内贸易（intra - product trade）发展水平，也孵化和催生了全球价值链（global value chain）① 体系的建立和深度发展。全球价值链在全球范围内组织最佳的价值生产过程，巨大的跨国界的生产链条连接设计、开发、制造、营销、销售和售后服务等各种增值活动，是价值工程在国际经济关系的体现。

　　全球价值链作为与国际资源联系的一种方式，对于获取技术知识和加强学习与创新的作用越来越关键（Gereffi，1994，1999；Giuliani et al.，2005；Kaplinsky，2000；Humphrey and Schmitz，2002；Pietrobelli and Rabellotti，2004）。发展中国家的技术追赶提升意味着后发企业在参与国际分工模式和内部发展模式上都必须进行转型，国际分工中须从以往依靠低成本、低价格的国际竞争优势、被动承接发达国家转移的落后产业转向主动选择和发展技术含量高的产业融入国际分工，为国民创造从事"高质量活动"的条件。价值链研究的重点是明确价值链当中各类要素之间关系的性质，链中所涉及的各种行为者关系的性质，强调全球买家和生产商在支持发展中国家后发企业技术追赶的学习和创新过程中的作用及其发展的意义。以纳尔逊和温特（Nelson and Winter，1982）的演化理论分析，全球价值链中的治理方式导致了知识的扩散与转移，进而促进后发企业技术能力的提高。因为它使企业从价值链下游向上游领域进行攀登（如从生产到设计）。后发企业在价值链当中的技术追赶与升级过程如同在价值链内"走价值阶梯（going up the value ladder）"，从"较低的阶段"跨越壁垒走向"较高阶段"（Morrison，2008）。

　　（二）"LLL"战略成为后发企业技术追赶的新范式

　　在全球价值链治理条件下的后发企业技术追赶战略确实背离了传统的观点。正如马特森（Mattsson，1988）所坚持的那样，由跨国公司主导形成的全球价值链是介于层级与市场之间的不稳定"混合"治理结构。网络结构的交易成本观是一种相对静态的观点，对跨国公司所形成的网络是全球网络的一部分的动态网络分析具有偏见，尤其是来自发展中国家后发企业通过技术战略进入全球化经济竞争之中。基于后发企业技术追赶的视角，马休斯（Mathews，2002）提出了一种新的范式，以补充甚至取代邓宁的 OLI 范式。新提出的"LLL（linkage/leverage/learning）"范式认为后发跨国公司通过内部互联（linkage）、杠杆（leverage）和学习（learning）进行技术追赶与升级，而不是通过像 OLI 范式那样强调利用现存的内部优势。"LLL"范式强调后发企业技术追赶的动态过程，而不是像"OLI"范式那样带有静态的偏见。互联、杠杆和学习对于后发企业的技术追赶具有战略

---

　　① 在全球价值链理论研究的过程中，研究者们曾采用了不同的称谓，如价值链、商品链、生产网络、企业网络、价值网络和投入产出分析等。

意义，因为"LLL"是基于对外部技术资源的开发与应用，进而形成技术的内生性。学习是互联、杠杆战略重复应用的结果，互联与杠杆是同一事物不可分割的两个方面，因而通过战略联盟寻求外部技术来源需要同样的战略要素（Mathews，2006）。

（三）"LLL"追赶战略到基于组织学习追赶战略的转变

马休斯的"LLL"范式为后发企业嵌入全球价值链，杠杆化发达国家的领先企业的技术知识，最终形成内生性的技术开发能力提供了分析框架，似乎是一种自成体系的方法。马休斯（2002）自己并不这样认为，它继续运用"吸收能力（absorptive capacities）"概念对后发企业通过"LLL"路径获得这些能力给出一个令人信服的解释。科恩和利文索尔（Cohen and Levinthal，1990）在引入"吸收能力（absorptive capacity）"时对后发企业没有任何公开的兴趣，但运用某种方式解释了领先企业的研究开发行为。有关认知理论和学习过程的文献提出了先验知识的丰富程度是吸收能力的重要影响因素的观点，当学习目标与企业当中已经存在知识具有相关性时，其学习绩效也会具有优良的表现。这些概念涉及组织层面，吸收能力可以根据组织掌握这些知识的能力来进行定义，以某种方式吸收和开发新知识以提高竞争和战略期权能力。由于后发企业对外部资源通过杠杆作用进行利用而实施追赶战略，因此，"LLL"战略可以精确地表述后发企业"吸收能力"的概念。很清楚，这一战略将依赖于企业"吸收"所杠杆化的资源的能力（产品和工艺技术、隐性和显性知识）。吸收能力是技术能力的一个主要来源（Tsai，2001；Zahra and George，2002）。有些学者（Lane，Koka and Pathak，2006）基于组织学习过程（organizational learning processes）来定义吸收能力（absorptive capacity），认为它是企业通过一系列过程来探索、转化和开发性学习运用外部知识的能力。在本书当中，探索性学习是指企业获取外部知识，反映企业互联过程；转化性学习指的是对知识的利用与放大，对应于杠杆的概念；开发性学习是指内化所获取知识的能力，反映的是后发学习过程。"LLL"战略实施过程中的互联、杠杆和学习，是一个通过组织学习对外部知识的"吸收"过程。例如，韩国企业进入半导体产业的吸收能力是通过学习早期在电子产品领域大规模生产的经验所形成的，技术知识的"吸收"正如在韩国和中国台湾企业当中所体现出来的能力。因此，可以用"组织学习"来描述后发企业技术能力提高的螺旋过程。

三　研究目的和主要贡献

（一）研究目的

在20世纪90年代，中国理论界开始兴起对国外技术引进以及如何提高自主创新能力的研究，在实践中，国家出台了一系列的政策鼓励技术引进，支持企业进行自主创新的投入。然而，近20年的时间已经过去，在遭遇2007年金融危机的冲击，出现出口萎缩、内需乏力、金融与楼市泡沫而重新思考新的经济增长引擎时，我们醒悟于国内的核心技术能力还是如此的薄弱，开始反思在过去20年当中中国的技术追赶战略。以往我们对技术追赶战略的认识存在的误区是明显的。

首先，仅从国家的层面讨论如何引进技术，以及国家政策对自主创新的粗放式支持，而未能从企业层面探讨技术引进、学习、吸收与开发创新路径，势必忽略了创新能力形成的微观机制。

其次，中国技术追赶依赖的主要是"技术模仿型后发优势"，其人力资本和社会资本投资和积累是为适应技术模仿而进行的，所形成的资本结构无助于"技术创新型后发优势"的构筑、积累和发挥，这导致东亚模式只是一种"模仿追赶"模式，难以实现真正的"超越"。

最后，自主创新是一个组织学习过程，需要知识量的积累以及企业内外部知识的转化。单纯地提倡自主创新忽视了创新能力形成的演化过程，不仅由于极大的创新风险而造成浪费，而且还会贻误技术追赶的最佳时机，从而进一步拉大技术差距。

本书的目的在于从组织学习的视角进一步延伸马休斯的"LLL"技术追赶战略，为中国乃至整个发展中国家的后发企业探索一条新型的技术追赶战略。

首先，在回顾技术追赶战略理论的基础上，以马休斯的"LLL"作为本书的起点，吸收"LLL"技术追赶战略中的合理成分，把互联、杠杆和学习与反映企业核心能力的组织学习理论结合起来进行研究，探索组织学习过程对技术追赶战略的微观影响机制。

其次，通过总结中国过去20年技术追赶理论与实践，尝试从企业层面的角度探索一个基于知识获取、知识转化与知识开发创新的平衡式技术追赶战略，力求改变以往过于强调技术引进、技术模仿或忽视知识积累与转化过程的自主创新的技术追赶模式，为中国后发企业的技术追赶战略提出理论与实践的建议。

最后，通过组织学习过程对技术追赶战略产生影响的理论分析，从实证上检验探索性、转化性和开发性三个组织学习过程对技术追赶战略的影响程度，并且讨论这三个组织学习过程的互补性。

（二）主要贡献

从20世纪50年代开始至今，国内外学者对后发经济体的技术追赶战略已作出了很大的贡献。我们仍然看到，近几十年当中正是信息技术得到突飞猛进的历史时期，特别是进入21世纪以来，知识经济已经全面来临，技术的变化周期在迅速缩短，学习型经济成为未来经济增长方式转型的主要方向。关于技术竞争与技术追赶的研究也在不断地为适应技术环境的变化而不断进步。在对国内外相关研究文献进行系统检索的基础上，我们发现，许多关于技术追赶战略的研究还没有跳出传统后发优势的框架，以新的经济与竞争环境为前提的研究较少，至今还没有系统性的以组织学习过程作为分析框架讨论后发企业的技术追赶问题。建立一个经济全球化、技术周期缩短以及环境日益动态化条件下的后发企业技术追赶模型正是本书尝试作出的贡献，可能的创新点有：

第一，推动后发企业的技术升级理论进一步发展。马休斯最早深入挖掘格申克龙（Gerschenkron）的后发优势思想，把后发优势理论从国家层面延伸到企业层面进行应用。提出"LLL"技术追赶的理论范式，以"互联、杠杆与学习"作为阐述后发企业技术追赶的三个过程。马休斯在2002年提出的"LLL"技术追赶战略建立在20世纪90年代新兴工业化技术追赶过程的研究与分析基础之上，以资源基础观解释新兴工业化国家后发企业由资源稀缺到获得资源并进行杠杆化应用的过程。本书结合知识经济时代的特点，考虑到技术周期缩短、竞争环境日益动态化，以及组织学习在企业建立核心竞争能力的关键作用，从组织学习过程的视角对"LLL"技术追赶范式进行提升，强调知识的获取、转化和开发过程。

第二，以清晰的组织学习过程概念来分析组织学习的三个过程对后发企业技术升级产生影响的机制。在以往对技术追赶战略的研究中，有不少学者提到了学习在技术追赶当中的重要作用（Dutrénit，2000，2004；Mathews，2002；Sanjaya Lall，2004；Morrison，2008；Stokke，2008；谢伟，1999；吴晓波，2002；江积海，2005；王毅，2006；蓝海林，2009），但对学习的概念缺乏清晰的定义，这在一定程度上影响了从学习的视角对技术追赶战略进行深入研究。本书根据组织学习理论研究的最新进展，从探索性、转化性和开发性三个学习过程探索后发企业的技术能力升级问题。

第三，平衡了技术引进与技术创新之间的关系，重视技术追赶过程中的知识积累与转化过程。基于传统后发优势的技术追赶研究中过于注重技术引进，而技术创新关注不足；然而，中国目前在对技术追赶理论的讨论中又走向了另一个极端，过于强调技术的原创性，忽视了技术创新需要知识积累与知识转化过程。对于技术能力积累的最后阶段关注的学者较少，而技术能力的转化阶段成为一个前沿性的研究问题。其他研究者认为，这些企业遵循获取、消化和适应的逆向创新模式，最终产生自主创新能力（Kim，1980；Lee et al.，1988；Hobday，1995；Kim，1997）。然而，正如霍布迪、拉什和贝赞特（Hobday，Rush and Bessant，2004）认为，他们仍没有探索知识与技术的转化过程。尝试分析企业从获取知识到建立创新能力的转化过程是本书的一个重要创新点。

第四，对概念模型进行了实证研究。在以往的研究中，由于没有对组织学习概念的进行清晰的定义，因而无法对组织学习进行测度，相关的实证研究也很少。通过问卷调查的方式，运用结构方程模型对概念模型进行实证分析是本书作出的新尝试。

四　研究的思路与主要内容

研究的总体思路和框架如图 8 - 2 所示。

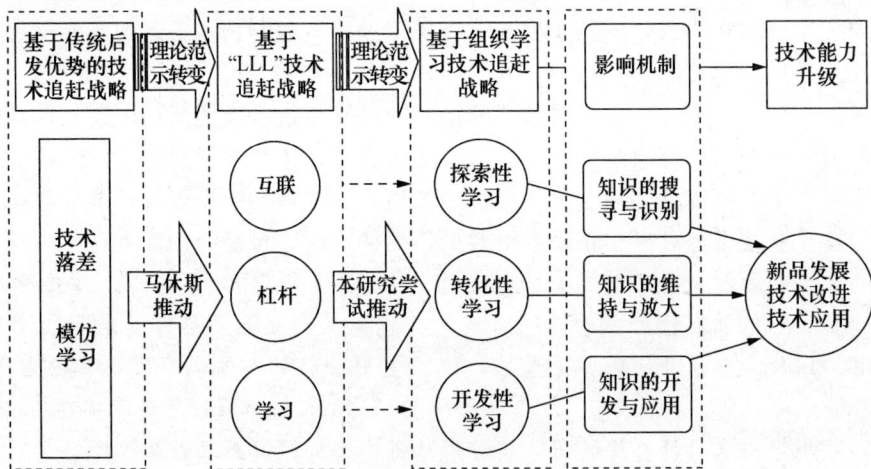

图 8 - 2　研究的总体思路框架

资料来源：笔者整理。

　　传统的后发优势技术追赶理论认为，发展中国家的后发企业在融入全球化过程中，通过与外部具备先进技术的经济体建立联系，形成一种由于"技术落差"而产生技术追赶的动力，通过模仿学习，缩小与发达国家先进技术的差距。传统的后发优势技术追赶理论建立在"技术落差"较大的理论假设上，特别是看到对技术较为落后的发展中国家后发企业在早期的技术追赶能产生显著的作用，但由于边际收益递减的作用，总是存在"最后最小差距"。单纯的技术引进与模仿还会形成技术依赖并且难以获得最新技术。马休斯在吸收后发优势理论的有用成分基础上，从资源基础理论的视角提出了"LLL"技术追赶战略，认为互联可以获得缩小后发企业与领先企业技术差距的机会，杠杆可以利用外部企业的技术资源平台进一步扩大技术能力，具有技术赶超的可能性，而学习则是一个技术学习与知识再创造的过程，也是后发企业进行创新的基础与源泉。"LLL"技术追赶战略是马休斯结合和传统后发理论20世纪90年代东亚新兴经济体的技术追赶实践而总结出来的一种新技术追赶理论范式，对传统基于后发优势的技术追赶理论有了很大的改进，体现了"技术赶超"的思想。但由于他的理论基础建立在泛资源基础观之上，没有重点突出知识经济时代中组织学习过程在技术追赶与创新中的关键作用，因而实现真正意义上的技术赶超就可能会流于"空想"主义。

　　基于前两种技术追赶的理论范式，本书结合知识经济时代全面到来以及信息技术迅猛发展的社会背景，尝试推动技术追赶理论范式的再次转变。基于组织学习过程的技术追赶战略，综合了国内外在组织学习理论方面的最新进展，突出中国在新的历史时期强调自主创新的理论与政策导向。在理论上，首先，继承了"LLL"技术追赶战略的分析框架，组织学习当中的探索性、转化性和开发学习过程有联系地替代"LLL"框架中的互联、杠杆和学习三个追赶步骤；两个理论范式均包含学习的内容，"LLL"范式偏重于知识的获取与利用，而组织学习过程不仅强调知识的获取，更注重知识的转化与创新。其次，创新性强化了追赶过程中知识与信息的作用，系统地运用组织学习理论解释技术能力升级的作用机制，平衡了知识获取与知识创造之间的关系。本书通过博弈分析的方法研究组织学习过程中的探索性、转化性和开发性三个学习过程对技术能力提升的影响机制，并且通过证实方法对这些影响机制进行检验。最后，为中国技术能力升级与自主创新提出理论上的依据，以及在国家政策与企业实践方面提出建议。

　　基于前面的分析，我们进一步以表格形式对基于传统后发优势的技术追赶战略、基于"LLL"的技术追赶战略和基于组织学习过程的技术追赶战略进行比较分析，明确三种技术追赶理论范式的演变过程及其关系，如表8－1所示。

表8－1　　　　　　　　　　　　　三种技术追赶理论范式的对比

	基于传统后发优势的技术追赶战略	基于"LLL"的技术追赶战略	基于组织学习过程的技术追赶战略
核心内容	技术模仿	互联、杠杆、学习	探索、转化、开发
研究层面	宏观层面	企业战略层面	微观层面
理论基础	技术落差，技术模仿	资源基础观	知识基础观

续表

	基于传统后发优势的技术追赶战略	基于"LLL"的技术追赶战略	基于组织学习过程的技术追赶战略
理论取向	偏重于技术模仿,对外源性技术过分依赖	偏向于资源的获取与利用,包括知识与技术资源,但未做系统性分析	基于知识基础的整合式追赶,强调知识获取与创新的能力和结果
实施背景	技术落差较大的发展中国家	新兴工业化的发展中国家	具有一定知识积累与创新基础的发展中国家
动力机制	基于技术落差	基于资源利用	基于知识吸收与整合
实施效果	对技术较为落后的发展中国家后发企业在早期的技术追赶能产生显著的作用,但由于边际收益递减的作用,总是存在"最后最小差距"。单纯的技术引进与模仿还会形成技术依赖并且难以获得最新技术	对于技术、管理与市场资源匮乏的新兴工业化国家提高技术水平,获得管理能力及开发国内外市场的效果明显。虽然包括知识与技术的范畴,但未加以系统地论述	对产业体系相对完备,具有一定知识积累的发展中国家提升自主创新能力,实施较大范围的技术赶超战略具有潜在的作用,如中国、印度等国家。重点关注知识的获取、吸收与创新

资料来源:笔者整理。

研究的结构与基本内容如图 8 - 3 所示。

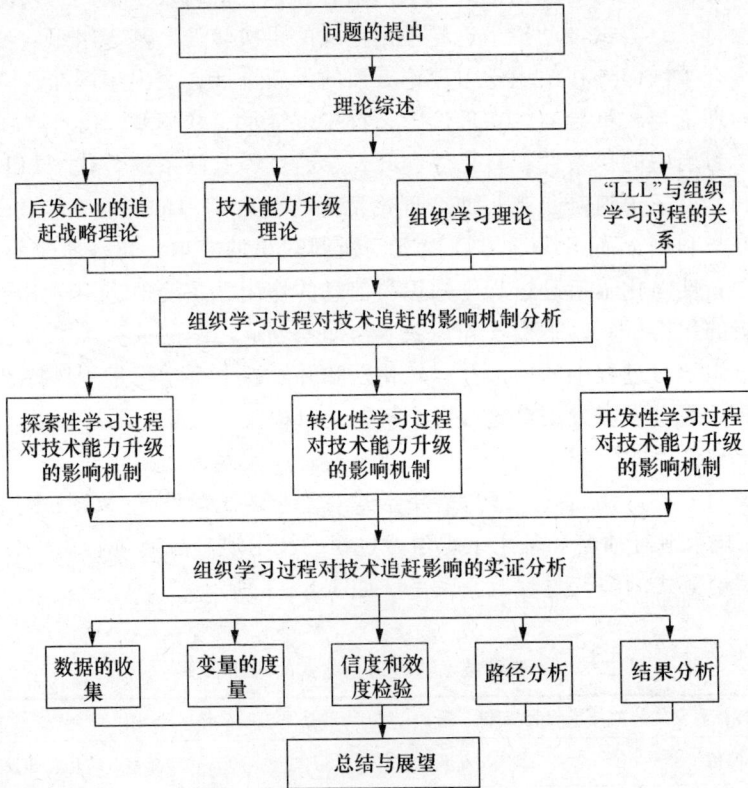

图 8 - 3　研究的结构和基本内容

资料来源:笔者整理。

第二节　前期理论研究回顾与评述

一　后发企业的追赶战略理论

（一）格申克龙的后发效应

后发企业追赶战略当中把后发劣势转化为优势的思想最早由俄罗斯经济史学家亚历山大·格申克龙（1904—1978）提出，他在 20 世纪 50 年代归纳出来一个基于"后发效应（latecomer effect）"的发展模式，提出了一些争论性的概念，如前—后向产业连接——这是现代商业研究形成的战略概念。格申克龙研究了 19 世纪欧洲"晚工业化"国家（例如德国、奥地利）的崛起，发现这些国家可以在没有体制妨碍（如贸易协议和培训系统）的条件下，大规模地进入那些最先进的高科技行业而获得优势（Gerschenkron，1962）。如德国在钢铁与纺织的生产上赶上了英国，并迅速在化学等基础科学领域居于领先地位，这为格申克龙的观点提供了有力的佐证。

20 世纪东亚经济体的崛起从日本开始，在第二次世界大战后扩散到包括韩国、中国台湾、中国香港和新加坡在内的地区，这为格申克龙的观点提供了实例，这个论点得到了包括世界银行（1993）在内的广泛认同。这些经济体的企业以"后发者"的身份在国家（地区）机制的帮助下进入出口市场并进而进入高新技术产业。

发展中国家的后发企业面临优势上的不足，没有必要经历领先企业经历的所有步骤，这是对发展战略与时机进行选择的理由。格申克龙思想关注的重点是根据国家的特定情况与发展目标设立新机构和追求新的战略。这些机构与战略的重要性体现在，帮助后发者如何利用后发劣势，以及在某一特定的时期中利用后发优势。马休斯深入挖掘格申克龙的思想并应用在企业层面当中，而不是国家层面。后来企业由于处于后发地位，在领先企业那里具有一个宏大的知识库可以利用，领先企业为它们选择未来的产品与技术提供了"路标（roadmap）"，后发企业可依自己的兴趣选择一条独特的道路。从战略的视角看，后发企业的任务是通过接近那些发达国家领先企业所控制的知识与技术来设计自己的追赶战略。这需要它们了解产业动态之后的特征与驱动力，而这支配了工业技术在世界各地的传播和扩散。延续格申克龙对企业的研究方法，后发企业如同后发国家一样，可以利用后发优势获得先进技术，而不是完全重复以往的技术轨迹。它们能够通过各种形式的企业合作与利用国家机构的协助来加速汲取和努力学习以前的技术知识，并绕过阻碍它们获取成功的组织惯性（organisational inertia），这也是后发企业本身所固有的战略。

（二）Akamatsu 关于产业动态的雁阵模式

1. 雁阵模式的产业动态形态

"雁阵模式"是日本经济学家 Akamatsu 于 20 世纪 30 年代提出的一种产业发展理论。其基本内容是，在工业化时代，一些发展中国家必须通过向发达国家开放市场的方式接受外商直接投资，参与国际产业转移过程，接受发达国家转出的由具有比较优势蜕变为具有比较劣势（日本一桥大学经济学教授 Kiyoshi Kojima 将其称为"边际产业"）

但同时又是发展中国家在这个发展阶段具有比较优势的产业。在这种产业国际转移过程中，上游国家（在此指投资国）实现新产业的开发，使产业结构高度化过程进一步提升，下游国家（在此为受资国）实现自己产业结构和技术结构的梯次发展与提升。"雁阵模式（Flying – Geese Pattern）"对于 20 世纪下半叶东亚各国（地区）经济发展特别是产业结构演变的历史，具有很强的解释力，人们普遍认为是"雁阵模式"造就了 20 世纪下半叶东亚经济的繁荣。雁阵模式的产业动态形态如图 8 – 4 所示。

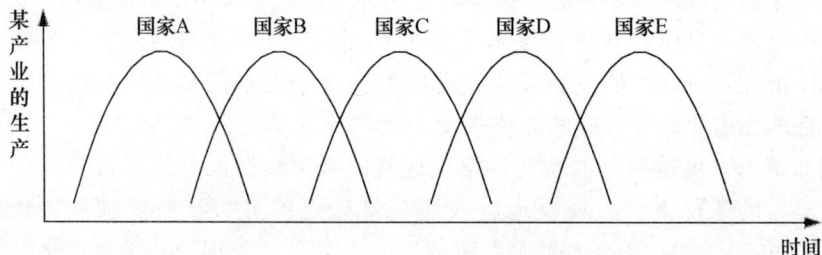

图 8 – 4　雁阵模式的产业动态形态

资料来源：转引自 Kwan 和 Hung（2002）。

雁行模式可以被用来描述后发者追赶战略当中的产业动态，没有任何特别提到日本或东亚地区的一般情况。在雷蒙德·弗农（Raymond Vernon）的产品生命周期的框架内，其主要参与者为跨国公司，后发企业战略问题的重点在于对跨国公司是否具有吸引力。日本在资金方面采取了极端的国内自给自足的战略，同时发展先进技术，使其能够建立与世界领先国家竞争的产业。通过这些可以转移的复杂阶段——从黑白电视到彩色电视、录像带和 HDTV，最后日本已经迎头赶上并成为该产业当中的领先者。后来的东亚"四小龙"国家（地区）效仿日本的做法：韩国避开外国直接投资，以依靠资本设备进口为目标，而中国台湾使用了这两种方式，新加坡和中国香港则对外国直接投资和跨国公司的投资更加开放。

现在，我们正处于一个全球化的时期，由跨国公司主导的全球价值链连接世界各地的生产与商业活动。在这个体系中进行活动的企业跨越了不同的国家和地区甚至整个世界。问题是：谁推动这些战略性的生产网络？从领先企业的角度看，买方或零售连锁店的战略原始动力是在寻求更高的效率和更低成本。从后发企业的角度来看，其战略问题是如何成为全球价值链的参与者。

2. 雁阵模式与产品生命周期、技术能力升级的关系

Akamatsu 的"雁阵"隐喻可以结合产品生命周期理论和当今的全球价值链理论，提出另一层次的战略分析范式。雁阵模式最初是作为日本为使产业技术达到世界领先水平而通过"长期"逆向工程对国内的后发企业实施追赶战略的隐喻。

正如伯纳德和雷文希尔（Bernard and Ravenhill, 1995）所指出的，亚洲背景下的雁阵模式与国际投资的产品生命周期紧密相关，这可以预测成熟的产品会转移到低工资国家或地区。雁阵模式（日本海外投资的跨国公司）可以改变（亚洲）东道国要素禀赋，这

意味着技术能力可以沿着产品周期进行转移。也就是说，通过雁阵模式可以预测到，任何产业的扩张都是从成熟的产品阶段开始，如日本的成熟产业转移到新兴工业化国家（新兴工业化经济体），其次是东盟、中国、越南和印度。事实上，通过日本的对外直接投资转让技术诀窍，缩小了亚洲发展中国家（地区）后发企业与日本领先企业之间的技术差距。

　　海特和埃金顿（Hayter and Edgington，2004）认为，雁阵模式可以预测（承诺）通过逆向产品生命周期路线，后发企业将实现逐步提高技术能力，并指出，随着时间的推移，发展中国家后发企业与日本跨国公司之间的议价能力会发生变化。他们通过图8-5当中的逆向产品生命周期可以评估后发企业的动态议价能力的变化及技术追赶战略的承诺。

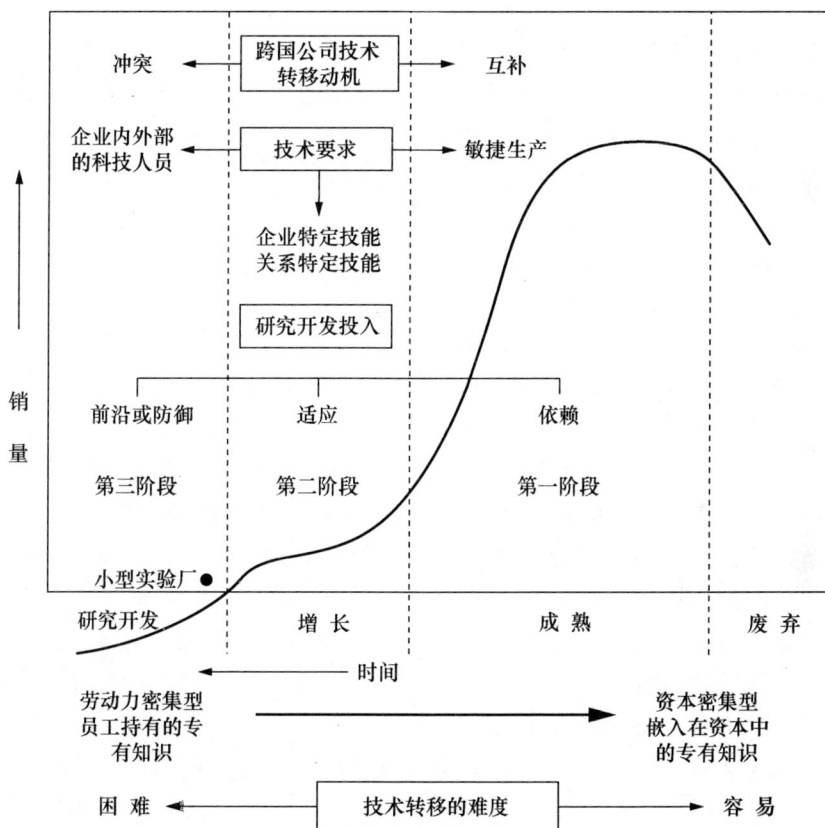

图 8-5　逆向产品生命周期与技术能力转移

资料来源：海特和埃金顿（2004）。

　　该模型表明，在"成熟阶段"（如图8-5中的第一阶段），日本跨国公司正在寻找海外廉价劳动力的区域，而发展中国家（亚洲）也正在寻找投资和出口。在这个初始阶段，大规模生产和装配业务的建立需要工人具备必要的技能。此时跨国公司在所选择的区域具有议价的优势。在创新或快速增长阶段（如图8-5中的第二阶段），生产取决于一个具有"企业特定技能"的工人的技术水平,以及当地供应商的"关系特殊技能"。许多研究者认为,供应关系是日本生产系统竞争优势的核心(Asanuma,1989;Patchell,1993a)。因此,"关系特殊技能"确定了核心企业和供应商在技术上形成绑定的关系,以稳定的交流技术知识的方式促进了技术创新。

在更高级的研究开发阶段(如图 8 - 5 中第三阶段),专有知识转让给后发企业非常成问题。在这个阶段,后发企业对受过高等教育的劳动力有大量的需求,技术转让会威胁到跨国公司的核心竞争优势。因此,转让技术的跨国公司和东道国的经济动机在一定程度上具有直接的冲突,任何的这种转让都可能被严格控制。也就是说,沿着产品周期逆向移动将会变得更加困难,因为跨国公司和后发企业之间的冲突(关于技术转让的动机)越来越多。

(三)马休斯的"LLL"追赶战略

马休斯(1999)把格申克龙对后发国家的分类方法应用到企业层面。认为"后发企业"如同后发国家一样,是利用晚到的地位进入到高技术行业,而非整个复制原有的技术发展轨迹,运用各种形式的合作以及国家机构对这些合作过程的促进作用,绕过许多阻碍它作为新的竞争对手的组织惰性(organizational inertia),来加速它们吸收和学习上的努力。他考察了 20 世纪末世界上发展中国家后发企业进入半导体企业等高科技行业的典型情况,发现在不到十年的时间里,在韩国以三星(Samsung)、现代(Hyundai)和 Goldstar(现在的 LG 电子)为代表的企业成为集成电路领域的主要参与者。三星是第一个进入者,而 20 世纪 80 年代其销售额并不显著。现代在 1990 年高调进入市场,Goldstar 则通过从日立(Hitachi)那里获得了大量的生产订单而获得了同样的成功。在 20 世纪 90 年代早期,三星以 4M 的 DRAM 追赶上了世界上的领先者,并在 1994年成为世界最大的 16M DRAM 厂商,在 20 世纪 90 年代晚期一直是半导体厂商当中营业收入的最大者。在不到十年的时间里,三星确实成了半导体领域当中一名重要角色。后来被韩国的现代和 Goldstar 紧紧追随。马休斯认为,韩国的这些厂商的成功显然不是暂时的现象,并把这样的企业称为"后发企业(latecomer firms)"。后发企业的初始资源贫乏并且竞争力不足,但通过设计追赶战略,将这些劣势转化为竞争优势,进而使它们进入世界高科技行列。

1. 基于学习过程的组合能力

马休斯在 1999 年对后发企业获得成功的解释是,这些企业如何迅速获取并且内化技术与知识,并且以此进入代表高科技的集成电路领域。他重点分析了韩国企业的技术吸收(technological uptake)或"技术杠杆(technology leverage)"能力,也就是运用一系列的组织学习过程将分散的资源或技术整合到一起的能力。这种分析方法与当时管理领域当中的一些新研究具有相通之处,这些研究将企业视为知识仓库,而企业的任务就是进行"知识整合(knowledge integration)",他对这些"组合能力(combinative capabilities)"从组织学习的角度进行了研究。例如,把从日本买来的设备和美国制造能力"拧(tweak)"在一起就能产生优良的绩效。这种快速的"干中学"或单回路学习需要在每一代产品当中完成。企业越能迅速提高绩效(生产率、产量、质量),就越能够从巨大的投入当中获得回报。但是，单回路学习没有什么特别，仅仅是"干中学"的方式而已。单回路学习本身不会为追赶企业提供充分杠杆。"组合能力"能够使企业将某一代产品升级到下一代，内化生产某一代产品中的加工工艺而应用到下一代，并在一个更高的绩效水平上大规模生产下一代产品。由于它使组装这些模块化的加工工艺的能力变得越来越有效，并且可以促进下一代产品的生产，我们可以把这个过程理解为组织学习当中的"双回路（double loop）"学习。双回路学习会促使学习回路本身符合苛刻的学习目标，可称之为"学会如何学习"。

因此，后发企业的知识就成了企业的惯例和所学到的方法，通过对组合能力的运用，将模块化的工艺流程整合到一起，使其具有更高的一致性，进而提高大规模生产的绩效。在新的生产工艺出来之前迅速抓住机遇，将新产品推向市场。企业通过一轮又一轮的杠杆化与学习使企业的"技术能力"得到提高，为进一步的发展提供一个平台。由于企业所在的制度环境是不断发展的，马休斯（1999）以"发展资源杠杆"来定义后发企业技术的追赶框架（见图8-6）。

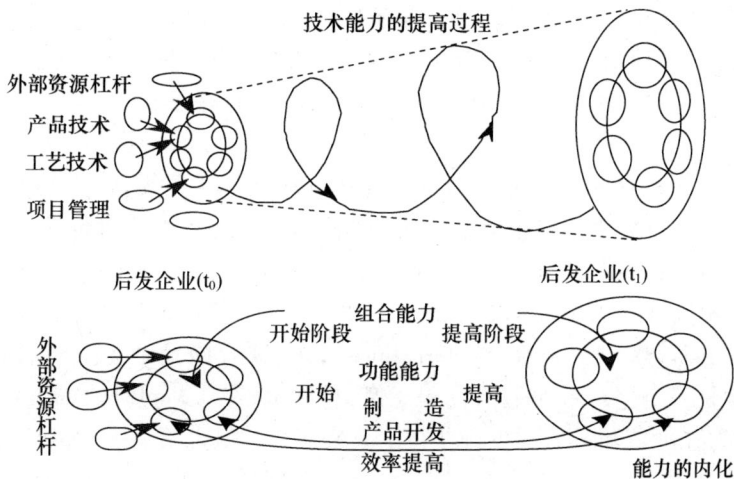

图8-6　后发企业的技术学习过程

马休斯运用该框架进行分析后得出结论：后发企业在已有能力的基础上，通过追赶方式寻求进入某一个新的产业将需要通过外部资源杠杆，并对此进行内化而产生的各种学习方法。杠杆化过程越积极，使技术来源促进吸收和应用生产活动的能力就越强，企业的技术追赶战略就越可能会获得成功。外部资源集合到生产系统的功能属性当中，通过对组合能力的应用，每一代产品当中干中学（单回路学习）的速度越快，追赶战略的成功率就越高。组合能力本身在从某一代产品到另一代产品的改进过程中会得到提高，单回路学习的速度越快，如从试制生产到大规模生产，技术追赶战略就越可能会取得成功。

2. 全球化的技术追赶框架："LLL"范式

沃纳菲尔特（Wernerfelt，1984）提出的企业资源基础理论，以及彭罗斯（Penrose，

1959，1995）的企业成长理论认为，企业间的竞争不仅取决于最终产品，而是取决于使得生产和产品多样化成为可能的潜在"资源"。这些已经成为竞争战略中广为所知的"核心能力"观（Prahalad and Hamel，1990；Sanchez and Heene，1997）。企业所要做出的努力是利用已建立企业的资源，以维持长期持久或"可持续"的竞争优势（Dierickx and Cool，1989；Barney，1991，1995）。但马休斯（2002）对这些静态的竞争能力理论提出了批判，认为这些理论都是在试图说明如何通过延伸或扩大其潜在的资源基础，以延长企业的竞争优势，而不是寻求如何创造这些优势，许多资源基础理论学者没有解释企业如何获取战略资源。他进一步指出，后发企业比其他类型的企业更能够隐蔽自己的意图，因为它以一个资源贫乏者作为起点，以获取资源作为战略目标，然后将这些资源内化到自己的动态能力之中，在技术密集型的市场中开展竞争。由此他提出了全球化条件下后发企业的"LLL"技术追赶框架，后发企业的战略选择包括了如下几方面：一是与目标企业互联以获得机会。二是当后发企业与目标企业建立互联关系之后，对目标企业的资源进行利用。三是在与目标企业进行重复互联和利用的过程，向目标企业学习，最后获得动态能力。"LLL"模式为后发企业提供了一个涵盖范围较广的战略框架，根据领先企业战略转移和需求，可以对后发企业的战略特征进行更为精确的描述，以及根据企业资源基础观的标准，可以对后发企业所要利用的资源特征进行描述，即资源的可模仿性、可持续性和可转移性。该框架虽从资源基础理论获得了启发，但对企业获取资源的问题又具有不一致的看法。

（1）互联。互联的前提条件是创设后发企业的技术资源无法从公开的市场中通过交易的方式获取，而需要通过企业之间的契约进行相互连接以获得技术知识的转移。企业网络理论学者（Gulati，Nohria and Zaheer，2000）认为，企业通过与外部网络进行连接开辟了知识的新来源。这就是在经济学文献当中所指的通过与外国企业建立互联而产生的溢出（spillovers）或外部性（externalities）。OEM 合同是企业生产活动外包给第三方的关键，这是一个提高附加值的过程。像 IBM、苹果（Apple），或得州仪器（Texas Instruments）等企业依赖低成本生产获得了战略优势，但也给后发企业创造了资源杠杆和宝贵的学习机会。OEM 合同方式推广开来之后就形成了"全球商品链"（Gereffi，1999）或"全球生产网络"（Best，2001），我们更倾向于称之为"全球价值链"（Humphrey and Schmitz，2000）。后发企业通过嵌入在全球经济网络中而获得了初始的潜在优势，为进一步提高技术能力与推动产业升级提供了机会。

这些全球网络由电子或服装行业中的生产企业所创立，如服装和鞋类行业当中的彭尼、加普和廷伯兰（J. C. Penney，Gap and Timberland）等全球性品牌采购企业。在中国台湾（Chen，1999）或泰国（Campbell，1997）的小型后发企业已经通过这样的互联进行了生产和创新系统的升级——正如捷克斯洛伐克（Deardorff and Djankov，2000）和墨西哥（Bair and Gereffi，2001）企业所采用的方法一样，从而揭示资源外包（领先企业）与合同制造（后发企业）互补战略的普遍适用性。正是通过嵌入全球价值链，同时利用初始的低成本优势，与全球经济进行互联，最后使杠杆作用的产生成为可能。

不仅如此，从发展中国家后发企业的国际化过程来看，这些后发企业倾向于通过合伙和合资而不是成立全资公司向海外扩张（Wells，1983，1998）。领先企业通常把合伙和合资视为专利资源和知识的杠杆化来源。有抱负的跨国公司通过合同作为战略技术伙伴文件载体可以减少进行国际扩张的风险（Narula and Sadowski，2002）。企业的国际化经验的研究显示，"资源进入"是其动机实现的方式。正如中国台湾的两位学者所说，"资源获取"动机可以被解释为"获得外部资源是为了克服投资者的劣势"（Chen and Chen，1998）。同样，它们在美国市场的客户中寻求先进技术的来源。这些是用于进行国际扩张的方法，而不是用于其他目标（Bloodgood，Sapienza and Almeida，1996）。全球化增加后发企业在全球企业网络中获得资源的机会，由此与世界上的先进资源进行交换。

（2）杠杆。如果资源缺乏，那么通过杠杆作用利用外部资源显然是合理的，"资源杠杆"（Prahalad and Hamel，1990；Hamel and Prahalad，1994）概念符合后发企业的理论需求，这个概念被引入作为解释为什么世界上最好的竞争者与新发展者不相上下。通过确保联盟和各种形式的合资，他们识别并与所需要的资源进行接触，以使他们的产品组合保持多样化，但这同样支持后发企业的战略。

鉴于经济发展文献探讨了技术扩散和技术转移方面的战略，这些都是比"资源杠杆"弱得多的概念。他们将研究的重点放在发达国家企业的知识转移（而不是后发企业自身的战略分析），而忽视了作为后来者如何能形成商业项目，使"转移"可以变成杠杆和学习机会的问题。"资源杠杆"的概念作为战略分析的整体框架，涵盖了范围广泛的战略框架，使后发企业能够在进入先进技术领域方面获得成功。

中国台湾半导体制造公司 TSMC（台积电）的非凡表现，在于其所采用的方法符合了领先企业的战略，TSMC 在 80 年代中期宣称，不以生产自己的产品为目标，仅为其他企业做代工制造服务。TSMC 的整个战略是建立在与客户建立互联的过程中，充分通过杠杆作用利用这些客户的知识，这是一个很好的时机，因为美国许多新创业公司没有能力或意愿建立自己昂贵的制造设施。因此，台积电完全匹配了这些无线集成电路生产商的需求。

此外，这些后发企业通过向关键企业客户提供有保证的专业化集成电路（ICs）产品，在技术的前沿性上也与目标企业保持了一致性，后发企业与客户企业的交换条件是，这些客户必须提供产品技术规范以让后发企业掌握前沿的技术诀窍来生产它们的产品。一旦拥有这些知识，TSMC 把这些知识整合到其他生产流程之中，又扩大了向其他客户的服务范围，而且没有违反原客户保密的要求，并且也没有生产自己的产品。20世纪 90 年代初的 TSMC 在世界上是最成功的芯片代工厂，从那时开始 TSMC 就找到了自己的位置。

（3）学习。互联与杠杆还不足以解释后发企业的成功，必须有一个学习的概念，以与一些经济发展方面文献中所提出的"技术努力"相对应。这回答了后发企业是如何吸收所利用的资源，包括检验后发企业面临怎样的任务的能力，以及如何在这个基础之上提高自己的动态能力的问题。换个视角，通过不断重复互联和杠杆这两个过程，这些后发企业也可以被看成是学习的工具。用企业知识基础观来看，它们又是为创造竞争优势而发展动态能力的手段。互联与杠杆过程的重复应用能使后发者向更效率的公司进行学习。例如在亚太地区，中国台湾通过有效的方式将共同研究开发机构技术以最快的速度扩散到私人部门。蒂斯、皮萨诺和舒恩（Teece，Pisano and Shuen，1997）所关注的重点不仅是对企业内外部现有的特定能力进行开发（其他战略范式是这样），而且关注企业如何建立新的能力。学习能力对于后发企业尤其重要，因为后发企业正是迅速进行组织学习的载体。后发企业通过杠杆作用获得最初的资源并转移到自己的能力当中，然后通过学习过程获得内生性的能力，这种能力是后发企业技术能力实现跨越式追赶的必要条件。学习能力可以清晰地设想为一种再创造能力，即整合企业外部知识与企业内部当中的个体成员学习和经验，以进一步提高研究开发能力，并由此提高其竞争前景，而不是仅仅作为一种将新产品推向市场的手段。

同样，后发企业在实施追赶战略的后期阶段中，最需要关注的无疑是通过学习来提高能力，即通过吸收所利用的外部资源并内化到制造和产品开发能力当中，关注于"新知识"的产生。20 世纪 80 年代的半导体产业就是如此，韩国和中国台湾的企业都能够"促进新知识的产生"，以建立具有竞争性的生产系统（Mathews and Cho，1999）。

（四）技术追赶理论研究评述

沿着格申克龙的后发效应，到 Akamatsu 关于产业动态的雁阵模式和雁阵模式的产业动态形态，其理论基础是建立在发达国家与落后国家存在较大的技术落差基础上，当这种条件存在时，后发国家可以通过利用发达国家的知识而缩短技术上的差距。格申克龙关注的重点是根据国家的特定情况与发展目标设立新机构和追求新的战略。这些机构与战略的重要性体现在，帮助后发者如何利用后发劣势，以及在某一特定的时期中利用后发优势。雁阵模式在于通过上游国家（在此指投资国）实现新产业的开发，使产业结构高度化过程进一步提升，下游国家（在此为受资国）实现自己产业结构和技术结构的梯次发展与提升。这些理论在特定的历史时期对落后国家技术能力的升级起到了积极的作用。但是，随着全球价值链网络在全球范围内的扩张，由于国界之间的封闭所产生的技术落差正为跨国公司的全球生产体系通过在包括落后国家当中的分布而逐渐消失，取而代之的是技术落后国家当中的后发企业与当地发达国家的企业之间的技术差距，这种差距由国家之间而逐渐演变为企业之间的差距，其基于国家之间的技术落差在20 世纪 90 年代就开始走向尾声。

马休斯（1999）看到了代表先进生产技术的跨国公司在发展中国家安排生产的现象，提出以互联、杠杆和学习的策略嵌入全球价值链当中，承接和利用跨国公司的先进技术能力，以此提高当地企业的生产技术。

后发企业的技术追赶战略以马休斯的 LLL 战略作为研究范式的一个转折点，开始由关注国家层面转为关注企业层面，但是，由于马休斯提出的理论基础是建立在企业的资源基础观之上，过于宏观的追赶策略无助于解决企业实际追赶过程中所面临的学习效率低下的问题。没有充分看到学习能力在技术追赶战略的作用，以及对学习的概念没有作出清晰的定义也使理论上的分析和实践中的管理难以找到准确的切入点。

二　技术能力升级理论

（一）后发企业战略性技术能力的建立过程

在拉尔（Lall，1992）认为技术能力在控制技术活动的基础上，达尔曼和韦斯特福尔（Dahlman and Westphal，1982）、达尔曼等（1987）、卡茨（1984）和拉尔（1987）基于企业技术能力的函数提出了技术能力的分类。该技术函数包括主要的技术活动。他们提出了技术能力不同成熟度，并通过技术函数进行测量。贝尔和帕维特（Bell and Pavitt，1995）发展了拉尔的技术能力的框架。技术投入活动是指在大型投资项目过程中的生产技术变革和管理实施过程中的有关决策和控制、编制和实施项目活动。生产活动是指生产产品过程中产生的管理技术变化。阿里芬（Ariffin，2000）侧重于创新能力国际化的分析，而 Dutrénit 和 Vera - Cruz（2003）引入了企业内部技术函数。有些研究分析了技术能力建设当中技术层面与组织层面之间的联系（Dutrénit，2000；Figueiredo，2001，2002；Vera - Cruz，2000，2004）。但大部分研究有意识地分析了这些企业通过学习活动形成的技术追赶战略，而研究知识基础专业过程的较少。跨组织边界的知识整合和其他组织问题有助于这些企业的成功。金（1997）提出了不同的框架来分析韩国企业技术的能力建设过程。描述三星和现代如何通过学习过程实现技术追赶，他更加关注知识创造过程的组织因素。企业不仅遵循审慎和持续的技术战略，当从创造性模仿创新过程中获得创新能力时逐渐改变技术战略，而且它们实施充满活力的动态学习过程或知识管理。伦纳德 - 巴顿（Leonard - Barton，1995）定义了三类有助于创造可持续的技术能力：核心（core）技术能力、催发（enabling）技术能力和追加（supplemental）技术能力。核心技术能力是那些有别于企业的普通竞争力；催发技术能力是那些非特定的竞争优势，但是满足企业必要的基础竞争能力，如世界级的制造质量。最追加技术能力使核心能力得到增值，并且可以模仿。催发技术能力将在后发企业的创新技术能力当中进行比较分析。

Dutrénit（2004）认为，现有战略管理文献对此做了大量的研究。有些研究者在很抽象的意义上建立具体的理论模型（如 Nelson and Winter，1982；Winter，1987）。其他研究者在更广泛的意义对能力进行了定义，对技术层面与组织层面进行了区分（Pisano，2000；Teece and Pisano，1994）。而后发企业主要关心如何建立必备的知识基础，以在市场中生存，这需要创新的技术能力建设。如何能让后发企业拥有先进的创新技术能力，什么活动对建立知识基础是至关重要的，技术能力的分类就十分关键。这些研究较少把注意力放在企业从转化阶段过渡到技术前沿阶段的具体问题研究中。这些企业已经积累了必备的知识基础，在某些领域已获得了一定的技术创新能力，并有可能在建设基本的技术能力和中间创新技术能力上面临不同的问题，而这引起的问题在后发研究中没有得到解决。

为此，Dutrénit（2000，2004）指出，后发企业建立技术能力的方式与普通企业有所不同。可以用两种不同的方式对技术能力的概念进行运用，如图 8 - 7 所示。

从图 8 - 7 可以看出，后发企业技术能力在垂直的 y 轴上，从建立必要的知识基础开始。企业战略能力沿水平的 x 轴移动。沿着 y 轴和 x 轴的顶部，培育和更新已建相结合的战略能力和知识基础。后发企业包含了更多的经验或建立技术能力，而领先企业建立了更多的理论方法，处于一个非常抽象的层次。例如，战略管理能力需要信息知识，并重点进行理论上的讨论。研究者将企业作为知识仓库，而不是作为信息处理单元。通过创建和管理知识及基本隐性知识，而不是信息和编码知识，公司可以建立和更新它的能力。相比之下，对后发企业的研究，主要从实证上讨论做事情的能力，这需要知识的积累和组织或机构的建立。由于学习过程在这些技术能力的积累过程中发挥了重要作用，这些过程一直是关注的焦点。此外，所分析的知识的深度不相同：领先企业已经积累了深厚的知识基础，而后发企业的研究主要涉及较为浅层次的知识。

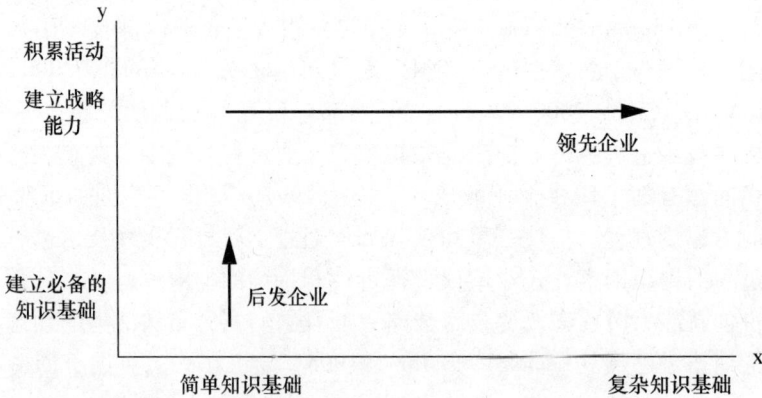

图 8 - 7   后发企业与领先企业技术能力建设的方向

资料来源：Dutrénit（2000，2004）。

尽管这些研究为不同类型企业建立技术能力提供了一个有意义的分析框架，但没有对后发企业如何到达技术前沿提供一个清晰的架构。Dutrénit（2000，2004）认为，企业在某一阶段可以称之为转型过程。这些企业已经积累好知识并建立了最低限度的知识基础，甚至于在某些领域接近国际前沿技术，但尚未建成核心或战略能力。这些企业在技术能力方面相当于后发企业当中的优秀者。至少有某些区域位于代表后发企业的 y 轴的顶部，但它们没有建立任何战略决策能力。借用这些方法，下面提出一个框架来分析企业的知识积累阶段。

基于战略管理研究当中核心能力或竞争力的概念，Dutrénit 把战略能力定义为那些与普通竞争力相区别的创新技术能力，是基于知识层面的竞争力，可以创造竞争优势。但是，战略能力与萌芽战略能力（embryonic strategic capabilities）之间存在着区别。萌芽战略能力是指初期的创新技术能力。它们不能用来区分企业竞争力。相对于其他能力，它们在一些技术活动、技术领域或知识领域包含了更深层次的技术知识积累，并可以视为战略能力建立的基础。在图 8 - 8 中分为三个知识积累的阶段，差异战略和萌芽战略能力，在两者之间存在一个转化过程。具有战略能力的企业位于顶部区域，它们建立或重建了战略能力。转化阶段位于中间地带。

后发企业在几个领域中已经建立最基本的知识基础，正在通过努力学习向萌芽战略能力阶段转移，而这正是建立战略能力初级阶段（从 y 轴底部向顶部移动）。在转化阶段，沿 x 轴向右移动，是通过努力学习建立萌芽战略能力的过程，在 y 轴顶部沿 x 轴右移，战略能力通过简单知识基础过渡到复杂的知识基础而得到深化。

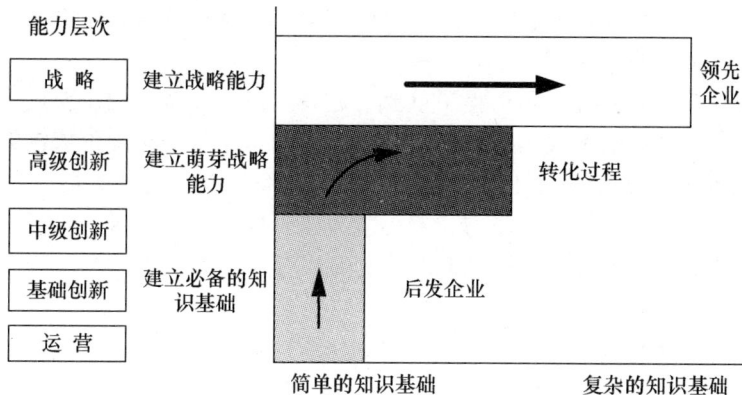

图 8 - 8　转化过程：后发企业与领先企业之间的未知领域

资料来源：Dutrénit（2000，2004）。

在较低的区域，企业在生产能力的基础上进行竞争，主要是从外部获取技术知识，将间接创新技术能力与企业内部的简单知识进行结合。这个区域是后发企业的初级阶段；相反，在顶部区域，主要是基于技术创新能力。

因此，无论是后发企业的初级阶段，还是建立战略能力的高级阶段，都是需要进行分析的特定问题。首先，通过长期的积累，使技术能力达到一定的程度以便能建立战略能力。这是建立战略能力的出发点，但在所有的战略管理文献中都没有作相应的分析。其次，在企业技术知识的每个积累阶段都会出现与知识管理相关的特定组织问题，特别是在从建立必备的知识基础阶段过渡到建立战略能力阶段的转化阶段当中。因此，根据创新技术能力的积累与应用，可以将建立技术能力分为三个阶段：第一个阶段是"建立必备的知识基础"，以在市场当中获得生存，这对应于图 8 - 8 中底部的区域。第二个阶段是战略能力阶段，以建立、培育和更新战略能力，这对应于图 8 - 8 中的顶部面积。第三个阶段是中间阶段，这是一个从建立必备的知识基础到建立战略能力的转化过程，技术层面与组织层面对完成转化过程和建立战略能力至关重要。

（二）全球价值链治理与后发企业技术能力升级

1. 全球价值链治理与后发企业技术能力升级的基本关系

发展中国家依赖于出口、外商直接投资技术溢出进行学习（Barba Navaretti and Venables，2004），全球价值链作为与国际资源联系的一种方式，对于获取技术知识和加强学习与创新的作用越来越关键（Gereffi，1994，1999；Giuliani et al.，2005；Kaplinsky，2000；Humphrey and Schmitz，2002a，b；Pietrobelli and Rabellotti，2006）。价值链研究的重点是明确价值链当中各类要素之间关系的性质，链中所涉及的各种行为者的关系的性质，强调全球买家和生产商在支持发展中国家学习和创新的作用并探讨对其发展的意义。全球价值链治理的分析是至关重要的。在全球价值链中的任何一点，价值链的治理在某种程度上不仅需要考虑"提供什么产品与服务，怎样提供这些产品与服务"，而且还需要考虑"何时提供，提供多少"，甚至"以什么价格"提供。在一些研究当中，治理不仅仅是协调，积极参与价值链活动更是至关重要的。治理可以通过正常的市场联系或非市场的关系。

　　尽管全球价值链的研究已经取得了重要的进展，但有许多问题需要进一步明确，技术能力有助于这一问题的解决。事实上，技术能力概念丰富了全球价值链的研究。企业技术升级（升级的先决条件、机制、投资行为和战略要求）与能力的发展相关。全球价值链的研究集中于企业层面的学习机制、能力建设与创新。最近，对于全球价值链的研究（Gereffi et al.，2005；Giuliani et al.，2005）显示，知识的差异可能会有助于阐述价值链治理理论。

　　如果全球价值链理论的最终目标是解释全球化环境中和跨国互联条件下发展中国家后发企业的发展与创新问题，何以避免仅关注技术能力发展的内生过程及特定的企业努力，加强或阻碍这一过程的环境因素？传统上，对发展中国家技术能力的研究（Bell and Pavitt，1992，1995；Dahlman et al.，1987；Evenson and Westphal，1995，Katz，1987；Lall，1987；1992，2001；Pack and Westphal，1986）确实为以价值链理论框架来解释发展中国家的产业发展提供了坚实的理论基础。借鉴纳尔逊和温特（1982）的演化范式，技术能力的变化是企业进行有目的的投资的结果，因而导致知识的扩散与转移，其中还包括技术能力建设的要素。企业嵌入全球价值当中的形式和范围与企业的特定学习策略有关，知识在一个群集当中不能自由流动，并且不均匀地分布于其中，有些（当地）参与者具有区位或其他优势来获取、吸收和使用知识（Giuliani，2005），并使技术能力得到提升。

　　安德烈亚·莫里森（Andrea Morrison，2008）运用"升级"这一概念探讨全球化以及全球价值链如何促进发展中国家的产业发展与创新。以技术能力理论结合全球价值链，集中探讨技术能力建设的内生过程以及企业特定的努力与价值链治理的形成机制，研究如何让知识在价值链当中流动以促进学习与创新过程。他试图利用技术能力的分析框架，研究在全球价值链当中的技术和创新，以探讨全球价值链当中的创造知识、传播过程和技术能力建设。表8-2对全球价值链当中的技术能力进行了分类。

表8-2　　　　　　　　　全球价值链情境中的技术能力升级

技术能力的关键问题	治理与全球价值链升级的关系
1. 知识转移的特征（如复杂性、默会性、专用性）	不同程度复杂性和默会性的知识与不同技术能力和技术来源结合会影响：
2. 企业技术能力的性质（如投资能力、生产能力和联动能力）	● 全球价值链治理结构（关系、俘获）：全球价值链治理与技术能力的双边关系
3. 企业努力和企业技术能力的获取（内外部资源和知识渠道）	● 升级的机会或速度（本地学习；吸收能力） ● 升级的密度或方向（主动与被动学习）

　　资料来源：莫里森（2008）。

　　所有这些要素的意义不仅会影响企业的升级，而且会影响全球价值链治理和战略。换言之，因果关系的方向是双向的。因此，我们可以预期的高（低）程度的知识复杂性将会促使全球买家与当地厂商建立更密切（更遥远）的关系，并因此导致特定治理模式的出现（更具关系化或俘获化）。以模块化系统为例，技术工艺相对简单可能会导致层级和远距离的治理关系。同样，当地后发企业的吸收能力可能会影响全球价值链传递信息和知识的机会，以及提供学习的机会。因此可以预期，全球价值链的领导者可能会据此寻找有效和有能力的当地后发企业，如许多电子产业价值链选择在东亚地区（Ernst et al.，1998；Guerrieri et al.，2001）。从发展中国家的供应商角度看，不同程度的吸收能力在不同程度上会导致企业识别和探索更近或远的知识与技术渠道。

相反，这有助于解释为什么嵌入在类似全球价值链当中的企业可以不同的速度和模式进行升级。许多研究在不同的理论框架当中讨论了这些问题，包括全球价值链对发展中国家产业升级的贡献。还有研究从产品、工艺或功能的角度讨论了升级问题，以及如何通过价值链的治理模式来实现这一目标。现在研究当中形成的共识是，不同的价值链治理结构会影响技术的升级。

2. 全球价值当中的知识特征与后发企业技术能力的升级

莫里森（2008）认为，知识可编码性、复杂性和默会性的差异会影响全球价值链中知识的转移，并且影响权力的平衡与治理模式。这意味着，当地后发企业除了面临权力不对称之外，在处理外部知识来源方面还面临一些障碍。这一点已被部分由全球价值链的研究所指出（Schimtz，2004）。首先，因为大部分由买家支持的升级活动与特定的战略相关，而不是与当地后发企业的创新机会有关。其次，因为价值链中知识性质的变化，当地后发企业的吸收能力也因此需要相应的改变。大多数研究都承认，在全球价值链中存在阻碍知识传播的因素，并且这些因素会影响到价值链的治理模式。特别是，企业家范式的研究经常会提到的阻碍因素有买卖关系当中的权力不对称："权力不对称是价值链治理的核心"。也就是说，价值链当中的这种权力关系决定了价值链当中企业间的劳动分工以及参与者的升级机会（Kaplinsky and Morris，2001）。价值链当中的领导者是价值链中的治理者与协调者。

但是，并不总是这样，其他研究强调全球领先企业如何将知识与技术转移到当地的后发企业。在对中国台湾 ICT 产业的研究中，普恩（Poon，2004）指出，中国台湾供应商通过从跨国公司那里获得知识与技术逐步实现产业的升级。此外，她认为，知识与技术在整个生产网络当中溢出是一种普遍现象。实际上，各种类型的技术知识与技能被网络当中的节点企业所吸收，然后扩散到后发企业当中，导致生产网络当中运营的制造企业的技术升级。格雷菲（Gereffi，1994）在对亚洲各国企业技术升级的研究中提到了这种模式。有证据表明，这是一种主要的全球价值链治理模式，但没有对其进行规范以用于政策的制定当中。也就是说，这还不能够确定价值链当中的领先企业有内在的能力或兴趣把知识与技术转移到当地企业当中并为其提供学习机会。后发企业的技术努力与学习能力是至关重要的。关于全球价值链的研究文献对此往往轻描淡写，并且认为知识的转移与技术升级主要受制度环境的影响。事实上，虽然发展中国家参与全球价值链的频率不高，但从全球生产网络当中获得技术升级的效果确实超过了准层级价值链，并且形成了市场关系型的价值链。

　　受价值链当中领导者控制的技术与知识的转移（即支持或阻碍技术转移和学习）往往会表现为当地企业的技术内生过程。也就是说，它们要么取决于价值链当中领导者的战略（即全球价值链治理），要么受到外部经济和集体效率的驱动。企业的技术水平及技术体制上的差异往往会退居其次。然而，知识特性和企业技术能力建设策略会影响到知识吸收的步骤与方向。此外，传统的熊彼特创新理论告诉我们，不同的技术体制表现出知识复杂性和专用性的不同组合、企业吸收与转移知识的条件（Malerba and Orsenigo，1993）。因此可以说，知识的复杂性越高，越需要在价值链当中进行治理与整合。另外，简单的技术可以很容易地通过市场关系进行转移与吸收。

　　值得指出的是，需要重视冲突、权力不对称，以及全球价值链治理在知识转移当中的重要性。施米茨（2004）强调，"升级"需要由当地企业本身进行人力、组织和设备方面的投入，并重视技术能力建设的过程。按照同样的思路，Kishimoto（2004）指出了中国台湾电脑产业功能升级能力的重要性。他指出，中国台湾厂商已具备一些基本的生产技能和设计能力，以及持有足够的技术能力来获得订单（Kishimoto，2004）。能力问题在某种程度上隐含了对全球价值链早期的国际主义者（internationalists）的研究。例如，格雷菲认为，东亚国家作为国际大买家的一级供应商进入全球价值链之后成为"全清包"（full - package）供应商，并由此形成创新型的企业家能力（entrepreneurial capability），协调复杂的生产、贸易与金融活动（Gereffi，1999）。据格雷菲的研究，东亚国家企业从 OEM 原始设备制造商（OEM）到原始品牌制造商（OBM）的转变是通过企业的组织学习、嵌入全球价值当中而促成的。在最近对咖啡商业化的研究当中，卡普林斯基和菲特（Kaplinsky and Fitter，2004）认为，更持久和实质性的提高生产者收入的方式是把知识系统地应用到咖啡产业价值链当中。企业要提高其"品牌"和"整合"能力，就必须学会如何提升在当地的特定形成与产品的口味。

　　然而，大部分研究缺乏在企业层面上提供证明，价值链当中的领导企业怎样帮助当地企业进行升级（Barnes and Kaplinsky，2000；Gibbon，2003；Kaplinsky et al.，2002；Meyer - Stamer et al.，2004；Schmitz and Knorringa，2000）。可以想象格雷菲对中国台湾企业的分析，为增加企业利润并减少向外国买家的交货时间，中国台湾企业在 20 世纪 90 年代建立了个"三角制造"系统（Gereffi，1994，1999）。这一制度也为 Kishimoto（2004）所强调，他认为这提高了企业的协调能力、搜索和对外采购商品及服务的能力。拉尔（1992）提醒我们，分类和评估机制是建立能力的关键因素，因为它允许根据其复杂程度进行分类。全球价值链框架本身在确定企业的能力上要优于其他分析方法，因为它使企业从价值链下游向上游领域进行攀登（如从生产到设计）。这不是一个模糊的升级概念。一个生动的方式来说明，在价值链当中的升级如同价值链内"走价值阶梯"、从"较低的阶段"跨越壁垒走向"较高阶段"。安德烈亚·莫里森（2008）认为，关键问题并不总是"功能升级"和移动到价值链的前端，而是需要深化特定的能力以在价值链当中探索新的机会，从开发天然资源到生产、包装、分销和建立品牌这一过程非常重要，可以说是"爬阶梯"。但深化能力、探索全球价值链上新的原创性特征和品种是非常重要的，这就需要更复杂的技术能力。

加入全球价值链本身将会导致创新，并且更好地提高发展中国家企业的绩效。这不是一种机械的过程，当地后发企业需要进行学习投入和技术能力建设时，才能有效地进行创新。这些投入的方向、程度和策略也可能会因知识特性而有所不同，如它的复杂程度、默会性和专用性反过来又影响全球价值链领导者的战略，这已得到充分研究。同时，全球价值链范式强调了参与者之间权力不平衡的作用。

（三）国家创新系统与后发企业技术追赶战略

亚洲新兴工业化经济体中的中国台湾、韩国和新加坡相对于其他发展中国家取得了发展技术能力的显著成绩（Wong，1999）。到20世纪90年代后期，来自这三个经济体的许多企业在技术追赶战略上都取得了不平凡的成绩。Wong（1999）认为，从技术能力发展的角度来看，东亚没有一个奇迹，只有不同的技术发展战略，要解释中国台湾、韩国和新加坡在技术能力发展中取得的出色业绩，不仅需要关注其共性，更需要的是强调其发展路线的差异性。同时，东亚新兴工业化经济体（中国台湾、韩国和新加坡）的企业在技术追赶路径的选择上具有显著的不同，这种技术追赶路径选择的多样化是因为技术发展路径存在于一个特定的国家创新系统之中，发展中国家的背景对激励后发企业个体的成长起到了中介作用。国家的初始产业结构、模型、集聚模式与企业的能力显著地影响了这些企业进行技术学习的资源的数量与类型。

Wong（1999）进一步指出，后发企业技术能力的发展可以概括为资源的分配和利用，以应用和创造技术，并提高公司的整体竞争能力。一个企业的技术能力可以概括为两个战略层面：产品的技术能力和工艺技术能力。战略重点在产品技术和工艺之间进行转移代表了后发企业技术追赶战略的一般路径。基于技术追赶战略的构想，Wong（1999）对发展中国家后发企业的技术追赶战略确立了五种一般发展路径。这个分析框架结合了三个方面的理论视角，即从企业资源基础观点、技术学习过程的创新网络观和制度经济学观，解释了韩国、中国台湾和新加坡的发展经验为什么可以代表三个不同的经济体创新系统，其中包含许多不同的企业战略组合、创新网络结构和当局干预的作用。发展中国家后发企业的一般技术追赶战略如图8-9所示。

1. "逆向价值链"战略

在这条路径中，后发企业通过从掌握简单的部件制造或来件装配业务开始，成为典型的OEM（原始设备制造）厂商，分包合同制造通常依据最终买家提供详细的产品设计规格。他们然后转移到产业链上游获得产品设计能力，成为最终买家的原始设计制造商（ODM），这些最终买家现在只需要提供广泛的产品要求，而离开了ODM的设计细节。当许多ODM厂商还停留在这个阶段的时候，有一部分可能会进一步尝试发展自己的产品创意（原始创意制造或OIM）和进行自有品牌产品（OBM）销售。OIM与OBM之间的区别在于，前者仍然是靠其他公司的品牌进行销售，而后者试图开发自己独特的品牌，而且往往拥有自己的分销渠道。

从本质上讲，这种技术能力发展战略首先是发展工艺能力，其次是后来延伸到产品设计能力，最终进行新产品或品牌的创造活动。这颠倒了发达国家大型、成熟的高科技企业的正常价值链顺序。正如阿伯纳西和厄特巴克（Abernathy and Utterbeck，1978）

所认为的，技术创新的正常顺序是从激进的产品创新开始，然后过渡到快速的渐进创新阶段，最后是主导设计（dominant design）的出现。在此之后，当产品特征的竞争为生产成本和效率的竞争所取代时，工艺创新产品变得越来越为重要。这个 OEM—ODM—OBM 的转移战略被称为亚洲电脑企业发展的典型，个人电脑制造企业从克隆或制造计算机系统的关键组件开始，后来转移到提供系统设计和（某些企业）最终发展自己的品牌与市场流通渠道。

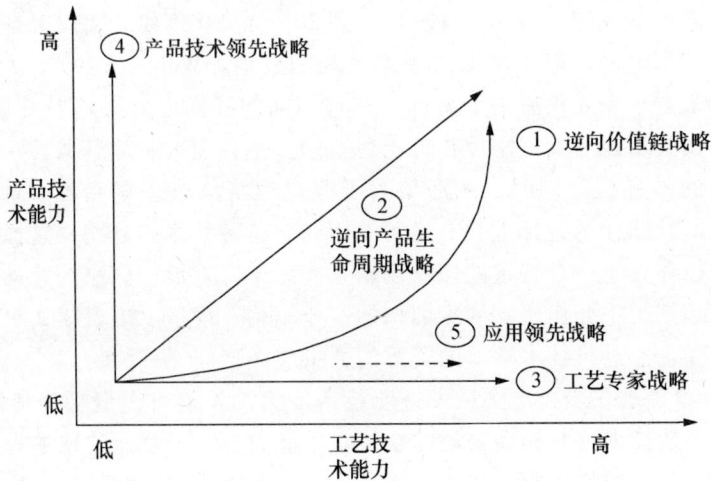

图 8 - 9　发展中国家后发企业的一般技术追赶战略

资料来源：Wong（1999）。

　　这种"逆向学习价值链"战略的可行性取决于买家外包制造活动和以后设计活动的可用性与买家的愿意。外包的倾向随着行业与技术属性的变化而有所改变。例如，20世纪 80 年代初，中国台湾和新加坡企业成功地进入电子产品合同制造，主要是由于很多美国电子公司愿意把部分劳动密集型生产活动外包给东亚部分企业以降低生产成本。这些东亚企业都能够通过不断地改进自己的制造能力，直到它们能够承担以 OEM 为基础的"交钥匙（turnkey）"整个制造过程。在中国台湾，许多企业也因创新自己的设计而成为 ODM 厂商，有些因进一步创业而成为自主品牌制造商（OBM），而另一些企业则成为 OIM 商业模式的先锋。同样的转移模式也出现在中国台湾自行车产业早期的发展过程，而中国台湾有许多这样的企业目前在世界具有领导型的品牌。中国台湾实现快速追赶的后发企业是通过"逆向价值链"路径在基础性产业当中获得了优异的成绩。伴随着促进技术消化或转移和支持本土中小企业的研究合作的公共研究机构的建立，中小型企业—公共研究机构创新网络模式促进了本土中小型企业的发展。

　　2. "逆向产品生命周期的"创新战略

　　上述"逆向价值链"的战略的一个重要变化是，本土后发企业在产品市场上从"晚追随"转变到"快速追随"，最终赶上以前的领先者，甚至通过蛙跳超越领先者。

后发企业开始生产相对成熟的产品，或是从发达国家领先企业那些获得技术许可（或存在其他独立的技术供应商），或通过模仿学习其中不涉及专利的技术或第三方可促进转让的专门技术。最初的产品往往是基于前几代的技术，而非最新技术，这类产品通常以低价细分市场为目标。这种进入战略使公司能够利用初始成本较低优势，接管市场领导者的低端产品。通过迅速掌握成熟的产品和工艺技术，公司寻求转向涉及更复杂技术的产品制造当中，更接近领先优势的边缘。随着时间的推移，沿着技术领先者的发展方向进行学习上的投入，通过模仿研究开发和迅速的渐近的产品创新，后发企业寻求缩短与领先企业的技术差距，成为快速追随者。有些后发企业可能会在研究开发上取代原有领先者的地位。日本和韩国企业分别进入汽车产业和半导体产业就是典型的案例（Cho，Kim and Rhee，1998）。与逆向价值链路径形成对比的是，企业采取这种战略必须同时进行产品和工艺技术学习，他们必须从一开始就直接在终端用户市场上竞争，这种竞争往往要依赖自己的品牌，虽然开始竞争是基于价格层面的。执行这一战略，不仅需要消耗大量的财务资源来进行产品和工艺技术的垂直整合，而且随之还需要在市场营销和品牌的发展上进行投资。此外，随着时间的推移，企业必须将低档、低技术的形象重新塑造为高品质、高精密制造的形象。这通常是一项繁重的任务，尤其是对于大众消费产品企业需要在分销渠道上进行持续的投入时。最后，当后发企业越靠近前沿技术的边缘，他们将越来越被视为主要市场领导者的竞争威胁，因此技术许可的方法将变得越来越不可用，迫使他们在自己的产品和工艺研究开发上进行持续的投资。

相对于中国台湾、韩国的创新系统模式具有大型企业集团、大财团的特点。其巨大的规模使他们具有足够的财力来支持"逆向产品生命周期"的战略路线。韩国大财团所在汽车、钢铁、消费类电子产品、半导体（尤其是内存）和液晶显示器行业中可以看到快速的技术追赶现象。在这些情况下，韩国大财团在 DRAM 技术上已从晚追随者变化到快速追随者，并迅速赶超日本而居于领导地位。为通过这条战略路线实现快速追赶，韩国企业已采取积极的能力投资以加快学习效果，忍受微薄的利润或亏损以获得市场份额，并增加在研究开发上的投资（Cho，Kim and Rhee，1998）。

3. 工艺能力专家战略

伴随产品商业化，发展自己的营销和品牌的高风险，一些公司已经决定在产品和服务的开发方面把他们的精力和资源的重点放在成为专门制造专家之上，而不是投入资源来掌握产品技术。他们关注于通过掌握最新的工艺技术来提高自己的制造能，并嵌入可以产生最佳市场绩效的业务流程之中，无论是采用成本最低、质量最高、最大弹性或组合的方式。"工艺专家战略"的一个变种是日益扩大工艺能力的垂直范围，直到后发企业可以完成"交钥匙"合同组装业务，其为客户在供应链当中承担了全部责任。这一战略的另一变种是后发企业专注于成为利基部件的专门供应商或工艺过程步骤的供应商。无论哪种方式，公司为使其生产工艺能力达到前沿水平，就需要不断地进行投资。为此，这些公司需要把资源投入的重点放在不断提高他们的经营业绩之上。或者从外部供应商那里获得最新的工艺技术，并快速地整合到他们的生产过程之中，以获得学习经济当中的先动优势，或通过企业内部的工艺研究开发，发展自己的专有工艺技术诀窍。

除了与领先的设备和零部件供应商密切合作之外，后发企业还需要与客户保持紧密联系，以预测未来的工艺要求，并共同开发定制解决方案。最终，企业在工艺研究开发上继续投入资源以实现技术领先的目标。

除了避免商业化新产品的市场风险，企业采取这种战略，具有避免自己作为制造商和买家彼此之间在利益上存在潜在冲突的优势，从而加强对他们的购买者的忠诚度。事实上，"工艺专家"创新工艺的能力主要取决于他们是否能够与客户密切互动，使他们能够成为其客户当前和未来的产品需求紧密合作伙伴。如果客户感知到供应商在将要进行整合的威胁，这样，供应商与买家的信任关系将难以建立。"工艺专家"的发展路径在许多制造业分散的东亚国家得到了广泛的采用。例如，从作为世界一流跨国公司的电子产品合同制造商和分包商起家的许多新加坡企业已经开始采用这种策略（如风险投资公司、大众钢铁电子、JIT）。

新加坡企业将工艺技术能力作为发展的重点，除了成立公共研究开发和培训机构，新加坡政府还制订了各项经济援助计划，以鼓励本地中小型制造企业提升工艺技术能力。当本地企业的工艺技术能力得到提高时，就开始进行企业内部创新，政府制定鼓励创新的政策以支持这些企业提高整合工艺技术。在 20 世纪 70 年代初，政府设立了标准与工业研究协会，以支持中小企业技术升级，但重点是工艺技术，而不是产品技术。各培训机构还设立了培训计划，为配套精密工程、金属制造、合同制造和工业自动化行业培训技术人才。由于本地制造业增长日趋成熟，20 世纪 80 年代成立了生产技术研究所为制造业提供研究开发支持。事实上，新加坡已经成为一个合同制造专家，并在世界上占有重要的地位。在半导体晶圆制造领域，台积电和中国台湾联华电子公司创立了"纯代工"的策略，这受到了包括新加坡在内的特许半导体制造商的模仿。在精密工程中，许多新加坡企业已通过创造新的工艺而成为磁盘驱动器的主要供应商。

4. 产品技术领先战略

晚工业化国家的一些后发企业都选择成为全球市场中产品技术或产品创新领先这一更加困难的战略。运用这一战略，后发企业寻求通过激进的产品技术创新而实现新产品的技术领先，并通过随后的渐进创新过程实现在创新方面的主导设计地位。虽然人们普遍认为，这对于发达国家的企业来说是正常的创新行为，但对于大多数发展中国家的后发企业来说，这正是它们所渴求的。正如前面指出的，晚工业化国家的后发企业相对于发达国家的企业来说必须克服两个先天的劣势：远离高端用户市场；远离科学与技术知识的来源。

对于后发企业试图实现新产品技术的领先目标，克服这两个劣势是相当关键的。因为与高端客户市场保持紧密的关系，以及接近创新、上游技术的来源对于实现产品的激进创新特别重要。为克服这些劣势，晚工业化国家的后发企业需要采用四种方式实现产品技术上的领先目标。一是在领先用户市场中建立一个强大的销售网络，同时挖掘当地的资源，尽管这需要巨大的代价。这种做法要求有特殊的企业家才能，或具有长远眼光和雄厚经济实力企业集团的支持。这一战略的关键部分是通过广告品牌发展销售渠道发展，通常需要相当长的时间才能实现巨大投资的回报。东亚的许多较为成功的企业都同时或在不同成长阶段采取了上述的方法之一。那些已经获得成功的企业至少具备了一定的技术创新能力，那些与发达国家领先企业形成战略联盟的企业增加了一些重要的期权。为了克服大规模进入最终产品市场的障碍，一些后发企业采取这种策略可能会最终选择成为一个纯粹的技术创新服务提供商，即该公司完全依靠产品技术创新，以期从许可技术或合同制造当中获得回报，而不是直接到终端产品市场中进行商业化运作。

5. 应用领先战略

这个战略不是促使后发企业成为新产品技术的创新者，而是以新的方法对现有技术加以利用，这通常是在组织具有许多互补性技能的商业领域中。这可以用一个新加坡企业的案例来说明这类一般性技术能力发展路径。这个案例是新加坡港口管理局应用相对成熟技术（神经网络/模糊逻辑）对集装箱进行自动化处理。这种战略的成功取决于对技术的应用，而不是创造一项新的技术。企业必须对竞争情况有深刻的认识，使新技术在商业竞争中发挥更好的作用。在本质上，这种战略对价值链上进行垂直"融合"，将外部技术整合到企业内部当中，然后应用到下游价值链之中。这更有可能让下游企业将新技术应用到下游的商业服务与产品开发之中。

Wong 通过使用一般发展路线来描述在技术追赶模式的差异性，他的分析框架为分析企业层面的战略性技术行为与国家创新系统的特征进行联系提供了一个全新的视角。这为后发国家实现技术追赶战略的国家创新系统提供了复杂和动态的观点，而不是像以前那样强调技术追赶的共同基础（Lall，1996；Dahlman，1994）。这超出了促进技术创新和技术扩散之间的区别（Mathews，1996）。

（四）技术能力升级理论研究评述

在早期关于技术能力升级的理论研究中，侧重于企业技术能力函数的研究，认为技术函数当中包括主要的技术活动，技术能力可以通过技术函数进行测量（Dahlman and Westphal，1982；Dahlman et al.，1987；Katz，1984；Lall，1987），有学者以此为依据对技术能力的研究框架进行了发展（Bell and Pavitt，1995）。而有的研究则强调技术能力建设当中技术层面与组织层面之间的关系（Figueiredo，2001，2002；Vera - Cruz 2000，2004）。这些研究虽然已经从各类型技术活动的视角来分析企业技术能力的形成，但对技术活动当中的核心要素，即后发企业知识的积累过程没有给予充分的关注。什么活动对建立知识基础是至关重要的，技术能力在进行分类中就十分关键。Wong（1999）对技术能力的分类作出了进一步的思考，后发企业技术能力的发展可以概括为资源的分配和利用，以应用和创造技术，并提高公司的整体竞争能力，并对发展中国家后发企业的技术追赶战略确立了五种一般发展路径。有的学者把注意力放到了后发企业知识积累对技术能力升级的转化过程当中。Dutrénit（2000，2004）指出，后发企业建立技术能力的方式与普通企业有一些不同的方面，他根据创新技术能力的积累与应用，可以将建立技术能力分为三个阶段，而中间阶段是一个从建立必备的基本知识到建立战略能力的转化过程，技术层面与组织层面对完成转化过程和建立战略能力至关重要。安德烈亚·莫里森（2008）以技术能力理论结合全球价值链，集中探讨技术能力建设的内生过程、企业特定的努力与价值链治理的形成机制。

　　综观以前对后发企业技术能力升级研究的脉络，从早期的技术活动函数，后发企业技术知识的积累，以及技术能力的分类与深化，再基于全球价值链治理的技术升级路径的提出，可以看出，技术能力升级的理论具有特定的历史依赖性，在企业生产活动相对封闭的20世纪七八十年代，企业的生产函数活动得到了重视，而在21世纪初，由于跨国公司在全球范围当中不断地进行整合，后发企业与领先企业之间的交互性可以通过全球价值链进行完成。加入全球价值链本身将会导致创新，但这不是一种机械的过程，只有相互之间的学习活动，才能使知识得到有效的转移。因此，当地后发企业需要进行学习投入和技术能力建设，才能有效地进行创新，从组织学习的视角来研究后发企业技术能力的升级将是十分有必要的。

三　组织学习理论

　　过去的三十多年中，管理学界对学习概念的研究有了很大的发展，有些令人难以捉摸的概念得了进一步的澄清（Friedman，Lipshitz and Popper，2005）。大量的管理研究继续把学习作为"企业的关键资源和技术能力的来源"（Linderman et al.，2004），以及"工作与创新之间的桥梁"（Brown and Duguid，1991），并作为"支持各方面管理的关键过程"（Bapuji and Crossan，2004）。尽管它的重要性，有各种各样的组织学习概念已在过去的管理文献当中开始提到。长期集中在以下两个问题的争论：什么是学习成果（即认知改变或行为的变化），谁来学习（即个体、群体或组织）（Crossan et al.，1995；Friedman et al.，2005；Lundberg，1995）。事实上，回答这两个问题相当复杂，因为它们之间相互联系。换言之，预期的学习成果可根据学习是如何发生的，以及对象是否为个人、团体或组织来进行理解。

　　在以前学习的相关文献中，学习成果被认为是学习者行为的变化（Argyris and Schon，1978；Stata，1989）或认知的改变或两者兼而有之（Crossan et al.，1995，1999）。从行为角度来看，学习的目的是要改变行为或预期的行动方向。阿吉里斯和舍恩（Argyris and Schon，1978）认为，学习是"检测错误和纠正错误的过程"，而Stata（1989）指出，学习是"一个人获得新的知识和洞察力的过程，从而改变自己的行为和行动"。这一观点也出现在刺激—反应机制当中（March，1991），其中指出，为响应刺激而改变行为。基于这一角度来看，当组织系统受到外界环境的新技术、创新或竞争的刺激而出现惯例或战略的改变时，我们可以认为，组织产生学习现象（Arthur and Aiman - Smith，2002；Bresnan，Goussevskaia and Swan，2005）。这种观点把组织视为目标导向和以惯例为基础的系统，并强调环境的不确定性会影响到组织系统和组织惯例（Friedman et al.，2005；Stata，1989）。达夫特和韦克（Daft and Weick，1984）也认为，当组织受到内外部因素的刺激时，可以通过修改（或创建）惯例与系统而进行学习。

　　不像其他行为观点那样，从认知的角度强调学习是通过内部的心理过程而发生，这个过程包括因学习者的洞察力、信息和记忆而产生（Fiol and Lyles，1985；March，1991；Senge，1990）。这种观点主要集中在学习者如何使他们的经验变得更具有意义，以及如何内化他们的经验。基于这一观点，一些学者把组织作为信息和知识的处理系统。休伯（Huber，1991）认为，"学习不需要导致行为的明显变化"，并声称组织具有内部的学习过程（即知识获取、信息发布、信息的解释，以及在组织记忆中保持知识）。他认为，这些学习过程有助于组织预期到潜在行为的变化。金（1993）也认为，组织内的心理过程联系到个人学习和组织学习。他提到，个体与组织都能够通过心智模式分享他们的经验，使他们不仅"认识到其意义所在，而且知识如何采取行动"（Senge，1990）。这些对组织学习的认知观点与 Nonaka（1994）的组织知识创造过程是一致的。他指出，知识是通过人们之间的价值系统的动态相互作用而得到创造，强调心智并非与产生的绩效直接相关，组织学习最终将会导致创新能力的产生（Bapuji and Crossan，2004；Bontis et al.，2002；Lopez et al.，2005a；Kuchinke，1995）。

（一）组织学习的定义

组织学习是指为组织变革的信息处理（Huber，1991；Templeton et al.，2002）、一个经验共享系统（Casey，2005；Kim，1993；Nonaka，1994）、改善组织绩效的能力（Dibella，Nevis and Gould，1996；Lopez et al.，2005a；Sinkula，1994）和进行组织重建的战略手段（Crossan and Berdrow，2003；Crossan et al.，1999）。从信息处理的角度来看，组织学习是从各种和多方位的学习来源中获取知识为起点的一组动态过程，并通过不断发布和解释这方面的知识进行整合，直到它变成集体知识，即所谓的组织记忆（Huber，1991）。与此相反，那些强调组织内部共享经验的学者会认为，即使学习是根植于个体之中，它也取决于合作过程能否创造知识（Nonaka，1994）或建立心智模式（Kim，1993）。从这个角度来看，一个基本假设是，组织学习超越了个体学习的总和（Argyris and Schon，1978）并且强调个体学习与组织学习之间的类比（Kim，1993）。从以绩效为基础的观点来看，组织学习被认为是组织当中不会被终结的能力和资源（Prieto and Revilla，2006）。组织学习的概念可以看做是提高员工能力的重要手段，由此通过获取外部知识和产生新知识而提高组织的创新能力（Lopez et al.，2005a）。可以通过与组织外部的企业进行合作而获取外部知识，从而影响组织的创新能力（Sinkula，1994）。

正如表8-3中所显示的那样，许多学者从自己思考的角度对组织学习的概念进行定义。由于组织学习的跨学科性，要形成一个较为集中的定义不是很容易，首要条件是从战略的角度对这些概念进行综合。

首先，由于知识具有稀缺性、价值性和难以模仿性的特征（Barney，1991），无论是隐性知识或显性知识（Nonaka，1994），知识获取、扩散、解释并储存在组织当中成为一种重要的战略资源。储存在组织当中的知识结合企业特定的资源以适应外部环境，使企业能够探索和开发竞争环境当中的机会。此外，它的稀缺性和不可模仿性使公司能够提高竞争优势（Barney，1991）。

其次，组织学习的动态过程提升了学习产生的异质性（Huber，1991）。这意味着组织学习可以在个体、集体和组织等多个层次上进行（Nonaka，1994）。

再次，将这些异质性的知识作为企业的战略资源在组织成员当中进行共享，使组织成员的认识与行为方式发生变化。成员之间的社会互动有利于促进对知识的理解（Casey，

2005），在改变成员思想与行动的基础上共享概念框架，使知识得到转移并进行跨层次的整合。

　　最后，组织学习这些特征可以概括为一个公司的战略能力，导致其绩效的改善。知识在组织当中多层次的积累有可能被用来作为竞争优势的战略资源。另外，跨层次的知识转移在修正现有的知识或创造新知识方面起到了重要的作用，以配合一个组织的目标（Crossan et al.，1999）。因此，这些知识的积累和转移过程对于了解组织学习如何转化为组织能力和如何有助于提高创新绩效必不可少的（Jerez - Gomez et al.，2005；Prieto and Revilla，2006）。

表 8 - 3　　　　　　　　　　　　　　　组织学习的定义

学者（年）	组织学习的定义
Cangelosi 和 Dill（1965）	个体、群体及组织层面上的一系列互动
阿吉里斯和舍恩（1978）	发现错误与纠正错误的过程
Fiol 和 Lyles（1985）	通过更佳的知识与理解改善行动的过程
圣吉（1990）	学习就是交流与对话，存在适应性与生产性学习两种类型的学习
休伯（1991）	通过信息处理，改变潜在行为的一个实体性的学习……假设组织当中的任何单位获取了对于组织有用的知识，那么组织学习就已经发生了
Slater 和 Narver（1994）	建立对行为有潜在影响的新知识或洞见
DiBella、Nevis 和 Gould（1996）	基于经验维持和改善绩效的组织能力
米勒（1996）	组织成员获取新知识，并运用这些知识进行决策或影响组织内其他人
阿吉里斯（1996）	作为学习代理人的组织成员，适应组织内外问题环境的变化，探测与纠正组织当中的错误，并嵌入共享的组织图景之中
埃德蒙森和莫因杰奥（Edmondson and Moingeon，1998）	组织成员积极运用数据来引导行为，以促进组织对环境的适应
克罗森、莱恩和怀特（Crossan，Lane and White，1999）	跨越三个组织层面（个体、群体与组织）的战略更新的动态过程，导致组织成员认知与行为的改变，包括吸收新知识并进行运用
坦普尔联、刘易斯和斯奈德（Templeton，Lewis and Snyder，2002）	组织当中知识获取、信息发布、信息解释与组织记忆等一系列行动，并有意或无意地影响组织的改变
克罗森和伯德罗（Crossan and Berdrow，2003）	建立难以模仿的能力的一种手段，由此获得竞争优势
洛佩斯、皮恩和奥达斯（Lopez，Peon and Ordas，2005a）	创造、获取与整合知识的动态过程，以创建资源和能力，有助于获得更佳的组织绩效
莱恩（2006）	对知识的吸收过程，包括探索性学习、转化性学习和开发性学习三个过程

资料来源：笔者整理。

克罗森和他的同事（Bontis et al.，2002；Crossan et al.，1999；Crossan and Berdrow，2003）从战略的角度定义组织学习，提出了一个类似的观点，他们强调，通过组织学习进行组织的战略重建。根据他们的研究，组织学习发生在个体、团体和组织层次，当个体的学习通过四个社会和心理过程（直觉、解释、整合和制度化）转化为组织层面的学习时，那么组织学习的目标也就实现了；反之亦然。他们强调，多层次的学习积累与知识流动是组织学习的基本要素，会持续影响组织探索和开发新知识的能力。学习存量与学习流量之间的不一致性会导致学习缺乏效率与效果（Bontis et al.，2002）。对于组织学习的最新定义是以莱恩为代表的学习过程学派（Lane，Koka and Pathak，2006），他们从吸收能力的角度强调，组织学习实际上是一个对知识进行获取与吸收的动态过程，具体包括探索性学习、转化性学习与开发性学习三个过程。

（二）组织学习与技术追赶战略

Papageorgiou（2002）认为，发展中国家经济落后的一个重要原因是无法适应发达国家的领先技术。技术上的差距成为阻碍后发国家经济增长的一个壁垒。除了发展中国家技术适应性原因之外，生产过程中的组织学习投入不足也是一个重要因素。有的研究指出，后发企业的组织学习促进了发达国家领先企业的技术向发展中国家转移，进一步缓解了发展中国家与发达国之间的技术差距。对发达国家技术的充分利用与促进技术的进一步创新与发展中国后发企业的组织学习是分不开的，这已经为鲍莫尔等（Baumol et al.，1989）所证实。Vandenbussche 等（2006）在最近的理论研究中，假设对发达国家领先技术的充分应用与开发依赖于后发国家的劳动力的受教育程度，而教育程度直接决定了后发国家研究开发的投入程度与层次。其他研究（Parente and Prescott，2005；Ngai，2004）与此具有一致性，发展中国家技术的内生性成为追赶上领先国家的重要条件，而跨越临界性的技术壁垒则依赖于发展中国家后发企业的组织学习能力。

在对发展中国家产业的一次调研中，Acemoglu 等（2006）提出了发展中国家基于发达国家技术利用和创新的两种技术追赶方式。他们视发展中国家的技术能力的发展为一个从利用发达国家的领先技术到技术自主创新的过程，并建议在发展阶段需要以规范的生产技能促进产生能力的提高。与 Acemoglu 等（2006）的分析具有一致性的是，发展中国家经济的实际增长中，是一个从技术应用到技术创新的过程。因为发展中国家技术的发展过程与组织学习密切相关，而不需要完全采用发达国家的领先技术。随着发展中国家经济的发展，对发达国家技术的利用难以作为经济增长引擎，发展中国家后发企业的某些技术领域实现领先的必要路径是依赖于组织学习进行技术创新。

另外，发展中国家后发企业的国际化过程也会深受组织学习的影响，正如莱维特和马奇（Levitt and March，1988）所定义的那样，组织学习促进了组织"把过去的历史融入组织惯例之中"，而引导组织的行为。更具体地说，休伯（1991）指出，组织学习使组织的每个单元都可以获取有潜在用途的知识。因为国际化扩张是一个永远充满挑战的过程，组织学习的重要性在于可以把企业理解为一个"知识创造的实体"（Nonaka and Takeuchi，1995）。换言之，一个企业可以被看做是获取、吸收和利用知识的一种手段，以达到商业目的（Cohen and Levinthal，1990），后发企业的组织学习能力是在国际化过程中竞争优势的一个重要来源。后发企业的国际扩张可以促进组织学习（Barkema and Vermeulen，1998），它通过获得外部的技术知识而促进了自身技能的提升，有助于后发企业技术能力的升级。通过进入国际市场，后发企业通过所掌握的知识可以用它来建立更多的价值创造能力（Ghoshal，1987）。例如，后发企业在国际市场竞争中吸取多方面的知识用于研究开发与生产制造之中，学习新的技能，后发企业必须利用其不同的收获和知识来创造（Grant，1996）。

（三）组织学习过程

阿吉里斯和舍恩（1978）最早对组织学习过程进行了定义，认为组织学习的过程包括发现（discovery）、发明（invention）、执行（production）和推广（generalization）四个阶段。达夫特和韦克（1984）则视组织为一个解释系统（interpretation system），组织学习过程是一个扫描、解释及学习的过程，他将组织学习过程围绕着信息展开，分别从鉴别、扩散、整合、行动的角度进行描述。休伯（1991）认为，组织学习是组织中个人、群体、企业各个阶层获得与工作相关的知识技能的过程，并将组织学习分为知识获取、信息散布、信息解释以及组织记忆四部分。马奇（1991）考虑到了知识在组织当中的应用，开创性地从组织适应的角度把组织学习过程分为探索性（exploration）学习过程与开发性（exploitation）学习过程，并分析了这两个学习过程的适用条件，马奇的二分学习理论提出后，引起了研究者的广泛关注，在理论上也有了进一步的发展。Slater 和 Narver（1994）在前人的基础上，给出一个更为复杂的组织学习过程。认为组织学习经历了信息获得、信息扩散、信息共同解释几个阶段，最终将共同的解释通过组织记忆的方式进行储存，并且一部分被储存的信息在需要时又会重新被提取进行再加工。鉴于组织学习中学习的多层次性和学习过程的动态性，克罗森等（1999）提出了一个从个体学习到组织学习的框架，认为组织学习在个人、群体、组织三个层次上发生，通过直觉、解释、整合和制度化四个基本过程把这三个层次连接起来。克罗森的理论框架很好地整合了各层次和各阶段的学习，并注意到了探索性学习和开发性学习之间的平衡。Kapa-suwan（2004）将休伯的四阶段学习过程调整为一个具有反馈环节的模型。莱恩、Koka 和 Pathak（2006）从吸收能力的角度反映了组织学习的三个过程，认为组织学习是对知识的获取、消化和开发过程，把组织学习分为探索性学习、转化性学习和开发性学习三个过程，认为企业知识获取与技术能力提高需要具备通过一系列过程来探索、转化和开发性的学习及运用外部知识的能力（Lane，Koka and Pathak，2006）。根据以前对组织学习的相关研究，探索性学习指的是获取外部知识，反映了潜在吸收能力的概念（Zahra and George，2002）；开发性学习是指运用所获取知识的能力，反映出已经实现的吸收能力的概念（Zahra and George，2002）；转化性学习将这两个学习过程联系在一起，指的是对知识的长期维持（Garud and Nayyar，1994）。利希滕塔勒（Lichtenthaler，2009）则进一步讨论了探索性、转化性与开发性组织学习过程在不同程度的动态环境中对知识获取与创新的作用，并深入研究了这三个学习过程互补性。

综合以上观点，组织学习过程是一个有关信息与知识获取与开发的过程，莱恩等（2006）从吸收能力角度对组织学习过程三个阶段的划分反应了组织学习过程的动态性、信息与知识的转移过程，较为全面地反映了组织学习过程的特征。本书采用该定义分析组织学习过程与后发企业技术追赶战略的关系。

（四）组织学习理论评述

组织学习理论经历由个体学习、组织学习、知识创造和学习过程几个发展阶段，较早的研究主要集中在学习层面，把学习当做学习行为者的变化或认知的改变或是两者兼而有之（Crossan et al.，1995，1999）。学习的目的是要改变行为或预期的行动方向。早期的学者把学习看成是纠正错误的过程和获得新知识和洞察力的过程（Argyris and Schon，1978；Stata，1989）。

在20世纪90年代，有学者开始把个体学习与组织学习结合起来研究（March，1991；Kim，1993），认为组织内的心理过程联系个人学习和组织学习。他们这些对组织学习的认知观点与Nonaka（1994）的组织知识创造过程是一致的。Nonaka（1994）指出，知识创造是通过认识论层面和本体论层面之间的互动而发生。Nonaka对学习的贡献在于把个体学习与组织的知识创新结合进行研究，引起了企业创新理论学者的重视。Papageorgiou（2002）把组织学习与知识创造理论应用到国家之间技术学习，他认为，发展中国家经济落后的一个重要原因是无法适应发达国家的领先技术，技术上的差距成为阻碍后发国家经济增长的一个壁垒。然而，组织学习过程的观点在学习理论的提出之后就有学者对其进行了定义（Argyris and Schon，1978）。

组织学习过程的观点由于在企业提升组织创新能力的实践中具有较强的可操作性，从而引起了理论学者与企业管理实践者的重视。组织学习过程观强调了知识的搜寻、获取、共享与开发几大管理实践功能，对知识管理、创新能力和企业技术的开发应用具有较强的整合性。本书运用组织学习过程的观点来分析后发企业技术实施追赶的问题。

四　LLL战略与组织学习过程的关系

LLL范式应用到后发企业战略当中，促使后发企业与广阔的全球经济进行互联，然后利用互联当中的技术、知识和技术来源。这些策略在发展中国家被运用到技术追赶战略目标的实现。这是发展中国家所采用的独特战略，日本是第一个被韩国、中国台湾和新坡所追赶的国家和地区，在发展中国家当中，中国是最有可能采用互联和杠杆战略的国家，以此作为追赶西方国家的手段。LLL范式研究侧重于为发展中国家后发的技术追赶战略提供理论上的解释，从中观上反映了后发企业对发达国家领先技术的利用与学习过程。但没有反映后发企业运用LLL的过程与方法。马休斯同样强调了落实到企业层面体现为组织学习过程，但显然他关注得还不够充分，既没有充分阐述LLL战略与组织学习的内在联系，也没有对组织学习过程进行系统的分析。其相通之处在于，两者都反映出后发企业的技术追赶过程是一个具有动态性、在全球价值链中进行升级的过程。

在全球环境的动态性日益增强的条件下，发展中国家的后发企业越来越依赖外部知识来促进创新与提高绩效（Ireland，Hitt and Vaidyanath，2002；Zollo，Reuer and Singh，2002）。有效地利用企业之间知识转移，组织学习过程是后发企业提高技术能力的一个主要来源（Tsai，2001；Zahra and George，2002）。最近有些学者认为，组织学习过程企业通过一系列过程来探索、转化和开发性的学习来运用外部知识的能力（Lane，Koka and Pathak，2006）。

（一）"互联"与探索性学习过程

马休斯（2006）指出，互联是后发企业者的技术追赶战略的第一步，通过互联嵌入由跨国公司主导包括生产以及研究开发、物流在内全球价值链的过程，寻求通过杠杆作用利用跨国公司的知识、技术和机会，使之步入发展的阶梯。当地企业为寻求从简单的合同制造（OEM）过渡到自主设计制造（ODM），以及自有品牌制造（OBM）时，这样的嵌入会面临升级的压力，企业就成为全面发展的实体。事实上，互联关系的建立只是作为一种策略的结果，我们把其中的内在机制称为探索性学习过程。这与一些学者对探索性学习过程的定义是一致的，马奇（1991）把探索学习看做组织在动态性环境中积极主动地寻找新策略、发现新规则、创造新知识的过程。莱恩（2006）等通过对企业吸收能力的研究，指出探索性学习能够帮助企业搜寻外部知识的来源，并通过外部知识进行获取。定义的共同之处在于把探索性学习是一种生成性学习，能够生产出新知识、新规则，对外部知识的来源建立触发式的反应机制。探索性学习的结果是建立一种行为模式，这种行为模式的特征决定了惯例必须能够被重复，作为集体性行为模式存在的惯例总是依赖于过去的经验和认知，所以会体现出路径依赖性。后发企业的惯例可以看做与领先企业的重复性互联过程，双方的每次互联都成为后发企业下一次技术能力提升的触发机制。

后发企业通过探索性学习嵌入全球价值链，可以直接"继承"发达国家先进生产系统技术的"惯例"，通过路径依赖对技术变迁的锁定效应而获得技术的初始优势，在干中学过程中形成滚雪球式的技术创新能力。嵌入过程可以分为进口零部件组装、负责整个生产流程管理（包括零部件采购）、自主设计产品、在本国和全球市场销售具有自主品牌的产品几个阶段，这四个阶段的国际业务活动可以被描述为 OEA→OEM→ODM→OBM，属一个序贯升级过程。嵌入全球价值链过程的一个重要目标是在全球价值链体系中进行当地化产业升级，实现升级的类型主要有工序升级、产品升级、功能升级和价值链升级。嵌入过程中实质上是进行知识与技术的资源互联，后发企业在配置和使用技术资源时，不仅需要充分利用自身的技术优势，而且还应通过外部渠道，努力获取自己不具备（占有）的技术优势。

（二）"杠杆"与转化性学习过程

杠杆是基于后发企业技术资源缺乏的情况下，通过利用领先企业的技术优势，结合企业内外部创新资源创造出更高层次的技术或产品。马休斯（2002）对韩国和中国台湾等地区后发企业获得成功的解释是，这些后发企业通过技术吸收或"技术杠杆"能力，也就是运用一系列的转化性组织学习过程将分散的资源或技术整合到一起的能力。他在分析中国台湾半导体制造公司 TSMC（台积电）的技术追赶过程时，对杠杆的运用有深入的阐述。TSMC（台积电）在 80 年代中期宣称不以生产自己的产品为目标，通过杠杆利用这些客户的技术知识。由于其向关键企业客户提供有保证的专业化集成电路（ICs）产品，在技术的前沿性上也与目标企业保持了一致性。后发企业与客户企业的交换条件是，这些客户必须提供产品技术规范以便让后发企业掌握前沿的技术诀窍来生产他们的产品。一旦拥有这些知识，TSMC（台积电）把这些知识整合到其他生产流程之中，又扩大了向其他客户的服务范围。20 世纪 90 年代初的 TSMC（台积电）在世界上是最成功的芯片代工厂。

有的学者把杠杆过程作为后发企业与发达国家当中领先企业的知识转化与转移进行分析，认为"转化"可以变成杠杆和学习的机会。每次杠杆过程都使技术和组织上的能力上升到了一个更高的层次，这正如在韩国和中国台湾企业当中所体现出来的能力（Amsden，1997，2001；Lin，1998；Kim，1997）。在发展中国家的制度环境中，可以"发挥杠杆"来描述扩大能力的螺旋过程，每次过程的重复都为下次能力的提高发挥了平台作用（Mathews and Cho，1999）。当前学术界对转化性学习的定义日益清晰，转化性学习过程是指在吸收外部知识的基础上对组织内部知识的维持与放大（Garud and Nayyar，1994；Lane et al.，2006）。转化性学习对后发企业资源的构建与创新能力的形成有重要的作用，是其技术追赶战略实施的关键环节。从实践角度看，发展中国家后发企业应该开放自有优势，并努力使自有优势和伙伴企业优势进行对接，从伙伴企业中汲取更多的经验和知识，通过这个过程放大和扩展自有优势。后发企业在技术追赶过程中，最为关键的环节是转化性学习，这是创造性获取优势的源泉。

（三）"学习"与开发性学习过程

从广义上说，"学习"指的是对知识的吸收过程，其知识可以指所有人类的认识成果。但马休斯所指的学习是 LLL 范式中特有的概念，他认为互联与杠杆还不足以解释后发企业的成功，必须有一个学习的概念，以与一些经济发展方面文献中所提出的"技术努力"相对应。"学习"回答了后发企业是如何吸收所利用的资源，包括检验后发企业面临怎样的任务的能力，以及如何在这个基础之上提高自己的动态能力。换个视角，通过不断重复互联和杠杆这两个过程，这些后发企业也可以被看做学习的工具。用企业知识基础观来看，它们又是为创造技术优势而发展动态能力的手段。用蒂斯、皮萨诺和舒恩（1997）的话说，后发企业的学习更多的是指企业内外部现有的特定能力进行开发（其他战略范式是这样），而且关注企业如何建立新的能力，这样的关注对于后发企业尤其重要，后发企业正是迅速进行组织学习的载体。因此，运用在技术追赶战略当中体现出来的是后发企业的开发性学习过程。根据马奇（1991）的定义，开发性学习指的是在探索性学习积累的知识基础上对现有知识、范式和能力提炼与扩大，从而导致组织惯例的改善。Baum、Li 和 Usher（2000）指出，开发性学习指的是本地化研究、经验改进、现有惯例的选择与应用。换句话说，开发性学习深化了企业的核心技术并在企业相对熟悉的领域进行创新，而成为企业核心能力的重要来源（Rowley et al.，2000）。

为成功地开发技术知识，企业需要具有一定的知识积累（Jansen et al.，2005）。这个积累过程通常在探索性学习和转化性学习阶段中完成。互联与杠杆过程的重复应用能使后发者向更有效率的公司进行学习。当新的应用通过将已有的知识基础组合而产生时，开发性学习的绩效在相似的市场当中通常是巨大的（Kogut and Zander，1992；Tsai and Ghoshal, 1998）。如 Ispat 公司重复性地并购新私营钢铁工厂补充到全球系统当中，或 CDL 公司重复性地收购了现存的酒店链以建立全球性的酒店连锁。整个地区或国家可以学习更有效的过程，因为他们掌握了错综复杂的集群发展，例如更有效的研究开发的形成。后发过程可以称为"经济学习"（Mathews, 2003），例如亚太地区，中国台湾通过有效的方式将共同研究开发机构技术以最快的速度扩散到私人部门。高水平开发性学习能力的企业可能会在创新过程中通过运用所吸收的知识取得优良的绩效（Zahra and George, 2002）。在已经积累的知识基础上，开发性学习对将积累的知识转化为新产品的程度起到了决定性作用（Zahra and George, 2002）。开发性学习是后发企业技术追赶战略中的高级阶段，不仅强调对现有技术的利用以尽快达到追赶的目标，而且关注"新知识"的生产。有学者在对东亚和东南亚新兴工业化国家或地区后发企业技术追赶战略的研究中，发现这些企业通过开发性学习进行技术能力建设而在国际市场上获得了成功。这些企业经过几个不同积累阶段从国外获得技术，逐步建立了前沿性的创新能力，甚至在某些领域居于领先地位（Hobday, 1995；Kim, 1997）。

（四）文献评述

马休斯的 LLL 战略是基于企业资源基础观而提出来的后发企业技术追赶范式，没有充分反映知识经济时代当中的知识与学习在技术追赶当中的作用。但 LLL 战略与"组织学习"范式在理论上是可以进行进一步演进的。互联是后发企业通过互联嵌入由跨国公司主导的全球价值链的过程。这一过程用组织学习观来解释，可以看做是对跨国公司领先技术进行探索学习的过程，以及积极主动地寻找新策略、发现新规则、创造新知识的过程。

"杠杆"是基于后发企业技术资源缺乏的情况下，通过利用领先企业的技术优势，结合企业内外部创新资源创造出更高层次的技术或产品。根据当前学术界对转化性学习的定义，是在吸收外部知识的基础上对组织内部知识的维持与放大，转化性学习过程可以对"杠杆"理论进行组织学习过程观点进行深入研究。

尽管马休斯在 LLL 战略中提到了"学习"的概念，但主要强调的是传统的"单环学习"与"双环学习"概念，但在他的文献当中，学习的概念没有更深入的论述，我们可以摒弃这一含糊不清的学习概念，运用组织学习过程当中的开发性学习过程进行深入研究。

第三节　组织学习对后发企业技术能力升级的影响机制

一　探索性学习过程对后发企业技术能力升级的影响机制

后发企业的关键起点不仅聚焦在自有技术能力，而且关注从外部获得新的技术知识，全球化导向将会成为新的技术能力的来源。全球化的视野对于领先企业来说并不稀罕，但对于后发企业来说却十分必要。探索性学习指的是企业通过搜寻外部知识的来源，对外部知识进行获取的过程（Lane et al. , 2006）。后发企业的大部分知识一般都不能从公开市场交易中获得，出于对知识的需求，许多企业建立了识别外部知识来源的扫描机制（Cohen and Levinthal，1990；Daft and Weick，1984；Elenkov，1997），倾向于向全球生产价值链网络行业领先者进行知识搜寻，通过企业之间的契约进行相互连接而获取。后发企业的发展过程是一个嵌入由跨国公司主导包括生产以及研究开发、物流在内全球价值链的过程。后发企业与这些现存的结构进行互联，不是为了当前从这些活动中获得收益，而是寻求通过探索性学习来搜寻获得跨国公司的知识、技术和机会，使之步入成长的阶梯。从企业网络或"战略网络"的视角进行分析，企业通过与外部网络中的资源进行连接开辟了知识的新来源。在此基础上，企业通过将获得的知识整合到它们已有的知识基础当中（Lenox and King，2004），由此企业之间的网络连接开始在全球经济网络中产生倍增效应，为后发企业提供了初始的潜在优势。如果能够采用互联的方式执行领先企业的战略，通过满足它们的需求并且提供有价值的服务，那么就为后发企业进一步提高技术能力打开了大门。本节首先通过理论回顾提出索性学习过程的形成的条件与假设；其次分析动态环境条件下探索性学习过程中重复性博弈的行动、时机与信息结构；最后描述非对称信息条件下探索性学习过程的生成机制以及对后发企业技术能力升级产生的价值。

（一）探索性学习过程与后发企业技术能力的理论分析

后发企业通过探索学习在动态环境中积极主动地寻找新的策略、发现新的规则、创造新的知识，是组织的认知通过内化并制度化的过程，在这个过程中组织成员把自己拥有的知识和经验整合为群体的知识，进而转化为组织的知识。探索学习过程可以帮助组织吸收新知识、信息，从而改变既定的行为和思维模式。莱恩（2006）对探索性学习过程进行了深入的分析，不仅指出探索性学习能够帮助企业搜寻外部知识的来源，并且把探索性学习分为识别外部知识和吸收这些知识两个必要的阶段。在早期的研究中，许多学者从认知角度强调其作为一种个体或企业行为的固定模式对某一确定性刺激的相应反应（March and Simon，1958），比如 Stene（1940）将惯例与个人的习惯类比，认为惯例就像个人习惯一样具有相当的稳定性。探索学习能够帮助组织改变一些基本的行动假设（Argyris and Schön，1978），用圣吉的话说，探索性学习是一种生成性学习，能够生产出新的知识、新的规则。格西克和哈克曼（Gersick and Hackman，1990）提出了"习惯性惯例"的概念，指出如果群体性行为模式与给定的刺激情境建立联系，进而表现出习惯性的行动模式时，"习惯性惯例"就会产生，从而将组织惯例的分析引至群体分析水平。组织惯例视为由多个行动者相互锁定、相互触发的一系列行动，并且明确指出，惯例不同于或至少不等同于有着明确的阐述和规范的"标准化作业程序"。探索性学习形成的惯例可以被重复，所以使得惯例可以作为一种循环交互模式而存在（Becker，2004）。惯例作为"结构与行动、作为事物的组织和作为过程的组织之间的重要联结"（Pentland and Rueter，1994），这使得企业组织可以通过探索性学习形成的惯例把握组织发展的路径（Becker，2004）。

探索性学习对企业技术能力升级的影响机制的另一方面是由于行动者的认知能力形成了触发机制。由认知所以形成惯例作为一种行为模式，这种行为模式的特征决定了惯例必须能够被重复，作为集体性行为模式存在的惯例总是依赖于过去的经验和认知，所以会体现出路径依赖性。惯例的形式具有重复性、路径依赖性和过程性的特征，而惯例的执行使得惯例在被执行过程中体现出嵌入在特定背景中需要被触发。后发企业的惯例看做与领先企业的重复性互联过程，双方的每次互联都成为后发企业下一次技术能力提升的触发机制（Mathews，2006）。

（二）探索性学习过程形成的条件与假设

1. 先验知识

后发企业在探索性学习过程当中，其先验知识是不可或缺的（Szulanski，1996）。先验知识可作为后发企业与领先企业建立互联的特定应用（Todorova and Durisin，2007）。在先验知识的基础上，探索性学习对重新配置后发企业的知识储备具有促进作用（Garud and Nayyar，1994；March，1991）。高层次的探索性学习能够帮助企业获取外部知识并维持优良绩效，使企业具有先动优势、战略柔性、对客户的快速反应能力以及避免 "锁出效应" 和 "能力陷阱"（Hamel，1991；Leonard - Barton，1992；Zahra and George，2002）。获取外部知识比内部的知识探索需要更少的资源（Cassiman and Veugelers，2006；Cohen and Levinthal，1990）。接近外部知识减少了企业由于内部资源稀缺而带来的约束（Gupta，Smith and Shalley，2006；Katila and Ahuja，2002）。因此，过多的内部探索所带来的潜在负面效应可以通过外部知识的探索而得到缓解，这有助于后发企业获得技术能力的升级（Siggelkow and Rivkin，2006；Zahra and George，2002）。后发企业为提高技术能力，实现追赶战略的目标，先验知识的不足可以通过适当的竞争立足点而获得。在制造业当中，有四种探索性战略转移可以产生与领先企业建立互联的机会：外包或代工合同（outsourcing or OEM contracting）和本地采购（local sourcing）；第二资源和技术许可。部分领先企业的每个战略转移都以实现它们自己的战略为目标，为后发企业迅速抓住机会，建立互联并向目标企业学习（Mathews，2002）。

2. 博弈过程的动态性

按照动态理论的逻辑，全球经济中的价值链网络具有交叉性，企业网络之间的联结存在动态性（Johanson and Mattsson，1988）。正如马特森（1988）所坚持的那样，跨国公司所形成的价值链网络是介于层级与市场之间的不稳定 "混合" 治理结构。网络结构的交易成本观是一种相对静态的观点，对跨国公司所形成的网络是全球网络的一部分的动态网络分析具有偏见，尤其是对当后发企业进入全球经济体系时，企业更需要进行探索性的学习（Eisenhardt and Martin，2000；Teece，2007）。由此，后发企业必须依赖探索性学习在现有的技术与市场知识基础上进行创新（Droge et al. ，2008；Jansen et al. ，2006）。通过创造新的产品与满足新兴市场的需求，探索性学习可以帮助后发企业适应变化的国际经济环境（Jansen et al. ，2006；Levinthal and March，1993）。最近的实证研究显示，环境动态性能够积极地缓和内部探索学习与企业绩效之间的关系（Jansen et al. ，2006）。沿着这条思路，探索性学习在动态环境中有可能变得更加重要。在这些条件中，后发企业会经常积极获取外部知识，因为后发企业内部无法对所有的技术与市场变化做出反应（Cassiman and Veugelers，2006）。因此，识别与吸收外部知识就成为成功的决定性因素（Zahra and George，2002）。为保持与内部创新研究的一致性（Jansen et al.，2006），我们认为，高层次的探索性学习对企业在动态环境中的创新与绩效具有很大的贡献。在相对稳定的环境中，这种正向的影响就不是那么明显，因为企业具有从已有的技术与市场获得价值的条件（Eisenhardt and Martin，2000；Teece，2007）。

对探索性学习的研究显示，深入理解所有相关的问题解决方法对于促进随后知识的应用具有关键性的作用（Khanna，Gulati and Nohria，1998；Larsson，Bengtsson，Henriksson and Sparks，1998）。探索性学习由两个必要的阶段构成：识别外部知识与消化这些知识（Lane et al.，2006）。探索性学习不涉及开发性联盟，直接与已有的知识产生协同效应。

3. 博弈过程的重复性

探索性学习的过程是在后发企业与领先企业不具有先验知识的条件下，双方如何建立成功的合作与学习关系的过程。在正式契约无法或不便实施的环境中，后发企业经常依赖于非正式合作协议或关系契约来解决学习过程中的利益冲突。事实上，只要有双方获得比局外方更多的信息，关系契约就能够胜过正式契约。需要认识到，这并不意味着后发企业掌握了领先企业是否具有它所想学习的知识，而领先企业也并不知道与后发企业掌握了什么样的知识，以及合作过程中的事后风险。它们的问题在于，参与方如何达成共同的协议？或形成一个具有稍微不同的方法，它们如何规范这些关系契约当中的意外事件。

在马休斯（2002）提出后发企业获取技术能力的 LLL 框架中，重复性地与领先企业进行互联是后发企业获取竞争的关键，每次互联过程的博弈都为下一个学习过程提供了一个知识平台，将会使后发企业实现学习的目标。在本节建立的模型中，分析非对称信息条件下两个参与者的无限次重复博弈行为。我们把后发企业从领先企业那里获得了技术转移、市场知识或其他方面的知识积累，以及领先企业从后发企业那里获取低成本生产收益、市场进入收益或其他方面的利益的行动，我们称之为生产性行动。在每一个阶段中，后发企业决定留下或退出（与领先企业进行互动）。如果后发企业留下，那么它需要付出成本，而领先企业获得利益。如果后发企业留下，领先企业可以从可选的行为当中随机采取某种行动作为报答。领先企业可以采用两种类型的行动：无需花费成本，对后发企业无益的非生产性行动；对后发企业有积极影响的行动（但有失败的概率）。无论行动是否具有生产性，在整个博弈过程中都是必然要发生的。至于信息、可采取的行动集、领先企业的行动和后发企业获得的收益，在每个阶段的最后都会公开。信息的非对称性来源于领先企业知道行动具有生产性而后发企业不知道。在这样的环境中，后发企业已经获得了大量有关领先企业的信息（包括参与者能够采用而且确实采用了的行动），但缺乏解释这些信息对产生收益所具有的隐含意义的能力（不管在现在看来是否存在生产性的行动，但领先企业确实已经采用过）。辨别信息的可用性和解释信息的能力，使得在不完全监督的环境中产生了学习的可能性。

　　合作与学习的动态性具有这样一个过程。首先,后发企业并不知道哪个行动具有生产性,因此也并不知道他将何时会期待进行合作（例如,期待领先企业采取生产性行动）。因此,如果领先企业最初采取行动 a^0,没有给后发企业带来任何收益,后发企业不知道领先企业是否采取了花费代价的生产性行动,或不知道领先企业是否采取了无成本的非生产性行动。这意味着在关系建立的开始监测是不是完美的,并且后发企业不得不从这条获得均衡的路径中无效率地退出。但是,一旦行动 a^0 对后发企业产生了正向的收益,后发企业就将它视为生产性的行动并且监测问题也消失了：在将来的阶段中,领先企业就可能会以无效率成本的方式采取行动 a^0。即便行动 a^0 在后来的阶段中没有产生收益,后发企业也能知道行动 a^0 是否有用以及是否被采用,因此就不存在任何道德风险,也无需任何惩罚。然而,如果领先企业采取了一个新的行动 a^1,而后发企业没有识别出来,那么在没有获得收益的情况下可能会再次导致对均衡路径的背离。在某一点上,识别新的生产性行动的效率成本可以支配获得额外信息带来的收益。那么,后发企业运用识别生产性行动来决定停止学习与获得收益将是一种最优的选择。在这一点上,我们认为,双方之间的探索性学习机制已经得到建立。

（三）探索性学习过程中的行动、时机与信息结构

1. 行动与时机选择

　　在两个参与者的无穷期博弈当中, $i \in \{1, 2\}$,离散时间 $t \in [1, \infty)$。参与者具有相同的折现因子 δ。每个时期 t,后发企业决定是否留下或退出进入下一个时期。领先企业具有可数无穷行动集 A。每个时期 t 中,对于领先企业都会存在随机项 i.i.d.（independent, identically, distributed,独立同分布）和行动子集 $A_t \subset A$。子集 A_t 是一种选择上的偏好。行动的概率为 p,并且相互独立,因此 A_t 在概率为 1 的条件下是可数无穷的。每个时期 t 由如下两个阶段构成：

　　阶段 1：参与者决定留下或退出。如果后发企业退出,两个参与者将只获得 0 收益,并进入下一个博弈时期 $t+1$。如果后发企业留下,它将会支付 $k > 0$ 的成本,而领先企业获得的收益 $\pi > 0$。如果后发企业留下,将会以随机状态 i.i.d. 出现 A_t 行动集,并且两个参与者都能观察到。

　　阶段 2：如果后发企业已经留下,领先企业选择一个行动 $a_t \in A_t$,对于任何的 $a \in A$,领先企业对所采取的行动 a 需要支付确定的成本 $c(a)$,并且会对后发企业带来随机的收益 $\tilde{b}(a) \in \{0, b(a)\}$。

　　收益 $\tilde{b}(a)$ 可以通过如下形式表达：

$$\tilde{b}(a) = \begin{cases} b(a) & \text{概率 } q & （行动成功） \\ 0 & \text{概率 } 1-q & （行动失败） \end{cases} \tag{8.1}$$

在此 $b(a)$ 是一个确定的值。

　　生产性行动 $\{a^0, \cdots, a^{N-1}\} \subset N$ 的数量为 N。进而 N 被用于表示生产性行动集。生产性行动对领先企业来说需要支付成本,对后发企业产生严格正向的预期收益；而非生产性行动对领先企业来说无需支付成本,后发企业不能从中得到任何收益。更确切地

说，当 $a \in N$ 时，那么，$c(a) = c > 0$ 并且 $b\ (a) > 0$；当 $a \notin N$ 时，那么，$c(a) = 0$ 并且 $b\ (a) = 0$。我们容许每个参与者 $i \in \{1,\ 2\}$ 以公开随机化的方式决定他的行动，并且效用在参与者之间是不能转移的，无效的行动将会受到惩罚。

2. 信息结构

Inkpen（2002）认为，领先企业与后发企业之间存在竞争性知识的交叠时，在保护主义的倾向下，领先企业可能不愿意共享知识。由于自我利益及其他变量因素，所获得的路径更为复杂。后发企业的探索性学习过程将会处于非对称的信息环境中，领先企业对自己的知识与技术的价值有清楚的认识，它知道哪个行动是否具有生产性，而后发企业在最初阶段对领先企业的知识与技术的价值不清晰，并且也不知道将来会从中获得什么样的知识与技术，我们以参数 p 和 q 作为共同的知识，领先企业观察到它自己的行动 $c\ (\cdot)$ 的成本和生产性行动集 N，并且也能观察到行动 A_t 的状态和产出 $\tilde{b}\ (a_t)$。

在每个时期，后发企业选择留下，后发企业观察到状态 A_t，领先企业在 t 期中采取的行动 a_t 和实现的收益 $\tilde{b}(a_t) \in \{0,\ b\ (a_t)\}$，后发企业事先不知道哪一个行动是生产性的，这意味着，

$$\forall A \subset A,\ \forall a \in A,\ \text{Prob}_t\ \{a \in N \mid cardA \cap N = n\} = \frac{n}{cardA} \tag{8.2}$$

两个参与者都知道存在 $N \geqslant 1$ 个生产性行动。假设生产性行动的向量为 $\{a^0,\ \cdots,\ a^{N-1}\}$，那么生产性向量 $(b\ (a^0),\ \cdots,\ b\ (a^{N-1}))$ 从 B 分布 $(\underline{b},\ \bar{b})^N$ 中得到，其中 $\underline{b}$ 和 b 必会产生严格正向的收益。在具备生产性行动集 N 的条件下，两个参与者持有相同的 B 收益分布向量 $(b(a^0),\ \cdots,\ b\ (a^{N-1}))$，我们以 Γ_{AI} 表示不完全信息博弈。为确保合作产生的均衡是存在的，后发企业至少在第一阶段留下，本节提出假设假设 3.3，参数 δ、p、q、k、c、π 和 $\underline{b}$ 存在如下关系，

$$\frac{k}{pq\ \underline{b}} < 1 \text{ 并且 } q\ \frac{\delta}{1-\delta}\left(\pi - \frac{k}{q\ \underline{b}}c\right) > c \tag{8.3}$$

（四）信息不对称条件下探索性学习机制的生成

后发企业的组织学习能力不是绝对的，相对于领先企业的信息的对称程度而有所不同。哈梅尔（Hamel，1991）观察到领先企业知识与技能的"透明度"经常会有所变化，并且认为透明度影响后发企业的学习。在信息不对称条件下，后发企业必须要学习哪些行动是生产性的。在开始阶段，它不知道领先企业会有什么样的行为，并且监测是不完美的。当参与者的共同历史得到增长时，后发企业能够学会解释领先企业的行动，并且博弈过渡到完美的监测阶段。

在研究 Γ_{AI} 条件下的信息揭示之前，重要的是要注意 Γ_{AI} 条件下均衡的存在。例如，在均衡当中，后发企业会留在第一阶段和揭示阶段，这是在假设 8.3 基础上分析的结果。我们将一对策略 $(s_1^0,\ s_2^0)$ 定义如下：在第一阶段，后发企业留下并且领先企业采取生产性行动，无论行动是否可用。如果生产性行动 a 在第一阶段得到确认，在处于均

衡路径的持续阶段中，后发企业在每个阶段都会留下并且领先企业以 $k/pq\underline{b}$ 的概率采取行动（运用公开随机的方式）。一旦离开均衡路径，后发企业退出并且领先企业采取非生产性行动。在第一阶段中没有生产性行动得到确认的情况下，后发企业永远退出。表明在假设 8.3 的条件下，(s_1^0, s_2^0) 是一个均衡。事实上，如果领先企业在第一阶段采取了非生产性行动，它的期望效用将为零。如果领先企业采取一个替代的生产性行动，它的期望效用为

$$-c + q\frac{\delta}{1-\delta}\Big(\pi - \frac{k}{q\,\underline{b}}c\Big) \tag{8.4}$$

此外，参与者留在第一阶段的期望支付（payoff）至少为 $-k + pq\,\underline{b}$。因此，激励相容在第一阶段就出现了。同样，激励相容的现象在以后的阶段中也会出现，并且 (s_1^0, s_2^0) 为一个均衡。

随着新的生产性行动的揭示，下面的命题为无效率的惩罚以正概率出现提供了充分的条件。

命题 1：在历史时期 $h_t^{2|1}$ 中，其中 $N' < N$ 个行动已经被揭示并且以 N'' 表示被揭示了的行动①。定义，

$$\underline{V}_2^{N'} \equiv \frac{1}{1-\delta}\frac{\pi}{(1-p)^{N'}}, \text{ 回顾}\underline{V}_2 \equiv \frac{1}{1-\delta}(\pi - p\,\underline{r}c), \text{ 无论何时都有}$$

$$\delta(\bar{V}_2 - \underline{V}_2^{N'}) < c \tag{8.5}$$

然后，如果历史时期 $h_t^{2|1}$ 是一个揭示阶段（对于一些行动 $a \in N/N'$），退出行动必须在持续的路径上以正概率发生。

当后发企业在均衡路径上选择不退出的策略时，$\underline{V}_2^{N'}$ 值是领先企业所能保证获得的最低收益。如果领先企业在将来的博弈当中偏离无成本的行动，这就是它所获得的效用。这种偏离是可以检测到的，以确保当代价高昂的揭示行动出现时领先企业不采用这种行动，这种行动以低于 $1 - (1-p)^{N'}$ 的概率发生。当 $N' = 0$ 时，条件（8.5）必然会得到满足，并且命题 1 暗指那些最初无效率的退出总是以严格为正的概率发生。

在命题 1 提供的条件下，退出将随着新的生产性行动的揭示以严格为正的概率发生。命题 2 则表明，这些无效的退出只随着未确认的揭示阶段而发生。

命题 2：在任何帕累托效率均衡 (s_1, s_2) 当中，后发企业留在任何均衡历史时期 h_t^1 当中，以致所有已揭示的行动都得到确认。

由于在任何揭示阶段都可以得到即刻的确认，所有均衡 (s_1, s_2) 以及揭示的行动都得到确认的历史时期 h_t^1，将以严格正概率出现。但是，如果存在未经确认的揭示阶段，退出行动可能是必需的，甚至当领先企业采取确认的行动时。事实上，无效率的惩罚需要确保领先企业具有适当的事先激励以让它产生揭示行为。不过，应当指出，即使

---

① 命题 1 所建立的条件是，新的生产性行动将会以效率成本的方式得到揭示。由于一个对后发企业产生高收益的行动，需要领先企业需要支付成本 c，将会提高两者的福利，所以，学习新的生产性行动是有价值的。

一些已揭示的行动是未经确认的并且退出是必须的，策略也不必依赖已确认的成功或失败的行动。这是因为，已确认的成功与失败的行动不能揭示过去的博弈信息。因此，在确定行动的结果之上的改良策略可能会被公开随机的改良策略所取代。

在揭示和确认阶段的均衡为 (s_1, s_2)。如果存在非零概率，历史时期 $h_t^{2|1} \in H^{2|1}$ 被称为揭示阶段，在此阶段中，还没有被采取的生产性行动将会被采取。领先企业所采取的行动被称为揭示行动。

当且仅当 $a_t = a$，而且行动首次产生非零收益 $\tilde{b}(a) = b(a) > 0$ 时，历史时期 $h_{t+1}^1 \in H^1$ 被称为行动的确认阶段。

在 t 时期领先企业的决策节点上，历史时期 $h_t^{2|1}$ 对应于后发企业的信息。如果后发企业相信领先企业将会采取一个正概率的新的生产性行动，这个历史时期被称为揭示阶段。对某个行动 a 的确认阶段是历史时期 h_{t+1}^1，以致行动 a 在过去就已经被揭示并且首次产生了收益。在确认阶段，丝毫不用怀疑领先企业是否会采取生产性行动，因此，探索性学习目标将会在策略 (s_1, s_2) 和历史时期 h_{t+1}^1 达成。如果领先企业在连续的博弈当中仅采取惯常的行动，我们说参与者遵循一个从历史时期 h_{t+1}^1 开始的惯例。当参与者的支付结果成为公开时，那么策略就成为一种探索性学习惯例，也就是探索性学习过程的生成机制。

（五）研究假设的提出

本节以非对称信息条件下的动态博弈过程描述了探索性学习过程的生成机制。当探索性学习过程正在发生并且有新的行动在被揭示时，领先企业将对己不利的学习行动保持敏感性。当后发企业的学习过程与领先企业的利益之间存在竞争时，后发企业的学习能力会削弱（Mowery，2002）。特别是在后发企业的显性行动失败的揭示阶段，将会伴随无效率的退出。

但是，在一个充满竞争的世界里，后发企业的发展不是毫无希望的，全球经济当中存在成千上万的敏捷和极具竞争力的企业，当它们把制度与技术惯例推向市场，通过各种形式的资源外包活动而寻求竞争优势时，后发企业可以迅速改变战略，向先进的跨国企业提供互补性的商品和服务，促使生产性行动的揭示。一旦探索性学习行动形成并且所建立的关系已经惯例化，那么后发企业与领先企业之间存在的这种探索性学习机制将对一些不利的冲击具有弹性。首先，无论领先企业何时采取确定的行动，持续的策略不取决于行动的失败与否。其次，在所有显示行动得到确定的历史时期，没有任何的退出行动发生，即使领先企业的行动成功地显示了收益。在博弈的开始阶段，参与者在一个不完全公开监督的环境中相互影响（Green and Porter，1984），当参与者的共同历史不断增加并且行动的结果成为共同的知识时，将会发展成具有完善监督的博弈，并且均衡当中的惩罚也不再有必要。探索性学习机制生成的重要前提是，后发企业必须重复性与地领先企业进行互联，以此获得先验知识的增长。只要后发企业做出战略选择重复性地运用这些知识，就可以获得技术能力的升级，这是后发企业不可避免的战略选择。我们由此提出假设：

H1：探索性学习过程对后发企业技术能力具有正向的影响。

二　转化性学习过程对后发企业技术能力升级的影响机制

在开放性的全球环境中，知识、技术与创新资源突破了国家与企业的边界，后发企业实施追赶战略的重要环节是把企业外部的知识和创新资源与企业内部资源结合起来，通过企业的转化性学习创造出新的技术能力。马休斯（1999）把它称为后发企业获得第一竞争优势的过程，后发企业进入全球生产链先进领域需要找到一个立足点，然后如同登山运动员一样通过这个立足点探测到另一个更高的岩面。历史学者亚历山大·格申克龙（Alexander Gerschenkron）则把这个过程看做是后发企业将劣势转化优势的来源。他研究了19世纪欧洲"晚工业化"国家（例如德国、奥地利）的崛起过程，发现这些国家可以在没有体制妨碍（如贸易协议）的条件下，大规模地进入那些最先进的高科技行业而获得优势（Gerschenkron，1962）。如德国在行业钢铁与纺织行业的生产上赶上了英国，并迅速在化学等基础科学领域居于领先地位。20世纪东亚国家的崛起从日本开始，在战后扩散到包括韩国、中国台湾、中国香港、新加坡在内的国家和地区，这些国家和地区的后发企业在政府相关机构的帮助下进入出口市场并进而进入高新技术产业。格申克龙认为，后发企业的转化性学习过程并非整个地复制领先企业原有的技术发展轨迹，而是运用各种形式的合作以及国家机构对这些合作过程的促进作用，绕过许多阻碍它作为新的竞争对手的组织惰性（organizational inertia），来加速它们吸收和学习上的努力，从而赶超领先企业。

后发企业通过对外部知识与技术的转化而获得了竞争能力（Hamel and Prahalad，1990），正如20世纪末韩国或中国台湾的后发企业所实施的追赶战略一样，后发企业在最初发展阶段是开放自有资源与优势，获得与领先技术接近的机会，但获取和驾驭高科技行业成功的核心环节是依赖组织内部的能力，运用转化性学习对外部知识资源与企业内部能力进行新的结合（combination）。后发企业与领先企业的互动过程是转化性学习的必要阶段。从已有文献来看，存在后发企业如何通过两者动态性博弈，企业外部知识与内部知识进行螺旋式的转化，以及如何扩大后发企业的知识基础与技术能力研究不足，本节尝试对这个过程的形成机制进行深入阐述。

（一）转化性学习过程与后发企业技术能力的理论分析

转化性学习过程是指在吸收外部知识的基础上对组织内部知识的维持与放大（Garud and Nayyar，1994；Lane et al.，2006）。转化性学习涉及与能力和战略资产相关的多种资源及其各类型知识的整合（Reed and DeFillippi，1990），这种能力指的是对企业内外显性知识与隐性知识的整合能力（McEvily et al.，2000；Grant，1996b）、结合能力（de Boer et al.，1999）与配置能力（Henderson and Clark，1990）。转化性学习对后发企业资源的构建与创新能力的形成有重要的作用，是其追赶战略实施的关键环节。

1984年，沃纳菲尔德提出了公司内部资源对公司获取经济利润并维持竞争优势的重要意义的资源基础理论，认为企业内部资源和知识的积累是解释企业获得超额收益、保持竞争优势的关键，企业通过选择技术渠道而使资源具有难以替代性。具有可持续性的竞争优势资源应具有如下几方面的特征，即独特性、难改模仿和难以转移性（Dierickx and Cool，1989）。从后发企业的角度看，这些标准特征正是其所面临的挑战。后发企业仅仅依靠自己的力量来获取自己需要的全部知识和能力，不仅成本大而且效果不理想，通过建立企业合作、知识联盟来学习优势企业的知识和技能是获得后发优势的重要一步。在实践中，企业的资源并不是永远完全不能模仿、持久或不能转移。值得重视的是，后发企业不寻求永久"可持续"的竞争优势，而是分析了其潜在的可占有性、可模仿和可转让性，通过转化性学习促进技术扩散以及技术的重新结合。正是这种把企业外部知识与企业内部知识与能力协作的创新能力，从根本上导致了后发企业的成功。

后发企业的转化性学习在实践中可表现为在特定的制度环境中的社会化、外部化、整合化以及内部化四个过程。在 Nonaka（1995）提出了组织中"知识创造"的模型——SECI 知识螺旋模型中，他以隐性知识和显性知识的转换来说明知识的动态创造和成长过程，知识通过社会化、外部化、整合化以及内部化四个过程在组织内部成螺旋状发展。在这个周期性螺旋上升的转换过程中，组织知识不断地从隐性知识到显性知识、显性知识又到隐性知识的转换。经过这种循环的转化，组织的知识得到了更新和创造，组织的竞争能力得到了加强。企业的核心能力来源于企业组织内部对知识的转化能力（Kogut and Zander，2003；Nelson and Winter，1982）。20 世纪 90 年代的韩国和中国台湾企业当中所体现出来的能力（Amsden，1997，2001；Lin，1998；Kim，1997）反映了这样一个转化性学习的过程。它们通过组织间上层建筑——国家设置的创新转化促进机构的帮助，每次与发达国家技术领先企业的合作过程中都使技术和组织上的能力上升到了一个更高的层次（Amsden，1997，2001；Lin，1998；Kim，1997）。整个过程中可描述为扩大能力的螺旋过程，每次过程的重复都为下次能力的提高发挥了平台作用（Mathews and Cho，1999）。

正如格兰特（Grant，1996a）所指出的，转化能力可以描述为组织效率、组织范围与组织柔性，使企业对动态性的环境具有较强的适应和应变能力。高科技行业的技术更新周期正在不断地缩短，有的学者认为，自 2007 开始的、在全球蔓延的金融危机在一定程度上与技术的更新周期有关，技术与经济环境让后发企业面临着更大的挑战。当积累的知识具有较高的复杂性、进入时机变得重要或环境的动态性提高时，为避免技能与惯例的损失，后发企业必须保持已吸收知识的"活力"（Lane et al.，2006；Marsh and Stock，2006），在面临新的变化时，所维持的知识通过内部的转化性学习将会扩大（Argote et al.，2003；Marsh and Stock，2006）。根据 Garud 和 Nayyar（1994）的研究，吸收能力的转化性学习过程由两个必要的阶段构成：维持所吸收的知识和扩大这些知识（Lane et al.，2006；Marsh and Stock，2006）。马休斯（2002）对韩国和中国台湾等地区后发企业获得成功的解释是，这些后发企业通过技术吸收或"技术杠杆"能力，也就是运用一系列的转化性组织学习过程将分散的资源或技术整合到一起的能力。一些知识基础理论学者认为，企业实际上就是一个知识仓库，而企业的任务就是进行"知识整合"（Kogut and Zander，1992；Ibid，1993；Winter，1987；Grant，1996；Spender 1996），在这个过程中，后发企业的知识与能力得到了增强，企业的技术能力得到了升级。如图 8 - 10 所示。

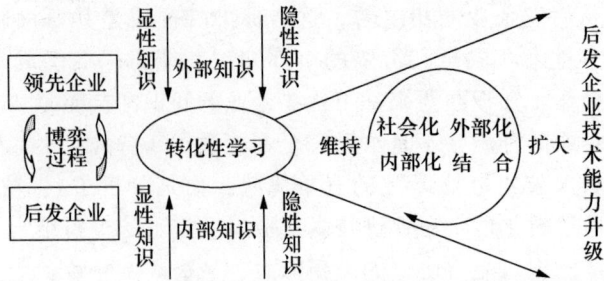

图8－10　转化性学习过程与后发企业技术能力的升级

资料来源：根据 Nonaka（1994）改编。

图8－10显示，后发企业在起点时其知识和能力都非常弱小，通过对外部显性知识与隐性知识的吸收，在企业组织内部运用转化性学习，维持与扩大了知识的范围，在这个过程中外部的知识通过一系列的转化性学习得到了内化，企业的知识积累可被描述为一个能力与竞争扩大的过程。因此，后发企业的知识就成了企业的惯例和所学到的方法，通过转化性学习，将模块化的工艺流程整合到一起使其具有更高的一致性，进而提高大规模生产的绩效。在新的生产工艺出来之前，迅速抓住机遇，将新产品推向市场。企业通过一轮又一轮的学习使企业的"吸收能力"得到提高，为企业的进一步发展提供一个新平台。

后发企业进行转化性学习过程的第一步是与领先企业进行互联，也就是在与领先企业合作过程中实现知识的维持与增长，良好的转化性学习涉及双方进行有效的合作（Hedlund，1994），这个合作过程如同驱动知识转化的黑箱，对这个黑箱进行研究过的学者包括罗默（1986，1990）、卢卡斯（1988）等其他在知识创造与转化方面作出贡献的学者。本节在 Berliant、Marcus、Fujita 和 Masahisa（2009）研究的基础上，运用一个简单博弈模型，考察了后发企业成功地进行知识转化和从领先企业获得知识与技术转移的微观基础，通过尝试打开这个黑箱来分析后发企业知识获得与技术能力升级的机制与条件。

（二）转化性学习博弈的基本条件

1. 先验知识的异质性

后发企业与在位企业必须具有是异质性的，并且这种异质性是内生的。双方进行合作的可持续性取决于双方共同拥有的知识储备量以及各自所拥有的专属知识储备量。后发企业需要一定的先验知识（Marsh and Stock，2006；Teece，2007）。一个企业所具有的技术知识越多，它就越容易维持和扩大知识的范围（Garud and Nayyar，1994），也就越容易获得领先企业的青睐并且对促进知识有效地转化具有重要的作用（Marsh and Stock，2006）。一般来说，后发企业的知识相对于领先企业的知识是稀少的，只有双方都同意进行合作时，它们一起进行知识的创造与转化才会具有意义。知识转化的量总是与企业当前的知识储备成比例的，正如后发企业独自生产时所具有的产量那样。知识转化的效果取决于知识的初始异质性，当知识转化的这些因素存在时，知识快速转化的情况就发生了。此外，双方合作的历史及其内容也很重要。如果两家企业合作了很长一段时间，它们共同的知识基础得到了增长，最后它们的合作伙伴最终不再具有价值性，或者说后发企业将不能再从领先企业那里获得更多的知识。同样，如两家企业的知识基础具有很大不同，它们将缺乏交流的共同基础，那么它们的合作也不会取得富有成效的成果。

2. 模型参数假设

企业的每个创新都以一个箱子来进行代表，箱子具有一个谁都可以进行阅读的标签（这个标签是我们所描述的博弈中的共同知识）。这个标签描述了其中的内容。每个箱中装有标签所描述的创新。学会箱子当中与它的标签相对的实际内容需要花费时间，因此，虽然任何人都可以读箱子上的标签，但是它们如果不投入时间进行学习就不会理解这些内容。

假如具有无数个这种箱子，在每个箱子当中都装有不同的知识，我们把这些知识称为创新。把这些箱子以任意的顺序放成一排。

我们以 i 代表后发企业，j 代表领先企业。假定每个企业都具有上面所提到的无限排箱子的复制品，并且每个复制品都具有相同的顺序。在模型当中的时间是连续的，有固定时间 $t \in _+$ 和对应的企业 i。每个箱子都以 $k = 1, 2 \cdots\cdots$ 进行排序。现任意取箱子 k，如果 i 知道箱子当中的创新，我们在箱子上放一块标为 1 的贴纸；否则放一块标为 0 的贴纸。也就是以 $x_i^k(t) \in \{0, 1\}$ 表示第 i 家企业在时间 t 在 k 箱上的贴纸。第 i 家企业在时间 t 的知识状态可以定义为 $K_i(t) = (x_i^1(t), x_i^2(t), \cdots) \in \{0, 1\}^\infty$。给定 $K_i(t)$ 限制一些非零的成分，表示在下面的步骤当中有无穷多的创新产生①。

给定 $K_i(t) = (x_i^1(t), x_i^2(t), \cdots)$

$$n_i(t) = \sum_{k=1}^{\infty} x_i^k(t) \qquad\qquad (8.6)$$

式中，$n_i(t)$ 代表第 i 家企业在时间 t 所知道的创新数量。下面我们将 i 和 j 两家企业所知道的知识的数量定义为 $K_j(t) = (x_j^1(t), x_j^2(t), \cdots)$

$$\text{和 } n_{ij}^c(t) = \sum_{k=1}^{\infty} x_i^k(t) \cdot x_j^k(t) \qquad\qquad (8.7)$$

这样，$n_{ij}^c(t)$ 表示 i 和 j 两家企业在时间 t 所知道的知识的数量。

注意到在这个定义中 i 和 j 是对称的，因此有 $n_{ij}^c(t) = n_{ji}^c(t)$。

定义，

$$n_{ij}^d(t) = n_j(t) - n_{ij}^c(t) \qquad\qquad (8.8)$$

式中，$n_{ij}^d(t)$ 表示在时间 t 当中 i 知道而 j 不知道的创新数量。

企业中的知识就是在某一特定时间内为某企业所拥有一组创新，它不是一个静态的概念。新知识可以通过个体或个体之间的合作而进行生产，并且创新可以与其他企业进行共享，但所有的这些活动需要花费时间。

---

① 因为时间具有无穷性，所以我们以无穷向量来代表可能的创新，并且还存在许多新的创新没得到发现。

（三）动态均衡分析

在每一时间，两家企业都将面临是否与另一企业进行合作。如果都想在某一特定时间合作时，将产生一次合作。如果任一企业不想合作，那么合作的条件就不能满足。如果两家企业在特定的时间中没有合作，那么就分别生产或创造新知识。如果两家企业决定在某一特定时间合作，那么它们将一起分享旧知识并一起创造新的知识。

为分析知识的转化和转移过程，就需要考虑一个特定的时间 t，每一固定的时期可以看做是由更小的子时期所构成，在这段时间中，每家企业都具有固定的初始禀赋。在每个子时期中由单个企业进行生产。我们假设合作转化具有规模收益不变，因此单个企业不会从合作式的知识转化中获益。每两个子时期的活动将会取决于它们是否进行合作，如果没有合作，那么每家企业在第二个子时期将会独立地转化知识。很明显，在这个时期中新知识的转化与两家企业共同进行转化不一样，因为它们没有进行交流。它们打开不同的箱子。由于存在无穷多的不同箱子，两家企业打开同一个箱子的概率假设为零（甚至是在不同的时间点），无论进行了合作与否。如果存在合作，那么每两个子时期将分为两部分。在第一部分，正在付出时间或劳动的两家企业分享旧知识，这些旧知识是它们在以前某时期所打开箱子转化而另一企业没有打开过这个箱子。在第二部分，它们共同转化新知识，所以它们共同打开箱子。

当它们面临决定是否在时间 t 进行合作时，两家企业会知道什么呢？每个都会知道 $K_i(t)$ 和 $K_j(t)$。换句话说，每家企业都会意识到自己的知识，也会意识到另一企业的知识。因此，当它们在时间 t 决定是否合作时，就会知道 $n_i(t)$、$n_j(t)$、$n_{ij}^c(t) = n_{ji}^c(t)$、$n_{ij}^d(t)$ 和 $n_{ji}^d(t)$。对于在时间 t 的合作是否会发生，我们以 $\delta_{ij}(t) \equiv \delta_{ji}(t) = 1$ 表示合作发生，以 $\delta_{ij}(t) \equiv \delta_{ji}(t) = 0$ 表示合作没有发生。仅在两家企业都同意在合作时才会发生合作的情况。

为确定它们是否会决定在某一特定的时间进行合作，需要认识到模型当中知识系统和企业的目标具有动态性，那么从特定的箱子的标注中抽取出来 $K_j(t)$ 就更容易了，以集中于动态的相关知识数量 $n_i(t)$、$n_j(t)$、$n_{ij}^c(t) = n_{ji}^c(t)$、$n_{ij}^d(t)$ 和 $n_{ji}^d(t)$ 的统计。我们以 $a_i(t)$ 表示 i 在时间 t 转化新创新的速度，以 $a_j(t)$ 表示 j 在时间 t 转化新创新的速度。以 $b_{ij}(t)$ 和 $b_{ji}(t)$ 分别表示在时间 t 新创新从 i 到 j 和从 j 到 i 的转移速度。然后假定在独立时期（$\delta_{ij}(t) = 0$）新知识的转化满足于下面两个等式：

当 $\delta_{ij}(t) = 0$ 时，$a_i(t) = a \cdot n_i(t)$ 和 $a_j(t) = a \cdot n_j(t)$　　　　　　　(8.9)

当 $\delta_{ij}(t) = 0$ 时，$b_{ij}(t) = 0$ 和 $b_{ji}(t) = 0$。

所以假定，如果在时间 t 没有任何合作，单个企业知识的增长速度与已经积累的知识总量是相对应的。同时，两家企业共同拥有的知识没有得到增长，并且创新没有得到共享。

如果在时间 t（$\delta_{ij}(t) = 1$）产生了合作活动，那么在两家企业之间产生知识的交换并且共同转化知识。当发生合作时，联合进行知识转化满足于下面的动态性：

$$a_{ij}(t) = \beta \cdot \left[n_{ij}^c(t) \cdot n_{ij}^d(t) \cdot n_{ji}^d(t) \right]^{\frac{1}{3}} \qquad (8.10)$$

所以，当两家企业合作时，联合进行知识转化的速度与它们共同积累的知识，i 的专属知识以及 j 的专属知识所进行的一般化转化速度是相对应的。当共同的创新、i 的专属创新以及 j 的专属创新均匀平分时，新知识的转化速度是最高的。共同的创新有必要进行交流，而某家企业或另一家企业的专属创新意味着具有异质性或合作的原创性。如果合作中的某一家企业没有专属创新，那么另一家企业就没有理由与其合作。方程（8.10）中的乘数性质促使知识转化需要进行合作，以及平衡了共同知识与每家企业所拥有专属知识的比例关系。

在这些环境中，没有孤立的知识转化活动发生。在合作的 t 时期，除了新知识的转化之外，还发生了知识的转移。知识转移满足于下面的方程：

$$b_{ij}(t) = \gamma \cdot \left[n_{ij}^d(t) \cdot n_{ij}^c(t) \right]^{\frac{1}{2}}$$

$$b_{ji}(t) = \gamma \cdot \left[n_{ji}^d(t) \cdot n_{ji}^c(t) \right]^{\frac{1}{2}} \tag{8.11}$$

所以，当合作发生时，以相对应的速度从 i 到 j 发生了知识转移，这个速度与 i 拥有的专属知识及共同拥有的创新的一般生产速度相当。交流对于知识的转移是很有必要的，所以两者必须具有一些共同的创新 $\left[n_{ji}^c(t) \right]$。此外，$i$ 应当具有一些 j 所不具有的创新 $\left[n_{ij}^d(t) \right]$。同样，这些规则可以应用知识在从 j 到 i 的转移过程之中，如方程（8.11）所示。两家企业所拥有的共同创新的数量 $\left[n_{ji}^c(t) \right]$ 的改变就是两个方向知识转移的总数以及新知识转化的数量。从 i 的角度来看，i 专属拥有的知识数量 $\left[n_{ij}^d(t) \right]$ 随着知识不断地从 i 向 j 转移而不会减少。最后，i 所拥有的知识总量就等于两个共同转化的数量加上从 j 向 i 转移的知识数量。类似的分析过程可以应用到 j。

我们来集中分析企业 i（等同于对 j 的分析），在合作时，知识转化与转移的动态整合方程如下：

$$\dot{n}_i(t) = a_{ij}(t) + b_{ji}(t)$$

$$\dot{n}_{ij}^c(t) = a_{ij}(t) + b_{ij}(t) + b_{ji}(t)$$

$$\dot{n}_{ij}^d(t) = -b_{ij}(t)$$

给定这个结构，我们就能定义在时间 t 作业的创新及知识转移的速度，取决合作活动是否已经发生。

$$\dot{n}_i(t) = \left[1 - \delta_{ij}(t) \right] \cdot \alpha \cdot n_i(t) + \delta_{ij}(t) \cdot \left(\beta \cdot \left[n_{ij}^c(t) \cdot n_{ij}^d(t) n_{ji}^d(t) \right]^{\frac{1}{3}} + \gamma \left[n_{ji}^d(t) \cdot n_{ij}^c(t) \right]^{\frac{1}{2}} \right)$$

$$\dot{n}_{ij}^c(t) = \delta_{ij}(t) \cdot \left(\beta \cdot \left[n_{ij}^c(t) \cdot n_{ij}^d(t) n_{ji}^d(t) \right]^{\frac{1}{3}} + \gamma \left[n_{ji}^d(t) \cdot n_{ij}^c(t) \right]^{\frac{1}{2}} + \gamma \left[n_{ij}^d(t) \cdot n_{ji}^c(t) \right]^{\frac{1}{2}} \right)$$

$$\dot{n}_{ij}^d(t) = \left[1 - \delta_{ij}(t) \right] \cdot \alpha \cdot n_i(t) - \delta_{ij}(t) \cdot \gamma \left[n_{ij}^d(t) \cdot n_{ji}^c(t) \right]^{\frac{1}{2}}$$

无论合作发生与否，两在每一时期都会进行生产活动。在那个时期的瞬时效用取决于知识产出的数量。定义 $y_i(t)$ 为企业 i 在 t 时期的知识产出，$y_j(t)$ 为企业 j 在 t 时期的生产产出。把生产系数标准化为 1，我们取，

$$y_j(t) = n_i(t) \tag{8.12}$$

就有 $\dot{y}_j(t) = \dot{n}_i(t)$ 通过定义，

$$\frac{\dot{y}_i(t)}{y_i(t)} = \frac{\dot{n}_i(t)}{n_i(t)} \qquad (8.13)$$

代表知识的增长速度。

最后，定义每家企业决定在 t 时期是否进行合作的规则，有

$\delta_{ij} = 1 \Leftrightarrow$

$$\beta \cdot [n_{ij}^c(t) \cdot n_{ij}^d(t) n_{ji}^d(t)]^{\frac{1}{3}} + \gamma \cdot [n_{ji}^d(t) \cdot n_{ji}^c(t)]^{\frac{1}{2}} > \alpha \cdot n_i(t) \ \text{和}$$

$$\beta \cdot [n_{ji}^c(t) \cdot n_{ji}^d(t) n_{ij}^d(t)]^{\frac{1}{3}} + \gamma \cdot [n_{ij}^d(t) \cdot n_{ij}^c(t)]^{\frac{1}{2}} > \alpha \cdot n_j(t) \qquad (8.14)$$

为了让模型便于分析，我们假设了一个规则，当且仅当在合作时的产出率高于没有合作的产出率时，两家企业才愿意进行合作。注意到我们运用的是某一连续时间模型中产出率的增长，而不是产出率。在时期 t 的产出率不会受到是否进行合作的影响。

为了完整地陈述这个模型，放弃了时间因变量以分析其动态性，我们建立如下方程式：

$$\dot{y}_i = \dot{n}_i = [1 - \delta_{ij}] \cdot \alpha \cdot n_i + \delta_{ij} \cdot (\beta \cdot [n_{ij}^c(t) \cdot n_{ij}^d(t) n_{ji}^d(t)]^{\frac{1}{3}} + \gamma \cdot [n_{ji}^d(t) \cdot n_{ji}^c(t)]^{\frac{1}{2}})$$

$$\dot{n}_{ij}^c = \delta_{ij} \cdot (\beta \cdot [n_{ij}^c(t) \cdot n_{ij}^d(t) n_{ji}^d(t)]^{\frac{1}{3}} + \gamma \cdot [n_{ji}^d(t) \cdot n_{ij}^c(t)]^{\frac{1}{2}} + \gamma \cdot [n_{ji}^d \cdot n_{ji}^c]^{\frac{1}{2}})$$

$$\dot{n}_{ij}^d = [1 - \delta_{ij}] \cdot \alpha \cdot n_i - \delta_{ij} \cdot \gamma \cdot [n_{ij}^d(t) \cdot n_{ji}^c(t)]^{\frac{1}{2}} \qquad (8.15)$$

为深入地分析模型，通过 i 和 j 所拥有的创新总数除以我们所有的方程：

$$n^{ij} = n_{ij}^d + n_{ji}^d + n_{ij}^c \qquad (8.16)$$

并且定义新的变量，

$$m_{ij}^c \equiv m_{ji}^c = \frac{n_{ij}^c}{n^{ij}} = \frac{n_{ji}^c}{n^{ji}}$$

$$m_{ij}^d = \frac{n_{ij}^d}{n^{ij}}, \quad m_{ji}^d = \frac{n_{ji}^d}{n^{ji}}$$

通过 (8.16) 式，我们得到，

$$1 = m_{ij}^d + m_{ij}^d + m_{ij}^c \qquad (8.17)$$

通过一些详细的计算之后，我们得到 $\dot{m}_{ij}^d$ 和 $\dot{m}_{ji}^d$ 的函数如下：

$$\dot{m}_{ij}^d = [1 - \delta_{ij}] \cdot \alpha \cdot \{(1 - m_{ij}^d)(1 - m_{ij}^d - m_{ji}^d)\}$$

$$- \delta_{ij} \cdot \{\gamma \cdot [m_{ij}^d \cdot (1 - m_{ij}^d - m_{ji}^d)]^{\frac{1}{2}} + m_{ij}^d \cdot \beta \cdot [(1 - m_{ij}^d - m_{ji}^d) \cdot m_{ij}^d \cdot m_{ji}^d]^{\frac{1}{3}}\}$$

$$\dot{m}_{ji}^d = [1 - \delta_{ij}] \cdot \alpha \cdot \{(1 - m_{ji}^d)(1 - m_{ij}^d - m_{ji}^d)\}$$

$$- \delta_{ij} \cdot \{\gamma \cdot [m_{ji}^d \cdot (1 - m_{ij}^d - m_{ji}^d)]^{\frac{1}{2}} + m_{ji}^d \cdot \beta \cdot [(1 - m_{ij}^d - m_{ji}^d) \cdot m_{ij}^d \cdot m_{ji}^d]^{\frac{1}{3}}\} \quad (8.18)$$

我们对 (8.18) 式进行深入研究，删除时间变量并除以 n^{ij}，

$$\delta_{ij} = 1 \Leftrightarrow \beta \cdot [m_{ij}^c \cdot m_{ij}^d \cdot m_{ji}^d]^{\frac{1}{3}} + \gamma [m_{ji}^d \cdot m_{ji}^c]^{\frac{1}{2}} > \alpha \cdot (1 - m_{ji}^d)$$

和 $\beta \cdot [m_{ij}^c \cdot m_{ji}^d \cdot m_{ij}^d]^{\frac{1}{3}} + \gamma [m_{ij}^d \cdot m_{ij}^c]^{\frac{1}{2}} > \alpha \cdot (1 - m_{ij}^d)$

进一步替代,

$$\delta_{ij} = 1 \Leftrightarrow \beta \cdot [(1 - m_{ji}^d - m_{ij}^d) \cdot m_{ij}^d \cdot m_{ji}^d]^{\frac{1}{3}} + \gamma [m_{ji}^d \cdot (1 - m_{ji}^d - m_{ij}^d)]^{\frac{1}{2}} > \alpha \cdot (1 - m_{ji}^d)$$

$$和 \beta \cdot [(1 - m_{ji}^d - m_{ij}^d) \cdot m_{ij}^d \cdot m_{ji}^d]^{\frac{1}{3}} + \gamma [m_{ij}^d \cdot (1 - m_{ji}^d - m_{ij}^d)]^{\frac{1}{2}} > \alpha \cdot (1 - m_{ij}^d) \quad (8.19)$$

换句话说,当合作时知识转化的增长速度大于不合作时的速度时,合作活动就会发生。在这个过程中,后发企业通过转化性学习运用吸收合作者的知识创造新知识。转化性学习作为一种知识创造的过程,使在位企业的知识被企业吸收,成为后发企业先验知识(prior knowledge)的一部分,在知识累积与创新过程中扮演着十分重要的角色。

（四）研究假设的提出

后发企业的技术能力可以理解为知识、技术诀窍和市场机会,以此在将来获得经济上的回报,这是全球化进程当中新的制度形式(Mathews, 2006)。企业的知识基础论既是企业技术升级理论的新范式,也为后发企业与领先企业的合作或战略联盟的产生提供了理论基础。格兰特(2004)指出,战略合作形成的推动力在于企业通过组织学习从另一方企业当中获取知识的来源,企业进行联盟的竞争优势在于知识机会的获取,而非对获得的知识进行直接应用。正是因为转化性学习获得的是知识的来源,才会有后发企业知识增长与技术能力升级的机会。本节基于两家企业的合作行为构建了一个产生新知识的知识转化和转移的模型,允许两家企业在任意特定时间决定是否联合或单独生产,以作出对它们最有利的选择。

通过后发企业与领先企业博弈过程的动态均衡分析,知识的转化和转移效率的关键因素在于联合进行知识转化的速度与后发企业的专属知识、领先企业的专属知识及两者的共同知识的积累需要对应,当这三方面知识均匀分布时,新知识的转化速度最高。换句话说,后发企业需要具有一定的先验知识,并且双方具有一定的共同知识的积累。实际上,后发企业存在知识先天不足的一面,在双方进行合作之前并无共同知识的产生。因此,需要后发企业所在的国家建立了一些创新支持性的机构,以指导、塑造和引导企业之间的合作与转化性学习这两个过程,后发企业才能有效地克服其劣势而开发潜在的优势(如技术蛙跳)。随着博弈过程重复性的增加,后发企业新的能力就会得到产生,这将为下一轮的知识转化加速创造条件。由此,我们提出假设:

H2:转化性学习过程对后发企业技术能力具有正向的影响。

三　开发性学习过程对后发企业技术能力升级的影响机制

伴随着世界经济一体化程度的加深,发达国家企业的研究开发投资不仅推动了自身技术的开发和利用,而且还在晚工业化国家产生了巨大的技术溢出效应,带动了当地后发企业相关技术发展。国内学者(高山行等,2010)认为,跨国公司技术溢出对中国的某些行业和企业还产生了显著的技术溢出效应,并带动了后发企业相关技术的发展,但基础性创新能力的积极作用并不明显,加入技术差距的调节作用之后,外资技术溢出甚至对企业的基础性创新造成了负面影响,抑制了中国企业的开发性学习创新能力。

目前,中国后发企业对跨国技术溢出的利用还有多大空间?晚工业化国家的本土后发企业是否应该在工业化后期阶段才需要加强开发性学习过程以发展自己的内生性创新能力？这些问题在一些关于晚工业化的研究之中产生了激烈的争论。一些学者（Hobday，1995）认为，东亚新兴工业化经济体从廉价劳动组装起步，到第二阶段的原始设备制造商（OEM），然后到原始设计制造（ODM），最终以原始品牌生产（OBM），整个过程呈线性模型发展势头。同样，自下而上的模型（Leonard – Barton，1995）已被用来形容进口替代，这是一个从进口零部件开始，发展到零部件的本地化，然后对产品重新设计，最后到产品设计的过程。这些线性模型意味着后发企业的开发性学习能力在实施追赶战略的后期才会起到关键的作用。然而，另一部分学者则认为开发性学习形成的创新能力本身可以作为一个实施追赶战略的原因。事实上，每个国家都是一个新兴的技术经济范式初学者（Schumpeter，1942），意味着后来者通过蛙跳或直接创新实现技术的跨越式发展而追赶技术领先的国家（Perez，1985），韩国的 CDMA 移动电话业的追赶战略则证明了这种情况（Lee and Lim，2001）。

后发企业获取创新能力指的是通过开发性学习过程来提高自主创新的能力，而不是采用模仿或吸收先进国家过时技术的战略。晚工业化国家的后发企业应该在实施追赶战略的什么阶段进行开发性学习来提高内生性创新能力？以及在什么样条件下需要继续通过探索性学习方式获取并应用跨国公司的溢出技术？这涉及对发达国家领先企业技术溢出率的分析，以及后发企业在某一发展阶段对开发性学习的投入问题。本节将对后发企业的在实施追赶战略中进行开发性学习投入及后发企业技术能力升级的转换阶段、条件与机制进行分析。

（一）开发性学习过程与后发企业技术能力的理论分析

1. 技术溢出的有限性

后发企业内生性创新能力的提升是晚工业化国家和企业技术发展过程从生产阶段迈向创新阶段的重要环节，这是后发企业发展和升级过程中的关键投入。在 20 世纪 70 年代初期，就有学者开始对这个问题进行了系统的研究（White，1963；Landes，1969；Nelson，1981；Rosenberg，1982；Freeman，1982），在过去的近 40 年间，围绕"产业动态（industrial dynamics）"领域进行了大量的新研究。后发企业是如何迅速地过渡到渐近创新能力的积累阶段。有些学者集中于跨企业或行业的某一特定技术内生性创新的研究（Mansfield，1961；Rogers，1983），而其他学者则在有限理性和知识非对称性、不确定性和积累速度上更前进了一步（Silverberg et al.，1988；Malerba，1992，2005）。当前对于晚工业化国家后发企业的追赶战略的研究的兴趣逐渐转移到内生性创新过程中知识的属性和作用（Romer，1986，1990；Grossman and Helpman，1991，1994），而不像早期的经济增长模型（Solow，1956；Swan，1956）仅关注于技术的变化和外生性参数，新的创新理论希望通过对新古典理论研究成果的积极探索以寻求"内生式"的技术变化。

知识商品具有特殊的属性，一旦得到创造，它可以零边际成本从某一方流向另一方，这个溢出过程是经济增长中规模递增的来源，这也是肯尼思·阿罗（Kenneth Arrow，1962）长期以来为之进行争辩的原因。但那些研究技术变化历史过程的学者发现，知识并不总是如此服从于阿罗的假设（Nelson，1992）。大量的技术知识事实上并不能够轻易地被转移到另一方，许多的知识难以表述并且具有隐性的属性（Polanyi，1958），并且仅能通过模仿和学徒的方式以一定的成本发生转移。这些发现给经济增长的知识基础理论提出了难题。在某种程度上知识是以隐性的方式存在，有些像一般私人物品，这导致了递增增长效应的丧失。

安德森（Anderson，1999）明确指出，技术知识是依赖环境的，黏滞知识的存在使开发活动往往在局部环境内进行，这在一定程度会影响技术溢出效应。康宁斯和滕（Cummnings and Teng，2003）发现，知识特性、伙伴之间的关系、知识差距和转移活动都会影响技术溢出的成功程度。更值得指出的是，后发企业还被迫从一些国际上关键的技术资源（如研究开发中心）中分离出来，以及从一些主流的国际市场中退缩回来而仅从事一些初级资源的供应活动（Hobday，1995，2003）。为获得技术能力升级和追赶技术前沿，它们不得不从事技术学习过程以提高独立的技术创新能力。晚工业化国家的后发企业在与发达国家建立互联的很长时间内，将处于不能自主作决定的状态（如没有任何技术升级希望的廉价合同制造），显然这些后发企业难以仅采取一种被动姿态建立与全球发展的关系而获得赶超能力（Mathews，2006）。后发企业通过开发性学习提升内生性创新能力，才有希望在全球经济当中占有一席之地。

2. 开发性学习与技术创新过程

根据马奇（1991）的定义，开发性学习指的是在探索性学习积累的知识基础上对现有知识、范式与能力提炼和扩大，从而导致组织惯例的改善。Baum、Li 和 Usher（2000）指出，开发性学习指的是本地化研究、经验改进（experiential refinement）、现有惯例的选择与应用。根据本纳和图什曼（Benner and Tushman，2002）的观点，开发性学习包括对已有技术轨道的要素进行改进和提高，而探索性创新则要涉及不同的技术轨道。以同样的思路，他和 Wong（2004）把开发性创新定义为"提高现有产品的市场领域的技术创新活动"。开发性学习具有惯例化的特征，在不改变活动结构的条件下提高了企业的知识基础和能力（March，1991），换句话说，开发性学习深化了企业的核心技术并在企业相对熟悉的领域进行创新，而成为企业核心能力的重要来源（Rowley et al.，2000）。从组织学习过程上对开发性学习进行定义，它集中在产品与服务环境方面的知识，并且它超越了吸收外部知识的阶段（Lane et al.，2006）。尤其是开发性学习重点强调知识与市场的匹配性（Lenox and King，2004；Rothaermel and Deeds，2004）。在决定知识的潜在应用之后，企业开始运用这些知识，这形成了实际性的开发步骤（Smith，Collins and Clark，2005）。因此，开发性学习不特别指向知识的最终应用。

为成功地开发技术知识，企业需要具有一定的知识积累（Jansen et al.，2005）。这个积累过程通常在探索性学习和转化性学习阶段得到完成。在吸收外部知识之后，企业通常对技术知识具有深刻的理解（Cassiman and Veugelers，2006）。当新的应用通过将已有的知识基础组合而产生时，开发性学习的绩效在相似的市场当中通常是巨大的（Kogut and Zander，1992；Tsai and Ghoshal，1998）。高水平开发性学习能力的企业可能会在创新过程中通过运用所吸收的知识取得优良的绩效（Zahra and George，2002）。因为组合新知识与已有知识的重要性，开发性学习有助于企业形成前瞻性的计划（Jansen et al.，2005）。在知识与应用进行匹配的下一步是，开发性学习将知识转化为新产品（Tsai，2001）。通过获取外部知识的方式，企业更新它们的知识库存（Narasimhan et al.，2006）。在已经积累的知识基础上，开发性学习对将所积累的知识转化为新产品的程度起到了决定性作用（Zahra and George，2002）。

（二）技术溢出与开发性学习投入

晚工业化国家的后发企业在与跨国公司互联的较长时间内只是对发达国家领先企业的溢出技术进行模仿学习，缺乏开发性学习能力，并没有考虑在不同的技术水平条件下后发国技术进步模式的选择问题（Deardorff，1992；Helpman，1993）。Rachel Van El-kan（1996）在开放经济条件下建立了技术模仿学习和开发性学习的一般均衡模型中，他强调晚工业化国家的后发企业可以通过对溢出技术的模仿学习和开发性学习两条途径促进技术进步，描述了一国（尤其是晚工业化国家）从封闭经济转向开放经济的动态进程，经济落后的国家可以通过技术模仿，缩小与发达国家之间的技术差距，提高本国的技术水平。同时他指出，当技术能力成熟以后，后发国家将从技术模仿学习阶段转向技术开发性学习阶段。卢茨·G. 阿诺德（Lutz G. Arnold，2003）首次分析了后发国家技术进步模式从对溢出技术模仿学习到开发性学习的转型问题，他的模型将后发国家技术进步模式从模仿学习到开发性学习的转型取决于技术因素。在多数关于后发企业创新能力提升和产业升级的研究中，技术创新能力根据后发企业的开发学习投入进行评价。后发企业或产业如何快速提高技术能力（从生产基础阶段过渡到创新基础阶段），是发展中国家产业和企业技术积累的重要环节。正如贝尔（Bell，2006）指出，进行开发性的技术学习是后发企业战略管理当中的一项重要决策。

在20世纪70年代中期，有一些研究者对拉丁美洲和亚洲企业做了一项动态的实证研究（Stewart and James，1982）。他们分析了企业进行开发性学习与创新能力的各种机制，为理解后发企业开发性技术学习和属性及动态性作出了重要的贡献。许多后发企业战略性的开发性学习投入都采取多阶段博弈的方式。埃米尔等（Amir et al.，2000）已经对开发性学习投入决策的时机进行了研究。在 D'Aspremont 和 Jacquemin 的模型中，允许存在不同的产品和企业的特定溢出。他们根据均衡时机结构的概念对参数进行了设置。当技术的溢出率高于企业的需求斜率时，那么就只能观察到序贯博弈的现象，并且随着战略性配置作用而变化。企业技术的溢出率充分大时，随着某一企业采取先动策略时，序贯博弈现象就更为普遍。这与以前的研究不同，因为这里的核心假设是技术溢出仅从开发性学习领先者流向跟随者一方。仅在开发性学习投入具有序贯性时，企业的开发性学习才会具有外部性。在本书中，技术溢出是间接的并且仅从先动者一方流向后动者一方。相反，当两家企业同步进行投入时，就不会存在技术溢出的现象。这样的规定反映了对领先者和跟随者的学习和模仿的不同态度，领先者在技术进步和技术扩散方面起到了重要的作用，这与传统上的寡占理论有相同之处，技术溢出通过模仿而发生。竞争者的观察是模仿的先决条件。在这个意义上，先动者无法从技术溢出上得益，假设只要先动者进行了开发性学习投入，那么就会在公开的产品市场中观察到。意味着没有相互观察的激励会导致同步进行开发性学习，由此出现了零溢出效应。特利斯和戈尔德

（Tellis and Golder，1996）对后发者技术溢出中的获益的实证研究支持了这种观点，由于知识的外部性驱动会产生技术蛙跳的现象，例如，全球半导体产业中韩国的三星、现代和 LG 就是通过从技术溢出效应当中获益而追赶上了美国竞争者。

技术溢出效应可以应用到工艺创新的发展阶段，企业的吸收能力仅起到了次要的作用，相对于纯粹的研究，模仿则能够取得更容易、更快的效果。Kamien 等认为，开发性学习过程与非对称的溢出结构有关（每个企业都会从竞争者当中的技术溢出中获益）。企业沿着不同的研究方法，每个阶段都会存在试错的问题。相反，对称性的溢出不可能出现在一个维度开发性学习过程中，也就是说，每一个活动都会采用一种方法，而这在所有的企业中得到了应用。在某种程度上，存在所有竞争性企业单一的研究路径，技术溢出仅从研究开发密集型企业流向其他的竞争性企业。埃米尔和伍德斯（Amir and Wooders，1999）所提出的单方溢出的战略性开发性学习投入的博弈，仅仅存在非对称性的均衡。值得强调的是，在本节中提到的单方溢出结构博弈是竞争者观察得到的溢出，是从先动者流向后动者，而不是从技术密集地区流向技术非密集地区。如果双方同步进行开发性学习的投入，则不会发生技术溢出现象。另外，序贯博弈产生了单方溢出的现象，甚至是研究项目具有技术替代性或多维性的情况下。本节的结论与埃米尔和伍德斯所研究的不一样，它们仅在子博弈完美均衡中具有时机结构的可持续性，这包括了开发性学习当中的同步性选择、零溢出和企业的对称性。

（三）开发性学习投入的序贯博弈分析

1. 开发性学习投入的序贯博弈

在序贯博弈 $G_{seq,i}$ 阶段，假设具有完全信息条件。可以把在开发性学习投入时进行博弈的两个阶段看做领先企业 i 先动，后发企业 j 后动，$i=1$，2，$i \neq j$。

在 $G_{seq,i}$ 博弈的第一阶段，领先企业 i 以领导者的角色进行开发性学习投入。在第二阶段，企业 j 观察到了企业 i 的开发性支出水平，并对此进行反应。然后产品市场同步公开，市场竞争就发生了。

在开发性学习阶段的序贯博弈中，仅有后动者才会向其竞争对手进行学习、模仿，所以，技术溢出仅从先动者流向后动者。对于任何一组开发性学习支出 (x_i, x_j)，对于领先企业 i 和后发企业 j 的成本降低效应分别如下：

$$cr_i(x_i) = \min(\lambda \sqrt{x_i}, c), \tag{8.20}$$

和

$$cr_j(x_i, x_j) = \min \left\{ \lambda (\sqrt{x_j} + \theta \sqrt{x_i}), c \right\} \tag{8.21}$$

其中，θ 表示技术溢出参数，$\theta \in [0, 1]$。

企业 i 和企业 j 未受支配的开发性学习行动分别为

$$A_i = \left\{ x_i : 0 \leqslant x_i \leqslant \left(\frac{c}{\lambda} \right)^2 \right\}，和 \ A_j = \left\{ x_j : 0 \leqslant x_j \leqslant \left(\frac{c}{\lambda} - \theta \sqrt{x_i} \right)^2 \right\} \tag{8.22}$$

企业 i 的策略 $S^i_{seq,i} \equiv (r_i, q_i)$ 和 $x_i \in A_i$ 形成配对，并且 $q_i: A_i \times A_j \rightarrow R_+$。企业 j 的策略 $S^j_{seq,j} \equiv (r_j; q_j)$ 和 $r_j: A_i \rightarrow A_j$ 形成配对，并且 $q_j: A_i \times A_j \rightarrow R_+$。

这仅限于子博弈完美纳什均衡（SPNE），因此，每个企业都会在市场子博弈古诺均

衡条件下来配置自己的开发性学习支出。企业 i 的纳什产出和利润分别是

$$q_i(x_i, x_j) = \frac{a - c - \lambda[\sqrt{x_j} + (\theta - 2)\sqrt{x_i}]}{3} \tag{8.23}$$

和

$$\Pi_i(x_i, x_j) = \left\{\frac{a - c - \lambda[\sqrt{x_j} + (\theta - 2)\sqrt{x_i}]}{3}\right\}^2 - x_i \tag{8.24}$$

对于企业 j，其纳什产出和利润分别为

$$q_j(x_i, x_j) = \frac{a - c + \lambda[2\sqrt{x_j} + \sqrt{x_i}(2\theta - 1)]}{3} \tag{8.25}$$

和

$$\Pi_j(x_i, x_j) = \left\{\frac{a - c + \lambda[2\sqrt{x_j} + \sqrt{x_i}(2\theta - 1)]}{3}\right\}^2 - x_j \tag{8.26}$$

2. 开发性学习的投入时机

（1）假设。由于同步博弈 G_{sim} 的支付代表了序贯博弈当中的技术溢出趋向于零，下面的假设是基于在开发性学习阶段进行序贯博弈的情况而提出。

假设 1：对于任何一个基本博弈，市场子博弈中的纳什均衡都是唯一的。假设 1 限制了市场子博弈当中的内在解决方案，从而强调了开发性学习投入在内生非对称性上的作用。

假设 2：如果 $\theta \leqslant 0.5$，那么 $(a/c) < [4.5(1-\theta)]/\lambda^2$，并且如果 $\theta > 0.5$，那么 $(a/c) < [9/\lambda^2(2-\theta)]$。假设 2 体现了在 G_{sim} 子博弈完美纳什均衡的条件下，两家企业都降低了成本。

也就是说，它反映了序贯博弈 G_{seq} 的反应函数在开发性学习投入水平 $\{$ 以及 $(c/\lambda)^2$，$[(c/\lambda)(1-\theta)]^2\}$ 上的交叉性。如果假设 2 的条件得不到满足，那么在开发性学习阶段进行序贯博弈的系列行动将会导致帕累托占优产出。

假设 3：$\lambda < \sqrt{1.5}$ 假设 3 确保在开发性学习投入的同步博弈 G_{sim} 阶段具有唯一的对称性均衡。在同步博弈 G_{sim} 中开发性学习的线性反应函数的斜率小于 1。序贯博弈中的开发性学习投入反应函数与之类似，

$$\theta > \theta_s \equiv \frac{6\lambda - \lambda^3 - \sqrt{\lambda^3 - 36\lambda^2 + 81}}{3\lambda} \tag{8.27}$$

这两个条件是等价的。因为对于任意 $\lambda \in (\sqrt{1.5}, 1.5)$，都存在满足等式（8.27）的 θ 值。即等式（8.27）没有暗示假设 3，以至于假设 $\theta > \theta_s$ 不能保证开发性学习投入阶段同步博弈 G_{sim} 的对称性子博弈完美纳什均衡的稳定性。也就是说，假设 3 说明了等式（8.27），$\theta > \theta_s$ 显然说明了 $\lambda < \sqrt{1.5}$。当同步博弈阶段的对称性变得不稳定时，就会得到其他稳定均衡，意味着开发性学习投入的非对称性。相反，在假设 3 条件下，开发性学习的同步投入是企业对称性分析的基准。

（2）G_{sim} 开发性学习投入的子博弈完美纳什均衡。回想产出水平是战略性的替代和

市场子博弈的唯一的古诺均衡。此外，在假设1和假设2的条件下，两家企业的总体利润在（8.24）式和（8.26）式中作了定义，是开发性学习投入上的凹函数。因此，领先企业在开发性学习阶段的反应函数具有唯一的值，可以写为

$$r_1(x_2) = \arg \max_{x_1 \in \Lambda_1} \{ \Pi_1^C(x_1, x_2) \} = \min \left\{ 4\lambda^2 \left(\frac{a - c - \lambda \sqrt{x_j}}{9 - 4\lambda^2} \right)^2, \left(\frac{c}{\lambda} \right)^2 \right\} \tag{8.28}$$

其中，$4\lambda^2 [(a - c - \lambda \sqrt{x_j}) / (9 - 4\lambda^2)]^2$ 为 $[\partial \Pi_1^C(x_1, x_2)] / \partial x_1 = 0$ 的唯一根（后发企业类似），（8.28）式所表示的是领先企业在考虑竞争者开发性学习投入的情况下，其开发性学习支出从来没有使生产成本有充分的降低 [即大于 $(c/\lambda)^2$]。较大的开发性学习投入水平是一个严格受支配的行动①。

在假设1—3情况下的博弈是唯一的，每家企业具有对称性和稳定性的子博弈完美纳什均衡（SPNE），其开发性学习投入为 $x^c = 4\lambda^2 [(a - c) / (9 - 2\lambda^2)]^2$，产量为 $q_i^c = 3 [(a - c) / (9 - 2\lambda^2)]$，利润为 $\Pi^C = [(9 - 4\lambda^2)(a - c)^2] / (9 - 2\lambda^2)^2$。序惯博弈当中的开发性学习投入反应曲线如下：

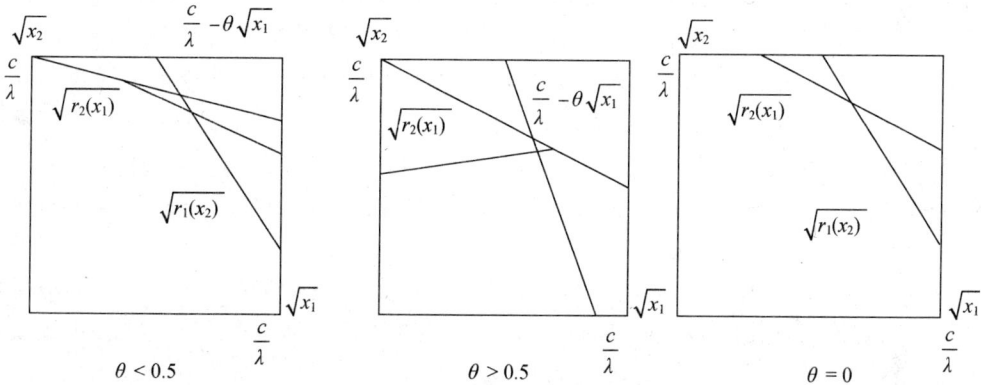

$$\theta < 0.5 \qquad\qquad \theta > 0.5 \qquad\qquad \theta = 0$$

（3）G_{seq} 子博弈完美纳什均衡。以前关于企业收益最大化的分析可以应用到 G_{seq} 的分析之中，领先企业首先进行开发性学习投入的条件下，后发企业的开发性学习反应函数定义如下：

$$r_2(x_1) = \arg \max_{x_2 \in \Lambda_2} \{ \Pi_2(x_1, x_2) \} = \min \left\{ x_2^*(x_1), \left(\frac{c}{\lambda} - \theta \sqrt{x_1} \right)^2 \right\} \tag{8.29}$$

其中，$x_2^*(x_1) \equiv \{ [2\lambda a - c + \lambda \sqrt{x_1}(2\theta - 1)] / (9 - 4\lambda^2) \}^2$ 是 $[\partial \Pi_2(x_1, x_2)] / \partial x_2 = 0$ 的唯一根。

可以看到，开发性学习投入的最佳反应函数可以通过取开发性学习水平的平方根得到线性化，以作为决策变量。根据（8.29）式，后发企业的最佳反应曲线为

---

① 由于开发性学习投入导致了生产成本降低，在技术溢出率较低的情况下，开发性学习投入就成为一种战略性行为，即创新支出具有战略替代效应并且其开发性学习反应函数是向上斜滑的。

$$\frac{c}{\lambda} - \theta \sqrt{x_1} \tag{8.30}$$

沿着这条线，对领先企业的任意投入水平，后发企业的开发性学习投入都是最佳的。如果 $\theta < 0.5$，那么后发企业的最佳线性反应向下斜滑。对于较高的技术溢出水平，其 x_2^* （·）部分向上斜滑。其中，x_2^* （·）代表了降低生产成本的最高开发性学习投入。类似的分析可以应用于先动者中，领先企业的开发性学习反应函数可以独立于技术水平而向上斜滑。最后，当 $\theta = 0$ 时，两个参与者的反应函数与同步进行开发性学习投入时的情况是一致的。

（四）研究假设的提出

本节通过序惯博弈的分析讨论了后发开发性学习投入时机的问题。在技术溢出仅从领先企业向后发企业单向溢出的假设下，当技术溢出率相对较大时，后发企业就有可能从领先企业获得技术溢出上的收益，更愿意成为追随者，但同时也降低了开发性学习投入上的动力。在技术溢出率足够小的情况下，后发企业更愿意选择同步进行开发性学习投入。相反，随着技术溢出率的增大，追随者进行开发性学习投入的机会成本会加大。在既定的技术溢出率下，当且仅当领先者和追随者进行序贯博弈所获得的收益高于同步博弈时，序贯博弈才具有可持续性。这一结果与我们前期对转化性学习过程的研究具有一致性，随着后发企业与领先企业共同的知识基础得到了增长，其知识转化效率会边际递减，或者说后发企业从领先企业获得更多的知识的难度越来越大。纳尔逊（1966）等人证明，一个后发国家技术进步率同它与技术领先国家的技术差距呈线性正比关系，并进一步指出，后发国技术进步速度虽然常常高于技术领先国家，但会慢下来。博东平（2010）运用 1990—2007 年的省际面板数据，检测到外商直接投资和进口的技术溢出对生产率的促进作用存在"边际报酬递减"，在其他条件不变时，随着外商直接投资和进口的持续增加，虽能不断提高生产率，但提高的速度越来越慢。

在中国企业的技术创新投入和技术能力与发达国家存在巨大差距的情况下，对国外技术的模仿学习被认为是实现技术追赶的重要方式。但随着中国后发企业融入国际经济程度的加深，模仿学习对中国的后发技术能力提升的作用成正日益减弱。在中国技术发展到一定程度、已有一定的技术创新能力的前提下，中国的后发企业需要加大开发性学习投入，以提高创新能力起点，在某些领域实现技术赶超。我们提出假设：

H3：开发性学习过程对后发企业技术能力具有正向的影响。

四　组织学习过程的互补性分析与假设的提出

企业组织学习过程的产生需要依赖于企业资源的支持，由于在内部创新过程中的资源约束，某一学习过程的程度越高就意味着其他学习过程的程度越低（Gupta et al.，2006；March，1991）。在外部知识获取过程中，企业需要更少的资源，并且外部知识额外地减少了某一高程度的学习过程所带来的负面效应（Katila and Ahuja，2002）。因此，这三个学习过程不是互相排斥的，并且不会存在所有学习过程的程度都很高的现象（Lane et al.，2006）。为支持这一观点，已有的研究显示，企业在获取外部知识的过程中可能会同时追求探索性学习和开发性学习（Katila and Ahuja, 2002; Nerkar, 2003）。不仅这三个学习过程存在潜在的共存现象，而且它们还可能会互补，因为它们对企业技术能力的影响是彼此依赖的（Lane et al., 2006; Zahra and George, 2002）。

探索性学习过程是转化性学习过程的基础与前提，转化性学习过程必须依赖探索性过程开辟新的知识来源而进行企业内外部知识的结合使企业的知识与技术水平得到提升，后发企业通过探索性学习过程迈出获得技术知识增长的第一步，是企业不断获得新的技术惯例和技术惯例不断得到积累的过程，通过搜寻全球价值链网络当中的知识、技术和机会，获取新的技术惯例，为后发企业提供了初始的潜在优势（Lenox and King, 2004）。莱恩等人（2006）认为，转化性学习过程是在吸收外部知识的基础上对组织内部知识的维持与放大，在这个过程中，对企业内外部的隐性知识与显性知识、个人知识与组织知识进行整合与配置。因此，转化性学习过程得以有效发生的前提是企业具有必备的知识与技术积累，探索性学习过程也因为转化性学习过程提供了必要的知识储备而对其产生正向影响。转化性学习过程与探索性学习过程具有反向促进作用，正如格兰特（1996）所指出，转化性学习能力可以描述为组织效率、组织范围与组织柔性，使企业对动态性的环境具有较强的适应和应变能力。探索性学习过程的环境多数具有动态性，并且环境的动态性越强，则探索性学习的效果也越好，因为高动态性的环境为企业带来了更多的学习机会。马什和斯托克（Marsh and Stock, 2006）认为，当积累的知识具有较高的复杂性、进入时机变得重要或环境的动态性提高时，为避免技能与惯例的损失，后发企业的转化性学习能力也会得到激励，从而提高了企业对动态环境的适应能力，这为探索性学习过程带来了更高的知识获取能力，由此，转化性学习过程对探索性学习也会产生积极的影响。我们提出假设：

H4：探索性学习过程与转化性学习过程具有互补性的影响。

马奇（1991）最早对探索性学习和开发性学习这两个学习过程进行了讨论，认为探索性学习是指那些可以用探索、尝试、发现、创新等术语来描写的学习行为，其本质是发现新的技术惯例；而开发性学习指的是在探索性学习积累的知识基础上对现有知识、范式与能力提炼与扩大，从而导致组织惯例的改善。根据本纳和图什曼（2002）的观点，探索性学习过程要涉及不同的技术轨道，开发性学习过程包括对已有技术轨道的要素进行改进和提高。对新领域知识的探索性学习可能带来新知识与现有知识领域整合，激发组织对现有技术领域知识的开发，提升对现有技术领域知识的创新性应用，如果知识探索与维持的程度是有限的，那么开发性学习的正向效应的实现也会受到限制（Katila and Ahuja, 2002）。因此，探索性学习过程为开发性学习提供了必要的创新基础，探索性学习过程对开发性学习过程具有正向促进作用，即探索性学习的能力越强，则开发性学习创新的绩效也会越高。另外，开发性学习过程深化了企业的核心技术并在企业相对熟悉的领域进行创新（Rowley et al., 2000），开发性学习过程的创新绩效使探索性学习过程获取的知识与技术惯例得到消化与拓展，从而进一步深化了探索性学习过程的创新效率。然而，企业对技术领域知识的学习和开发，可以促进企业更有效地促进探索全新的领域，从而实现企业技术范畴的不断拓展和技术水平的不断提升。例如，具有较强开发性学习能力的企业可能会不断地从探索性学习过程获得的知识与技术惯例当中产生许多的创新，这在一定程度上会强化探索性学习过程（Todorova and Durisin, 2007）。因此，开发性学习过程对探索性学习过程也会具有正向影响，企业技术能力的升级具有需要这两个学习过程的进行有效的结合。由此我们提出假设：

H5：探索性学习过程与开发性学习过程具有互补性的影响。

转化性学习过程与开发性学习过程的共同之处在于对探索性学习过程的知识与技术惯例的形成与积累具有依赖性。根据莱恩等人（2006）的观点，转化性学习过程是指在吸收外部知识的基础上对组织内部知识的维持与放大，其涉及与能力和战略资产相关的多种资源及其各类型知识的整合，强调的是企业内外部知识进行有效的结合，这个过程包括了隐性知识与显性知识的结合（McEvily et al., 2000），在 SECI 知识螺旋模型中，知识通过社会化、外部化、整合化以及内部化四个过程在组织内部成螺旋状发展（Nonaka, 1995）。开发性学习过程强调的是现有知识和技术惯例的创新与应用，重点强调知识与市场的匹配性（Lenox and King, 200），开发性学习过程的实际形成需要依赖企业资金与人才投入，由此实现技术创新的产出。可见，开发性学习过程是技术创新得到产出的工具或手段，而转化性学习过程则是对企业内外部及各类型知识和技术进行有效配置与组合的一种方式，其包括了对探索性学习过程的配置，也包括了对开发性学习过程的配置。当已有的知识基础组合产生时，开发性学习的绩效在相似的市场当中通常是巨大的（Tsai and Ghoshal, 1998）。转化性学习过程作为一种技术创新手段的配置方式而对开发性学习过程产生了正向影响，亦即资源配置方式的好坏直接影响开发性学习过程的技术创新能力的强弱。另外，开发性学习过程有助于企业形成前瞻性计划（Jansen et al., 2005），为转化性学习过程对资源的匹配与结合提供了重要的参考依据。与探索性学习搜寻的知识与技术惯例形成应用匹配的下一步是，开发性学习将知识转化为新的产品（Tsai, 2001）。这些就需要转化性学习调整协调企业内外知识的方式，促使转化性学习过程对知识与技术的配置方式进行改进。因此，开发性学习过程对转化学习过程也会产生正向影响。由此我们提出假设：

H6：转化性学习过程与开发性学习过程具有互补性的影响。

第四节　实证研究

一　研究假设与模型构建

（一）研究假设的归纳

根据前面的文献研究及微观层面上的博弈论分析，组织学习的三个过程对后发企业的技术能力升级具有正向影响和作用。探索性学习过程能够使后发企业对全球环境中的技术保持敏感性，可以通过迅速改变战略，向先进的跨国企业提供互补性的商品和服务，促使生产性行动的揭示。一旦探索性学习行动形成并且所建立的关系已经惯例化，那么后发企业与领先企业之间存在的这种探索性学习机制就会使后发企业获得知识的增长，促进技术能力的升级。转化性学习有利于后发企业在获得外部知识来源的基础上，将内外知识进行结合而使知识基础得到扩大、技术能力得到提升。虽然转化性学习需要后发企业具备一定的先验知识基础，但随着后发企业知识的积累以及在国家产业政策的引导下，后发企业的技术能力会得到提升。在具有一定知识基础的后发企业以及在领先企业的技术溢出率较小的情况下，后发企业更愿意选择同步进行开发性学习投入，这是后发企业实现技术赶超的重要条件。利用第三章中的理论与博弈分析得出的结论，本书对提出的假设归纳如下：

H1：探索性学习过程对后发企业技术能力具有正向影响。

H2：转化性学习过程对后发企业技术能力具有正向影响。

H3：开发性学习过程对后发企业技术能力具有正向影响。

已有的研究显示，组织学习的三个过程不仅存在潜在的共存现象，而且它们还可能会互补，因为它们对技术能力升级的影响有可能会彼此依赖（Lane et al.，2006；Zahra and George，2002）。企业在获取外部知识过程中可能会同时追求转化性学习和开发性学习过程（Katila and Ahuja，2002；Nerkar，2003）。转化性学习过程需要依赖探索性学习所获得的外部知识以及企业内部的知识基础（Argote et al.，2003）。开发性学习过程则是在探索性学习与转化性学习过程基础上的进一步创新。组织学习三个过程的互补性理论对于企业技术能力的升级提供了分析逻辑（Tanriverdi and Venkatraman，2005）。根据前面的分析，我们进行组织学习过程互补的假设归纳如下：

H4：探索性学习过程与转化性学习过程具有互补性影响。

H5：探索性学习过程与开发性学习过程具有互补性影响。

H6：转化性学习过程与开发性学习过程具有互补性影响。

（二）基本模型的构建

通过理论分析与提出的假设，我们可以形成组织学习过程对后发企业技术能力升级产生影响的总体性实证研究框架。根据一些学者（Hair，Anderson，Tatham and Black，2006；Arbussa and Coenders，2007；Jansen et al.，2005；Szulanski，1996）的研究，把探索性学习过程从后发企业对在位企业进行技术搜寻，了解技术趋势，观察同业领先企业的技术发展情况，收集行业信息，共同进行技术研讨，建立技术联系以及获得技术转移机会来进行测度。在马什和斯托克等人（2006）的研究基础上，转化性学习过程可以由企业与员工的知识储备，企业内部的知识交流与共享程度，企业对知识的管理程度，企业对技术的运用，激活知识用作新的用途，分析技术的市场需求以及发现技术应用的机会进行度量。根据詹森等人（Jansen et al.，2005）、Todorova 和 Durisin（2007）的研究，开发性学习过程可以由新产品与新应用技术、新技术与新产品进行匹配，及时进行新技术的补充，员工共享其技术专长，在新产品中应用技术知识，研讨技术开发，在新产品中进行技术嵌入难易程度以及发现技术能手进行测度。近些年来，对技术能力的测度形成了一致性的方法（Dyer and Song，1997；Song，Dyer and Thieme，2006），新产品发展总体目标的实现程度、技术应用而带来的盈利、新产品开发、技术改进、技术投入产出水平、技术工艺以及技术领先程度等对技术能力有了较为全面的度量。根据前面所作的文献综述和研究，在所构建的模型当中（见图 8 - 11），我们假设组织学习的三个过程对技术能力具有正向影响，并且组织学习的三个过程具有互补效应。

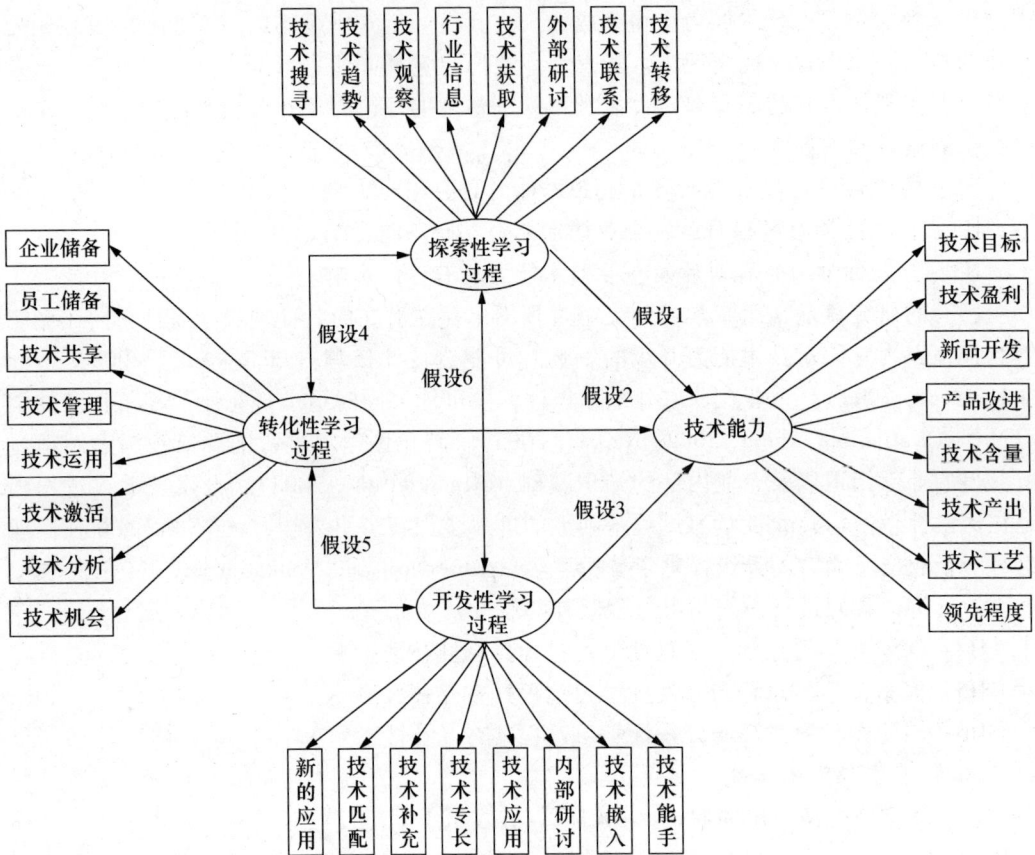

图 8 - 11　组织学习的三个过程对技术能力影响研究的实证模型

资料来源：笔者整理。

二　变量的度量

（一）被解释变量

　　企业技术能力的升级反映了企业知识的变化以及企业内在的技术能力的改善程度。我们运用在许多已有研究当中用过的量表（Dyer and Song，1997；Song，Dyer and Thieme，2006），它包括下面一些项目："我们的新产品开发方案的总体绩效已经达到了我们所要求的目标"；"我们的新产品开发为企业带来了相应的盈利"；"与同行相比，我们的新产品开发方案更加成功"，"与同行相比，我们产品的改进和完善有很好的市场反应"；"与同行相比，我们新产品拥有的技术含量很高"；"在新产品开发中，我们新产品开发的投入产出率很高"；"与同行相比，我们拥有一流的技术工艺"；"我们常常在行业内领先应用新技术"。

表 8 - 4　　　　　　　　　　　技术能力升级的测量项目

变量维度	编号	测量描述	参考文献
技术能力	TEUP 1	我们的新产品开发方案的总体绩效已经达到了我们所要求的目标	Dyer 和 Song（1997），Song、Dyer 和 Thieme（2006）
	TEUP 2	我们的新产品开发为企业带来了相应的盈利	
	TEUP 3	与同行相比，我们的新产品开发方案更加成功	
	TEUP 4	与同行相比，我们产品的改进和完善有很好的市场反应	
	TEUP 5	与同行相比，我们新产品拥有的技术含量很高	
	TEUP 6	在新产品开发中，我们新产品开发的投入产出率很高	
	TEUP 7	与同行相比，我们拥有一流的技术工艺	
	TEUP 8	我们常常在行业内领先应用新技术	

资料来源：笔者整理。

（二）解释变量

组织学习的三个过程对于解释企业技术能力的提升具有重要的作用（Lane et al. , 2006; Song, Droge, Hanvanich and Calantone, 2005）。为检验三个学习过程，我们根据文献，把探索性学习、转化性学习与开发性学习这三个过程作为影响技术能力的能力潜在因子。

1. 探索性学习过程

探索性学习包括表达了企业对环境的扫描与监测活动（Hair, Anderson, Tatham and Black, 2006）以及对外部知识来源的观察。这些量表部分来源于以前对组织学习过程的研究文献（Arbussa and Coenders, 2007; Jansen et al. , 2005; Szulanski, 1996）。此外，探索性学习还体现了企业内部转移知识的能力（Arbussa and Coenders, 2007; Jansen et al. , 2005; Szulanski, 1996）。

表 8 - 5　　　　　　　　　　探索性学习过程的测量项目

变量维度	编号	测量描述	参考文献
探索性学习过程	EXPLOR1	我们经常为寻找新技术而对企业的环境进行观察	海尔、安德森、泰瑟姆和布莱克（Hair, Anderson, Tatham and Black, 2006）
	EXPLOR2	我们经常分析技术的发展趋势	
	EXPLOR3	我们经常从企业外部观察新技术的来源	
	EXPLOR4	我经常收集行业发展信息	
	EXPLOR5	我们经常从企业外部获得新技术	阿巴萨和科恩德斯（Arbussa and Coenders, 2007）、詹森等人（2005）、肖兰斯基（Szulanski（1996）
	EXPLOR6	我们定期与企业外部合作伙伴召开专门的研讨会，以获取新技术	
	EXPLOR7	我们与企业外部科研机构有经常性的联系，以获取技术知识	
	EXPLOR8	只要有获得技术的机会，我们就将这些技术知识转移到本公司	

资料来源：笔者整理。

2. 转化性学习过程

转化性学习指的是维持与激活知识的活动,它表现为企业内部的知识共享与沟通。这些项目的设计是基于已有研究而提出的(Jansen et al.,2005;Marsh and Stock,2006;Smith et al.,2005),体现了企业能否依赖已有知识对外部的机会进行快速的反应。此外,它检验了企业通过已有知识对外部进行反应的熟练程度。这些项目建立在以前对知识保留相关的研究基础上(Garud and Nayyar,1994;Jansen et al.,2005;Marsh and Stock,2006)。

表8-6   转化性学习过程的测量项目

变量维度	编号	测量描述	参考文献
转化性学习过程	TRANS1	我们企业能够长期保留相关知识	詹森等(2005)、马什和斯托克(Marsh and Stock,2006)、史密斯等人(2005)
	TRANS2	员工储备技术知识以备将来之需	
	TRANS3	我们企业内部经常会跨部门交流相关的知识	
	TRANS4	我们企业中有专门或类似的知识管理部门	
	TRANS5	当我们发现商业机会时,我们能够迅速地运用我们储备的知识	加鲁德和内伊亚(Garud and Nayyar)、詹森等人(2005)、马什和斯托克(2006)
	TRANS6	我们善于激活已有的知识,作为新的用途	
	TRANS7	我们能够迅速为我们的产品进行市场分析并发现市场需求	
	TRANS8	我们能够迅速发现运用储备技术服务客户的机会	

资料来源:笔者整理。

3. 开发性学习过程

开发性学习包括内化与应用知识,表现了企业对新知识与已有知识进行组合的熟练程度以及反映技术与新产品的匹配程度(Jansen et al.,2005;Smith et al.,2005;Todorova and Durisin,2007)。此外,开发性学习还说明企业能否在新产品之中应用新技术,以及企业是否经常考虑如何更好地开发新技术,反映了企业是否经常在新产品当中应用新技术(Jansen et al.,2005;Smith et al.,2005;Szulanski,1996)。

表8-7   开发性学习过程的测量项目

变量维度	编号	测量描述	参考文献
开发性学习过程	EXPLOI1	我们善于将技术知识转化为新产品	詹森等人(2005)、史密斯等人(2005)、Todorova和Durisin(2007)
	EXPLOI2	我们经常将新技术与新产品进行匹配	
	EXPLOI3	我们能够迅速识别新技术知识对旧知识的补充	
	EXPLOI4	我们的员工能够对他们的技术专长进行共享,以开发新产品	
	EXPLOI5	我们经常在新产品中应用技术知识	詹森等人(2005)、史密斯等人(2005)、肖兰斯基(1996)
	EXPLOI6	我们经常讨论如何更好地开发技术	
	EXPLOI7	我们将技术嵌入新产品当中很容易	
	EXPLOI7	我们知道本企业中谁是新技术开发能手	

资料来源:笔者整理。

（三）控制变量

1. 企业规模

企业规模会对企业的技术能力产生影响，因为大型企业通常具有大量的知识库存（Lane et al.，2006）。企业规模还会对企业的运作绩效和组织效能产生重大影响，这种影响的程度值得深入分析，但这不是本书的研究范围。因此，本书将企业规模作为影响企业技术能力的控制变量。企业规模变量用销售收入度量，在分析当中，我们选择了营业收入在 500 万元以上的企业。

2. 行业属性

通过回顾以前在这些行业中关于不同的技术战略研究，我们控制了行业效应，重点与技术能力相关性强的以下行业进行了检验：自动化/机械制造业、化工/医药制造业、半导体/电子制造业、新能源/节能技术、软件/计算机及其他电子设备制造业，检验行业属性变化对企业技术能力升级的影响。在所调查的行业中，我们运用了哑变量（1 表示与这个主要由于技术驱动，0 表示主要由于市场驱动）检验技术驱动型的企业与非技术驱动型企业的三个学习过程对技术能力升级的影响机制。

3. 企业年龄

一般而言，企业特有的知识和能力是随着时间的推移而逐步积累起来的，这些知识和能力会影响到企业组织的运作效能，也会影响到企业的技术能力升级。企业的成立时间越长，积累知识就可能越有优势，从而对企业的技术能力产生影响。因此，企业年龄也是影响技术能力的重要变量。在本书中，企业具有在 5 年以上的经营年数。

三　数据的收集

（一）问卷设计

本书属于企业层面的研究，所需数据无法从公开资料中获得，因此，本书的数据收集采用了问卷调查的方式。根据一些学者（Ehurehill，1979；Dunn and Seakeretal，1994）的建议，我们分三个步骤来完成问卷的设计工作。

第一步，确立问卷的设计内容。本次调研是对企业的组织学习过程对后发企业的技术追赶的影响机制进行深入细致的调查，本问卷的题项通过全面的文献回顾而形成。根据莱恩（2006）和 Ulrich（2009）的研究，对组织学习过程的设计分为探索性学习、转化性学习与开发性学习三个过程。

第二步，确定问卷的形式。有些学者（Berdie，1976）认为，多数情况下，5 点式量表就可以反映出受访者温和意见与强烈意见的差别，但 7 点式量表比 5 点式量表更能表现出受访者对问题反应的程度差异。为了保证在统计检验上有比较好的区别力，对于上述变量的测量，本书采用了 7 点式利克特（Likert）量表的形式来设计问卷①。利克特量表测量方法重视其"内在一致性程度"，这是题项和潜在变量之间的关系指针，函数值的大小与题项数的多少有密切关系，题项数越多，则越有可能涵盖所要测量的潜在

---

① 西蒙兹（Symonds，1924）的研究表明当等级数为 7—9 时，计算的结果最好。"7 点量表"得到了 Cicchetti（1995）、纽纳利（Nunnally，1967）、芬恩（Finn，1972）等研究结果的支持。

变量，但同时也会造成问卷过长，受试者不愿意作答等问题。所以，本书在综合考虑了上述问题以及保证对每一个潜在变量进行可靠有效的测度的前提下，尽量缩短问卷的长度。

第三步，预调研，确定正式问卷。为了提高调研问卷的信度和效度，在正式的大规模发放问卷之前，首先进行了小范围的预调研。笔者利用自己曾经在高科技企业工作中的一些关系，对一些相关的企业管理人员有 12 次的面对面访谈。本次调研的重点在于问卷中各个问题的提法是否科学，是否便于被调查者理解。调查的方式以面对面访谈为主，逐一对每个题项进行说明，并听取被调查者的意见，然后进行修改。设计了问卷初稿，之后将该问卷在笔者所在的学术团队中对问卷中的题项设计、题项措辞和问卷格式等方面征求意见。

（二）数据发放与回收

本书采用向企业发放问卷调查的方式收集数据。调查对象是企业中高层管理人员，中高层管理人员有足够的知识，能够回答问卷中关于企业全面信息的问题。调查问卷涉及的行业范围较为广泛，以增强研究结论的一般性。本次调查问卷的发放采取多种方式进行。一部分是以对外经济贸易大学国际商学院 EMBA 与 EDP 企业高层管理培训中心的学员为主，具体方式是笔者将纸质问卷带到教师的课堂上，利用教师给企业人员授课培训的机会发放问卷，请被调查者现场填写，问卷现场回收。调查分两次进行，分别在 EMBA 及 EDP 学员各发放问卷 250 份，共计发放问卷 500 份。因为 EMBA 与 EDP 学员的学习时间大部分集中在周末，历时两个月时间完成问卷的回收，回收数量 266 份，回收率 53.2%，其中有效问卷 255 份。

另外，由于笔者曾经在某大型企业中工作多年的条件，该企业控股了多个不同类型技术导向型企业。笔者利用一些人脉关系，由他们将问卷以纸质或电子问卷形式发放给相关企业的被调查者，请被调查者填写问卷并将问卷交给联系人，然后联系人再将问卷邮寄或发送电子邮件寄回给笔者。还有一部分是得益于汽车制造业当中的从事供应链管理的校友为笔者向其产业链中的上下游企业发放了部分问卷，由他们为笔者负责发放与回收。这类方式共发出问卷 150 份，其中回收 67 份，回收率为 44.7%，有效问卷 58 份。

经过为期近两个月的问卷调查，总计发放问卷 650 份，总体回收率为 51.2%，有效问卷数量总计为 313 份。

（三）数据收集的可靠性和有效性

1. 调查对象的控制

本次调研综合两个渠道来源的数据，为了确保问卷的有效性，本次调查通过行业属性、企业发展驱动力与企业年龄等控制变量的设置，对调查问卷进行了选择，排除无关变量对于因变量的影响，清晰地判断并解释自变量对于因变量的影响。总共选择出合乎需要的问卷 266 份，在这 226 份问卷所代表被调查企业的成立时间均在 5 年以上，并集中于自动化/机械制造业、化工/医药制造业、半导体/电子制造业、新能源/节能技术、软件/计算机及其他电子设备制造业等技术相关性强的行业。本次调查基本上是一个企业一份问卷，均为企业的中高层管理人员所填写。针对福勒（Fowler，1988）认为可能会导致被调查者对问题做出不准确回答的原因，本书为避免在这方面出现的信息失真，在被调查对象选择方面也进行了控制，即确定被调查对象是管理、技术、研究开发的相关负责人。

2. 调查过程的控制

问卷调查过程所遇到的普遍问题是，调查操作人员是否具有足够的责任心，调查人员是影响调查数据质量最直接的一环，如果对调查过程不加监控，调查质量难以保证。本次调查除了有一部分是笔者亲自参与之外，为了确保调查问题的真实有效性，对委托进行调查的部分从有效问卷中抽查一部分进行电子邮件或电话回访。

四　样本数据分析

（一）样本的描述性统计分析

1. 样本企业的成立时间分布

在本书所收集的226份有效样本中，有7份样本（3.1%）的企业成立年限在3年以下，21份样本（9.3%）的企业成立年限在3—5年，104份样本（46.0%）的企业成立年限在5—10年，94份样本（41.6%）的企业成立年限在10年以上，如表8-8所示。

表8-8　　　　　　　　　　　　企业成立的时间

	频数（个）	百分比（%）	有效百分比（%）	累积百分比（%）
3年以下	7	3.1	3.1	3.1
3—5年	21	9.3	9.3	12.4
5—10年	104	46.0	46.0	58.4
10年以上	94	41.6	41.6	100.0
总计	226	100.0	100.0	

资料来源：笔者整理。

2. 样本企业的行业分布

本书所收集的样本企业属于自动化/机械制造业的30家（13.3%）、化工/医药制造业37家（16.4%）、半导体/电子制造业15家（6.6%）、新能源/节能技术企业20家（8.8%）、软件/计算机及其他电子设备制造业45家（19.9%）、其他行业有75家（33.2%），另有4家（1.8%）未填写行业领域的样本，如表8-9所示。

表8-9　　　　　　　　　　　企业主营业务所在行业领域

	频数（个）	百分比（%）	有效百分比（%）	累积百分比（%）
未填写行业	4	1.8	1.8	1.8
自动化/机械制造业	30	13.3	13.3	15.0
化工/医药制造业	37	16.4	16.4	31.4

	频数（个）	百分比（%）	有效百分比（%）	累积百分比（%）
半导体/电子制造业	15	6.6	6.6	38.1
新能源/节能技术	20	8.8	8.8	46.9
软件/计算机及其他电子设备制造业	45	19.9	19.9	66.8
其他行业	75	33.2	33.2	100.0
总计	226	100.0	100.0	

资料来源：笔者整理。

3. 问卷填写人员的职能分布

在所收集的样本企业当中，问卷填写人员负责管理的有112位（49.6%），负责技术的有33位（14.6%），负责生产的有22位（9.7%），负责销售的有28位（12.4%），负责研究开发的有17位（75%），负责采购的有4位（1.8%），属于其他职能分布的有6位（2.7%），本书旨在探讨组织学习过程对技术能力升级的影响的机理，希望问卷填写人员有一定的工作经验，对技术集成活动有一定程度的总体把握。从问卷填写人员的职位分布情况来看，达到了预先的设计目的，如表8－10所示。

表8－10　　　　　　　　　　您在企业内主要负责

	频数（个）	百分比（%）	有效百分比（%）	累积百分比（%）
未填写行业	3	1.3	1.3	1.3
管理	112	49.6	49.8	51.1
技术	33	14.6	14.7	65.8
生产	22	9.7	9.8	75.6
销售	28	12.4	12.4	88.0
研究开发	17	7.5	7.6	95.6
采购	4	1.8	1.8	97.3
其他	6	2.7	2.7	100.0
总计	225	99.6	100.0	
缺失	1	0.4		
总计	226	100.0		

资料来源：笔者整理。

4. 问卷填写人员的职位分布

在所收集的样本企业中，高级管理人员有59位（26.1%），中级管理人员有100位（44.2%），基层员工有62位（27.4%），问卷填写人员的职位达到了研究的要求，如表8－11所示。

表 8 - 11　　　　　　　　　　　　　您在公司的职位

	频数（个）	百分比（%）	有效百分比（%）	累积百分比（%）
未填写职位	3	1.3	1.3	1.3
高级管理人员	59	26.1	26.3	27.7
中级管理人员	100	44.2	44.6	72.3
基层员工	62	27.4	27.7	100.0
总计	224	99.1	100.0	
缺失	2	0.9		
总计	226	100.0		

资料来源：笔者整理。

5. 样本企业发展的驱动力

本次所收集的样本企业中，企业的发展由技术发展推动的有 118 家（52.2%），由市场需求拉动的有 106 家（46.9%），如表 8 - 12 所示。

表 8 - 12　　　　　　　　　　　　企业的发展驱动力

	频数（个）	百分比（%）	有效百分比（%）	累积百分比（%）
未填写	2	0.9	0.9	0.9
由技术发展推动	118	52.2	52.2	53.1
由市场需求拉动	106	46.9	46.9	100.0
总计	226	100.0	100.0	

资料来源：笔者整理。

6. 样本企业近两年的年均销售收入

从样本企业销售收入情况来看，绝大部分样本企业近两年的年均销售收入在 1000 万元以上，其中，1000 万—3000 万元的企业有 22 家（9.7%），3000 万—3 亿元的企业有 102 家（45.1%），3 亿—10 亿元的企业有 39 家（17.3%），10 亿元以上的企业有 61 家（27%），样本企业近两年年均销售收入分布如表 8 - 13 所示。

表 8 - 13　　　　　　　　　　　　近两年的年均销售收入

	频数（个）	百分比（%）	有效百分比（%）	累积百分比（%）
小于 1000 万元	2	0.9	0.9	0.9
1000 万—3000 万元	22	9.7	9.7	10.6
3000 万—3 亿元	102	45.1	45.1	55.8
3 亿—10 亿元	39	17.3	17.3	73.0
10 亿元以上	61	27.0	27.0	100.0
总计	226	100.0	100.0	

资料来源：笔者整理。

7. 观测变量的描述性统计

表 8 – 14 中所列观测变量的描述统计包括本书涉及观测变量的最小值、最大值、均值、标准差、偏度和峰度。本书利用的结构方程模型，要求单个变量满足正态分布，而且所有变量需要满足多元正态分布（侯杰泰等，2004）。从表 8 – 14 中可以看出，本书所包括的观测变量的偏度都有不同程度的左偏或右偏，而所有观测变量的峰度都趋于平顶分布①。尽管本书的数据不符合正态分布，但 Hu、Bentler 和 Kano（1992）建议，可以采用极大似然法（ML）来进行参数估计，因为极大似然法具有较好的稳健性（Robustness）。本书对于非正态分布的数据分析一律采用极大似然法，从而可以解决数据处理时的非正态问题。

表 8 – 14　　　　　　　探索性学习过程观测变量均值、标准差与正态性

测量题项	最小值	最大值	均值	正态性	偏度		峰度	
					统计量	标准差	统计量	标准差
EXPLOR1	1.00	7.00	4.9336	1.50850	− 0.435	0.162	− 0.436	0.322
EXPLOR2	1.00	7.00	4.9823	1.50839	− 0.495	0.162	− 0.402	0.322
EXPLOR3	1.00	7.00	4.8938	1.44137	− 0.244	0.162	− 0.645	0.322
EXPLOR4	1.00	7.00	5.1947	1.59643	− 0.547	0.162	− 0.748	0.322
EXPLOR5	1.00	7.00	4.7699	1.40481	− 0.389	0.162	− 0.133	0.322
EXPLOR6	1.00	7.00	4.7522	1.51456	− 0.378	0.162	− 0.521	0.322
EXPLOR7	1.00	7.00	4.7168	1.38223	− 0.397	0.162	− 0.131	0.322
EXPLOR8	1.00	7.00	4.7301	1.44305	− 0.333	0.162	− 0.360	0.322

资料来源：笔者整理。

表 8 – 15　　　　　　　转化性学习过程观测变量均值、标准差与正态性

测量题项	最小值	最大值	均值	正态性	偏度		峰度	
					统计量	标准差	统计量	标准差
TRANS1	1.00	7.00	5.0088	1.42981	− 0.559	0.162	− 0.309	0.322
TRANS2	1.00	7.00	5.0000	1.47573	− 0.619	0.162	− 0.167	0.322
TRANS3	1.00	7.00	4.9204	1.55287	− 0.628	0.162	− 0.236	0.322
TRANS4	1.00	6.00	3.4292	1.06951	− 0.133	0.162	− 0.287	0.322
TRANS5	1.00	7.00	4.8363	1.42508	− 0.396	0.162	− 0.218	0.322
TRANS6	1.00	7.00	4.8274	1.42091	− 0.461	0.162	− 0.075	0.322

---

① 在 SPSS18.0 中，偏度系数为 0 表示分布对称，偏度系数大于 0 为右偏，偏度系数小于 0 为左偏；当峰度系数等于 0 为中常峰度，峰度系数大于 0 为尖顶分布，峰度系数小于 0 为平顶分布。

测量题项	最小值	最大值	均值	正态性	偏度		峰度	
					统计量	标准差	统计量	标准差
TRANS7	1.00	7.00	5.1150	1.40951	−0.648	0.162	0.124	0.322
TRANS8	1.00	7.00	4.9292	1.42808	−0.604	0.162	0.001	0.322

资料来源：笔者整理。

表 8 - 16　　　　　　　　　开发性学习过程观测变量均值、标准差与正态性

测量题项	最小值	最大值	均值	正态性	偏度		峰度	
					统计量	标准差	统计量	标准差
EXPLOI1	1.00	7.00	4.8451	1.42295	−0.359	0.162	−0.141	0.322
EXPLOI2	1.00	7.00	4.8496	1.41874	−0.391	0.162	−0.194	0.322
EXPLOI3	1.00	7.00	4.8628	1.41852	−0.490	0.162	0.038	0.322
EXPLOI4	1.00	7.00	4.3053	1.13907	−0.621	0.162	0.837	0.322
EXPLOI5	1.00	7.00	4.8009	1.44843	−0.462	0.162	−0.130	0.322
EXPLOI6	1.00	7.00	4.7611	1.45617	−0.422	0.162	−0.056	0.322
EXPLOI7	1.0	6.0	4.111	1.1240	−0.599	0.162	0.432	0.322
EXPLOI8	1.0	7.0	4.850	1.4125	−0.456	0.162	−0.283	0.322

资料来源：笔者整理。

表 8 - 17　　　　　　　　　技术能力观测变量均值、标准差与正态性

测量题项	最小值	最大值	均值	正态性	偏度		峰度	
					统计量	标准差	统计量	标准差
TECAP1	1.00	7.00	4.5177	1.35389	−0.396	0.162	−0.064	0.322
TECAP2	1.00	7.00	4.6903	1.43963	−0.490	0.162	−0.331	0.322
TECAP3	1.00	7.00	4.5708	1.37496	−0.320	0.162	−0.288	0.322
TECAP4	1.00	7.00	4.6725	1.37561	−0.396	0.162	−0.373	0.322
TECAP5	1.00	7.00	4.5531	1.42027	−0.395	0.162	−0.241	0.322
TECAP6	1.00	7.00	4.5221	1.37014	−0.355	0.162	−0.292	0.322
TECAP7	1.00	7.00	4.0973	1.53168	−0.352	0.162	−0.893	0.322
TECAP8	1.00	7.00	3.8628	1.31445	0.066	0.162	−0.937	0.322

资料来源：笔者整理。

（二）问卷测量量表的效度分析

根据相关研究，效度评价的指标需要从内容效度（Content Validity）和结构效度（Construct Validity）（Straub，1989；Boudreau et al.，2001）两个方面来判别。

　　内容效度是指每个测量项目的设置，是否具有代表性和综合性，其有效程度主要取决于测量项目所产生的实际背景（Straub，1989；Bock and Kim，2002）。本书所采用的所有变量测量项目的设置，均参考了已有的相关文献，并在对已有的量表进行修正后采用，在没有合适的量表可以采用的情况下，则根据概念，结合研究问题的实际背景进行项目设置。同时，本书当中的测试项目在进行大模型调研之前，通过预测试的方式对大学与企业当中的学者和实践专家进行访谈测试，通过他们的评价和反馈，对初始问卷项目的表述、设置、问题量等方面进行了修正。

　　结构效度是指测量工具所能测量到理论构想的程度（林震岩，2007）。来自同一概念构成的项目，彼此之间的相关越高越好，但属于不同构成的项目，则相关应越低越好。因此结构效度主要针对收敛效度（Convergent Validity）和区分效度（Discriminant Validity）（Shook et al.，2004；Bock et al.，2005）进行评价。

　　收敛效度是指测量同一概念的测量项目的一致性（Simonni，1999），即测试由同一个变量发展出的多个问项是否收敛于一个因素。本书在进行实际分析时，通过评价同一概念中的每个测量项目与该概念中的其他项目总和的相关系数（Corrected - Item Total Correlation，简称 CITC）来进行评价，对于 CITC 值低于 0.5 的项目，就认为其收敛效度较差，应予剔除（Bock and Kim，2002；Bock et al.，2005）。CITC 值是计算同一变量的每一个测量项目与其他项目之和的皮尔逊相关系数，系数越大，表明相关度越高。

　　本书的具体计算结果和评价结果如表 8-18 所示，其中，CITC 值最小为 0.590，最大为 0.933，所有测量项目的 CITC 值均高于 0.5，因此其收敛效度是合理的。

表 8-18　　　　　　　　　　　　　　　　收敛效度检验表

潜变量	项目	总和相关系数	最小值	最大值
探索性学习过程 （EXPLOR）	EXPLOR1	0.822 **	0.725	0.822
	EXPLOR2	0.781 **		
	EXPLOR3	0.736 **		
	EXPLOR4	0.784 **		
	EXPLOR5	0.776 **		
	EXPLOR6	0.794 **		
	EXPLOR7	0.725 **		
	EXPLOR8	0.768 **		
转化性学习过程 （TRANS）	TRANS1	0.881 **	0.634	0.933
	TRANS2	0.925 **		
	TRANS3	0.904 **		
	TRANS4	0.634 **		
	TRANS5	0.933 **		
	TRANS6	0.917 **		
	TRANS7	0.847 **		
	TRANS8	0.900 **		

续表

潜变量	项目	总和相关系数	最小值	最大值
开发性学习过程 （EXPLOI）	EXPLOI1	0.889 **	0.713	0.910
	EXPLOI2	0.910 **		
	EXPLOI3	0.895 **		
	EXPLOI4	0.713 **		
	EXPLOI5	0.896 **		
	EXPLOI6	0.885 **		
	EXPLOI7	0.748 **		
	EXPLOI8	0.877 **		
技术能力 （TECAP）	TECAP1	0.830 **	0.590	0.879
	TECAP2	0.858 **		
	TECAP3	0.843 **		
	TECAP4	0.841 **		
	TECAP5	0.847 **		
	TECAP6	0.879 **		
	TECAP7	0.590 **		
	TECAP8	0.591 **		

注：** 表示显著性水平为 0.01，双尾检验。

资料来源：笔者整理。

区分效度是指不同变量测量之间的差异化程度（Simonni, 1999）。主要通过探索性因子分析方法（EFA）对测量项目的因子载荷进行评价。本书运用 EFA，主要通过主成分分析法（Principle Component Methods），采用最大方差法（Varimax）进行分析，并采用特征值（Eigen Value）大于 1 的标准选择因子个数。作变量之间的相关性检验的方法，主要有两类（马庆国，2002）。KMO（Kaiser – Meyer – Olkin）样本测度是计算所有变量的简单相关系数的平方和与这些变量之间偏相关系数的平方和之差[①]。巴特莱特球体检验（Bartlett Test of Spherfcity）表示统计量在一定条件下服从卡方 χ^2 分布，是从整个相关系数矩阵考虑问题的，当巴特莱特统计值的显著性概率小于或等于 α 时，可以做因子分析。本书对 4 个变量 32 个测量项目进行了 KMO 和巴特莱特球体检验，所得的结果如表 8 – 19 所示。

从表 8 – 19 中关于各变量效度检验结果可以看出，各测量量表的 KMO 的值都大于 0.9，巴特莱特显著性概率均为 0.000，小于 0.001，说明数据具有相关性，都适合做因子分析。因子载荷的最小值都大于 0.60，且特征值大于 1 的因子的累计方差解释率都大于 50%，表明探索性学习过程、转化性学习过程、开发性学习过程和技术能力这四个变量量表的结构效度检验都符合统计要求。

---

① KMO 越接近 1，说明越适合作因子分析。KMO 在 0.9 以上表示非常适合；0.8—0.9 表示很适合；0.7—0.8 表示适合；0.6—0.7 表示不太适合；0.5—0.6 表示很勉强；0.5 以下表示不适合作因子分析。

表 8 - 19　　　　　　　　　　　　　　各变量效度检验结果

潜变量	KMO 值	巴特莱特卡方值	因子载荷		累计方差解释率（%）	显著性水平
探索性学习过程	0.941	1279.916	EXPLOR1	0.870	68.950	0.000
			EXPLOR2	0.836		
			EXPLOR3	0.800		
			EXPLOR4	0.839		
			EXPLOR5	0.833		
			EXPLOR6	0.847		
			EXPLOR7	0.789		
			EXPLOR8	0.826		
转化性学习过程	0.954	2267.435	TRANS1	0.910	81.115	0.000
			TRANS2	0.944		
			TRANS3	0.929		
			TRANS4	0.695		
			TRANS5	0.951		
			TRANS6	0.938		
			TRANS7	0.883		
			TRANS8	0.926		
开发性学习过程	0.939	2073.398	EXPLOI1	0.917	78.850	0.000
			EXPLOI2	0.933		
			EXPLOI3	0.921		
			EXPLOI4	0.773		
			EXPLOI5	0.922		
			EXPLOI6	0.913		
			EXPLOI7	0.802		
			EXPLOI8	0.907		
技术能力	0.920	1681.221	TECAP1	0.884	71.122	0.000
			TECAP2	0.904		
			TECAP3	0.895		
			TECAP4	0.891		
			TECAP5	0.897		
			TECAP6	0.920		
			TECAP7	0.653		
			TECAP8	0.647		

资料来源：笔者整理。

（三）问卷测量量表的信度分析

信度（Reliability）主要是指论证方法和数据的可靠性，在相同条件下，对同一测量对象得到一致结果（数据或结论）的可能性[①]。一般采用"稳定性"（Stability）、"等值性"（Equivalence）和"内部一致性"（Internal Consistency）三个指标进行衡量（Ketchen，Hult and Kacmar，2004）。内部一致性在结构方程模型（SEM）中要求甚高，因为对于潜变量（Latent Variable）的测量可能需要对一系列的问题进行测试，而这要求所有问题之间都具有一致性。

克龙巴赫（Cronbach）α系数表明量表中每题项得分间的一致性，适用于测量定距尺度的信度。设一份量表共有 k 个题目，n 个观测，a_{ij}（$i=1$，2，$\cdots$，k，$j=1$，2，$\cdots$，n）表示各观测项第 i 个题目的得分，则 α 信度系数为：

$$\alpha = \frac{k}{k-1}\left(1 - \frac{\sum_i^k S_i^2}{S_k^2}\right) \tag{8.31}$$

式中，k 为测试的题目数，S_i 为第 i 题得分的方差，S_k 为测试总分的方差。当题目间的相关系数越大时，克龙巴赫 α 系数也会越大，而且随着量表题目数量的增减，α 系数会上升或下降，但每个理论维度下都必须至少有两个以上的题项才能计算克龙巴赫 α 系数，若只有一个题项，则信度值为 1。按照纽纳利（1978）的标准，$\alpha > 0.9$ 为信度非常好，$0.7 < \alpha < 0.9$ 为高信度，$0.35 < \alpha < 0.7$ 为中等信度，$\alpha < 0.35$ 为低信度[②]。一般来说，在基础研究中，信度至少达到 0.8 才可接受。在探索性研究中，信度只要达到 0.70 就可以接受（Fornell and Larcker，1981；Shook et al.，2004；Bock et al.，2005）。信度是效度的基础，信度低则效度也低，有效度保证有信度，但有信度并不保证有效度。本书采用 SPSS18.0 对回收的样本作克龙巴赫 α 系数测试，其测试结果见表 8 - 20。

表 8 - 20　　　　　　　　　　　变量的信度检验

变量	项目数	标准化的克龙巴赫 α 系数	参考标准
探索性学习过程	8	0.935	
转化性学习过程	8	0.957	
开发性学习过程	8	0.961	$\alpha > 0.8$
技术能力	8	0.938	

资料来源：笔者整理。

五　结构方程模型分析

（一）结构方程模型的界定及分析程序

1. 基本模型的确立

结构方程模型（Structural Equation Modeling，SEM），有的学者把它称为潜在变量

[①]　对问卷信度的测量可以采用重测信度、复本信度和折半信度。在大多数文献中，较为常见的方法是测量克龙巴赫 α 系数（Borwn，Davidson and Eilklund，2001）。

[②]　也有学者认为，克龙巴赫 α 系数介于 70—0.98，都可算是高信度值，而如果低于 0.35 就必须予以拒绝。

模型（Latent Variable Models）（Moustaki et al. , 2004），综合了计量经济学、计量社会学和计量心理学等领域统计分析方法。结构方程模型可分为测量模型（Measurement Model）分析或称验证性因子分析（Confirmative Factor Analysis，CFA）与结构模型（Structural Model）分析。测量模型旨在设定潜在变量和观测变量之间的关系，可以显示观测变量的信度与效度；而结构模式可以设定和检验潜在变量之间的因果关系，并计算出解释与未解释的变异量（Jöreskog and Sörbom，1989）。目前较为流行的结构方程模型分析软件有 LISREL、AMOS、EQS、Mplus 等，AMOS（Analysis of Moment Structures）结合了传统一般线性模型与共同因素分析技术，是一种功能较为齐全的统计分析工具，其在估计一组线性结构方程的未知系数、检验含有潜变量的模型，以及测量自变量对因变量的直接和间接影响等方面具有较强的优势，可以实现路径分析、协方差结构分析、回归分析等多方面功能。本书采用 AMOS16.0 软件来进行 SEM 分析。

结构方程模型基本上是一种验证性的方法，通常必须有理论或经验法则支持，在理论的引导下构建假设模型。结构方程模型评价的核心是模型的拟合性，研究者可以借此对复杂的理论模型加以处理，并根据模型与数据关系的一致性程度对理论模型作出适当的评价，进而证实或证伪研究者事先假设的理论模型。其基本思路是，根据较少的潜变量解释一组可观测变量之间的关系，即从矩阵 Σ 中得到变量之间的协方差来刻画这些关系，以使之尽可能与样本协方差矩阵 S 接近，并同时评价模型的拟合程度。

SEM 模型包括测量方程、结构方程和模型假设，参数与变量之间的关系可用一般化线性方程加以描述，其结构方程式可作如下表述：

测量方程：

$$y = \Lambda_y \eta + \varepsilon \tag{8.32}$$

$$x = \Lambda_x \xi + \delta \tag{8.33}$$

结构方程：

$$\eta = \beta\eta + \Gamma\xi + \zeta \tag{8.34}$$

其中，（8.32）表达了内生变量的测量方程，y 是由 p 个内生显变量组成的 $p \times 1$ 向量，η 是由 m 个内生潜变量组成的 $m \times 1$ 向量，Λ_y 是 y 在 η 上的 $p \times m$ 因子载荷矩阵，ε 是 p 个测量误差组成的 $p \times 1$ 向量；（8.33）是外生变量的测量方程，x 是 q 由个外生显变量组成的 $q \times 1$ 向量，ξ 是由 n 个外生潜变量组成的 $n \times 1$ 向量，Λ_x 是 x 在 ξ 上 $q \times n$ 的因了载荷矩阵，δ 是 q 个测量误差组成的 $q \times 1$ 向量。在结构方程（8.34）中，β 是 $m \times m$ 系数矩阵，描述了内生潜变量 ξ 之间的彼此影响。Γ 是 $m \times n$ 系数矩阵，描述了外生潜变量 ξ 对内生潜变量 η 的影响；ζ 表示 $m \times 1$ 残差向量。

在本书当中，我们以 EXPLOR1、EXPLOR2……EXPLOR8 表示 8 个探索性学习过程的外生性显变量，EXPLOR 表示探索性学习过程的潜变量（因子）；TRANS1、TRANS2……TRANS 8 表示 8 个探索性学习过程的外生性显变量，TRANS 表示转化性学习过程的潜变量；EXPLOI1、EXPLOI2……EXPLOI8 表示 8 个探索性学习过程的外生性显变量，EXPLOI 表示开发性学习过程的潜变量；TECAP1、TECAP2……TECAP8 表示 8 个技术能力的内生性显变量，TECAP 表示技术能力的潜变量。组织学习过程与技术能力的 SEM 模型如图 8-12 所示。

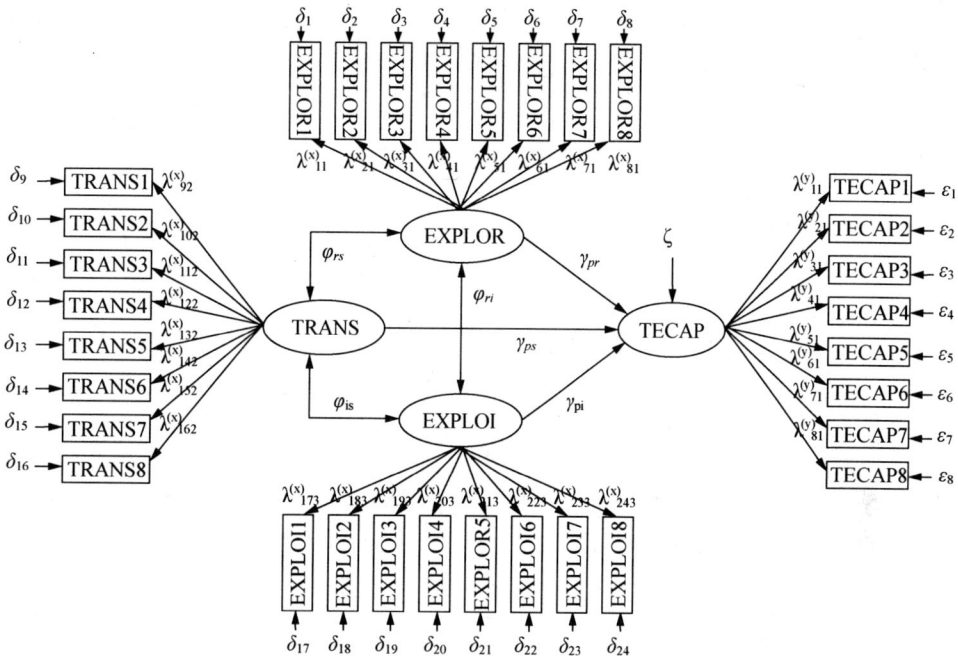

图 8-12　组织学习过程对后发企业技术能力产生影响的 SEM 模型因果路径

资料来源：笔者整理。

根据模型假设的设定，本书模型的结构方程矩阵可以表示为：

测量方程矩阵：

$$
\begin{bmatrix}
\text{EXPLOR1} \\
\text{EXPLOR2} \\
\cdots \\
\text{EXPLOR8} \\
\text{TRANS1} \\
\text{TRANS2} \\
\cdots \\
\text{TRANS8} \\
\text{EXPLOI1} \\
\text{EXPLOI2} \\
\cdots \\
\text{EXPLOI8}
\end{bmatrix}
=
\begin{bmatrix}
\lambda_{11}^{(x)} & 0 & 0 \\
\lambda_{21}^{(x)} & 0 & 0 \\
\cdots \\
\lambda_{81}^{(x)} & 0 & 0 \\
0 & \lambda_{12}^{(x)} & 0 \\
0 & \lambda_{22}^{(x)} & 0 \\
\cdots \\
0 & \lambda_{82}^{(x)} & 0 \\
0 & 0 & \lambda_{13}^{(x)} \\
0 & 0 & \lambda_{23}^{(x)} \\
\cdots \\
0 & 0 & \lambda_{83}^{(x)}
\end{bmatrix}
\begin{bmatrix}
\text{EXPLOR} \\
\text{TRANS} \\
\text{EXPLOI}
\end{bmatrix}
+
\begin{bmatrix}
\delta_1 \\
\delta_2 \\
\delta_3 \\
\delta_4 \\
\delta_5 \\
\delta_6 \\
\delta_7 \\
\delta_8 \\
\delta_9 \\
\delta_{10} \\
\cdots \\
\delta_{24}
\end{bmatrix}
\tag{8.35}
$$

$$
\begin{bmatrix} \text{TECAP1} \\ \text{TECAP2} \\ \text{TECAP3} \\ \text{TECAP4} \\ \text{TECAP5} \\ \text{TECAP6} \\ \text{TECAP7} \\ \text{TECAP8} \end{bmatrix} = \begin{bmatrix} \lambda_{11}^{(y)} \\ \lambda_{21}^{(y)} \\ \lambda_{31}^{(y)} \\ \lambda_{41}^{(y)} \\ \lambda_{51}^{(y)} \\ \lambda_{61}^{(y)} \\ \lambda_{71}^{(y)} \\ \lambda_{81}^{(y)} \end{bmatrix} \begin{bmatrix} \text{TECAP} \end{bmatrix} + \begin{bmatrix} \varepsilon_1 \\ \varepsilon_2 \\ \varepsilon_3 \\ \varepsilon_4 \\ \varepsilon_5 \\ \varepsilon_6 \\ \varepsilon_7 \\ \varepsilon_8 \end{bmatrix} \tag{8.36}
$$

结构方程矩阵：

$$
\text{TECAP} = \begin{bmatrix} \gamma_{pr} & \gamma_{ps} & \gamma_{pi} \end{bmatrix} \begin{bmatrix} \text{EXPLOR} \\ \text{TRANS} \\ \text{EXPLOI} \end{bmatrix} + \zeta \tag{8.37}
$$

（二）模型的检验指标

海尔等人（1998）把模型的检验指标分为绝对拟合（Absolute Fit）、增量拟合（Incremental Fit）和简约拟合（Parsimonious Fit）三类指标。一般而言，模型的拟合只需与其中的一些重要指标进行匹配即可。在本书当中，我们对以下几个关键指标对模型的整体拟合度进行判断。

1. χ^2 统计量

χ^2 值是检验模型整体拟合优度最基本也是最常用的指标，χ^2 值越小，表示整体模型的因果路径与实际资料拟合就越好。但 χ^2 值在应用上对样本的大小相当敏感。当样本在 200 个以上时，χ^2 值就容易显著，而错误地拒绝零假设。因此，通常的做法是，用与样本量不太密切的指标 χ^2/df 来代替 χ^2 值，一般认为 χ^2/df 的值在 1—3 之间，且越接近 1，表明模型拟合越好。

2. 拟合优度指数（Goodness of Fit Index，GFI）

GFI 类似回归中的 R^2，从 GFI 值可以看出，理论模型的方差与协方差能够解释观察资料的方差与协方差的程度。GFI 的值介于 0—1 之间，当实际的协方差与预测的结果越接近时，GFI 值越接近 1，表示模型的拟合优度越高；当 GFI 值大于 0.9 时，表示好的适配。GFI 的计算公式为：

$$
GFI_{ML} = 1 - \frac{tr[(\overset{\wedge}{\sum}{}^{-1}S - 1)^2]}{tr[(\overset{\wedge}{\sum}{}^{-1}S)^2]} \tag{8.38}
$$

3. 残差均方和平方根（Root Mean Square Residual，RMR）。

RMR 是计算实际的方差协方差矩阵与预测的结果差距的程度，也就是在检验理论理论模型无法与实际资料相拟合的程度，因此 RMR 值越小，表示模型拟合优度越好。海尔等人（1998）指出，其值在 0.05—0.08 之间是可以接受的拟合程度。RMR 的计算公式为：

$$RMR = \sqrt{\frac{2\sum \left(\sum S_{ij} - \sum \hat{S}_{ij}\right)^2}{(p+q)(p+q+1)}}$$ (8.39)

4. 渐近 RMR（RMR of Approximation，RMSEA）

RMSEA 是布朗和卡德克（Browne and Cudeck，1993）提出的一个拟合优度检验量。他们认为，因为误差的存在，研究者不可能找到一个与总体完全拟合的因果模型，但却可以找到一个近似于总体的模型。一般而言，RMSEA 在 0.05 以下，表示拟合优度优良，0.05—0.08 表示良好，0.08—0.10 表示适中，0.10 以上表示拟合优度不佳。RMSEA 的计算公式为：

$$RMSEA = \sqrt{\frac{F\left(\sum_0 - \hat{\sum}_0\right)}{df}}$$ (8.40)

5. 校正后拟合优度指数（Adjusted GFI，AGFI）

AGFI 是将 GFI 值根据自由度与显变量个数进行校正的拟合优度统计量，AGFI 的计算式为：

$$AGFI = 1 - \left\{\left(\frac{(p+q)(P+q+1)}{df}\right)(1-GFI)\right\}$$ (8.41)

由公式可知，当 GFI 值越大时，AGFI 值也会越大，表示模型拟合优度越好，一般当 AGFI 在 0.8 以上时，表示研究者所提出的模型能与实际资料相拟合。一般认为 AGFI 不受到样本大小的影响。AGFI 值在 0—1 之间，可以接受的值最好大于 0.80。

6. 标准拟合指数（Normed Fit Index，NFI）

本特勒和博内特（Bentler and Bonett，1980）提出 NFI 作为比较基准模型与研究者所提出模型间 χ^2 值的改善增加量，作为模型拟合优度指标。NFI 的值域在 0—1 之间，NFI 值越接近 1，表示模型的拟合优度越好，一般当 NFI 值在 0.90 以上时，表示研究者所提出的模型能与实际资料相拟合。

7. 相对拟合指标（Relative Fit Index）

RFI 是由 NFI 衍生出来，介于 0—1 之间，其值越大，表明模型适配越好；RFI 的值大于 0.9，表明数据具有良好的适配度。

8. 非标准拟合指数（Nonnormed Fit Index，NNFI）

NNFI 是塔克和刘易斯（Tucker and Lewis，1973）提出的一项原本应用在探索性因子分析上，利用最大似然估计抽取因子信度评估的统计量，又称 TLI 指数。NNFI 是比较基准模型与研究者所提模型间 χ^2 值的改善增加量，基于模型精简原则下，根据自由度进行校正的拟合优度统计量。一般当 NNFI 值在 0.90 以上时，表示研究者所提出的模型能与实际资料相拟合。

9. 比较拟合指数（Comparative Fit Index，CFI）

CFI 指数反映了假设模型与无任何共变关系的独立模型差异程度的量数，也考虑到被检验模型与中央卡方分布离散性，一般认为 CFI 值超过 0.9 表示模型可以接受。其计算式为：

$$CFI = 1 - \frac{\max\left[(\chi_T^2 - df_T), 0\right]}{\max\left[(\chi_T^2 - df_T), (\chi_N^2 - df), 0\right]} \tag{8.42}$$

（三）模型的分析过程

结构方程模型进行统计分析时可以分为模型建构、模型拟合、模型评价与模型修正四个基本步骤（邱皓政，2009）。

第一步，模型建构。是指在进行模型估计前，研究人员首先要根据理论或以往的研究成果来建构假设的初始理论模型，观测变量与潜变量的关系，以及各潜变量之间的相互关系，并初步拟定结构方程的方程组，相应设置结构方程的方程组中固定的系数。

第二步，模型拟合。在建构一个新的模型之后，通过对模型参数进行估计，使得模型隐含的协方差矩阵与样本协方差矩阵"差距"最小，最常用的模型参数估计方法是最大似然法和广义最小二乘法。

第三步，模型评价。在取得了参数估计值之后，对模型与数据之间的拟合优度进行评价，检验结构方程的解是否适当、各参数估计值是否在合理范围内、参数与预设模型的关系是否合理，以及检验多个不同类型的整体拟合指数，包括 χ^2/df、GFI、AGFI、CFI、RMSEA 等，以衡量模型的拟合程度（MacCallum et al.，1996）。

第四步，模型修正。该过程即是一轮拟合的结束，也是新一轮拟合的依据。如果模型不能很好地拟合数据，研究人员需要决定如何删除、增加或修改模型的参数。该过程会导致展开新一轮甚至多轮次的模型拟合过程，直到得到合理的拟合结果。

（四）模型的验证性因子分析

安德森和格宾（Anderson and Gerbing，1988）提出，研究中在以 SEM 进行研究模型拟合度（Model Fitness）检验之前需先得到可接受的测量模型，这样可以避免因不正确的测量模型而造成的混淆结果。

验证性因子分析（Conformatory Factor Analysis，CFA）模型被归类于一般结构方程模型或共变结构模型（Covariance Structure Model）当中，它和一系列的线性方程相联结。与探索性因子分析相比，验证性因子分析比较复杂，但两种模型的基本上标是相似的，旨在解释观察变量间的相关或共变关系，但 CFA 偏重于检验假定的观察变量和假定的潜在变量之间的关系（Everitt and Dunn，2001）[①]。在本书中，我们首先对测量模型的拟合优度进行检验，以便为正确地进行结构模型分析创造条件。

1. 探索性学习过程的验证性因子分析

探索性学习过程的量表是在海尔、安德森、泰瑟姆和布莱克（2006）、阿布萨和科恩德斯（2007）、詹森等人（2005）、肖兰斯基（1996）测量体系的基础上设计出来的，我们用技术搜寻（EXPLOR1）、技术趋势（EXPLOR2）、技术观察（EXPLOR3）、行业信息（EXPLOR4）、技术获取（EXPLOR5）、外部研讨（EXPLOR6）、技术联系（EX-

---

① 一般而言，CFA 是进行整合性 SEM 分析的一个前置步骤或基础架构，它也可以独立进行分析估计（周子敬，2006）。

PLOR7）、技术转移（EXPLOR8）八个测量变量对探索性学习过程（EXPLOR）进行测量。运用 AMOS 16.0 进行验证性因子分析，得到探索性学习过程因子分析模型（见图 8 – 13）的参数估计值（见表 8 – 21）。

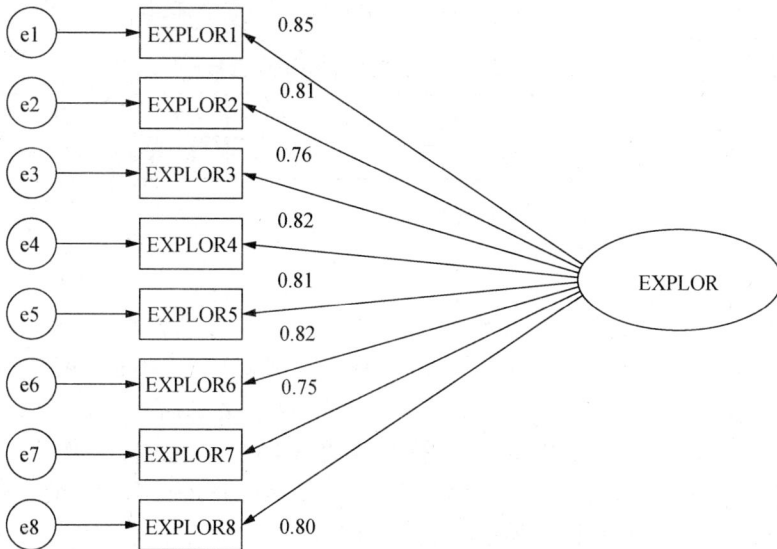

图 8 – 13　探索性学习过程的验证性因子分析模型

资料来源：笔者整理。

表 8 – 21　　　　　　　　探索性学习过程的验证性因子分析模型参数估计结果

测量模型的回归路径			估计值	S. E.	标准化的估计值	C. R.	P
EXPLOR8	←	EXPLOR	1.000		0.796		
EXPLOR7	←	EXPLOR	0.902	0.073	0.749	12.357	＊＊＊
EXPLOR6	←	EXPLOR	1.087	0.078	0.824	14.024	＊＊＊
EXPLOR5	←	EXPLOR	0.985	0.072	0.806	13.595	＊＊＊
EXPLOR4	←	EXPLOR	1.135	0.082	0.816	13.838	＊＊＊
EXPLOR3	←	EXPLOR	0.959	0.076	0.764	12.671	＊＊＊
EXPLOR2	←	EXPLOR	1.068	0.078	0.813	13.769	＊＊＊
EXPLOR1	←	EXPLOR	1.123	0.076	0.855	14.739	＊＊＊

资料来源：笔者整理。

　　各题项的路径系数、测量误差及变量的显著性见表 8 – 21。各个观察变量的测量题项的因子的标准化负荷值都位于 0.75—0.85 之间而且均达显著水平（C. R. ＞1.96），表明各个题项对变量的解释程度较好。测量模型的拟合指标如表 8 – 22 所示，从绝对拟合指标来看，X^2/df 的值为 1.962，小于 2，GFI 值大于 0.9 的建议值，AGFI 大于 0.8 的建议值。RMSEA 值小于 0.08，表示拟合优度较好。从相对拟合指标来看，NFI 和 RFI 值大于 0.8，表示拟合优度可接受，CFI 值均大于 0.9，拟合优度比较好。验证性因子分析结果表明测量模型符合基本拟合标准，可以用于对探索性学习过程的测度。

表 8 - 22　　　　　　　　　　　　探索性学习过程的测量模型拟合指标

χ^2	df	χ^2/df	CFI	AGFI	NFI	RFI	CFI	RMSEA
39.244	20	1.962	0.959	0.927	0.970	0.958	0.985	0.065

资料来源：笔者整理。

2. 转化性学习过程的验证性因子分析

转化性学习过程的量表是在詹森等人（2005）、马什和斯托克（2006）、史密斯等人（2005）、加鲁德和纳伊亚（1994）、詹森等人（2005）、马什和斯托克（2006）研究的基础上开发出来的，我们用企业储备（TRANS1）、员工储备（TRANS2）、技术共享（TRANS3）、技术管理（TRANS4）、技术运用（TRANS5）、技术激活（TRANS6）、技术分析（TRANS7）、技术机会（TRANS8）八个测量变量进行测量，通过验证性因子分析，得到转化性学习过程因子模型的参数估计值。

各题项的路径系数、测量误差及变量的显著性见表 8 - 23。各个观察变量的测量题项的因子的标准化负荷值都位于 0.64—0.95（见图 8 - 14）之间而且均达显著水平（C. R. >1.96），表明各个题项对变量的解释程度较好。对于标准化回归系数 "TRANS→TRANS4"，其系数值为 0.64，意味着潜在因子对测量指标 TRANS4 的直接效果值为 0.64，该测量变量没能有效地反映其要测得的概念特质，可以删除该观测变量。我们可以考虑删除测量指标 TRANS4，对测量模型的参数值进行重新测量，其因子分析模型与测量模型的拟合情况如下：

表 8 - 23　　　　　　　　转化性学习过程的验证性因子分析模型参数估计结果

测量模型的回归路径			估计值	S. E.	标准化的估计值	C. R.	P
TRANS8	←	TRANS	1.000		0.919		
TRANS7	←	TRANS	0.925	0.046	0.861	20.209	＊＊＊
TRANS6	←	TRANS	1.017	0.039	0.939	26.078	＊＊＊
TRANS5	←	TRANS	1.033	0.038	0.951	27.284	＊＊＊
TRANS4	←	TRANS	0.526	0.045	0.645	11.742	＊＊＊
TRANS3	←	TRANS	1.088	0.045	0.919	24.331	＊＊＊
TRANS2	←	TRANS	1.052	0.041	0.935	25.760	＊＊＊
TRANS1	←	TRANS	0.975	0.044	0.894	22.385	＊＊＊

资料来源：笔者整理。

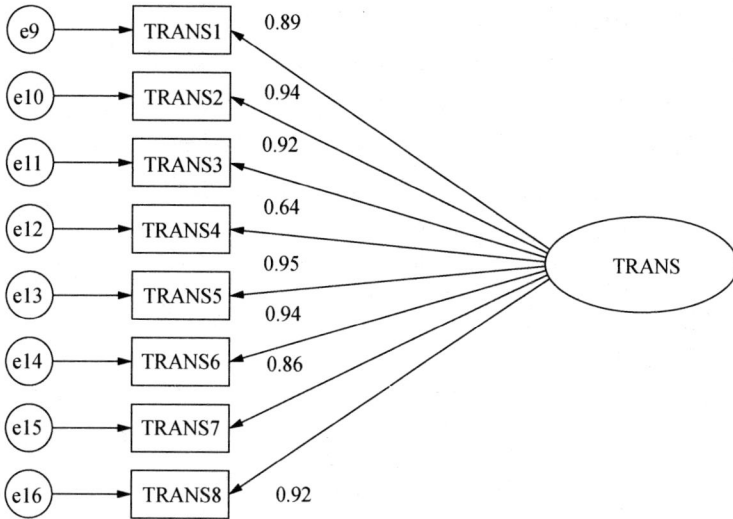

图 8 – 14 转化性学习过程的验证性因子分析模型

资料来源：笔者整理。

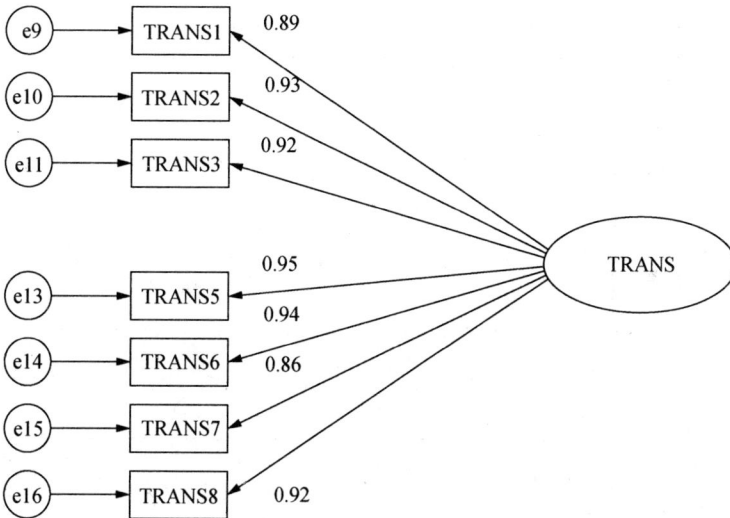

图 8 – 15 转化性学习过程的验证性因子分析模型

资料来源：笔者整理。

表 8 – 24   转化性学习过程的测量模型拟合指标

χ^2	df	χ^2/df	CFI	AGFI	NFI	RFI	CFI	RMSEA
46.631	14	3.331	0.941	0.882	0.979	0.968	0.985	0.102

资料来源：笔者整理。

    测量模型的拟合指标如表 8 – 24 所示，从绝对拟合指标来看，χ^2/df 的值为 3.331，对 χ^2/df 的值的一般要求是介于 1—3 之间，不过有人建议，当 χ^2/df 在 2.0—5.0 之间时，仍是一个可以接受的模型（侯杰泰，2004）。GFI 值大于 0.9 的建议值，AGFI 大于 0.8 的建议值。RMSEA 值为 0.102，一般认为，RMSEA 值低于 0.1 表示可以接受的拟合，0.8—0.5 表示较好的拟合，在该测量模型中，0.102 接近于 0.1 的标准，我们仍然可以认为 RMSEA 基本合乎标准。其他拟合指标来看，相对拟合指标 NFI 和 RFI 值大于 0.8，CFI 值均大于 0.9。表明总体上看拟合优度是合乎要求的。验证性因子分析结果表明测量模型符合基本拟合标准，可以用于对转化性学习过程的测度。

    3. 开发性学习过程的验证性因子分析

    开发性学习过程的量表是在詹森等人（2005）、史密斯等人（2005）、Todorova 和 Durisin（2007）、肖兰斯基（1996）测量体系的基础上设计出来的，我们用新的应用（EXPLOI1）、技术匹配（EXPLOI2）、技术补充（EXPLOI3）、技术专长（EXPLOI4）、技术应用（EXPLOI5）、内部研讨（EXPLOI6）、技术嵌入（EXPLOI7）和技术能手（EXPLOI8）八个测量变项进行测量。通过验证性因子分析，得到开发性学习过程因子模型的参数估计值。

表 8 – 25   开发性学习过程的验证性因子分析模型参数估计结果

测量模型的回归路径			估计值	S. E.	标准化的估计值	C. R.	P
EXPLOI8	←	EXPLOI	1.000	—	0.899	—	—
EXPLOI7	←	EXPLOI	0.652	0.046	0.737	14.191	＊＊＊
EXPLOI6	←	EXPLOI	1.039	0.048	0.905	21.725	＊＊＊
EXPLOI5	←	EXPLOI	1.041	0.047	0.912	22.142	＊＊＊
EXPLOI4	←	EXPLOI	0.632	0.048	0.704	13.168	＊＊＊
EXPLOI3	←	EXPLOI	1.023	0.046	0.915	22.378	＊＊＊
EXPLOI2	←	EXPLOI	1.051	0.044	0.940	24.161	＊＊＊
EXPLOI1	←	EXPLOI	1.031	0.046	0.919	22.639	＊＊＊

    资料来源：笔者整理。

表 8 – 26   开发性学习过程的测量模型拟合指标

χ^2	df	χ^2/df	CFI	AGFI	NFI	RFI	CFI	RMSEA
105.955	20	5.298	0.900	0.819	0.950	0.930	0.959	0.138

    资料来源：笔者整理。

    测量模型的拟合指标如表 8 – 26 所示，GFI 值为 0.900，AGFI 值为 0.819，大于 0.8 的建议值，RMSEA 值为 0.138，小于 0.8，这些指标反映出了模型具有一定的拟合优度。但反映模型 χ^2/df 的值为 5.298，大于可以接受的范围（$\chi^2/df < 5$），RMSEA 值远

高于模型可以接受的最低标准（RMSEA < 0.1），验证性因子分析结果表明（见图 8 -
18），测量模型总体上没有达到拟合的标准。通过 AMOS 的分析结果，EXPLOI4 与 EX-
PLOI7 的残差相对较高，由此导致造成了卡方统计量 χ^2 与自由度 df 之比大于 5 以及
RMSEA 值大于 0.1，模型的拟合度不佳。对于标准化回归系数"EXPLOI→EXPLOI4、
EXPLOI→EXPLOI7，其系数值分别为 0.70 和 0.74，意味着潜在因子对这两个测量指标
的预测能力相对最弱，亦即这两个测量指标与其他测量指标的适配性较差，可以考虑尝
试删除这两指标，重新对测量的拟合优度进行检验。

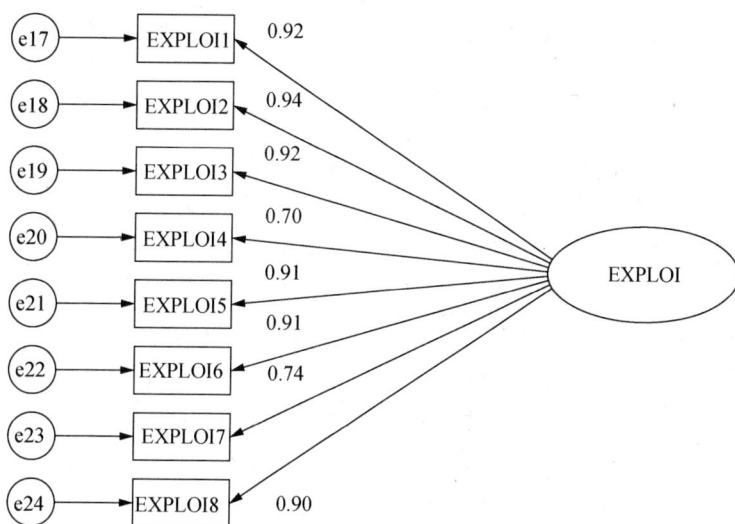

图 8 - 16　开发性学习过程的验证性因子分析模型

资料来源：笔者整理。

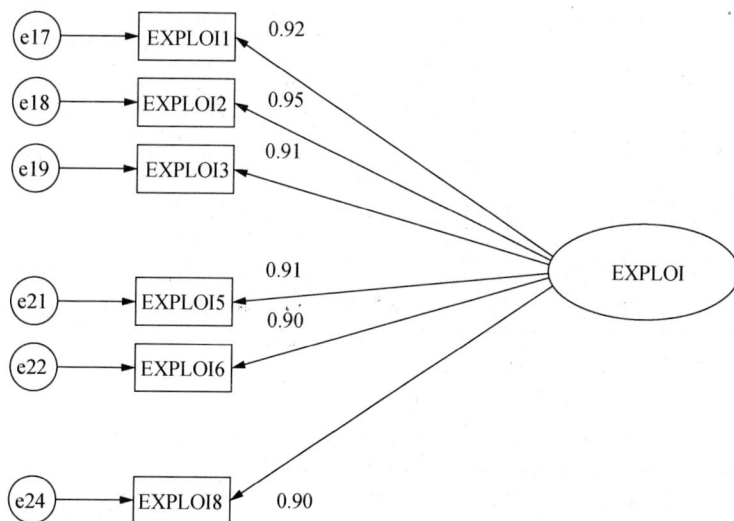

图 8 - 17　开发性学习过程的验证性因子分析模型

资料来源：笔者整理。

表 8 - 27　　　　　　　　　开发性学习过程的测量模型拟合指标

χ^2	df	χ^2/df	CFI	AGFI	NFI	RFI	CFI	RMSEA
27.773	9	3.086	0.959	0.905	0.984	0.973	0.989	0.096

资料来源：笔者整理。

通过删除测量模型当中残差相对较高的测量指标 EXPLOI4、EXPLOI7，重新对测量模型进行 CFA 检验，表 8 - 27 中的检验结果表明，χ^2/df 为 3.086，接近于 3，远小于最低接受标准 5，GFI 值大于 0.9 的建议值，AGFI 大于 0.8 的建议值，RMSEA 值小于模型的接受标准 0.1。从相对拟合指标来看，NFI 和 RFI 值大于 0.8，CFI 值均大于 0.9，表示拟合优度可以接受。验证性因子分析结果表明，通过测量模型通过调整之后符合可以接受的拟合标准，可以用于对开发性学习过程的测度。

4. 技术能力的验证性因子分析

技术能力的量表是在 Dyer 和 Song（1997），Song、Dyer 和 Thieme（2006）测量体系的基础上设计出来的，我们用技术上标（TECAP 1）、技术盈利（TECAP 2）、新品开发（TECAP 3）、产品改进（TECAP 4）、技术含量（TECAP 5）、技术产出（TECAP 6）、技术工艺（TECAP 7）和领先程度（TECAP 8）八个测量变量进行测量。通过验证性因子分析，得到技术能力因子模型参数估计值（见表 8 - 28）。

表 8 - 28　　　　　　　技术能力的验证性因子分析模型参数估计结果

测量模型的回归路径			估计值	S.E.	标准化的估计值	C.R.	P
TECAP8	←	TECAP	1.000		0.554		
TECAP7	←	TECAP	1.176	0.169	0.559	6.966	＊＊＊
TECAP6	←	TECAP	1.730	0.184	0.920	9.407	＊＊＊
TECAP5	←	TECAP	1.731	0.187	0.888	9.246	＊＊＊
TECAP4	←	TECAP	1.668	0.181	0.884	9.223	＊＊＊
TECAP3	←	TECAP	1.687	0.182	0.894	9.275	＊＊＊
TECAP2	←	TECAP	1.765	0.190	0.893	9.272	＊＊＊
TECAP1	←	TECAP	1.629	0.177	0.876	9.185	＊＊＊

资料来源：笔者整理。

表 8 - 29　　　　　　　　　技术能力的测量模型拟合指标

χ^2	df	χ^2/df	CFI	AGFI	NFI	RFI	CFI	RMSEA
111.118	20	5.556	0.903	0.825	0.935	0.909	0.946	0.142

资料来源：笔者整理。

测量模型的拟合指标如表 8 – 29 所示，χ^2/df 值为 5.556，大于可以接受的范围（$\chi^2/df < 5$），RMSEA 值为 0.142，远高于模型可以接受的最低标准（RMSEA < 0.1），验证性因子分析结果表明（见图 8 – 18），测量模型总体上没有达到拟合标准。通过 A-MOS 的分析结果，TECAP7 与 TECAP8 的残差相对较高，由此导致造成了卡方统计量 χ^2 与自由度 df 之比大于 5 以及 RMSEA 值大于 0.1，模型的拟合度不佳。对于标准化回归系数"TECAP→TECAP7、TECAP→TECAP8"，其系数值分别为 0.56 和 0.55，意味着潜在因子对这两个测量指标的预测能力相对最弱，亦即这两个测量指标与其他测量指标的适配性较差，可以考虑尝试删除这两个指标，重新对测量的拟合优度进行检验。

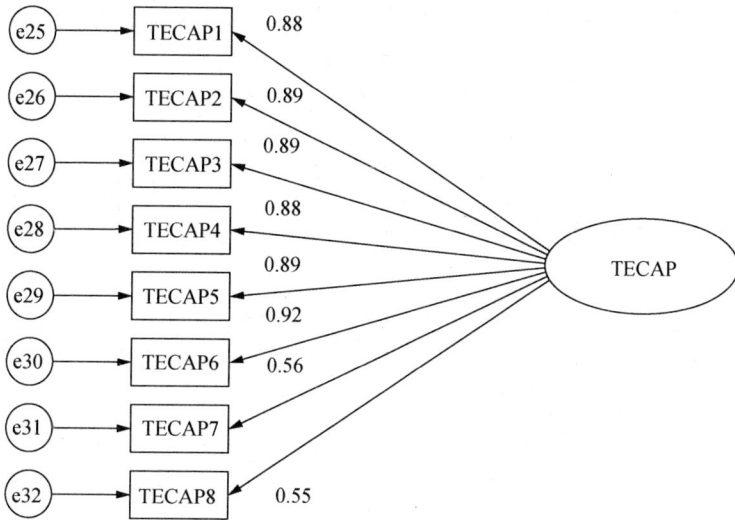

图 8 – 18　技术能力的验证性因子分析模型

资料来源：笔者整理。

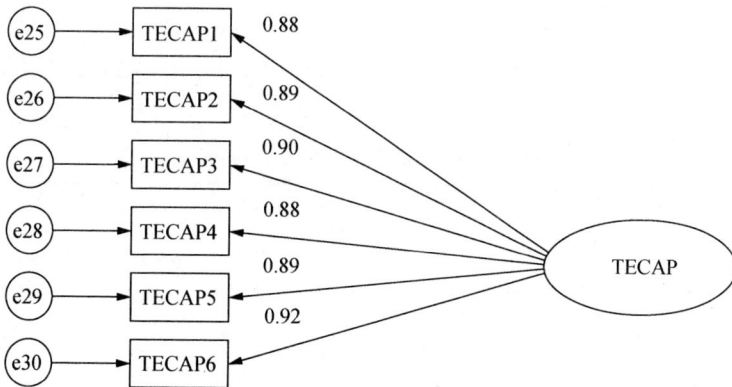

图 8 – 19　技术能力的验证性因子分析模型

资料来源：笔者整理。

表 8 – 30　　　　　　　　　　技术能力的测量模型拟合指标

χ^2	df	χ^2/df	CFI	AGFI	NFI	RFI	CFI	RMSEA
28.510	9	3.168	0.961	0.909	0.981	0.968	0.987	0.098

资料来源：笔者整理。

通过删除测量指标 TECAP7 与 TECAP8，重新对测量模型的参数进行检验，其测量误差及变量的显著性如图 8 – 19 技术能力的验证性因子分析模型。各个观察变量的测量题项的因子的标准化负荷值都位于 0.88—0.92，而且均达显著水平（C. R. > 1.96），表明各个题项对变量的解释程度较好。测量模型的拟合指标如表 8 – 30 所示，从绝对拟合指标来看，χ^2/df 的值为 3.168，小于参考标准 5（侯杰泰，2004），GFI 值为 0.987，大于 0.9 的建议值，AGFI 值为 0.909，大于 0.8 的建议值。RMSEA 值为 0.098，小于 0.1，表明拟合优度较好。从相对拟合指标来看，NFI 值和 RFI 值大于 0.8，表明拟合优度可以接受；CFI 值均大于 0.9，拟合优度比较好。验证性因子分析结果表明，测量模型通过调整之后，测量模型达到了可以接受的拟合标准，可以用于对技术能力的测度。

5. 模型的整体验证性因子分析

通过前面单个测量模型的验证性因子分析，我们删除了导致测量残差过大的测量指标之后，对合乎于拟合要求的单个测量模型进行了整体的验证性因子分析，以检验模型的拟合参数是否可以满足进行整体路径分析的要求。

各题项的路径系数和测量误差及变量相关系数见图 8 – 20。各个观察变量的测量题项的因子负荷值都位于 0.75—0.95，而且均达显著水平（C. R > 1.96），表明各个题项对模型的解释程度较好。测量模型的拟合指标如表 8 – 31 所示，从绝对拟合指标来看，χ^2/df 的值为 1.370，小于 2；GFI 值为 0.882，小于 0.9 的建议值，不过 Bagozzi 和 Yi（1988）认为，GFI 值在 0.8 以上的模型仍可以接受，AGFI 值为 0.860，大于 0.8 的建议值，RMSEA 值为 0.041，小于 0.08，表明拟合优度较好。从相对拟合指标来看，NFI 和 RFI 值大于 0.9，表明拟合优度可以接受，CFI 值为 0.984，大于 0.9，拟合优度比较好。验证性因子分析结果表明模型具有较好的拟合优度，可以用于整体结构模型的分析。

表 8 – 31　　　　　　　　　　模型的整体验证因子分析拟合指标

χ^2	df	χ^2/df	CFI	AGFI	NFI	RFI	CFI	RMSEA
435.539	318	1.370	0.882	0.860	0.943	0.937	0.984	0.041

资料来源：笔者整理。

（五）整体模型的参数估计

通过前面对探索性学习过程（EXPLOR）、转化性学习过程（TRANS）、开发性学习过程（EXPLOI）和技术能力（TECAP）测量模型的验证性因子分析，删除由于残差过大导致拟合优度不佳的观测变量，再进行整体的验证性因子分析，可以看出，模型的验证性因子分析结果表明可以对理论假设进行整体性的结构方程模型分析。

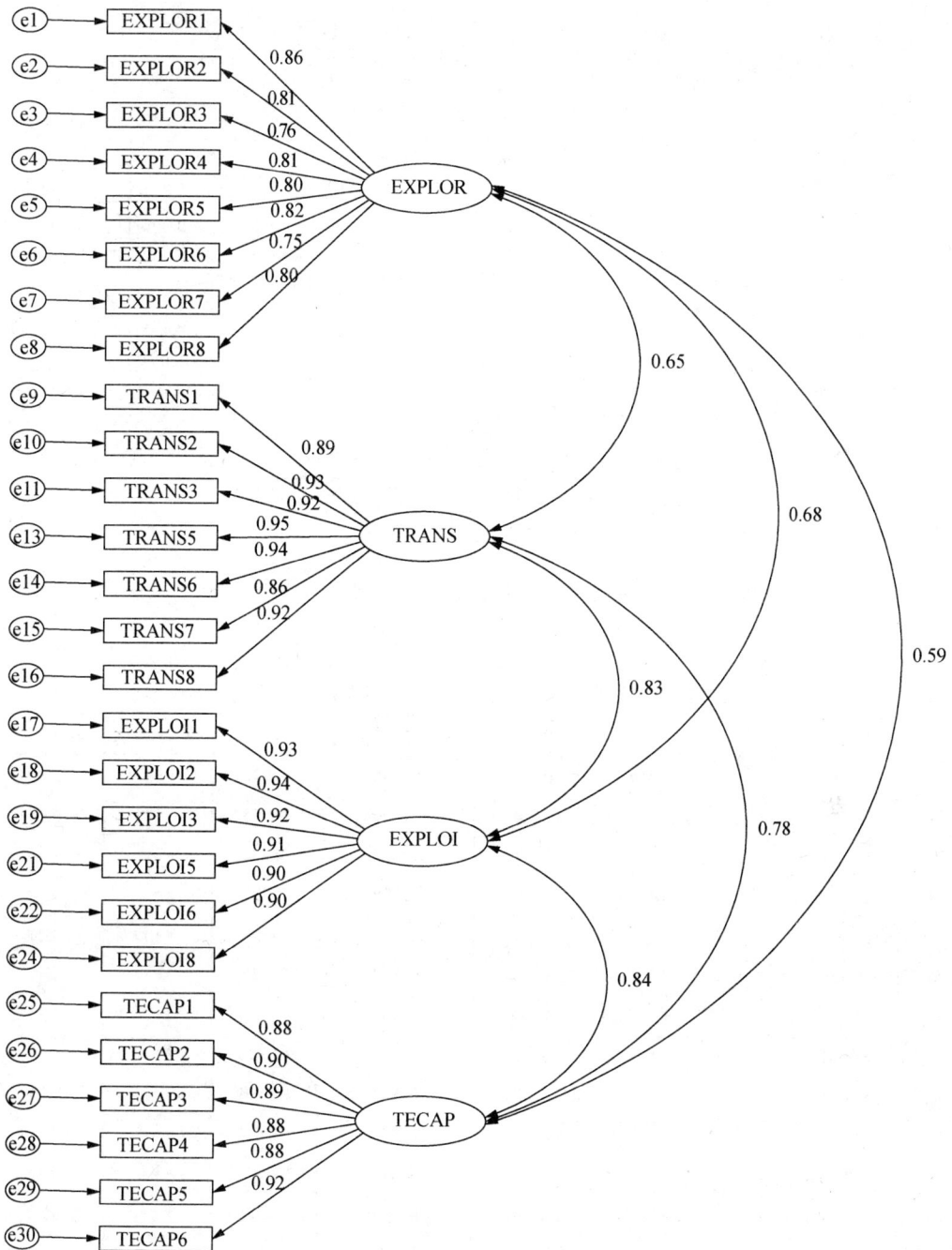

图 8 - 20 模型的整体验证性因子分析

资料来源：笔者整理。

　　按照前面建立的初始路径图，通过 AMOS Graphics 进行迭代运算，得到 SEM 的各个参数估计指标，运算结果如图 8 - 21 和表 8 - 32 所示。

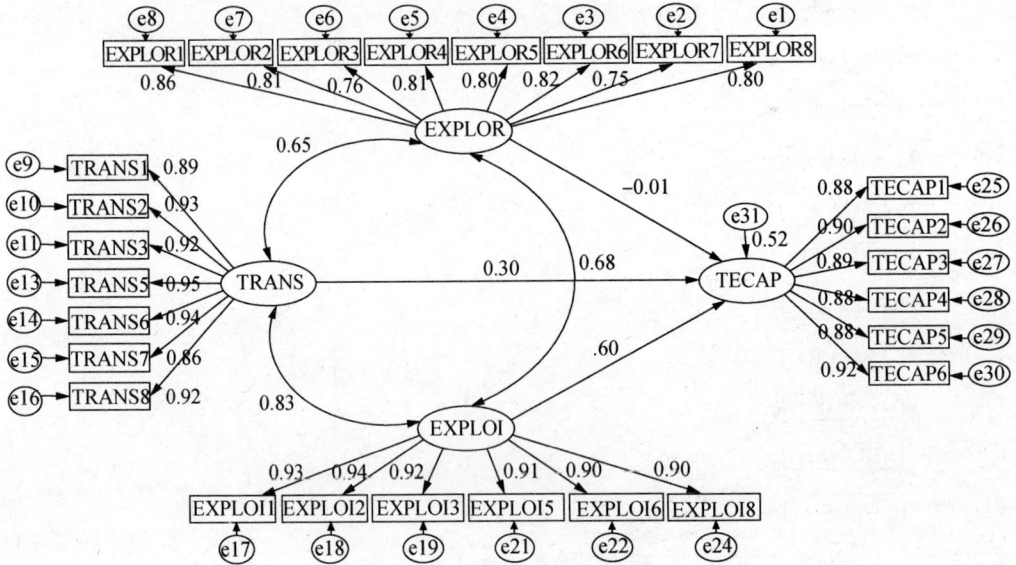

图 8 - 21　整体模型的参数估计

资料来源：笔者整理。

表 8 - 32　　　　　　　结构方程的路径系数与假设检验（样本容量 = 226）

路径	路径			估计值	标准化的估计值	C. R.	P	检验结果
γ_{ps}	TECAP	< - - -	TRANS	0.291	0.295	3.912	***	支持
γ_{pr}	TECAP	< - - -	EXPLOR	− 0.010	− 0.009	− 0.152	0.879	未获支持
γ_{pi}	TECAP	< - - -	EXPLOI	0.572	0.597	7.402	***	支持
ϕ_{ri}	EXPLOR	< - - >	EXPLOI	1.025	0.679	7.432	***	支持
ϕ_{rs}	EXPLOR	< - - >	TRANS	0.955	0.652	7.194	***	支持
ϕ_{is}	TRANS	< - - >	EXPLOI	1.385	0.827	8.775	***	支持
$\lambda_{81}^{(x)}$	EXPLOR8	< - - -	EXPLOR	1.000	0.799	—	—	支持
$\lambda_{71}^{(x)}$	EXPLOR7	< - - -	EXPLOR	0.897	0.748	12.420	***	支持
$\lambda_{61}^{(x)}$	EXPLOR6	< - - -	EXPLOR	1.081	0.823	14.101	***	支持
$\lambda_{51}^{(x)}$	EXPLOR5	< - - -	EXPLOR	0.977	0.802	13.611	***	支持
$\lambda_{41}^{(x)}$	EXPLOR4	< - - -	EXPLOR	1.127	0.813	13.884	***	支持
$\lambda_{31}^{(x)}$	EXPLOR3	< - - -	EXPLOR	0.955	0.764	12.755	***	支持
$\lambda_{21}^{(x)}$	EXPLOR2	< - - -	EXPLOR	1.064	0.813	13.875	***	支持
$\lambda_{11}^{(x)}$	EXPLOR1	< - - -	EXPLOR	1.126	0.860	14.998	***	支持

路径		路径		估计值	标准化的估计值	C. R.	P	检验结果
$\lambda_{61}^{(y)}$	TECAP6	< - - -	TECAP	1.000	0.921	—	—	支持
$\lambda_{51}^{(y)}$	TECAP5	< - - -	TECAP	0.996	0.885	21.606	***	支持
$\lambda_{41}^{(y)}$	TECAP4	< - - -	TECAP	0.961	0.881	21.353	***	支持
$\lambda_{31}^{(y)}$	TECAP3	< - - -	TECAP	0.972	0.892	22.076	***	支持
$\lambda_{21}^{(y)}$	TECAP2	< - - -	TECAP	1.022	0.895	22.328	***	支持
$\lambda_{11}^{(y)}$	TECAP1	< - - -	TECAP	0.948	0.883	21.491	***	支持
$\lambda_{92}^{(x)}$	TRANS1	< - - -	TRANS	1.000	0.894	—	—	支持
$\lambda_{102}^{(x)}$	TRANS2	< - - -	TRANS	1.079	0.934	23.447	***	支持
$\lambda_{112}^{(x)}$	TRANS3	< - - -	TRANS	1.116	0.918	22.337	***	支持
$\lambda_{132}^{(x)}$	TRANS5	< - - -	TRANS	1.057	0.948	24.458	***	支持
$\lambda_{142}^{(x)}$	TRANS6	< - - -	TRANS	1.046	0.941	23.907	***	支持
$\lambda_{152}^{(x)}$	TRANS7	< - - -	TRANS	0.945	0.860	19.036	***	支持
$\lambda_{162}^{(x)}$	TRANS8	< - - -	TRANS	1.031	0.923	22.637	***	支持
$\lambda_{173}^{(x)}$	EXPLOI1	< - - -	EXPLOI	1.000	0.925	—	—	支持
$\lambda_{183}^{(x)}$	EXPLOI2	< - - -	EXPLOI	1.015	0.942	27.004	***	支持
$\lambda_{193}^{(x)}$	EXPLOI3	< - - -	EXPLOI	0.986	0.915	24.424	***	支持
$\lambda_{213}^{(x)}$	EXPLOI5	< - - -	EXPLOI	0.996	0.905	23.613	***	支持
$\lambda_{223}^{(x)}$	EXPLOI6	< - - -	EXPLOI	1.000	0.904	23.476	***	支持
$\lambda_{243}^{(x)}$	EXPLOI8	< - - -	EXPLOI	0.968	0.902	23.309	***	支持

模型拟合指数	统计值	模型拟合指数	统计值
χ^2	435.578	AGFI	0.860
df	318	NFI	0.943
P	0.000	RFI	0.937
χ^2/df	1.370	CFI	0.984
GFI	0.883	RMSEA	0.041

注：*** 表示 $P < 0.001$；** 表示 $P < 0.01$；** 表示 $P < 0.05$。

资料来源：笔者整理。

从 SEM 模型运算结果所给出的变量间的路径系数来看，除少数路径系数以外，结构方程模型中大部分与路径系数相应的 C. R. （Critical Ratio）值均大于 1.96 的参考值，在 $P \leqslant 0.05$ 的水平上具有统计显著性。其中，未达到显著性要求的路径为：TECAP←EXPLOR，其 P 值为 0.879，这意味着探索性学习对技术能力的正向影响未获得支持。

从模型的拟合指标（见表 8 - 32）中可以看到，在卡方指标中，尽管自由度 df 为

318 时，P 值低于 0.05，未达到不显著水习①，但是 χ^2/df 为 1.370，远小于 3。GFI 值为 0.883，达到了可以接受的拟合标准，AGFI 为 0.860，大于 0.8 的建议值，本书认为，该模型可以接受。从其他拟合指标来看，NFI 值和 RFI 值大于 0.9，表明拟合优度可接受，CFI 值均大于 0.9，拟合优度比较好。RMSEA 值小于 0.08，表明拟合优度较好。综合以上各项指标的检验结果可以认为，整体模型具有较好的拟合效果。可以说明，所给定的基于组织学习过程的后发企业技术追赶战略的研究模型在参数的拟合方面是合理的。

假设 H1（γ_{pr}）的内容是"探索性学习过程对后发企业技术能力具有正向的影响"。检验结果表明，TECAP←EXPLOR 之间路径系数的临界比（C. R.）为 -0.152，显著性概率为 0.879 > 0.05，路径系数在 0.05 显著性水平下没有达到显著，假设 H1 没有获得支持，表示探索性学习过程对技术能力没有正向影响。

假设 H2（γ_{ps}）的内容是"转化性学习过程对后发企业技术能力具有正向的影响"。检验结果表明，TECAP←TRANS 之间路径系数的标准化估计值为 0.295，非标准化估计值为 0.291，临界比（C. R.）为 3.912，路径系数在 0.001 显著性水平下显著，假设 H2 成立。表示转化性学习过程与后发企业的技术能力正相关，转化性学习越有效，后发企业的技术能力也越强。

假设 H3（γ_{pi}）的内容是"开发性学习过程对后发企业技术能力具有正向的影响"。检验结果表明，TECAP←EXPLOI 之间路径系数的标准化估计值为 0.597，非标准化估计值为 0.572，临界比（C. R.）为 7.402，路径系数在 0.001 显著性水平下显著，假设 H3 成立。表示开发性学习过程与后发企业的技术能力正相关，开发性学习越有效，后发企业的技术能力也越强。

假设 H4（ϕ_{rs}）的内容是"探索性学习过程与转化性学习过程具有互补性的影响"。检验结果表明，EXPLOR←→TRANS 之间体现出共变或互补效应的协差系数的标准化估计值为 0.652，非标准化估计值为 0.955，临界比（C. R.）为 7.194，路径系数在 0.001 显著性水平下显著，假设 H4 成立。表示探索性学习过程与转化性学习过程具有较强的互补性，探索性学习过程与转化性学习过程具有相互促进的作用。

假设 H5（ϕ_{ri}）的内容是"探索性学习过程与开发性学习过程具有互补性的影响"。检验结果表明，EXPLOR←→EXPLOI 之间体现出共变或互补效应的协差系数的标准化估计值为 0.679，非标准化估计值为 1.025，临界比（C. R.）为 7.432，路径系数在 0.001 显著性水平下显著，假设 H5 成立。表示探索性学习过程与开发性学习过程具有较强的互补性，探索性学习过程与开发性学习过程具有相互促进的作用。

假设 H6（ϕ_{is}）的内容是"转化性学习过程与开发性学习过程具有互补性的影响"。检验结果表明，TRANS←→EXPLOI 之间体现出共变或互补效应的协差系数的标准化估计值为 0.827，非标准化估计值为 1.385，临界比（C. R.）为 8.775，路径系数在 0.001

---

① 卡方检验的零假设是"样本的相关矩阵或协方差矩阵与再生矩阵没有显著差别"。如果卡方值不显著，认为模型可以接受（侯杰泰、温忠麟和成子娟，2005）。

显著性水平下显著，假设 H6 成立。表示转化性学习过程与开发性学习过程具有较强的互补性，转化性学习过程与开发性学习过程具有相互促进的作用。

（六）组群之间的参数比较

为深入探讨组织学习过程对后发企业技术能力的影响机制，本书通过企业发展驱动力题项对调查的样本进行了分组参数检验，其中一组是技术驱动型企业（样本量 = 118），另一组为市场驱动型企业（样本量 = 106）。本书运用相同的研究设计模型，分别进行参数检验，以比较组织学习过程在技术驱动型与市场驱动型企业当中对后发企业技术能力的影响机制，深入研究组织学习的三个过程是否对技术驱动型企业的技术能力具有显著的影响。通过 AMOS16.0 运算，本书直接给出主要研究参数的结果。

表 8 – 33　　　　　　　　　　　　　　两个组群的模型拟合情况

	χ^2	df	p	χ^2/df	GFI	AGFI	NFI	RFI	CFI	RMSEA
技术驱动型	401.5	318	0.001	1.263	0.813	0.778	0.906	0.896	0.979	0.47
市场驱动型	419.4	318	0.000	1.319	0.789	0.749	0.874	0.970	0.970	0.55

资料来源：笔者整理。

在表 8 – 33 中，技术驱动型组群与市场驱动型组群的 χ^2/df 分别为 1.263 和 1.319，低于 2 的标准；两个组群的拟合优度指数 GFI 值均没有达到 0.9 以上的最佳标准，两者均接近于 0.8 的低标准水平。两个组群的调整拟合优度指数 AGFI 值也是接近于 0.8 的标准；正态拟合指数 NFI 值为 0.906，相对拟合指数 RFI 值接近合格标准 0.9，而两个组群的比较拟合指数 CFI 值分别为 0.979 和 0.970，达到 0.9 以上的拟合标准，近似误差均方根残差 RMSEA 分别为 0.47 和 0.55，低于 0.8，达到了理想的标准。根据 Bagozzi 和 Yi（1988）的观点，当 SEM 模型比较复杂时，在其他指数已经达到标准的情况下，个别拟合指标与标准略有差距是可以接受的，在实际中这样的情况并不少见。从 χ^2/df、CFI 与 RMSEA 值来看，表明两个组群的拟合情况均达到了合格水平。

表 8 – 34　　　　　　　　　　　　　　两个组群之间的参数比较

路径	组别	路径			估计值	标准化的估计值	C. R.	P	检验结果
γ_{ps}	技术驱动型	TECAP	<---	TRANS	0.340	0.362	3.565	***	支持
	市场驱动型	TECAP	<---	TRANS	0.158	0.146	1.321	0.186	未获支持
γ_{pr}	技术驱动型	TECAP	<---	EXPLOR	−0.023	−0.020	−0.248	0.804	未获支持
	市场驱动型	TECAP	<---	EXPLOR	0.006	0.006	0.075	0.940	未获支持
γ_{pi}	技术驱动型	TECAP	<---	EXPLOI	0.512	0.515	4.632	***	支持
	市场驱动型	TECAP	<---	EXPLOI	0.700	0.774	6.707	***	支持
ϕ_{ri}	技术驱动型	EXPLOR	<-->	EXPLOI	1.014	0.664	5.272	***	支持
	市场驱动型	EXPLOR	<-->	EXPLOI	1.051	0.700	5.210	***	支持

续表

路径	组别	路径			估计值	标准化的估计值	C. R.	P	检验结果
ϕ_{rs}	技术驱动型	EXPLOR	<-->	TRANS	0.969	0.600	4.959	***	支持
	市场驱动型	EXPLOR	<-->	TRANS	0.910	0.721	5.140	***	支持
ϕ_{is}	技术驱动型	TRANS	<-->	EXPLOI	1.487	0.798	6.324	***	支持
	市场驱动型	TRANS	<-->	EXPLOI	1.242	0.860	5.956	***	支持

资料来源：笔者整理。

假设 H1（γ_{pr}）的验证结果表明，技术驱动型与市场驱动型企业两个组群的路径系数 TECAP←EXPLOR 的临界比（C. R.）分别为 0.186 和 0.804，路径系数在 0.05 显著性水平下均没有达到显著，表明探索性学习过程在技术驱动型与市场驱动型企业当中对技术能力都没有正向影响。

假设 H2（γ_{ps}）的验证结果表明，技术驱动型组群的路径系数 TECAP←TRANS 的临界比（C. R.）为 3.565，路径系数在 0.001 显著性水平下达到显著，表明技术驱动型企业的转化性学习过程对技术能力有正向影响；市场驱动型组群的路径系数 TECAP←TRANS 的临界比（C. R.）为 0.940，路径系数在 0.05 显著性水平下没有达到显著，表明市场驱动型企业的转化性学习过程对技术能力没有正向影响。可以说明，技术驱动型企业更需要建立转化性学习过程的机制。

假设 H3（γ_{pi}）的验证结果表明，技术驱动型与市场驱动型企业两个组群的路径系数 TECAP←EXPLOI 的临界比（C. R.）分别为 4.632 和 6.707，路径系数在 0.001 显著性水平下均达到显著，表明无论是对于技术驱动型企业或是市场驱动型企业，开发性学习过程对后发企业的技术能力均有正向影响。

假设 H4（ϕ_{rs}）、H5（ϕ_{ri}）和 H6（ϕ_{is}）的验证结果表明，技术驱动型与市场驱动型企业两个组群 EXPLOR←→TRANS、EXPLOR←→EXPLOI、TRANS←→EXPLOI 之间体现出共变或互补效应的协差系数的临界比均大于 3.3，路径系数在 0.001 显著性水平下均表现为显著。表明无论是对于技术驱动型企业还是市场驱动型企业，探索性学习过程、转化性学习过程与开发型学习过程之间均具有互补性，它们之间具有相互促进的作用。

第五节　结论与展望

本书以知识经济时代后发企业如何通过组织学习过程提高技术能力、实施技术追赶战略为基本问题，提出组织学习过程对后发企业技术能力具有重要的作用。整个研究过程包括前述的相关文献综述、理论分析、企业调研、模型构建、问卷调查和数据分析等环节，并采用 SPSS18.0 和 AMOS16.0 软件进行数据统计。通过研究，弄清了后发企业探索性学习过程、转化性学习过程和开发性学习过程与技术能力之间关系，以及组织学习过程的互补性。本章将在这些已有分析结果的基础上，从研究结论、未来研究展望、研究局限等几个方面进行总结。

一　研究结论

传统的后发优势理论从技术落差的视角表明，后发企业可以利用领先企业的现有先进技术来缩短与其的技术差距，不过，后发优势理论难以实现技术的跨越式发展。在知识经济时代，后发企业越来越依赖组织学习来促进技术创新能力的提升，"组织学习过程"是中国后发企业从"技术引进"到"自主创新"的必要途径。至今，学者们对这些学习过程的认识是颇为有限的，很少有实证性的研究来证实组织过程对技术能力的影响。许多研究集中在后发企业对外部技术和知识的转移与引进的宏观基础上，而忽视了对后发企业当中组织学习过程对技术能力产生作用的微观机制。本书以中国企业为对象，从组织学习过程的角度研究了后发企业技术能力的追赶战略，形成的主要研究结果或结论如下：

（一）假设 H1 探讨了探索性学习过程对后发企业技术能力的影响

无论是否进行全样本检验，这与本书前期进行的理论分析结果都没有形成一致。从实证研究验证的结果来看，分为技术驱动型与市场驱动型的企业样本进行检验，其检验的结果均没有通过验证。中国的后发企业并没有通过探索性学习过程形成新的技术惯例，使技术能力得到显著的提升。这可以从三个方面来进行解释：一是中国的后发企业没有有效地嵌入全球价值链当中，导致中国的后发企业无法依赖探索性学习来进行技术知识的学习创新，我们仍然在全球产业价值链当中居于低端环节，受到居于产业链高端环节的领先企业的主导与控制。二是反映了领先企业对技术惯例的转移难以通过市场机制来完成，这与中国"以市场换取技术"的开放战略效果不佳的实现情况是一致的，例如，中国的汽车产业在与领先跨国公司的合资过程中，跨国公司将汽车产业当中低技术含量、高资源消耗的汽车外壳、轮胎与饰件等部件配置在中国地区生产，而把汽车产业核心技术的发动机等高知识含量的产品与合资企业分离开来，这无法从根本上引致中国汽车产业技术能力的升级。三是中国的后发企业可能还没有摆脱依赖式发展的陷阱。技术惯例作为一种行为模式，其存在的惯例总是依赖于既定的经验和认知，会体现出路径依赖性。中国的后发企业在与领先企业建立互联的过程中，陷入技术依赖式发展的锁入状态，当对方进行技术封锁或严格防止溢出时，后发企业的探索性学习过程将因无法获得对方的最新技术以及不能探索新的技术来源而失效。这一方面反映出中国的市场开放程度还不够，跨国公司当中代表核心技术的研究开发中心难以实质性地转移到中国。另一方面反映出后发企业还没有与跨国公司在技术上形成深层次的合作。扩大中国的市场开放水平，完善市场经济体制建设，加大知识产权的保护力度，可以为中国后发企业创造探索性学习的必要制度环境。此外，政府还可以通过制定相应的政策引导跨国公司与中国后发企业建立合作平台，并通过一定的创新人才战略计划，鼓励和支持后发企业的科技人才和管理人才到国外的跨国公司进行实习，学习国外先进的技术和一流的管理理念，学习科技创新的组织方法，以提高探索性的学习效果。

（二）假设 H2 探讨了转化性学习过程对后发企业技术能力的影响

通过全样本的参数分析，得到的检验结果与前期的理论分析结果是一致的，但在通过样本的分组深入探讨技术驱动型企业与市场驱动型企业的参数差异时，我们发现转化性学习过程在技术驱动型的组群当中具有显著性，而在市场驱动型的样本中却没有得到支持。本书通过样本的分组，技术驱动型的企业相对市场驱动型的企业具有更多的知识含量，由此转化性学习过程在技术驱动型的组群当中产生了显著的效应，而在市场驱动型的企业当中都不明显。可以得出这样的结论：转化性学习过程对技术驱动型企业的技术能力具有显著的正面影响，后发企业自身的知识与技术的积累在这个过程当中起到了重要的作用。这与前面对转化性学习过程分析得出的结论是一致的。即知识转化和转移效率的关键因素在于两方面：一是联合进行知识转化的速度与后发企业的专属知识、领先企业的专属知识及两者的共同知识的积累是对应的，当这三方面的知识均匀分布时，新知识的转化速度最高。二是在两家企业选择是否通过合作进行知识转化和转移的情况下，存在一个知识积累过程的均衡点。双方进行合作的条件是两家企业必须具有异质性，合作创新意味着具有异质性或合作的原创性。政府可以通过建立技术创新系统，加快科技开发平台的建设步伐，加大对科技基础条件的投入，建立信息共享机制，加强企业之间、企业与科研单位之间的信息交流和合作，通过网络平台为企业提供法律咨询、政策咨询等服务，为后发企业建立转化性学习的平台，提高知识与技术的转化效率。

（三）假设 H3 探讨了开发性学习过程对后发企业技术能力的影响

无论是进行全样本的检验，还是分为技术驱动型与市场驱动型的企业样本进行检验，其检验的结果均通过验证。这与本书前期进行的理论分析结果是一致的。无论是理论分析还是实证研究，以本书研究的样本为依据，开发性学习对后发企业技术能力的正向影响都得到了较好的支持。我们可以从两个方面开进行解释：一方面反映出中国的后发企业已经具备一定的知识与技术储备，后发企业有了进行开发性学习的基础；另一方面可能是中国技术创新队伍与创新环境达到了后发企业进行开发性学习投入的需要，中国后发企业对领先企业技术溢出依赖式的模仿创新可以由内生性的开发性学习创新进行替代。这与前面进行理论分析的结果具有一致性，当技术溢出率相对较大时，后发企业就有可能从领先企业那里获得技术溢出上的收益。在技术溢出率足够小的情况下，后发企业更愿意选择同步进行开发性学习投入。因此，建立以企业为主体的技术创新体系是今后中国后发企业技术能力提高的关键，这需要中国政府要进一步深化改革，优化环境，加大激励力度，切实增强企业自主创新的动力和活力，引导企业成为技术创新投入、研究开发活动和技术集成应用的主体。问卷设计的题项"我们的员工能够对他们的技术专长进行共享，以开发新的产品"，"我们知道本企业中谁是新技术开发的能手"的拟合效果显示不佳，反映出企业在开发性学习的管理上还缺乏知识技术的共享平台与共享机制，企业中的技术创新能力没有得到有效的发挥与激励。可见，后发企业建立反映知识经济时代特征的管理信息平台，建立知识共享机制也是提升企业技术能力的必要途径。

（四）假设 H4、H5 和 H6 探讨了探索性学习过程、转化性学习过程与开发性学习过程之间的互补性

无论是进行全样本的检验，还是分为技术驱动型与市场驱动型的企业样本进行检验，其检验的结果均通过验证，这与本书前期进行的理论分析结果是一致的。在实证研究当中，探索性学习过程对后发企业的技术能力没有产生直接的影响，但探索性学习过程与转化性学习和开发性学习过程均有互补性的影响，这意味着探索性学习过程对后发企业技术能力的提升具有间接的效应。转化性学习过程与开发性学习过程的互补性相对于 H4 和 H5 的互补性更强，这在一定程度上证实了开发性学习过程得以有效产生需要依赖于转化性学习这样一个中间过程，转化性学习过程可以提升开发性学习的效率。

二　理论贡献与实践意义

（一）理论贡献

在以往国内外学者对后发企业技术追赶战略的研究中，多数是基于后发国家追赶战略的角度思考如何对后发优势进行利用，提出后发企业的技术追赶战略（Gerschenkron，1952，1962；Akamatsu，1962；Brezis and P. Krugman，1993）。在以前的研究中，大多数学者认为，技术追赶战略是一个模仿—创新过程，但忽视了从模仿到创新之间的转化环节，单纯的模仿并不能导致"赶超"，而后发企业更不能突然产生超越性的创新能力，因此，这个层面的研究还是粗放式的，容易在实践中产生误导。近些年来，有不少学者提到了学习在技术追赶当中的重要作用（Dutrénit，2000，2004；Mathews，2002；Sanjaya Lall，2004；Morrison，2008；Stokke，2008；谢伟，1999；吴晓波，2002；江积海，2005；王毅，2006；蓝海林，2009），但对学习的概念缺乏清晰的定义，这在一定程度上影响了从学习的视角对技术追赶战略进行深入研究。其他研究者认为，这些企业遵循获取、消化和适应的逆向创新模式，最终产生自主创新能力（Kim，1980；Lee et al.，1988；Hobday，1995；Kim，1997）。然而，霍布迪、拉什和贝赞特（Hobday，Rush and Bessant，2004）认为，他们仍没有探索知识与技术的转化过程。本书的理论贡献主要体现在以下三个方面：

第一，从宏观层面看，在传统后发技术追赶优势理论的基础上，以马休斯的 LLL 作为本书的起点，吸收 LLL 技术追赶战略中的合理成分，把互联、杠杆和学习与反映企业核心能力的组织学习理论结合起来进行研究，对组织学习过程概念进行了清晰的定义，从探索性、转化性和开发性三个学习过程探索后发企业的技术能力影响的微观机制。

第二，从企业层面的角度探索基于知识获取、知识转化与知识开发创新的平衡式技术追赶战略。力求改变以往过于强调技术引起、技术模仿或忽视知识积累与转化过程的自主创新的技术追赶模式，强调了转化学习过程对企业内外部知识的配置与转化作用，通过理论与实证上的研究发现了中国的后发企业具有一定的知识与技术积累，开发性学习的投入成为中国后发企业实现技术跨越的重要环节，这为中国后发企业的技术追赶战略提出了理论与实践的参考依据。

第三，通过组织学习过程对技术追赶战略产生影响的理论分析，从实证上检验探索

性、转化性与开发性三个组织学习过程的互补性。这三个学习过程之间彼此支持，从互补性学习过程获得的收益比从彼此独立的过程中所获得的收益要更大，这为在企业当中平衡发展这三种组织学习过程提供了理论依据。

（二）实践意义

根据实证研究结果，探索性学习过程没有对后发企业的技术升级产生直接效应，因此它不是企业技术能力提升的充分条件，中国后发企业技术能力的升级还需要注重其他方面的组织学习过程。在实践中，提升探索性学习过程对后发企业技术能力的效应，可以对后发企业在产业价值链的位置或战略定位进行转型，即加大对市场环节或品牌环节的培育，获得与产业价值链当中的领先企业的对话权，通过转化产业价值链的治理模式，以降低对其在技术与市场环节上的依赖程度，进而提升探索性学习的直接效应。

转化性学习过程对后发企业技术能力影响的理论与实证检验结果为后发企业技术追赶战略的实践具有不容忽视的参考价值。企业自身知识与技术积累体现于企业知识管理平台的建设与完善，对知识与技术进行有效地保留与储存。问卷设计的题项"我们企业中有专门或类似的知识管理部门"与其他题项的匹配效果差，可以说明大部分调查样本所代表的企业没有建立专门的知识管理部门来对知识与技术进行有效的储存与管理。因此，在实践中，为有效地提高后发企业的转化性学习能力，提升后发企业的技术创新水平，建立专门的知识管理部门是十分必要的。除此之外，还需要建立完善的知识共享平台与共享机制以保证知识与技术由员工个体层面上升到企业组织层面，提高后发企业知识和技术储存能力与转化效率。

在中国后发企业具有一定的技术创新能力的前提下，进行开发性学习投入以实现某些领域实现技术赶超。首先是后发企业进行知识与管理平台的搭建，在具有技术惯例的基础上提高产品的应用产出；其次是需要摆脱对领先企业的技术依赖，重视开发性学习过程的投入以及营造技术创新的环境与建立合理的激励措施。开发性学习过程是中国后发企业摆脱依赖式发展，通过技术蛙跳效应实施跨越式技术追赶的重要的组织学习过程。

通过技术驱动型与市场驱动型企业样本的比较，在技术驱动型企业中，转化性学习过程与开发性学习过程的互补性相对于市场驱动型企业显得更强。这可以说明，企业知识和技术在企业中需要得到有效的配置才能得到更高的产出。转化性学习过程是一种与知识技术高度相关的高级学习形式，并对企业的知识资产和相关的多种资源进行了整合（Reed and DeFillippi，1990），如果把探索性学习过程与开发性学习过程比作知识和技术的来源与产出，那么转化性学习过程则是企业驱动知识转化的黑箱（Romer，1986，1990；Lucas，1988）。

组织学习过程的互补性给企业技术能力建设带来的启发是：企业技术能力提高效率不能单纯依赖于某一种学习过程，企业的探索性与开发性学习过程需求有转化性学习在其中起知识资源配置的作用。

三　研究展望

当今，全球经济环境发生深刻的变化，后发企业外部环境的快速变化、科学技术的日新月异等，这些因素使从组织学习视角研究后发企业技术追赶的新概念和新方法层出不穷。有关组织学习过程与后发企业技术能力升级的细化研究将是非常具有潜力的，全球化、虚拟化、网络化的到来不可避免地给组织学习过程和技术追赶过程带来了冲击，在这种新形势下，后发企业的组织学习方式与技术追赶模型和传统方式有什么不同？对中国后发企业在跨国公司、战略联盟、企业集群、虚拟企业、供应链等新兴组织形式下跨组织学习的研究将是新型的技术追赶范式研究的议题。伴随着这种变化的延续和未来的发展，这个议题还将不断地发展和延伸下去。由于全球经济的竞争与技术环境动态性的日益加剧，组织学习是知识生成和演化的驱动力量，而知识管理是对组织学习的知识成果的积累、传播、共享和储存过程。动态能力使企业能更好地适应外部环境变化，保障后发企业的技术能力在持续变革的环境中取得暂时性成功。因此，组织学习过程与环境动态性、知识管理能力进行结合，也是一个具有潜力的研究领域。

　　尽管在本书中，对全球价值链转移，中国当前后发企业技术发展所面临的问题得到了分析，结合中国当前技术和市场演化的特点，我们认为，在未来对后发企业的技术追赶的研究中，需要进一步考虑行业特性、政策环境等一些外部环境特性。在后发企业技术能力升级的实践活动中，外部政策、产业环境与经济条件的差异可能会对技术能力有显著的影响，因此我们建议，运用多层次的嵌套分析与结构方程结合进行分析。

微 观 篇

第九章 企业内员工知识共享、模仿、吸收能力和创新能力关系的研究

第一节 企业内员工知识共享的实证研究

一 引言

近20年来，世界经济发展中的一个令人注目的事件是知识经济的到来。知识经济的出现标志着人类社会正步入以知识资源为依托的新经济时代。从微观的角度看，企业也在采取各种知识管理的方法提升竞争力。例如，最近用于商业领域的实践社区在快速解决难题、传播最佳经验、开发专业技能等方面发挥了重要作用。

在理论方面，虽然有很多学者探讨了知识共享及知识管理问题，但是实证研究却寥寥无几，针对中国企业所作的实证研究就更少了。本章的主要目的是：其一，以知识特性以及员工知识共享的意愿作为分析影响员工知识共享行为的两个因素，建立一个概念框架；其二，运用结构方程模型方法，结合对115家中国企业所作的调查数据，从实证的角度研究影响企业内部员工知识共享的因素。

二 文献回顾

在知识共享的研究方面，Nonaka的研究是具有奠基性的。他认为，组织中的知识创新具有从隐性到隐性、从显性到显性、从隐性到显性和从显性到隐性四种基本模式。而在隐性知识和显性知识相互转化过程中，知识得到了创新和发展。Ipe提出了一个组织内部知识共享的概念框架，考察了组织中个人之间的知识共享。在这一框架中，知识的特性、知识共享的动机、知识共享的机会、文化等因素被认为是影响个人之间知识共享的主要因素。Liao、Chang、Cheng和Kuo以中国台湾的金融和证券企业为例，考察了员工关系及其与同事进行知识共享的态度和意向。他们的研究结果发现，在那些员工与企业之间维持良好关系的企业，员工自愿地、无条件地与其同事共享知识和经验；反之，在那些员工与企业之间关系糟糕的企业，员工不愿意或者有条件地与其同事共享知识和经验。卡明斯研究了团队结构多样性和外部知识共享价值之间的关系。他认为，有效的工作团队致力于外部知识共享——与客户、组织专家和团队外部的其他人交流信息、技术知识和反馈意见。他的研究结果表明，当团队在结构上更加多样化时，外部知识共享与绩效之间的相关性更加显著。

国内的大多数研究并没有严格区分知识转移与知识共享的概念，在研究的侧重点方

面，主要集中于讨论影响知识转移的因素，例如，人际信任、企业文化、强联系和弱联系、分权与决策权分配；一些研究者则专门研究了知识转移过程中存在的障碍及解决机制。例如，张作凤以咨询企业为背景，阐述了咨询企业进行知识共享的现实背景，在此基础上，从内、外两个角度探讨其知识共享机制的构建。常宝、储雪林和李红艳讨论了黏滞知识与隐性知识、显性知识的关系，研究了影响知识黏滞性的主观和客观因素，并对黏滞知识的管理对策作了初步的探讨。

总的来看，国内对知识共享和知识管理方面的研究多数采用了定性分析方法，而极少以实证研究检验各种影响因素的作用方向及强度。本章旨在通过构建模型，实证检验影响知识共享行为的各种因素。

三　变量、测量与假设

（一）知识共享

Bartol 和 Srivastava 考察了四种知识共享的行为，这四种行为分别是：对数据库的贡献、通过正式的相互作用发生的知识共享、通过非正式的相互作用发生的知识共享和实践社区。他们认为，对于数据库的贡献类似于传统的员工建议制度。在公司中，没有其他人能比熟悉具体事务的工作人员更清楚应该如何改进工作。员工建议制度秉承"员工是公司发展的源泉与动力"的人力资源管理理念，鼓励员工对公司的管理提出自己独特的建议。因此，员工建议制度通常能够为员工创造出一个提出降低成本、提高劳动生产率、提高产品和服务质量等建议的机会。通过正式的相互作用发生的知识共享可能发生在同一团队或工作组内部，也可能发生在不同的团队、部门和业务单位之间。在非正式的相互作用发生的知识共享行为中，员工通过非正式的兴趣小组或者私人关系进行知识共享，这种共享行为可以弥补正式的共享行为的缺陷。在实践社区中，个体基于共同感兴趣的话题进行非常规的交流。例如，在 IBM 公司，实践社区自行举办会议，既可以面对面地交流，也可以通过网络进行交流。成员有机会通过聊天交换意见，培养技能，建立联系，这种方式对于开发专业技能、产生思想火花的碰撞具有重要作用。在本章中，我们把企业内的知识共享分为员工通过公司制度进行的知识共享和员工通过个体间相互作用进行的知识共享。

在本书中，我们设计的所有问题的题项都通过利克特5点量表来加以度量。对每一题项的答案均用"完全同意"、"同意"、"中立"、"不同意"和"完全不同意"作为答案。然后从5—1分别给这些答案计分。在数据预处理阶段，我们对这些题项进行信度分析和效度分析，在不影响结果的情况下，对每个指标的测量至少保留了两个题项。

关于员工通过公司制度进行的知识共享，我们提出了如下问题：（1）公司采取岗位轮换的办法来提高员工多方面的技能和知识；（2）公司采取了员工建议制度。

关于员工通过个体间相互作用进行的知识共享，我们提出了如下问题：（1）公司员工之间常常通过正式的书面文件来交流信息或经验；（2）员工通过公司定期出版的内部刊物来获取信息；（3）员工通过公司内部网络来交流信息或经验；（4）公司员工通过虚拟社区来交流信息或经验。

从文献综述可以发现，影响企业内部知识共享的因素主要包括知识特性和员工知识共享的意愿两个方面。

（二）知识的特性

1. 知识的隐含性

知识在本质上存在隐性和显性两种形式。波拉尼（Polanyi）最早提出"隐性知识"的概念。他认为，隐性知识限定于特殊情境之中，根植于人们的行动和相互联系，很难与另一个情境的人进行交流。因此，隐性知识不容易被编码。相反，显性知识则可以用系统的语言来表述，可以使用数据、说明书、手册等形式共享，它可以储存在一个地点，可以不依赖于个体而在时间和空间中进行转移。可见，显性知识更容易传播和沟通。

对于知识的特性，有的文献还区分了嵌入性和复杂性特征。我们在预调查阶段，选取了40名左右的被调查者，调查结果显示，多数人很难区分知识的嵌入性和复杂性；而且，从理论上讲，知识的嵌入性和复杂性程度越高，知识的隐含性程度就越高，因此，本章将嵌入性和复杂性作为衡量隐性知识程度的两个方面，而不再单独测量。

我们采用科格特和赞德（Kogut and Zander）的方法，用"可编码化"来测量知识的隐性特征，并设计了如下问题：（1）我公司对新员工的培训大多数是通过"师徒制"的方式进行的；（2）员工主要通过亲身实践的方式获得我公司的业务知识或技术知识；（3）员工可以通过书本（或公司内部编写的手册）掌握我公司的主要业务知识或技术知识。

2. 知识的分散性

知识的另外一个特征是分散性，即知识是存在于个人的思维中，还是分散于组织成员中的"团体思维"之中。慕继丰等人从本体论的角度把企业知识分为个人知识和共有知识，实际上就是知识分散性特征的表现。知识的分散性影响了知识在组织成员之间的共享。较为集中的知识要比相对分散的知识更容易实现共享。例如，当知识的分散性程度较高时，如知识依赖于组织成员之间的相互作用，其个别成员和部分成员的知识很难与处于另外一个新环境中的组织成员共享。

据此，我们提出两个问题来衡量知识的分散性：（1）员工通常不知道公司内部其他员工所掌握的知识；（2）员工通常不知道从哪些员工那里可以获取他所需要的知识。

根据知识共享的定义及对知识特性的分析，我们假设：

H1：知识的隐含性对员工通过公司制度进行的知识共享存在负向影响。

H2：知识的分散性对员工通过公司制度进行的知识共享存在负向影响。

H3：知识的隐含性对员工通过个体间相互作用进行的知识共享存在负向影响。

H4：知识的分散性对员工通过个体间相互作用进行的知识共享存在负向影响。

3. 知识共享的意愿

缺乏学习的意愿是与其他团队成员合作学习的重要障碍。如果团队认为学习是不重要的，那么即使知识被保持在团队中，也不可能被培育和被开发，因为新知识的产生需要人们进行积极的思考和讨论。因而如果团队缺乏学习意愿，那么隐性知识在团队中的转移和共享是难以实现的。

　　本章认为，影响知识共享意愿的两个形成性指标分别是：（1）员工对未来合作的预期；（2）知识的价值。

（三）未来预期

　　吴建祖和宣慧玉建立了基于知识互补性假设的两人知识互换效用函数，运用无限次重复囚徒困境博弈模型，分析了企业内员工间知识互换的主要障碍和解决途径。其研究表明，在无限次重复博弈中，如果对于不合作的制裁威胁是可信且未来收益的贴现因子足够大，则有效的知识互换均衡是可以达到的。企业可以从两个方面消除企业内员工间知识互换的主要障碍，提高知识互换的效率。

　　对于该变量，我们设计了三个问题：（1）员工认为他会在很长一段时期内为该公司工作；（2）员工预期未来还有继续与其他员工合作的机会；（3）公司采取的薪酬制度主要是基于团队或者部门的业绩的。

（四）知识价值

　　当企业员工感知到其所掌握的知识是一种有价值的商品时，企业员工就要对知识共享的内容、时机、对象等问题作出决策。在知识的价值非常高的情形下，企业员工倾向于对知识拥有情感上的所有权。这种情感上的所有权来自一个事实：在许多情况下，个人知识是与地位、职业前景和个人声望相联系的。琼斯和乔丹（Jones and Jordan）发现，这一过程涉及个人感知到组织对他们的重视程度。

　　某些类型的知识对于个体和企业都是非常有价值的。例如，与研究开发相关的知识具有很高的价值。研究表明，在研究开发组织中，创造力存在于一小部分人身上，这使得知识所有权的问题尤其重要，因为知识的所有权与有形产出是紧密联系的。因此，在知识具有较高商业价值的情况下，就存在共享知识和将知识据为己有的两难困境。

　　对于该变量，我们提出了如下问题：（1）公司员工所拥有的知识是与其在公司中的地位相联系的；（2）公司员工所拥有的知识是与其在公司中的职业前景相联系的；（3）公司员工所拥有的知识是与其在公司中的声望相联系的。

　　因此，我们得出以下假设：

　　H5：员工预期未来合作的可能性对其通过公司制度进行的知识共享存在正向影响。

　　H6：员工拥有的知识价值对其通过公司制度进行的知识共享之间存在负向影响。

　　H7：员工预期未来合作的可能性对其通过个体间相互作用进行的知识共享存在正向影响。

　　H8：员工拥有的知识价值与员工对其通过个体间相互作用进行的知识共享存在负向影响。

四　数据与研究方法

（一）数据收集方法

　　本书采取问卷调查的数据收集方法，问卷主要是通过课堂以及电子邮件发放的，对象是对外经济贸易大学商学院在读和已经毕业的 MBA、研究生课程班和 EMBA 学生。有的问卷当天就返回到了研究者手中，有的问卷则在第二天收到。由于事先在问卷上标示了问卷编号，因此，可以准确地获得问卷回收率的信息。

（二）问卷调查的信度和效度分析

1. 样本特征

本次调查利用了对外经济贸易大学校友的人脉网络，问卷调查历时约两个月，共发出问卷200份，回收123份，其中有效问卷120份，涉及企业115个，回收率57.5%。

以涉及的不重复的企业作为考察对象。从被调查企业的总部所在地来看，85.2%的企业总部位于中国大陆境内；而总部位于美国、欧洲、日韩的企业分别占7%、4.3%和3.5%。

从被调查的企业类型可以看出，总部位于中国大陆境内的企业中有49.6%为国有企业，而民营企业与外资企业所占比例总和为50.4%。如果将被调查企业总部的区域分布和企业类型分布结合起来看，民营企业和外资企业中的合资企业、合作企业所占比例将超过30%。

从被调查企业的行业分布来看，40.7%的被调查企业处于制造业领域。另外，31.9%的被调查企业处于信息、电子、电信、制药和生物制药等高技术企业，5.5%的企业处于金融领域，14.2%的企业处于中介服务领域，其他不属于以上行业的企业占7.78%。

2. 数据的信度检验

本章采用SPSS13.0对回收的样本作克龙巴赫α系数测试，测试结果见表9-1。从表9-1来看，部分变量的克龙巴赫α系数高于0.7，其余变量的α系数则大于0.6而接近于0.7。因此，本书所收集的数据具有可接受的中等程度的信度。

3. 数据的单维性（Unidimensionality）

对于问卷的项目是否能够唯一地测量潜在变量，需要采用单维性来检验。格宾和安德森指出，单维性是指一组测量题项仅存在单一的品质或建构可以作为代表。一般而言，要检验量表是否具备单维性的品质，可参考以下两项条件：第一，每个测量题项必须显著地与相对应的潜在变量相关联；第二，该测量题项只能与唯一的潜在变量相关联。本书采取探索性因子分析（EFA）来检测所使用的量表是否拥有单维性的良好品质。

彼德哈祖尔和施梅尔金（Pedhazur and Schmelkin）指出，探索性因子分析的稳定性与样本大小息息相关。一般采用的准则是，每个测量题项需要4—10个样本所获得的分析结果较为稳定。

经过对个别测量量表进行探索性因子分析，本书将获得每个测量题项与潜在变量之间的因子载荷量；将这项数值平方后，可获得潜在变量对个别测量题项的方差解释量。当同一量表的所有题项均拥有高于0.5的因子载荷量时，代表此量表具有相当程度的收敛效度。此外，受限于上述做法，本书将无法利用探索性因子分析来明确地展现不同量表的测量项目是否仅收敛于相对应的潜在变量（即单维性第二个条件）。尽管如此，若因子分析的结果显示，当潜在变量对同一量表测量项目的解释方差达50%以上时，也可以说明这些测量题项对于该潜在变量具有相当程度的代表性。根据上述讨论，本书所

表 9 - 1　　　　　　　　　　　各建构的探索性因子分析

项目	隐含性	分散性	未来预期	知识价值	通过个体间作用进行知识共享	通过制度进行知识共享	解释方差（VE）	克龙巴赫α系数
Q2 面对面	0.798							
Q1 师徒制	0.766						0.538	0.740
Q3 不可编码	0.625							
Q4 知识载体		0.874					0.764	0.688
Q5 知识地点		0.874						
Q7 合作预期			0.831					
Q6 长期工作			0.803				0.601	0.638
Q8 团队业绩			0.685					
Q11 员工声望				0.824				
Q10 职业前景				0.717			0.568	0.621
Q9 员工地位				0.715				
Q15 虚拟社区					0.816			
Q13 书面文件					0.755			0.717
Q14 内部刊物					0.752		0.544	
Q12 内部网络					0.613			
Q17 员工建议						0.818	0.669	0.724
Q16 岗位轮换						0.818		

使用的量表在收敛效度和单维性检测结果如表 9 - 1 所示。从表 9 - 1 可以看出，个别题项对于对应的潜在变量在因子载荷量和方差解释（VE）两项指标大致符合前述的评估标准，显示这些量表在单维性和收敛效度上均符合相当程度的品质要求。

4. 共同偏误检验

由于本书涉及的变量数目较多，而且都集中在一个问卷中，因此可能导致共同偏误（Common - method Bias）。所以，应当检测是否会出现这一问题。本章在利用 SPSS13.0 统计分析软件包作因子分析之后，得到如表 9 - 2 所示的总方差解释度量表。从表 9 - 2 可以看出，特征值大于 1 的因子有 6 个，集中了总方差的 63.722%，第一因子解释的方差比例为 13.788%，显示共同偏误没有出现。

（三）数据分析结果与讨论

在对知识特性、知识共享意愿和知识共享行为关系进行分析的基础上，我们利用 Lisrel8.70 来分析这 17 个观测变量和 6 个潜在变量之间的结构方程模型，得到该模型的参数估计结果及拟合度指标。其中，$\chi^2/df < 3$，RMSEA 值为 0.069，CFI 值为 0.94，GFI 值为 0.92，NFI 值为 0.89，NNFI 值为 0.92。可见，该结构方程模型的拟合指标尚可接受，其路径图见图 9 - 1。

表 9 - 2　　　　　　　　　　　对样本的探索性因子分析

成分	初始特征值			提取的平方和载荷量			旋转平方和载荷量		
	总体	方差解释（%）	方差解释（%）	总体	方差解释（%）	方差解释（%）	总体	方差解释（%）	方差解释（%）
1	3.214	18.906	18.906	3.214	18.906	18.906	2.344	13.788	13.788
2	1.959	11.523	30.429	1.959	11.523	30.429	2.153	12.667	26.455
3	1.680	9.881	40.310	1.680	9.881	40.310	1.832	10.776	37.231
4	1.496	8.802	49.112	1.496	8.802	49.112	1.691	9.950	47.181
5	1.296	7.626	56.738	1.296	7.626	56.738	1.469	8.641	55.822
6	1.187	6.984	63.722	1.187	6.984	63.722	1.343	7.900	63.722

注：提取方法：主成分分析。

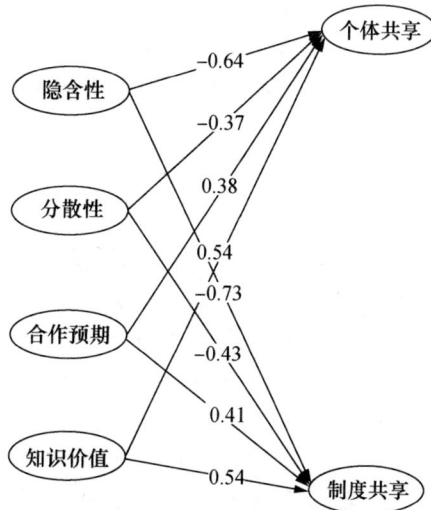

卡方检验值=149.63，自由度=105，近似误差均分根=0.069

图 9 - 1　员工知识共享的路径系数

　　从图 9 - 1 中可以看到，知识的隐含性对员工通过制度进行的知识共享具有负向影响，而且这种影响在 0.01 的水平上是显著的（路径系数为 - 0.73，t 值为 - 3.58）；知识的隐含性对员工通过个体间相互作用进行的知识共享具有负向影响，而且这种影响在 0.05 的水平上是显著的（路径系数为 - 0.64，t 值为 - 2.13）。知识的分散性对员工通过公司制度进行的知识共享具有负向影响，而且这种影响在 0.05 的水平上是显著的（路径系数为 - 0.43，t 值为 - 2.61）。知识的分散性对员工通过个体间相互作用进行的知识共享具有负向影响，而且这种影响在 0.1 的水平上是显著的（路径系数为 - 0.37，t 值为 - 1.74）。从而验证了假设 H1 至 H4。这与以往的文献研究结论是一致的。

从图 9 - 1 中也可以看到，员工的未来预期对其通过公司制度进行的知识共享存在显著的正向影响（路径系数为 0.38，t 值为 1.69，在 0.1 的水平上显著）。员工的未来预期对员工通过个体间相互作用进行的知识共享存在显著的正向影响（路径系数为 0.41，t 值为 2.29，在 0.05 的水平上显著），这些结果验证了假设 H5 和 H7。这一结果与吴建祖和宣慧玉的结论是一致的。

从图 9 - 1 中可以看到，知识价值对员工通过公司制度和个体间相互作用进行的知识共享均存在正向影响（路径系数均为 0.54，t 值则分别为 1.94 和 2.64，表明其在 0.1 和 0.01 的水平上都是显著的）。可见，假设 6 和假设 8 均没有得到支持。这一结论与以往的研究有显著的不同。产生这种差异的原因可能在于中西方文献中的研究对象所处的文化背景存在差异。在中国企业的背景下，由于员工受到儒家文化的影响，长期取向占据了主导地位。这样，为了维持长期友好的合作关系，员工往往会将其个人拥有的知识进行共享。另外，知识价值也受到其他因素的影响，比如员工与企业之间的关系。正如 Liao 等人对中国台湾的金融和证券企业中的员工知识共享所作的研究，在那些员工与企业之间维持良好关系的企业，员工自愿地、无条件地与其同事共享知识和经验。可见，在基于信任和互惠的条件下，个人所拥有的知识价值被减弱了，而知识价值的减弱，使员工之间的知识共享行为变得可能。

五　结论

在知识经济时代，知识已经成为企业获取竞争优势的关键资源之一。在以往有关知识共享的文献中，实证研究仍然较少。本章以知识特性以及员工知识共享意愿作为分析影响员工知识共享行为的两个因素，建立了一个概念框架，并运用结构方程模型方法，结合对 115 家中国企业所作的调查研究数据，从实证的角度研究了影响企业内部员工知识共享的因素。研究结果表明，知识的隐含性和分散性对员工的知识共享存在显著的负向影响（H1—H4）；员工的未来预期、知识价值对员工知识共享之间显著的正向影响（H5—H8）。

对于管理者而言，可以采取以下措施提高员工的知识共享行为：

首先，在企业中，编码知识是企业重要的资产。企业的蓝图、设计、各种计算机程序、产品工艺、流程文件、客户数据库、员工手册和规章制度，都是企业的"显性知识"。管理者可以通过建立规章制度和流程文件等手段将隐性知识显性化，从而提高企业内员工知识共享行为。

其次，管理者通过知识积累和经验总结，将企业内员工的个人知识转化为储存在企业的规则、程序、惯例和共同的行为准则，从而有效地促进知识共享行为。

最后，由于个体是组织中知识创造的主要载体，因而知识在个体之间的共享有助于在集体层次上创造知识，而新知识的重新组合与创造即为创新。对于管理者而言，企业通过应用"知识螺旋"原理、采取岗位轮换制度、设计激励性机制以挽留核心员工的做法，从而促进企业内员工知识共享。

有价值的知识对于企业创造和保持竞争优势具有重要影响；而有价值的知识却很容易通过知识共享而外溢，从而削弱企业的竞争优势。如何平衡两者之间关系，是未来的研究需要考虑的一个问题。

第二节　知识特性、知识共享与企业创新能力关系的实证研究

一　引言

在知识经济时代，知识是企业获得竞争优势的关键资源。在知识共享的研究方面，Nonaka 提出的知识转化 SECI 模型，为我们提供了知识管理的有效途径。Ipe 提出了一个组织内部知识共享的概念框架，考察了组织中个体之间的知识共享。在这一框架中，知识特性、知识共享的动机、知识共享的机会、文化等被认为是影响个体之间知识共享的主要因素。此外，还有一些国外学者从知识特性、知识接受方的吸收能力、知识转移渠道等方面进行了研究。国内学者认为，影响知识共享的因素包括预期收益、人际信任、分权与决策权分配；一些学者则讨论了社会网络中的强联系和弱联系在隐性知识共享中的不同作用。这些来自不同视角的论述在一定程度上丰富了知识管理领域的研究。

尽管如此，对于知识特性、知识共享与创新能力之间的关系，目前仍停留在理论描述与案例分析阶段。本章的主要目的是：其一，以知识的隐含性、分散性和知识价值作为分析影响企业知识共享的因素，并考虑知识共享对企业创新能力的影响，从而建立一个概念框架。其二，运用结构方程模型，实证分析知识特性对企业知识共享的影响以及知识共享对企业创新能力的影响，并提出相应的管理建议。

二　研究变量与假设推演

（一）知识共享

对于知识共享作出系统性研究的文献大多来自组织学习领域，这一领域侧重于考察企业内部新知识的创造以及从认知角度理解知识从个体、群体到组织的转移。

组织中的知识共享行为可以是正式的或非正式的。正式的行为包括培训计划、结构化的工作组、推动知识共享的技术系统。Bartol 和 Srievastava 将这些称为"正式的联系"。非正式的共享行为则建立在个体之间的信任关系的基础之上。他们具体考察了四种知识共享行为，分别是：对数据库的贡献、通过正式的相互作用发生的知识共享、通过非正式的相互作用发生的知识共享和实践社区。他们认为，对于数据库的贡献类似传统的员工建议系统。员工建议系统秉承"员工是公司发展的源泉与动力"的人力资源管理理念，鼓励员工对公司的管理提出自己独特的建议。因此，员工建议系统通常能够为员工创造出一个提出降低成本、提高劳动生产率、提高产品和服务质量等建议的机会。

通过正式的相互作用发生的知识共享可能发生在同一团队或工作组内部，或者发生在不同的团队、部门和业务单位之间。在非正式的相互作用发生的知识共享行为中，员工通过非正式的兴趣小组或者私人关系进行知识共享，这种共享行为可以弥补正式共享行为的缺陷。在实践社区中，个体基于共同感兴趣的话题进行非常规的交流。例如，在

IBM 公司，实践社区自行举办会议，既可以面对面地交流，也可以通过网络进行交流。成员们有机会通过演讲、交谈、晚餐、聊天来交换意见，培养技能，建立联系，这种方式对于开发专业技能、产生思想火花的碰撞具有重要作用。

（二）创新：知识的重新组合

熊彼特认为，创新是把一种从来没有过的关于生产要素和生产条件的新组合引入生产体系。生产一种产品意味着企业在力所能及的范围内对资源进行组合，生产其他产品意味着将这些资源进行另外一种不同的组合方式。彭罗斯（Penrose）也指出，产品（或服务）是资源使用方式的函数——同样的资源可以用于不同的用途或使用方式，或者与其他资源组合可以生产出不同的产品（或服务）。

Vorhies、Im 和 Morgan 在对已有文献进行总结的基础上，将创新能力定义为一个过程，在这个过程中，企业从内部或外部获取市场知识和技术知识，将这些知识整合起来获得新的创意，并将这些创意与相应的资源组合起来，为市场创造出有价值的产品。

Cavusgil、Calanton 和 Zhao 考察了企业之间的关系强弱对隐性知识共享及创新能力的影响。他们认为，企业的生存和发展在很大程度上依赖于企业的创新能力，而创新能力又依赖于企业内的知识共享。那些能够迅速创造并有效利用知识的企业能够更快、更成功地创新。因此，我们提出假设：

H1：企业内知识共享对企业创新能力存在正向影响。

（三）知识特性

1. 知识的隐含性

知识在本质上存在隐性和显性两种形式。波拉尼最早提出"隐性知识"的概念。他认为，隐性知识限定于特殊情境之中，根植于人们的行动和相互联系，很难与另一个情境的人进行交流。Nonaka 认为，隐性知识可以被认为是通过个人经验所获得的技巧（Know – how）。因此，隐性知识不容易被编码。而且，如果没有知道该技巧的人在场，隐性知识很难被沟通或使用。相反，显性知识则可以用系统的语言来表述，可以使用数据、科学公式、说明书、手册等形式共享，它可以储存在一个地点，可以不依赖于个体而在时间和空间中进行转移，显性知识容易传播和沟通。企业的蓝图、设计、各种计算机程序、产品工艺、流程文件、客户数据库、员工手册和规章制度都是企业的显性知识。从显性知识和隐性知识的比较来看，隐含性知识不容易在员工之间进行知识共享，因此，我们提出假设：

H2：隐含性知识对企业内员工知识共享存在负向影响。

2. 知识的分散性

交互性记忆理论（transactive memory theory）认为，如果组织成员对于组织中谁拥有何种知识有很好的了解，则组织成员能够从彼此所拥有的知识和技能中获益。韦格纳（Wegner）将交互记忆系统定义为每个成员所拥有知识的总和（知识存量），以及关于谁知道什么的集体意识。团队成员通过相互交流来增强各自的记忆，从而共享两种信息，即成员个体拥有的知识和团队中其他成员拥有的知识。对企业中的工作团队来说，合作的经历使得团队成员逐渐认识到每个成员都知道什么、谁是哪个领域的专家。

交互式记忆系统建立在个体之间相互作为外援记忆（external memory）的思想之上，并以此来对元记忆（meta - memories）进行解码。韦格纳提出关于每个成员所知道的知识领域的信息（即专长领域）和关于知识储存地点的信息两种元记忆的类型。基于对团队各成员专长的认识，人们慢慢地倾向于通过分工合作来获取、储存、记忆和交流信息。可见，如果组织中的个体对其他个体的专长领域不熟悉，或者不知道自己需要的知识从什么地方获取，将会对企业内员工知识共享产生负面影响。因此，我们假设：

H3：知识的分散性对企业内员工知识共享存在负向影响。

3. 知识的价值

知识的重要性已经被越来越多的人认识到了。当企业员工感知到其所掌握的知识是一种有价值的商品时，企业员工就要对知识共享的内容、时机、对象等问题作出决策。在知识的价值非常高的情形下，企业的员工倾向于对知识拥有情感上的所有权。

在高度竞争性的环境中，或者当知识具有较高的商业价值时，就存在员工不愿意进行知识共享的情况。

在企业中，如果个体的知识成为他对企业价值高低的唯一来源时，知识共享可能会导致其对企业的价值降低，因而，会产生个体不愿意进行知识共享的结果。在不确定和不安全的情况下（例如并购），个体更加不愿意进行知识共享。如果个体意识到了他们所持有的知识的价值，这将导致个体将知识据为己有而不是将其共享。因此，我们提出假设：

H4：员工拥有的知识价值对企业内员工知识共享存在负向影响。

三　数据与研究方法

（一）数据收集方法

本书采取了问卷调查的数据收集方法，分为两个阶段。在第一阶段，我们按照相关假设设计了相应的变量，为了测量这些变量，我们又设计了一系列的题目。在设计测量变量的题目时，我们首先搜寻已有实证研究中相关变量的操作化方式及量表。在采取多重题目的设计原则下，本书尽可能援引既有量表或根据研究变量的定义增加新题项。其次，请两位教授和一位博士对问卷内容、项目编排和措词进行讨论与修正。在正式调研之前，我们首先选择了40个被试对象进行了预调研，并鼓励被试对象对问卷提出问题和修改建议。然后，我们根据分析结果对问卷题目进行了适当的增添和删减。

第二阶段，我们发出正式的研究问卷，并根据回收的样本重新测量问卷的可靠性。问卷主要是通过课堂以及电子邮件发放的，对象是北京某大学在读的和已经毕业的 EMBA、MBA 和研究生课程班学生。这些对象大部分在各自的公司中担任中层或高层管理（技术）职务，具有丰富的实践经验，对所在行业和企业具有相当程度的了解，从而能够保证本书的结果具有相当程度的外部效度。由于我们事先在问卷上标示了编号，因此可以准确地获得问卷回收率的信息。

（二）变量测量

在本书中，我们所设计的所有题目都通过利克特5点量表来加以度量。对每一题目

的答案均用 "完全不同意"、"不同意"、"中立"、"同意" 和 "完全同意" 作为答案。然后从 1—5 分别给这些答案计分。在数据预处理阶段，我们对这些题目进行信度和效度检验，在不影响结果的情况下，对每个变量的测量至少保留了两个题目。

关于创新能力，通常引用的测量指标是专利数量。但是，并非所有的创新都是申请专利的。本书认为，要想使创新能力的测量具有可操作性，必须采用 "两两比较" 的概念。按照熊彼特最初对创新所下的定义，我们将创新能力的指标设计为以下 5 个题目：（1）与主要竞争对手相比，我公司能够更快地推出新产品（或服务）；（2）与主要竞争对手相比，我公司能够更快地开辟新市场；（3）与主要竞争对手相比，我公司能够抢先进入新市场；（4）与主要竞争对手相比，我公司能够控制原材料或半成品供给来源；（5）与竞争对手相比，我公司更加重视研究开发投入。

关于企业内知识共享，根据 Bartol 和 Srivastava 对知识共享行为的分类，我们提出了如下 4 个题目：（1）公司采取岗位轮换的办法来提高员工多方面的技能和知识；（2）公司采取了员工建议制度；（3）公司员工之间常常通过正式的书面文件来交流信息或经验；（4）员工通过公司内部网络来共享各部门的信息。

对于知识特性，有的文献还区分了嵌入性和复杂性特征。构造系统嵌入性这一变量意味着某些知识对社会或环境的敏感度比其他类型的知识更强烈。例如，Argote 和 Ingram 认为，知识大多嵌入某种载体中，载体的不同决定了知识的复杂性，如嵌入个体和工具的知识就不具有复杂性，而嵌入组织、任务、关系网络中的知识就比较复杂，因为与它们联系的事物太多，仅从一个角度很难全面地理解这些知识。我们在问卷设计之后进行了预调查，结果显示，多数人很难区分知识的嵌入性和复杂性；而且，从理论上讲，知识的嵌入性和复杂性程度越高，知识的隐含性程度越高。对于知识的隐含性变量，我们采用科格特和赞德的方法，用 "可编码化" 来测量知识的隐性特征，并设计了如下两个题目：（1）我公司对新员工的培训大多数是通过师徒制的方式进行的；（2）员工主要通过面对面的方式获得我公司的业务知识（或技术知识）。对于这两个问题的得分越高，说明知识的隐含性越高。

（三）信度和效度检验

1. 信度检验

在社会调查中，准确、系统地收集研究对象的资料是一项很重要的任务。由于问卷中涉及对被试主观态度的调查，检验这些测量得到的数值是否可靠或是否准确的问题就涉及问卷的信度和效度检验。本章采用 SPSS13.0 对回收的样本数据作克龙巴赫 α 系数测试，测试结果见表 9 - 3。从表 9 - 3 看，部分变量的克龙巴赫 α 系数高于 0.7，其余变量的 α 系数大于 0.6 且接近于 0.7。因此，本书所收集的数据具有可接受的中等程度的信度。

2. 数据的单建构尺度（Unidimensionality）

对于问卷的题目是否能够唯一地测量潜在变量，需要采用单建构尺度来检验。格宾和安德森指出，单建构尺度是指一组测量题目仅存在单一的品质或建构可以作为代表。一般而言，要检验量表是否具备单建构尺度的品质可参考以下两项条件：第一，每一个

表 9 - 3 各建构的探索性因子分析

项目	隐含性 （taci）	分散性 （disp）	知识价值 （valu）	知识共享 （shar）	创新能力 （inno）	解释方差 （VE）	克龙马赫 α 系数
Q2 面对面	0.798					0.538	0.740
Q1 师徒制	0.766						
Q3 知识载体		0.874				0.764	0.688
Q4 知识地点		0.874					
Q7 员工声望			0.824			0.568	0.621
Q5 职业前景			0.717				
Q6 员工地位			0.715				
Q9 书面文件				0.801		0.552	0.729
Q8 内部网络				0.682			
Q11 员工建议				0.673			
Q10 岗位轮换				0.584			
Q12 开辟市场					0.863	0.577	0.811
Q16 新产品					0.826		
Q13 进入市场					0.824		
Q15 重视研究开发					0.654		
Q14 控制原料					0.587		

测量题目必须显著地与相对应的潜在变量相关联；第二，该测量题目只能与唯一的潜在变量相关联。本书采取探索性因子分析（EFA）来检测所使用的量表测量题目是否拥有单建构尺度的良好品质。

经过对测量量表进行探索性因子分析，可以获得每个测量题目与潜在变量之间的因子载荷量；将这项数值平方后，就可以获得潜在变量对个别测量题目的方差解释量。当同一量表的所有题目均拥有高于0.5的因子载荷量时，说明此量表具有相当程度的收敛效度。根据上述讨论，本书所使用的量表在收敛效度和单建构尺度检测结果如表9-3所示。从表9-3可以看出，所有题目对于相应的潜在变量在因子载荷量和方差解释（VE）两项指标大致符合前述的评估标准，显示这些量表在单建构尺度和收敛效度上均符合相当程度的品质要求。

3. 共同偏误检验

在组织行为研究中，普遍存在共同方法偏误（Common - method bias）的问题。由于本书涉及的变量数目较多，而且都集中在一个问卷中，尽管在问卷设计部分已经采取了一些措施来防止这一问题，比如设计了反向题项以及题项随机配置，但采用自呈量表（Self-report）仍有可能会导致共同方法偏误。所以，应当检测是否出现这一问题。本章主要采用哈曼单因子测量法（Harman's one-factor test）。在利用 SPSS15.0 统计分析软件作因子分析之后，得到表 9-4 所示的总方差解释度量表。从表 9-4 可以看出，特征值大于 1 的因子有 5 个，集中了总方差的 66.780%，各主成分解释的方差范围在9%—18% 之间，显示共同方法偏误并不严重。

表 9-4　　　　　　　　　　　　　　　　　总方差解释表

成分	初始特征值			提取的平方和载荷量			旋转平方和载荷量		
	总体	方差解释（%）	累积方差解释（%）	总体	方差解释（%）	累积方差解释（%）	总体	方差解释（%）	累积方差解释（%）
1	3.762	25.079	25.079	3.762	25.079	25.079	2.589	17.261	17.261
2	2.048	13.655	38.735	2.048	13.655	38.735	2.467	16.444	33.704
3	1.882	12.549	51.283	1.882	12.549	51.283	1.794	11.959	45.663
4	1.296	8.640	59.923	1.296	8.640	59.923	1.741	11.607	57.270
5	1.028	6.856	66.780	1.028	6.856	66.780	1.426	9.509	66.780

注：提取方法：主成分分析。

四　数据分析结果

在前文对知识的隐含性、分散性和知识价值、知识共享、创新能力等变量进行信度和效度检验的基础上，我们利用 Lisrel8.70 软件来分析这 16 个观测变量和 5 个潜在变量之间的结构方程模型，其路径如图 9-2 所示。

该模型包括两个组成部分：测量模型和结构模型。测量模型描述了观测变量与潜在变量之间的关系，结构模型描述了潜在变量之间的关系。在检验模型的适配度之前，首先要检验是否产生违犯估计现象。一般常发生的违犯估计有以下三种：（1）有负的误差方差存在；（2）标准化系数超过或者接近于 1；（3）有太大的标准误差。由于本章的结构方程模型并未出现违犯估计现象，故可以进一步检验模型的适配度。由数据分析结构可以得到该模型标准化的参数估计结果及拟合度指标。其中，$\chi^2/df < 3$，RMSEA值为 0.045，CFI 值为 0.97，GFI 值为 0.93，NFI 值为 0.94，NNFI 值为 0.96。可见，该结构方程模型的拟合指标是可以接受的。

根据 Lisrel8.70 软件输出结果，我们将潜在变量之间的路径系数以及相应的 t 值汇总为表 9-5。结合图 9-2 和表 9-5 可以发现，知识共享对企业创新能力存在显著的正向影响（路径系数为 0.65，t 值为 3.81），从而验证了假设 H1。知识的隐含性与分散性对企业员工知识共享存在显著负向影响（路径系数分别为 -0.36 和 -0.34，t 值分别

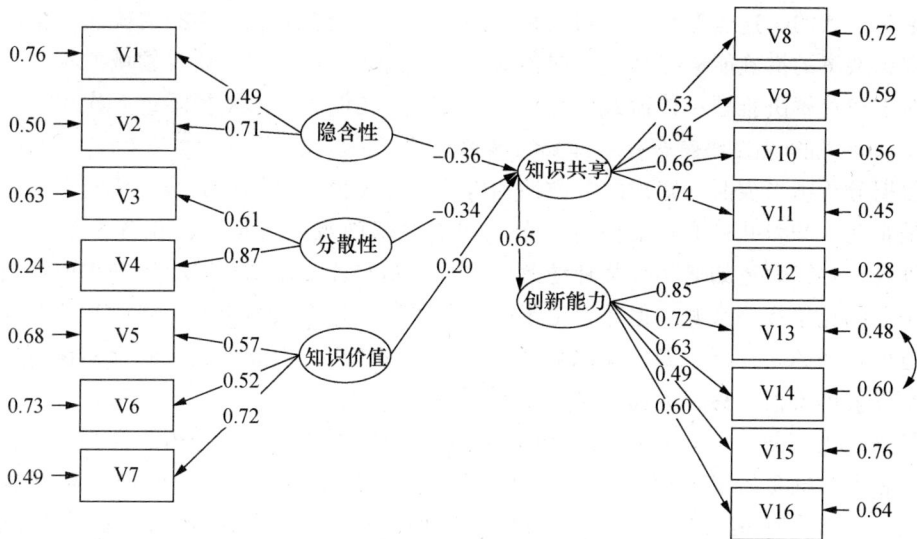

卡方检验值=113.61，自由度=96，显著性水平=0.10598，近似误差均方根=0.045

图 9 - 2　知识特性、知识共享和创新能力的结构模型

注：图 9 - 2 中的 V1 - V16 对应于本书表 9 - 3 中的 Q1 - Q16。

为 - 1.73 和 - 2.15），从而验证了假设 H2 和 H3。知识价值对企业内部知识共享的影响为正（路径系数为 0.20），但这种影响是不显著的（t 值为 1.09），从而假设 H4 没有得到验证。

表 9 - 5　　　　　　　　　　　　　本书的实证分析结果汇总

假设	关系	路径系数	t 值	结论
H1	知识共享→创新能力	0.65	3.81 **	支持
H2	隐含性→共享行为	- 0.36	- 1.73 *	支持
H3	分散性→共享行为	- 0.34	- 2.15 **	支持
H4	知识价值→共享行为	0.20	1.09	不支持

注：$*** P < 0.01$，$** P < 0.05$，$* P < 0.1$。

五　讨论和建议

本章以知识的隐含性、分散性和知识价值作为知识共享的影响因素，并考虑了知识共享和企业创新能力的关系，从而建立了一个概念框架；在此基础上，本章运用结构方程模型，实证分析了影响企业内员工知识共享的因素以及知识共享对企业创新能力的影响。数据分析结果基本上支持了本章提出的假设。

（一）对研究结论的讨论

1. 知识共享对创新能力的影响

数据分析结果表明，知识共享对创新能力具有显著的正向影响，这与以往文献的研究结论是一致的。这也意味着，知识共享并非只是理论上的一个空洞的概念，企业采取促进知识共享的措施能够提高企业的创新能力。例如，最近用于商业领域的实践社区的做法对于快速解决难题、传播最佳经验、开发专业技能等方面发挥了重要作用。

2. 知识的分散性和隐含性对知识共享的影响

数据分析结果表明，知识的分散性和隐含性对知识共享具有显著的负向影响。隐性知识是企业内知识共享的重要内容。企业的资源基础观点（RBV）认为，隐含性包括两个维度：难以表述如何实现某种绩效和知识的私有性质。基于隐含性知识的创新能够成为企业的竞争优势来源。但是，由于隐性知识是通过个人经验所获得的技巧，如果没有知道该技巧的人在场，隐性知识就很难被沟通或使用。由此可见，隐性知识一方面具有非常重要的价值，另一方面却又很难被利用和开发。

另外，由于同一企业内的员工之间在地理位置上的临近性，使得隐性知识在企业内部比在企业之间更容易共享。但是，随着组织规模的增大，知识的分散性程度也在增大，确定"谁"知道"什么"的问题也变得更为困难。造成这种现象的原因可能是，知识的分散性不仅使个体难以知道谁是哪个领域的专家，也提高了员工之间的沟通成本，因此，分散性的知识对企业员工知识共享存在显著的负向影响。

3. 知识的价值对知识共享的影响

在企业中，如果个体拥有的知识成为他对企业价值高低的唯一来源，知识共享可能会导致其对企业的价值降低，因而会产生个体不愿意进行知识共享的结果。数据分析结果表明，知识价值对企业内部知识共享的影响为正，但 t 值并不显著，因此无法证实知识价值和知识共享之间的关系。造成这一结果的原因可能是，其他调节变量可能会对知识的价值与知识共享之间的关系产生影响，比如员工与企业之间的关系。可以预期，如果考虑调节变量（比如企业文化）对知识特性和知识共享之间关系的影响。那么，在一个权力距离较小、不确定性规避程度低、鼓励集体主义的文化背景中，员工有价值的知识更容易在组织内共享。

（二）对管理者的建议

对于企业而言，管理者应当通过知识管理促进企业内部知识共享。一方面，企业可以通过一些传统的做法，比如岗位轮换、员工建议制度等促进知识在企业内的流动和共享；另一方面，企业也可以通过信息技术基础设施建设，使员工可以自由地通过电子邮件、互联网、数据库、内部刊物、虚拟社区等方式进行信息交流和知识共享。

管理者应当引导员工在个体层次建立非正式的合作网络关系。以 IT 为基础的技术设施建设缩短了员工之间的物理距离，使得员工能够利用远程专家知识，解决其所面临的业务难题。但是，IT 技术并非是企业员工知识共享的必要条件。有价值的知识在员工之间难以共享的一个重要原因在于员工之间存在的心理距离，仅仅由于工作关系或者业务往来并不能增进员工彼此间的友谊关系，因而管理者也不能通过企业权威消除心理距离。一个可行的做法是，管理者引导并支持员工之间建立非正式的合作网络关系。通过个体间网络的强联系（Strong ties）或弱联系（Weak Ties），企业能够实现有效率的知识共享。

对产品事业部和地区事业部的企业组织结构，虽然 Nonaka 在其知识管理模型中提出知识创造过程中知识的四种转化模式，为管理者实施跨部门和跨地区的知识共享提供了有益的启示，比如企业管理者可以通过将有价值的隐性知识显性化，使显性化的隐性知识能够在组织的不同部门和地区间实现共享。但是，将有价值的隐性知识显性化同时意味着企业的知识资源不再具有不可模仿性，从而企业可能丧失竞争优势。因此，更重要的问题是，如何将隐性知识以隐性化的方式在组织的不同部门和地区之间实现共享。我们认为，建立部门层次的非正式社会网络将有助于解决这一难题。部门内部的知识共享可以依赖网络的强联系或弱联系，而部门之间的知识共享必须依赖能够在部门之间搭起桥梁的中间人，即结构洞。社会网络的存在使知识转移不一定通过隐性知识—显性知识—隐性知识这样的转化路径，而可能直接通过隐性知识—隐性知识这样的模式转移，而后一种模式无疑能够将有价值的知识保留在企业内部。

（三）本章的局限和未来的研究方向

本章的局限性在于，没有将焦点企业置于一个更广泛的背景中来考察企业的知识共享及其与创新能力之间的关系。一方面，企业并非是一个原子式的个体，其知识管理总是在一定的社会关系背景下进行的，企业所处的社会网络结构及其特征必然对企业行为产生影响；另一方面，由于技术创新速度加快，越来越多的企业开始利用企业间协调的方式来组织知识的交易和生产活动，以获取互补性的资源和能力，嵌入网络中的企业能通过知识共享和组织间学习增强创新能力，从而在面临不确定的市场时保持较高的灵活性。因此，在封闭式创新模式向开放式创新模式转变过程中，管理者的注意力不能仅仅局限于企业内部，而应当从更广阔的范围来考虑企业创新能力的来源，包括客户知识、供应商知识，甚至竞争者知识，即企业如何从创新网络中获取知识并推动创新，是未来研究应当考虑的一个方向。

第三节　模仿、吸收能力和创新能力关系的实证研究

一　问题的提出

创新能够使创新者在市场中占有优势，并使其由于对创新的暂时垄断而攫取创新租金。然而，由于创新需要投入较高的研究开发成本，风险较大，大多数中国企业更乐于以模仿作为发展的路径。已有关于创新与模仿的文献，主要关注创新企业及其对创新成果的保护，使创新企业能够从研究开发成果的商业化应用中获取足够的利润，从而维持较高的创新率，这些保护创新的机制包括知识产权保护、因果模糊性、纵向一体化、声誉资本等。

从已有文献来看，主要存在两方面的不足：（1）缺乏微观层面的实证研究，尤其是对处于发展中国家企业模仿行为的考察；（2）对吸收能力的描述性研究较多，很少有实证考察模仿、吸收能力和创新能力之间的关系。因此，本章试图通过实证研究回答这样的问题：作为大多数中国企业所采取的一种发展路径，企业能否通过模仿提高创新

能力？

二　研究变量和假设推演

（一）模仿

在组织行为学文献中，研究人员长期以来注意到企业具有规避和降低不确定性的倾向，而规避不确定性的一种机制就是采取模仿行为。模仿指的是一个或多个组织采用一种实践做法，提高了该做法被其他组织采用的可能性。模仿过去的行为能够为类似的行为提供合法性，或者过去的行为能够提供降低不确定性的信息。Haunschild（1997）区分了三种类型的模仿：基于频率的模仿、基于特征的模仿和基于结果的模仿。就基于结果的模仿而言，组织通常会采用（模仿）那些能够带来正面效应的实践做法。在管理学中，一个类似的概念是标杆学习。坎普（Camp，1989）将标杆学习定义为"寻求行业的最佳实践以获得卓越的绩效"。Lucertini 等人（1995）认为，"标杆学习"是指企业寻求行业内最佳的产品、流程、服务和实践，将其与本企业进行比较以提高自身的经营绩效。在本章中，我们以"标杆学习"作为"模仿"的替代变量。

（二）创新能力

熊彼特认为，所谓"创新"，就是"建立一种新的生产函数"，也就是说，把一种从来没有过的关于生产要素和生产条件的"新组合"引入生产体系。Calantone 等人（2002）将创新能力定义为一个过程，在这个过程中，企业从内部或外部获取市场知识和技术知识，将这些知识整合起来以获得新的创意，并将这些创意与相应的资源组合起来，为市场创造出有价值的产品。可见，创新的本质是企业知识的重新组合。

国内一些学者认为，企业技术的发展一般会经历模仿、消化吸收和创新三个阶段。对于处在模仿阶段的企业，首先，由于本身的先备技术知识不足，导致从事生产的技术能力与经验不足。其次，由于企业资源，如资金、人才等的限制，使这一阶段的企业投资于发展技术十分困难。此时，最有利的生存方式便是通过非法的仿冒或合法的仿制来获取利润。在模仿阶段，企业的知识主要来自企业外部，这些知识与企业所积累的知识和能力相结合，就可以使企业从模仿阶段过渡到创新阶段。因此，本章提出假设 1：

H1：企业的模仿行为对其创新能力存在正向影响。

（三）吸收能力

科恩和利文索尔（1990）指出，一个企业成功地开发利用来自组织外部的技术能力或知识的一个必要条件，是企业内部吸收这些知识的能力，称为"吸收能力"。他们认为，正是企业内部的这种领悟（学习）能力及与之相关的消化（开发）能力使得企业具有认识和利用来自周围环境知识的能力。吸收能力有两个重要部分：先备知识（Prior Knowledge）与努力程度（Intensity of Effort）。企业的吸收能力是企业内部长期投资和知识积累的过程，其开发具有路径依赖性。因此，企业的先备知识在学习中是一个重要平台，先备知识中若有一部分与新知识相关，就能促进新知识的吸收。由于模仿者与竞争者的知识具有高度的相关性，因此对竞争者的模仿极易促进模仿者对新知识的吸收。因此，我们提出假设 2：

H2：企业对竞争者的模仿对其吸收能力具有正向影响。

努力程度指的是组织成员对于在企业内部应用吸收能力的投入。假如没有进行内化的努力，只有企业接触外部相关知识是不够的。总之，企业的吸收能力越强，对外界环境的经营掌握能力越强，亦即越有机会将竞争对手或相关的知识吸收转化为企业自己的知识并进行知识的重新组合。因此，我们提出假设3：

H3：企业的吸收能力对其创新能力存在正向影响。

三　数据与研究方法

（一）样本数据

本章采取问卷调查的数据收集方法，有关内容前文已有说明，此处从略。

（二）变量测量

本书所设计的所有项目都通过利克特5点量表来加以度量。在设计度量指标的项目时，本书首先搜寻相关实证研究中有关本书的变量的操作化方式及量表。在采取多重项目的设计原则下，本书尽可能援引既有量表或根据研究变量的定义增加新题项。

1. 企业的创新能力

本章认为，要想使创新能力的测量具有可操作性，必须在问卷中体现出"比较"的概念。按照熊彼特最初对创新的定义，本章将创新能力的指标设计为以下5个问题：（1）与主要竞争对手相比，我公司能够更快地推出新产品（或服务）；（2）与主要竞争对手相比，我公司能够更快地开辟新市场；（3）与主要竞争对手相比，我公司能够抢先进入新市场；（4）我公司能够打破竞争对手的垄断地位；（5）与竞争对手相比，我公司更加重视研究开发投入。

2. 企业的吸收能力

吸收能力衡量的是一个企业成功地开发利用来自组织外部的技术知识的能力。该变量的测量参考了科恩和利文索尔（1990）、扎拉和乔治（Zahra and George，2002）对吸收能力的定义，并考虑了企业的研究开发投入、行业知识和经验以及企业对外部知识的转换能力，最终确定了如下4个问题：（1）我公司的研究开发投入在本行业内处于相对较高的水平；（2）我公司积累了丰富的行业知识和经验；（3）我公司非常重视学习行业内的优秀实践和做法；（4）我公司仿效标杆公司做法或实践通常能够取得较好的效果。

3. 模仿

本章所指的模仿行为是指企业有意识地学习，我们用"标杆学习"作为"模仿"的替代变量。根据斯特朗和斯蒂尔（Strang and Still，2006），本章提出如下4个问题：（1）我公司采取了竞争对手使用的管理工具或实践方法；（2）我公司以行业内的主要竞争对手作为学习对象；（3）我公司非常重视竞争对手的动态；（4）我公司非常重视获取竞争对手的产品（服务）信息。

（三）信度和效度检验

本章采用SPSS15.0对样本数据作克龙巴赫α系数测试，测试结果见表9-6。从表9-6来看，潜在变量的克龙巴赫α系数均高于0.7。因此，本书所收集的数据具有较高的信度。

表 9 - 6　　　　　　　　　　模仿、吸收能力和创新能力的探索性因子分析

题项	模仿	吸收能力	创新能力	解释方差	克龙巴赫系数 α
Q4	0.869				
Q2	0.860			0.536	0.724
Q3	0.588				
Q1	0.552				
Q6		0.832			
Q5		0.777		0.538	0.766
Q8		0.765			
Q7		0.516			
Q10			0.863		
Q9			0.826		
Q11			0.824	0.577	0.811
Q13			0.654		
Q12			0.587		

　　对于测量题目是否能够唯一地测量潜在变量，需要采用单建构尺度来检验。经过对测量量表进行探索性因子分析，可以获得每个测量题目与潜在变量之间的因子载荷量；将这项数值平方后，就可以获得潜在变量对个别测量题目的方差解释量。当同一量表的所有题目均拥有高于 0.5 以上的因子载荷量时，代表该量表具有相当程度的收敛效度。根据上述讨论，本书所使用的量表在收敛效度和单建构尺度检测结果如表 9 - 6 所示。从表 9 - 6 可见，所有题目对于相应的潜在变量在因子载荷量和方差解释（VE）两项指标大致符合前述的评估标准，显示这些量表在单建构尺度和收敛效度上，均符合相当程度的品质要求。

　　（四）同源方差检验

　　在组织行为研究中，普遍存在同源方差问题。由于本书涉及的变量数目较多，而且都集中在一个问卷中，尽管在问卷设计部分已经采取了一些措施来防止这一问题，但采用自呈式量表仍有可能会导致同源方差问题。所以，应当检测出现这一问题的严重性。本章主要采用哈曼单因子测量法。在利用 SPSS15.0 统计分析软件作因子分析之后，得到如表 9 - 7 所示的总方差解释表。从表 9 - 7 可以看出，特征值大于 1 的因子有 3 个，集中了总方差的 61.766%，各主成分解释的方差范围在 19%—25%，显示同源方差问题并不严重。

　　（五）实证分析结果

　　由于对潜在变量的测量具有良好的信度和效度，因此，本章进一步运用结构方程模型（SEM）来检验上文提出的假设，分析软件是 Lisrel8.70，软件运行结果见图 9 - 3。

表 9 - 7 总方差解释表

成分	初始特征值			提取的平方和载荷量			旋转平方和载荷量		
	总体	方差解释（%）	累积方差解释（%）	总体	方差解释（%）	累积方差解释（%）	总体	方差解释（%）	累积方差解释（%）
1	4.106	34.214	34.214	4.106	34.214	34.214	2.987	24.892	24.892
2	2.138	17.818	52.032	2.138	17.818	52.032	2.243	18.689	43.581
3	1.168	9.734	61.766	1.168	9.734	61.766	2.182	18.185	61.766

注：提取方法：主成分分析。

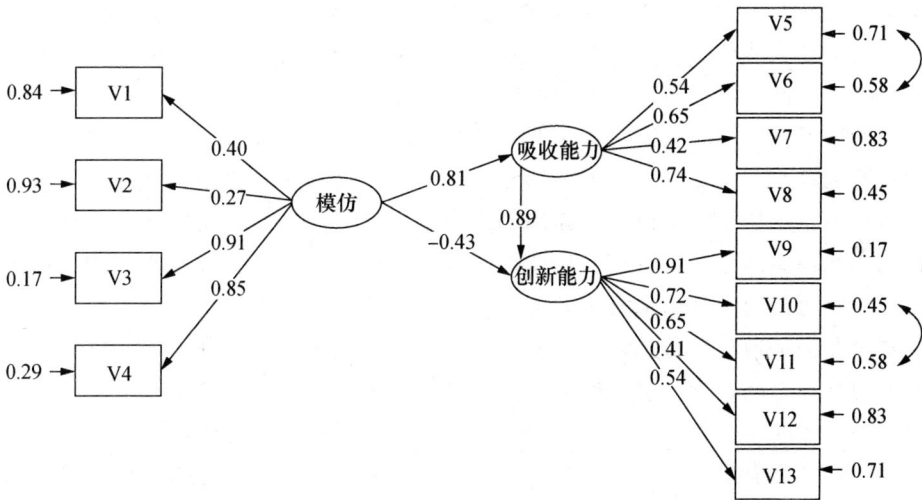

卡方检验值=121.08，自由度=60，显著性水平=0.00001，近似误差均方根=0.106

图 9 - 3　模仿、吸收能力与创新能力的结构模型和标准化的路径系数

本章从整体模型拟合度来评价模型与数据的拟合程度，其中（$\chi^2/\mathrm{df} < 3$，近似误差均方根（RMSEA）的值为 0.106，CFI、NNFI 和 SRMR 的值分别为 0.90、0.91 和 0.79，这些指标均达到了可接受的范围，表明数据与模型之间基本吻合。描述观测变量和潜在变量以及潜在变量之间关系的路径图如图 9 - 3 所示，表 9 - 8 中显示了变量之间的标准化系数和相应的 t 值。

表 9 - 8 路径系数与检验结果

假设	关系	标准化的路径系数	t 值	显著性	是否支持假设
H1	模仿→创新能力	-0.43	-1.28	n.s.	不支持
H2	模仿→吸收能力	0.81	4.50	***	支持
H3	吸收能力→创新能力	0.89	2.25	**	支持

注：*** 表示 P < 0.01；** 表示 P < 0.05；* 表示 P < 0.1；n.s. = 表示不显著。

从图 9 - 3 和表 9 - 8 可以看出，模仿对企业的吸收能力存在正向影响，路径系数为 0.81，t 值为 4.50；吸收能力对创新能力存在正向影响，路径系数为 0.89，t 值为 2.25；因此假设 2 和假设 3 都得到了验证。从图 9 - 3 中可以看到，模仿对企业的创新能力存在负向影响，路径系数为 - 0.43，t 值为 - 1.28，表明不支持假设 1。

四　讨论与建议

（一）讨论

关于模仿与创新之间的关系，一直是学术界所关注的焦点问题之一。这种关注体现在两个层面的研究上：在宏观层面上，相关的文献主要考察激烈的竞争和模仿对创新及经济增长是否有益，发展中国家的模仿行为对缩短其与发达国家之间的技术差距的影响。在微观层面上，一些研究者则主要考察模仿的障碍（例如复杂的商业战略和因果模糊性）对先动者优势可持续性的影响、不确定性和模仿行为之间的关系、复杂环境中的组织惰性、创新和模仿之间的平衡以及组织间的模仿。

本章考察了模仿和吸收能力对企业创新能力的影响。实证结果表明：（1）吸收能力对创新能力存在正向影响；（2）模仿对吸收能力存在正向影响。大量的文献表明，吸收能力对于企业从不同渠道获取知识和能力具有重要作用。企业从外部获取的知识与企业的内部知识相结合，可以产生持续性的改进和创新。本章的研究证实了二者之间的关系。企业要想成功地利用从外部获取知识，首要条件是吸收和消化这些外部知识，这也意味着企业必须通过自身的研究开发投入进行知识积累。实证分析结果也表明，模仿对吸收能力存在正向影响。吸收能力是其先备知识的函数。企业模仿的对象是行业内的竞争对手，二者在相关知识的储备方面具有很大的相似性，这意味着，企业从竞争对手获取知识将是非常有效的；相反，如果目标知识是新领域的知识，那么知识的获取将会非常困难。

本章的实证分析结果不能证明模仿对创新具有正向或负向影响。从结构方程模型来看，企业的模仿行为是以吸收能力作为中介变量对创新能力产生影响的。结合生产效率边界的概念可以对这一现象作出较为合理的解释。在过去 30 年里，随着中国改革开放力度的不断加大，中国企业与外界之间的接触也日益频繁。中国企业一直以欧美企业或日本企业为榜样，学习先进的管理经验和管理方法，而且在初期取得了明显的效果。同时，这种生产效率的提高又为企业的模仿行为提供了合法性，从而降低了企业创新的动力。从实践来看，中国企业的模仿战略曾一度使中国企业在早期技术发展阶段取得了显著的进步，然而，由于缺乏对引进技术的消化和吸收，使企业陷入了"引进—落后—再引进"的恶性循环。

值得注意的是，尽管本章探讨了企业模仿、吸收能力和创新能力之间的关系，但结构方程模型的拟合指标并没有达到非常满意的结果，即本章构造的模型并非是完美的。造成这一结果的原因可能是：（1）同源方差问题。尽管哈曼单因子测量法显示同源方差问题并不严重，但并不意味着不存在，而同源方差问题的存在可能会夸大本章所研究的变量之间的关系。（2）截面数据的限制。与追踪数据不同，本章采用截面数据进行分析并不能够得出变量之间存在因果关系的结论。（3）样本数据并非足够大。根据

Boomsma（1982）的研究，无论是模型有恰当解的百分率、参数估计的精确性，还是统计量的分布，研究结果显示，样本容量越大越好。因此他建议，样本容量最少也要大于100，但大于200更好。由于受到时间和成本的限制，本章的样本数据略高于最低样本容量要求。

（二）政策建议

关于企业创新战略的选择。从实证分析结果可以看到，虽然模仿行为降低了企业研究开发产出的不确定性，但也容易使企业产生惰性；而且，如果企业缺乏吸收能力，企业模仿的结果只能是削弱自身的创新能力。而提高研究开发投入占销售额的比重，是企业增强吸收能力的重要途径。不可否认，中国目前只有少数企业具备通过研究开发实现自主创新的能力。华为公司就是其中之一。华为公司于1998年制定的《华为基本法》第二十六条规定："我们保证按销售额的10%拨付研究开发经费，有必要且可能时还将加大拨付的比例。"相比之下，中国的大多数企业在研究开发投入方面远远低于华为公司。因此，通过模仿、吸收和改进进行创新仍然是一条可行的道路。

企业家在引导企业从模仿转向创新的过程中具有重要作用。与较为成熟的市场背景不同，处于转型经济中的中国企业面临较高的环境不确定性。在风险与机会并存的情况下，企业家对机会的敏感性以及企业家个人的社会资本就显得非常重要。企业往往依靠企业家个人的社会网络关系为公司搜寻有价值的信息，获取稀缺资源，并获得宝贵的商业机会。因此，企业家通过投资并有效地利用社会资本，对企业的创新具有重要作用。

从国家层面来讲，一方面，政府应当鼓励企业实施"走出去"战略。通过对外直接投资，主动地从全球市场获取资金、技术、市场、战略资源。波特尔斯伯格和利希滕伯格（2001）的研究表明，"走出去"战略在获取技术方面比"引进来"战略更为有效，因为"走出去"的企业更容易融入当地的文化背景，企业的模仿行为会更加有效；跨国公司进行对外直接投资的目的，是为了在全球范围内有效地配置资源，以实现整体利润最大化，而不是扩散自身拥有的私有技术，因此，将希望寄托于跨国公司通过技术扩散而产生的溢出效应来提高东道国的创新能力，是一种不切实际的想法。另一方面，由于增强吸收能力有助于提高创新能力，因此，政府应当加大基础性研究的研究开发投资规模，提供公共创新设施平台，落实鼓励和支持自主创新的财税政策、金融政策和政府采购政策，使企业能够通过持续的研究开发投入，积累知识和创造知识，并将产品创意最终转化为商业化应用。

第十章 智力资本与企业绩效关系的研究

第一节 引言与文献综述

在知识经济时代，以知识为核心的智力资本不仅是企业价值创造和可持续发展的驱动力与重要源泉，而且也是企业创新和利润增长的关键所在。中国经济近十多年来持续保持着高速增长，日益成为价值创造核心的智力资本对中国经济发展的贡献如何？中国上市公司的发展主要是依赖于智力资本还是物质资本？面对全球经济和国内市场经济的转型，中国企业是否已经实现从物质资本依赖向智力资本依赖的转变是目前企业界和理论界正在探索的热点问题之一。

本章选取具有智力资本代表性的三个行业（制造业、信息技术业和金融保险业）来探索中国企业所拥有的智力资本对企业绩效的影响，以期为中国企业在转型经济时期合理配置资源、有效开发和利用其所拥有的智力资本提供一定的理论和实际借鉴。

国内外关于智力资本的研究，主要集中于智力资本的概念、智力资本的构成与度量、智力资本与企业发展的关系三个方面。

智力资本的概念最早是由西尼尔（Senior）于1836年提出的，但当时只是被作为人力资本的同义词而使用。美国学者卡尔布雷思（Calbraith，1969）扩展了智力资本的概念，认为智力资本既是纯知识形态的静态资本，也包括有效利用知识的动态过程，并且这种过程与组织目标的实现相关，将智力资本的概念由个体层面延伸到组织层面。布鲁金（Brooking，1996）将智力资本归结为能够"使企业得以运行的所有无形资产的总称"，认为"企业＝有形资产＋智力资本"。亚历山大（Alexander，2004）、罗兰（Roland，2007）则以知识理论为基础，将智力资本定义为由组织知识转化而来的且能够使得企业实现市场价值与现有资产增值的知识资源的总和。国内的很多学者也对智力资本的概念作出了一些探讨，比如谭劲松（2001）把智力资本定义为人力资本的一种，认为智力资本就是能进行科研创新并对公司内部的资源作出合理配置的人力资本。袁庆宏（2001）、王勇等人（2002）、张小红等人（2007）从知识视角，闫化海（2004）从智力资本的特征角度分别对智力资本的概念作了相应的定义。

智力资本的构成既是理解智力资本内涵的主要框架，也是构建智力资本测量工具的重要依据，但在智力资本的构成与度量方面，国内外学者的分歧比较大。目前主要有二元论、三元论和多元论等几种分类方法。二元论者以埃德文森和马龙（Edvinsson and

Malone，1997）为代表，认为智力资本是人力资本和结构资本的耦合。三元论者则以斯图尔特（Stewart，1994）、莫汉（Mohan，2005）、斯沃特（Swart，2006）为代表，认为智力资本是由人力资本、结构资本和顾客资本三者组成，提出了智力资本是 H—S—C 的结构。多元论者则把智力资本等同于无形资产，通过对无形资产概念的拓展和分散来对智力资本进行解释，比如布鲁金认为，智力资本应当由市场资本、知识产权资本、人才资本和基础结构资本四部分组成；巴西（Bassi，1999）则根据平衡计分卡的理念将智力资本划分为人力资本、结构资本、创新资本、流程资本和顾客资本。从本质上来说，无论是智力资本三元论还是多元论都是在智力资本二元论的基础上逐步发展起来的。而在后来的关于智力资本与企业发展的实证研究中，众多学者也是选择不同的智力资本的构成方法进行实证研究的。

在智力资本与企业发展的实证研究中，国内外多数研究集中在智力资本与企业绩效的研究方面。尼克·邦蒂斯（Nick Bontis，1998，2000）依据智力资本的三元论，对智力资本对企业绩效的影响的测量和模型进行了探索性研究，通过对加拿大、马来西亚的企业进行问卷调查，根据回收获取的相关数据，运用因子分析法和偏最小二乘法进行了研究，认为智力资本的三个组成部分（人力资本、结构资本和客户资本）是相互影响的，而且智力资本对企业的业绩具有显著的正效应。Ahmed Riahi - Belkaoui 则以美国100 家"最大跨国"制造和服务公司中的81 家为样本，利用最小二乘法对基于价值增值的总资产报酬与智力资本的关系进行检验，发现智力资本对美国跨国公司的绩效有积极和显著的作用。

马威迪斯（Marvidis，2004，2005）选取了日本银行和希腊银行作为研究对象，研究发现，智力资本和物质资本都对价值增值有显著的正效应，而且智力资本的影响要大于物质资本的影响。

史蒂文·菲雷尔（Steven Firer）对南非企业智力增值系数 VAIC 的三个组成部分，即人力资本增值系数、物质资本增值系数、结构资本增值系数与企业绩效（获利能力、生产率、市场评价）的关系进行了实证研究，认为人力资本对生产能力有显著的促进作用，结构资本与盈利能力只有适度的正关联，而南非市场仍然注重物质资本的回报。

国内学者也依据不同的智力资本构成论，选择不同的行业进行了实证分析，陈劲（2004）将智力资本分为人力资本、结构资本、创新资本和客户资本，提出了智力资本定性测度指标体系，并对浙江省高科技企业进行了调查问卷，发现智力资本及其组成部分均与企业绩效有显著的正相关关系。

更多的国内学者则是采取了智力资本二元论的分类方法，选取了不同的因变量，对不同的行业研究。如李嘉明（2004）选取计算机行业的 30 家上市公司，白明等（2005）选取电信与计算机业、化工业、纺织业三个行业的上市公司，万希（2006）以中国最佳运营绩效的上市公司中的 41 家企业为样本，余海宗、邓倩（2007）选取高新技术行业和纺织、服装业上市公司，刘超等（2008）选取信息技术业上市公司，王新利等人（2008）选取信息技术业和纺织服装业的上市公司，田静（2009）选取制造业和信息技术业，卢馨等人（2009）选取制造业、信息技术业和房地产业的上市公司为样本分别对物质资本、人力资本和结构资本对企业绩效的影响进行了实证分析，大部分学者都认为，智力资本与企业绩效之间存在显著的正相关关系，智力资本是企业利润的来源之一，而物质资本则依然是企业绩效的最重要的资源。除此之外，也有学者从不同的视角，比如原毅军（2006）对智力资本的价值创造潜力，中国台湾学者 Tsai 和 Hua（2006）对智力资本与股票价值，傅传锐（2008）对智力资本与股价的相关性，邹艳等人（2009）对智力资本、吸引能力和技术创新之间的关系进行了实证分析。

国内外学者对智力资本对企业绩效的研究有很多独到之处，但总体上看在两个方面相关的研究仍显不足：一是对企业绩效指标的设计，虽然也有部分学者选择了多元化的指标，比如史蒂文·菲雷尔和 S. 米切尔·威廉姆斯（S. Mitchell Williams, 2003）将获利能力、生产率和市场价值作为企业绩效的三个代理指标，中国台湾学者 Shiu（2006）选择了总资产净利润率、总资产毛利润率和市场估价比率三个企业绩效指标，但大部分学者都选取了单一的绩效指标，导致了无法全面地考察企业绩效的状况。二是大多数学者选择以横截面数据，忽略了中国市场的快速多变性所导致的时间因素的影响，从而有可能导致实证研究的结论存在误差。因此，本章针对这两个方面的研究不足，选择多元化的企业绩效指标体系，并利用中国上市公司多个行业多家企业的面板数据作为研究样本，进行实证研究。

第二节　研究假设与研究设计

一　研究假设

Daniel Zeghal 和 Anis Maalou（2010）认为，企业绩效是一个包括经济绩效、财务绩效和股票市场绩效的多元化概念，而建立在这三个绩效基础上的大假设前提是：如果企业有好的经济效益，那么它在财务上就会表现出健康且盈利的状态，进而使得企业在股票市场拥有良好的状态，这三大绩效之间存在内在的联系。因此，本章选择的企业绩效指标包括经济绩效、财务绩效和股票市场绩效三个方面。

本章认同智力资本二元论的观点，即智力资本是人力资本与结构资本的耦合。人力资本包括员工的基本知识和专业化知识水平、工作经验、解决问题的能力以及员工知识更新和共享的能力等。人力资本是智力资本的核心要素，掌握了基本知识和技能的人力资本是企业持续竞争优势的重要来源，是企业绩效的最终决定因素。此外，智力资本不能单独发挥作用为企业创造价值，必须与企业可使用资本相结合。基于此，本章提出如下假设：

假设 H1：人力资本与企业绩效存在正相关关系。

假设 H1a：人力资本与经济绩效存在正相关关系。

假设 H1b：人力资本与财务绩效存在正相关关系。

假设 H1c：人力资本与股票市场绩效存在正相关关系。

结构资本主要包括结构资本与关系资本，包含企业的管理方法及制度、信息和网络系统、业务流程、企业声誉与品牌、顾客关系等。人力资本价值的实现离不开相应的基础设施的支撑，离不开结构资本的辅助。结构资本能使企业高质量地、有序地运转，能为企业员工工作和交流提供一个有利的平台。因此，本章提出如下假设：

假设 H2：结构资本与企业绩效存在正相关关系。

假设 H2a：结构资本与经济绩效存在正相关关系。

假设 H2b：结构资本与市场绩效存在正相关关系。

假设 H2c：结构资本与股票市场绩效存在显著的正相关关系。

物质资本是企业生存、发展所必需的最基础的资源，主要包括企业长期存在的生产物资形式，如机器、设备、厂房、建筑物以及其他基础设施等。Pulic（2004）认为，智力资本本身不能创造价值，必须与物质资本相结合。因此，为了对企业利用资源创造价值有一个全面的认识，应当将物质资本考虑进来。基于此，企业中最重要的资本将是智力资本。因此，本章提出如下假设：

假设 H3：物质资本与企业绩效存在正相关关系。

假设 H3a：物质资本与经济绩效存在正相关关系。

假设 H3b：物质资本与市场绩效存在正相关关系。

假设 H3c：物质资本与股票市场绩效存在正相关关系。

二　研究设计

（一）自变量

智力资本价值增值系数法（Value Added Intellectual Coeffieient，VAIC）是由安特·普利克（Ante Pulic）提出的智力资本评价方法，该方法具有指标计算简便、数据容易取得、可信度高等优点。VAIC 法认为，企业绩效取决于企业运用财务资本和智力资本的能力。本章也借鉴 VAIC 法来衡量智力资本，选取人力资本增值系数（Value Added Human Capital Coefficient，VAHU）、结构资本增值系数（Value Added Structural Capital Coefficient，STVA）和可使用资本增值系数（Value Added Capital Employed Coefficient，VACA）三个变量作为自变量，VAIC 是三个指标的合值，公式如下：

VAHU = 价值增值（VA）/人力资本（HC）

STVA = 结构资本（SC – VA）/价值增值（VA）

VACA = 价值增值（VA）/可使用资本（CA）

VAIC = VAHU + STVA + VACA

（二）因变量

借鉴 Daniel Zeghal 和 Anis Maalou（2010）的观点，企业绩效是一个包括经济绩效、财务绩效和股票市场绩效的多元化概念。本章选取营业利润率（OM）、加权平均净资产收益率（ROE）和市净率（P/B）三个变量来分别衡量经济绩效、财务绩效和股票市场绩效。

（三）控制变量

由于资本结构影响资本成本和企业价值，会导致企业绩效出现极大的差异。其次，规模不同的企业所处的竞争环境和市场地位不同，获利能力是不一样的。此外，企业效率的不同将影响企业的竞争力，导致绩效方面的差异。最后，处在生命周期不同阶段的企业，其成长能力不同，也会对绩效产生较大的影响。因此，本章选用资产负债率（Lev）、企业规模（Size）、企业总资产周转率（TAT）和成长能力（GR）作为控制变量。其中，企业规模（Size）取年末总资产的自然对数，成长能力 GR 用营业收入增长率衡量。

所有变量的经济含义、计算方法如表 10 - 1 所示。

表 10 - 1　　　　　　　　　　　　　　　变量定义表

变量名称	经济含义	计算方法	变量类型
OM	营业利润率	营业利润/营业收入	因变量
ROE	加权平均净资产收益率	数据来自上市公司年报	因变量
P/B	市净率	年流通市值/净资产账面价值	因变量
VAHU	人力资本增值系数	企业价值增加值/人力资本	自变量
STVA	结构资本增值系数	结构资本/企业价值增加值	自变量
VACA	可使用资本增值系数	企业价值增加值/净资产账面价值	自变量
Lev	资产负债率	负债/总资产	控制变量
Size	企业规模	年末总资产的自然对数	控制变量
TAT	总资产周转率	总资产周转率 = 营业收入净额/平均资产总额 × 100%	控制变量
GR	营业收入增长率	营业收入增长率 = 本年营业收入增长额/上年营业收入总额 × 100%	控制变量

（四）样本选择与数据筛选

由于不同行业企业拥有的资源各不相同，因此，本章选取了三个特色鲜明的行业进行研究，分别是制造业——传统行业、信息技术业——高新技术行业和金融保险业——新兴服务业，以此来探索不同类型行业在现阶段有效的智力资本驱动因素的差异。制造业属于传统行业，生产技术成熟，市场稳定，对员工的数量需求大，产品的需求收入弹性小，风险程度较低；信息技术业属于知识密集型行业，竞争激烈，员工的质量需求相对较高；金融保险业属于高度知识密集型行业，技术创新快，生命周期短，市场波动大，产品需求弹性大，风险程度较高。

本章选取了 2007—2009 年在沪、深交易所 A 股市场上市且行业类别属于制造业、信息技术业和金融保险业的 1084 家企业作为研究样本[①]，其中包括：制造业 957 家企业，信息技术业 95 家企业，金融保险业 32 家企业。考虑到缺失值和异常值对统计结果的不利影响，本章剔除了数据缺失和在 2007—2009 年被 ST 过的公司。在此基础上又剔除了人力、结构资本价值以及所有者权益账面价值为负的公司。此外，由于部分制造业上市公司属于传统的劳动力密集型企业，其价值增值对高知识、高技能水平的智力资本

[①] 行业类别划分参照中国证监会的行业分类标准，样本数据均来源于锐思（RESSET）金融研究数据库和企业公开披露的 2007—2009 年度财务报告。

依靠较少，为避免对研究结果产生不良影响，因此剔除了制造业中属于劳动力密集型的食品饮料业、纺织服装皮毛业、木材家具业、造纸印刷业、石油化工塑胶塑料业、金属制品及非金属制品制造业。经过筛选后，最终确定的样本公司总数为856家，具体为制造业267家，信息技术业38家，金融保险业20家。

（五）实证研究模型

针对本章的研究目的，本章拟对以下三种模型进行实证研究：

$$OM = \beta_0 + \beta_1 VAHU + \beta_2 STVA + \beta_3 VACA + \beta_4 Lev + \beta_5 Size + \beta_6 TAT + \beta_7 GR + \mu \quad （模型1）$$

$$ROE = \beta_0 + \beta_1' VAHU + \beta_2 STVA + \beta_3 VACA + \beta_4 Lev + \beta_5 Size + \beta_6 TAT + \beta_7 GR + \mu \quad （模型2）$$

$$P/B = \beta_0 + \beta_1 VAHU + \beta_2 STVA + \beta_3 VACA + \beta_4 Lev + \beta_5 Size + \beta_6 TAT + \beta_7 GR + \mu \quad （模型3）$$

第三节　实证分析

一　描述性统计分析

本章基于2007—2009年三个行业的面板数据，运用STATA统计软件对拟研究的各变量作了一个描述性统计分析，具体信息如表10-2所示。

表10-2　　　　　　各变量的描述性统计分析（均值分析）

变量	制造业	信息技术业	金融保险业
VAHU	3.092875	2.2524454	4.0719365
STVA	0.55692	0.4862719	0.7286728
VAIN	3.649795	2.7387173	4.8006093
VACA	0.361888	0.2966731	0.3201595
VAIC	4.011683	3.0353904	5.1207688
Lev	0.447497	0.3786801	0.7816546
Size	21.45758	21.419555	25.419223
TAT	0.823411	0.8916649	0.1210483
GR	16.68593	19.418836	59.894295
OM	0.105386	0.1150212	0.4837577
ROE	0.127199	0.1217382	0.2393567
P/B	2.156659	2.1009317	2.8511109

从表10-2中可以看出，制造业的VAIC均值为4.011683，这说明中国制造业企业每使用1元人民币将产生4.011683元的价值；而信息技术业和金融保险业的VAIC均值分别为3.0353904和5.1207688。显然，金融保险业的VAIC均值＞制造业的VAIC均值＞信息技术业的VAIC均值，这与我们一般意义上认为信息技术业的智力增值效率应该

高于制造业的智力增值效率的观念存在巨大的差异,然而这就是事实。这在一定程度上也说明中国企业目前更多地依赖于金融保险业和制造业来创造价值。从智力增值系数法体系的内部结构来看,无论是制造业、信息技术业还是金融保险业,均表现出这样的特点:VAHU 均值 > STVA 均值 > VACA 均值,这说明这三个典型性行业的智力增值更多地依靠人力资本,其次是结构资本,再次是通过可使用资本。这说明三个行业的智力效率水平还处于初级阶段。此外,三个行业均表现出 VAIN 均值 > VACA 均值,这说明即使是制造业这样的传统行业部门也开始更多地依靠智力资本创造价值,而不是像以往单纯地依靠使用可支配的物质和财务资本来创造价值。这一结论也与 Zéghal(2000)、菲雷尔和威廉姆森(2003)的研究结果相一致。

二　相关性分析

本章利用皮尔逊(Pearson)相关分析法对各行业的相关性作了分析。

表 10 - 3 反映中国制造业企业中,人力资本增值系数(VAHU)与营业利润率(OM)和加权平均净资产收益率(ROE)显著正相关,但是与市净率(P/B)正相关性不显著。

表 10 - 3　　　　　　　　　　　　　　制造业相关性检验表

变量	OM	ROE	P/B
VAHU	0.259**	0.1751**	0.0562
STVA	0.5688**	0.6021**	0.1549**
VAIN	0.2717**	0.1893**	0.0598
VACA	−0.0289	0.1041**	0.0358
VAIC	0.2667**	0.2015**	0.0639
LEV	−0.3940**	−0.0099	0.0193
SIZE	−0.0485	0.2532**	−0.1336**
TAT	−0.2488**	0.1898**	−0.0645
GR	0.1531**	0.3933**	0.1212**

注:** 表示双尾检验的显著性水平为 1%;* 表示双尾检验的显著性水平为 5%。

因此,对于中国制造业企业而言,这一发现完全支持了 H1a 和 H2a 假设,部分拒绝了 H3a 假设。结构资本增值系数(STVA)与营业利润率(OM)、加权平均净资产收益率(ROE)和市净率(P/B)均显著正相关。因此,对于中国制造业企业而言,这一发现完全支持了 H1b、H2b 和 H3b 假设。而可使用资本增值系数(VACA)与加权平均净资产收益率(ROE)显著正相关,与营业利润率(OM)不显著负相关,与市净率(P/B)不显著正相关。因此,对于中国制造业企业而言,这一发现完全支持了 H2c 假设,部分拒绝了 H3c 假设,完全拒绝了 H1c 假设。

表 10 - 4 反映出中国信息技术业企业中，人力资本增值系数（VAHU）只与营业利润率（OM）显著正相关，与加权平均净资产收益率（ROE）不显著正相关，与市净率（P/B）不显著负相关。因此，对于中国信息技术业企业而言，这一发现完全支持了 H1a 假设，部分拒绝了 H2a 假设，完全拒绝了 H3a 假设。结构资本增值系数（STVA）与营业利润率（OM）显著正相关，与加权平均净资产收益率（ROE）不显著正相关，与市净率（P/B）不显著负相关。因此，对于中国信息技术业企业而言，这一发现完全支持了 H1b 假设，部分拒绝了 H2b 假设，完全拒绝了 H3b 假设。可使用资本增值系数（VACA）与加权平均净资产收益率（ROE）显著正相关，与营业利润率（OM）不显著正相关，与市净率（P/B）不显著负相关。因此，对于中国信息技术业企业而言，这一发现完全支持了 H2c 假设，部分拒绝了 H1c 假设，完全拒绝了 H3c 假设。

表 10 - 4　　　　　　　　　　　信息技术业相关性检验表

变量	OM	ROE	P/B
VAHU	0. 3522 **	0. 1468	- 0. 1122
STVA	0. 4105 **	0. 1470	- 0. 0290
VAIN	0. 3666 **	0. 1499	- 0. 1046
VACA	0. 1043	0. 5506 **	- 0. 0417
VAIC	0. 3840 **	0. 2162 *	- 0. 1109
LEV	0. 7131 **	- 0. 2303 *	- 0. 0178
SIZE	- 0. 4283 **	- 0. 0625	- 0. 2850 **
TAT	- 0. 4893 **	- 0. 0688	- 0. 0808
GR	0. 1021	0. 4063 **	- 0. 0796

注：** 表示双尾检验的显著性水平为 1%；* 表示双尾检验的显著性水平为 5%。

表 10 - 5 反映了中国金融保险业企业中，人力资本增值系数（VAHU）与加权平均净资产收益率（ROE）显著正相关，与营业利润率（OM）、市净率（P/B）不显著负相关。因此，对于中国金融保险业企业而言，这一发现完全支持 H2a 假设，完全拒绝了 H1a、H3a 假设。结构资本增值系数（STVA）与营业利润率（OM）显著正相关、与加权平均净资产收益率（ROE）不显著正相关，与市净率（P/B）显著负相关。因此，对于中国金融保险业企业而言，这一发现完全支持了 H1b 假设，部分拒绝了 H2b 假设，完全拒绝了 H3b 假设。可使用资本增值系数（VACA）与加权平均净资产收益率（ROE）显著正相关，与市净率（P/B）不显著正相关，与营业利润率（OM）不显著负相关。因此，对于中国金融保险业企业而言，这一发现完全支持 H2c 假设，部分拒绝了 H3c 假设，完全拒绝了 H1c 假设。

表 10 - 5　　　　　　　　　　　　金融保险业相关性检验表

变量	OM	ROE	P/B
VAHU	− 0. 0767	0. 3943 **	− 0. 2407
STVA	0. 6264 **	0. 1273	− 0. 4185 **
VAIN	− 0. 0371	0. 3925 **	− 0. 2602
VACA	− 0. 0486	0. 5293 **	0. 0183
VAIC	− 0. 0394	0. 4180 **	− 0. 2487
LEV	− 0. 2910 *	− 0. 0262	− 0. 3251
SIZE	− 0. 2986 *	− 0. 0675	− 0. 5041 **
TAT	− 0. 2935 *	0. 1298	− 0. 0476
GR	0. 1997	0. 3133 *	− 0. 1159

注：** 表示双尾检验的显著性水平为 1% ；* 表示双尾检验的显著性水平为 5% 。

三　面板数据多元线性回归分析

相关分析构成了检验我们提出九个假设的第一个步骤，在此基础上，本章基于 2007—2009 年三个行业的面板数据，通过三个多元线性回归模型来继续检验我们提出的九个假设。四个可以影响企业绩效的控制变量（资产负债率、企业规模、总资产周转率、成长能力）也包含在模型之中。

本章使用 STATA 软件中固定效应模型对数据进行处理[①]。

（一）经济绩效多元线性回归模型

表 10 - 6 反映了当经济绩效指标营业利润率（OM）作为因变量时三个行业自变量的回归系数结果。

对中国制造业企业而言，模型 1 的 R^2 为 0. 2908，这表明在营业利润率（OM）的变化中有 29. 08% 可归因于人力资本增值系数（VAHU）、结构资本增值系数（STVA）、可使用资本增值系数（VACA）、资产负债率（Lev）、企业规模（Size）、总资产周转率（TAT）和成长能力（GR）的影响，该模型的拟合优度较为良好。其中，结构资本增值系数（STVA）、可使用资本增值系数（VACA）对营业利润率（OM）有正的影响且都达到了 $P < 0.01$ 的显著性水平，而人力资本增值系数（VAHU）在控制了其他变量的影响之后与营业利润率（OM）虽然正相关但系数并不显著。该模型完全支持了假设 H1b、H1c，部分拒绝了假设 H1a。

对中国信息技术业企业而言，模型 1 的 R^2 为 0. 5924，这表明在营业利润率（OM）的变化中有 59. 24% 可归因于人力资本增值系数（VAHU）、结构资本增值系数（STVA）、可使用资本增值系数（VACA）、资产负债率（Lev）、企业规模（Size）、总资产周转率（TAT）和成长能力（GR）的影响，该模型的拟合优度较为良好。其中，

---

① 本章已经通过共线性分析、异方差分析和自相关分析来对自变量进了诊断，结果显示自变量基本符合假设要求；固定效应模型通过了 LM 检验和豪斯曼检验。

人力资本增值系数（VAHU）和结构资本增值系数（STVA）对营业利润率（OM）有正的影响且都达到了 P<0.01 的显著性水平，而可使用资本增值系数（VACA）在控制了其他变量的影响之后与营业利润率（OM）虽然正相关但系数并不显著。该模型完全支持了假设 H1a、H1b，部分拒绝了假设 H1c。

表 10 - 6 经济绩效多元线性回归模型

模型：$OM = \beta_0 + \beta_1 VAHU + \beta_2 STVA + \beta_3 VACA + \beta_4 Lev + \beta_5 Size + \beta_6 TAT + \beta_7 GR + \mu$

	R^2	β_0	VAHU	STVA	VACA	Lev	Size	TAT	GR
制造业	0.2908	-0.508159 (-1.70)	0.000597 (1.41)	0.365264** (11.93)	0.051477** (3.67)	-0.157824** (-3.32)	0.022347 (1.61)	-0.02577 (-1.11)	0.000118 (1.04)
信息技术术业	0.5924	-0.549855 (-1.48)	0.013767** (3.21)	0.228730** (4.74)	0.067451 (0.98)	0.011888 (0.14)	0.025096 (1.44)	-0.042324* (-2.36)	-0.000086 (-0.88)
金融保险业	0.7435	-0.795378 (-0.47)	-0.044644* (-2.34)	1.38251** (8.68)	0.107639 (0.50)	-0.023538 (-0.06)	0.016952 (0.25)	-0.022912 (-0.03)	0.000156 (0.57)

注：** 表示显著性水平为 1%；* 表示显著性水平为 5%。

对中国金融保险业企业而言，模型 1 的 R^2 为 0.7435，这表明在营业利润率（OM）的变化中有 74.35% 可归因于人力资本增值系数（VAHU）、结构资本增值系数（STVA）、可使用资本增值系数（VACA）、资产负债率（Lev）、企业规模（Size）、总资产周转率（TAT）和成长能力（GR）的影响，该模型的拟合优度较为良好。其中，结构资本增值系数（STVA）对营业利润率（OM）有正的影响且达到了 P<0.01 的显著性水平，而可使用资本增值系数（VACA）在控制了其他变量的影响之后与营业利润率（OM）正相关但系数并不显著，人力资本增值系数（VAHU）对营业利润率（OM）有负的影响。该模型完全支持了假设 H1b，部分拒绝了假设 H1c，完全拒绝了假设 H1a。

（二）财务绩效多元线性回归模型

表 10 - 7 反映了当财务绩效指标加权平均净资产收益率（ROE）作为因变量时三个行业自变量的回归系数结果。

对中国制造业企业而言，模型 2 的 R^2 为 0.4314，这表明在加权平均净资产收益率（ROE）的变化中有 43.14% 可归因于人力资本增值系数（VAHU）、结构资本增值系数（STVA）、可使用资本增值系数（VACA）、资产负债率（Lev）、企业规模（Size）、总资产周转率（TAT）和成长能力（GR）的影响，该模型的拟合优度较为良好。其中，结构资本增值系数（STVA）、可使用资本增值系数（VACA）对加权平均净资产收益率（ROE）有正的影响且都达到了 P<0.01 的显著性水平，而人力资本增值系数（VAHU）

在控制了其他变量的影响之后与加权平均净资产收益率（ROE）虽然正相关但系数并不显著。该模型完全支持了假设 H2b、H2c，部分拒绝了假设 H2a。

表 10 - 7   **财务绩效多元线性回归模型**

模型：$ROE = \beta_0 + \beta_1 VAHU + \beta_2 STVA + \beta_3 VACA + \beta_4 Lev + \beta_5 Size + \beta_6 TAT + \beta_7 GR + \mu$

	R^2	β_0	.VAHU	STVA	VACA	Lev	Size	TAT	GR
制造业	0.4314	-0.6908932 (-2.48)	0.0003935 (1.00)	0.394933** (13.82)	0.057651** (4.39)	-0.119166** -2.69	0.02642* (2.03)	0.0696** (3.21)	0.0003** (2.99)
信息技术业	0.4709	-0.505038 (-0.88)	-0.0089875 (-1.36)	0.310723** (4.17)	-0.008123 (-0.08)	0.0003867 (0.00)	0.022323 (0.83)	0.011142 (0.40)	0.0005** (3.46)
金融保险业	0.6334	-0.40186 (-0.11)	0.109909** (2.79)	0.068423 (0.21)	1.471212** (3.34)	0.2297133 (0.29)	0.006267 (0.04)	-6.1096** (-4.17)	0.001227 (2.19)

注：** 表示显著性水平为 1%；* 表示显著性水平为 5%。

对中国信息技术业企业而言，模型 2 的 R^2 为 0.4709，这表明在加权平均净资产收益率（ROE）的变化中有 47.09% 可归因于人力资本增值系数（VAHU）、结构资本增值系数（STVA）、可使用资本增值系数（VACA）、资产负债率（Lev）、企业规模（Size）、总资产周转率（TAT）和成长能力（GR）的影响，该模型的拟合优度较为良好。其中，结构资本增值系数（STVA）对加权平均净资产收益率（ROE）有正的影响且达到了 P < 0.01 的显著性水平，而人力资本增值系数（VAHU）和可使用资本增值系数（VACA）在控制了其他变量的影响之后与加权平均净资产收益率（ROE）不显著负相关。该模型完全支持了假设 H2b，完全拒绝了假设 H2a、H2c。

对中国金融保险业企业而言，模型 1 的 R^2 为 0.6334，这表明在加权平均净资产收益率（ROE）的变化中有 63.34% 可归因于人力资本增值系数（VAHU）、结构资本增值系数（STVA）、可使用资本增值系数（VACA）、资产负债率（Lev）、企业规模（Size）、总资产周转率（TAT）和成长能力（GR）的影响，该模型的拟合优度较为良好。其中，人力资本增值系数（VAHU）、可使用资本增值系数（VACA）对加权平均净资产收益率（ROE）有正的影响且达到了 P < 0.01 的显著性水平，而结构资本增值系数（STVA）在控制了其他变量的影响之后与加权平均净资产收益率（ROE）虽然正相关但系数并不显著。该模型完全支持了假设 H2a、H2c，部分拒绝了假设 H2b。

（三）股票市场绩效多元线性回归模型

表 10 - 8 反映了当股票市场绩效指标市净率（P/B）作为因变量时三个行业自变量的回归系数结果。

表 10 - 8　　　　　　　　　　　　　　股票市场绩效多元线性回归模型

模型：$P/B = \beta_0 + \beta_1 VAHU + \beta_2 STVA + \beta_3 VACA + \beta_4 Lev + \beta_5 Size + \beta_6 TAT + \beta_7 GR + \mu$

	R^2	β_0	VAHU	STVA	VACA	Lev	Size	TAT	GR
制造业	0.0321	5.755462 (1.52)	-0.0041941 (-0.78)	0.996411* (2.57)	0.2197711 (1.24)	1.668212** (2.77)	-0.22431 (-1.27)	-0.1799945 (-0.61)	-0.00032 (-0.22)
信息技术业	0.2528	-24.3278* (-2.56)	0.050351 (0.46)	-0.8773355 (-0.71)	1.675131 (0.95)	3.908856 (1.85)	1.16399* (2.61)	0.027794 (0.06)	-0.0099** (-3.97)
金融保险业	0.1308	6.756645 (0.24)	0.1614103 (0.51)	-0.5651986 (-0.21)	-3.969179 (-1.12)	14.00498* (2.17)	-0.56114 (-0.49)	4.587241 (0.39)	-0.00198 (-0.44)

注：** 表示显著性水平为 1%；* 表示显著性水平为 5%。

对中国制造业企业而言，模型 2 的 R^2 为 0.0321，这表明在市净率（P/B）的变化中有 3.21% 可归因于人力资本增值系数（VAHU）、结构资本增值系数（STVA）、可使用资本增值系数（VACA）、资产负债率（Lev）、企业规模（Size）、总资产周转率（TAT）和成长能力（GR）的影响，由于 R^2 较小，该模型拟合情况不理想。其中，结构资本增值系数（STVA）对市净率（P/B）有正的影响且达到了 $P < 0.01$ 的显著性水平，而可使用资本增值系数（VACA）在控制了其他变量的影响之后与市净率（P/B）虽然正相关但系数并不显著，人力资本增值系数（VAHU）与市净率不显著负相关。该模型完全支持了假设 H3b，部分拒绝了假设 H3c，完全拒绝了假设 H3a。

对中国信息技术业企业而言，模型 2 的 R^2 为 0.2528，这表明在市净率（P/B）的变化中有 25.28% 可归因于人力资本增值系数（VAHU）、结构资本增值系数（STVA）、可使用资本增值系数（VACA）、资产负债率（Lev）、企业规模（Size）、总资产周转率（TAT）和成长能力（GR）的影响，该模型拟合情况不很理想。其中，人力资本增值系数（VAHU）、可使用资本增值系数（VACA）在控制了其他变量的影响之后与市净率（P/B）虽然正相关但系数并不显著，结构资本增值系数（VAHU）与市净率不显著负相关。该模型部分拒绝了假设 H3a、H3c，完全拒绝了假设 H3b。

对中国金融保险业企业而言，模型 2 的 R^2 为 0.1308，这表明在市净率（P/B）的变化中有 13.08% 可归因于人力资本增值系数（VAHU）、结构资本增值系数（STVA）、可使用资本增值系数（VACA）、资产负债率（Lev）、企业规模（Size）、总资产周转率（TAT）和成长能力（GR）的影响，该模型拟合情况不理想。其中，人力资本增值系数（VAHU）在控制了其他变量的影响之后与市净率（P/B）虽然正相关但系数并不显著，结构资本增值系数（VAHU）、可使用资本增值系数（VACA）与市净率不显著负相关。该模型部分拒绝了假设 H3a，完全拒绝了假设 H3b、H3c。

四　实证研究结果

综合皮尔逊相关分析法和多元线性回归分析得出的结果，若两种分析方法得出的系数均为显著正相关，则认为最终结果为正相关，支持原假设；若两种分析方法得出的系数均为显著负相关，则认为最终结果为负相关，拒绝原假设；若其中一种得出的系数为显著正相关，而另一种为不显著正相关，综合考虑，我们可以认为最终结果为正相关，支持原假设；若其中一种得出的系数为显著负相关，而另一种为不显著负相关，综合考虑，我们可以认为最终结果为负相关，拒绝原假设；若其中一种得出的系数为正相关，而另一种为负相关，或虽然同为正/负相关但都不显著，则认为最终结果为不能确定。根据以上标准，将三组假设（共计 9 个假设）的支持拒绝情况总结如表 10 - 9 所示。

表 10 - 9　　　　　　　　中国三大行业 9 个假设支持拒绝情况总结表

假设	制造业	信息技术业	金融保险业
H1a	支持	支持	拒绝
H2a	支持	不能确定	支持
H3a	不能确定	不能确定	不能确定
H1b	支持	支持	支持
H2b	支持	支持	不能确定
H3b	支持	不能确定	拒绝
H1c	不能确定	不能确定	不能确定
H2c	支持	不能确定	支持
H3c	不能确定	不能确定	不能确定

对于中国制造业智力资本较为密集的企业而言，实证分析的最终结果可以认为人力资本增值系数（VAHU）对营业利润率（OM）、加权平均净资产收益率（ROE）有正的影响，对市净率（P/B）影响不明显；结构资本增值系数（STVA）对营业利润率（OM）、加权平均净资产收益率（ROE）、市净率（P/B）有正的影响；可使用资本增值系数（VACA）对加权平均净资产收益率（ROE）有正的影响，对营业利润率（OM）、市净率（P/B）影响不明显。这说明中国目前的智力资本密集型制造业企业组织结构和关系资本虽然相对稳定，但并不没有达到最佳状态，企业在生产流程设计、控制和组织管理等方面的结构性投资以及市场、顾客管理方面的关系投资可以对企业的绩效整体作出较为明显的贡献；企业在人力资本方面的投资虽然对企业经济、财务绩效有较为明显的贡献，但在股票市场上却得不到反映，这可能是由于股票市场投资者认为，中国制造业企业的组织结构和管理制度等比较稳定，低层次的人员流动性较低，而创造性较高的高层次人员流动性则比较高，因此人力资本投资对企业市场价值以及未来发展潜力贡献不多所造成的；而制造业企业在可使用资本方面的投资仅在企业财务绩效方面可得到反映，对企业经济绩效、股票市场绩效贡献不明显，原因可能是中国制造业的发展已进入相对成熟期，企业单纯依靠可支配的物质资本方面的投资已进入边际效应递减阶段，对企业绩效整体提升影响有限。

对中国信息技术业企业而言，实证分析的最终结果可以认为，人力资本增值系数（VAHU）对营业利润率（OM）有正的影响，对加权平均净资产收益率（ROE）、市净率（P/B）影响不明显；结构资本增值系数（STVA）对营业利润率（OM）、加权平均净资产收益率（ROE）有正的影响，对市净率（P/B）影响不明显；可使用资本增值系数（VACA）对营业利润率（OM）、加权平均净资产收益率（ROE）、市净率（P/B）影响均不明显。显然，信息技术业并不像我们起初预期的那样理想。这一方面可能是由于中国信息制造业企业的成长发展时间较短，企业的组织结构和管理制度等尚不完善；另一方面可能是因为中国信息技术企业自身的发展层次仍然有待提高，企业在创新力方面亟待提升，现阶段信息技术企业的智力资本增值效率对企业绩效的贡献尚未凸显出来，整体的智力资本增值效率仍然有较大的提升空间。而企业在可使用资本方面投资对企业绩效影响不大的原因可能是由于信息技术业属于知识密集型行业，企业对人才的创造性和信息的质量更为重视，确保信息和服务的全面及时性极为关键，相比较而言，在物质方面的投资并不那么重要造成的。

对中国金融保险业企业而言，实证分析的最终结果可以认为，人力资本增值系数（VAHU）对加权平均净资产收益率（ROE）有正的影响，对市净率（P/B）影响不明显，而实证分析的结果否认了其对营业利润率（OM）有正的影响；结构资本增值系数（STVA）对营业利润率（OM）有正的影响，对加权平均净资产收益率（ROE）影响不明显，而否认了其对市净率（P/B）有正的影响；可使用资本增值系数（VACA）对加权平均净资产收益率（ROE）有正的影响，对营业利润率（OM）、市净率（P/B）影响均不明显。显然，金融保险业也不像我们起初预期的那样理想。中国金融保险业企业的人力资本增值效率、可使用资本增值效率可以在一定程度上通过财务绩效反映出来，却无法在经济绩效和股票市场绩效上得到反映；结构资本增值效率可以在一定程度上通过经济绩效指标反映出来，却无法在财务绩效和股票市场绩效指标上得到反映。这可能是由于金融保险业对员工的素质要求较高，相应的员工报酬较高导致人力成本过高，而且中国金融保险业市场尚不成熟，企业对市场、顾客开发以及企业组织结构、管理制度、工作流程设计等仍处在不断探索提高的阶段，因而造成企业在智力资本方面的投资推动企业绩效提升的效果并不好。此外，金融保险业属于高度智力资本密集型的新兴服务业，物质资金方面的投入比较而言对企业绩效方面的影响并不如智力资本投资那么重要。

最后，企业在智力资本、可使用资本方面的投资普遍对股票市场绩效影响不大，这可能是由于股票市场上的投资者在投资时并不太关注企业的智力资本增值效率所导致的。之所以出现这样的现象，一方面可能是因为中国企业在智力资本方面的投资还处在较低的水平上，投资者不会为了企业的低智力资本增值效率投入更多的资金；另一方面可能是因为中国股票市场的投资行为还是处于非理性阶段，具有盲目性，投资者不愿意去研究有意向投资企业是否具有较高的智力资本增值效率，而对市场的不关注将会削弱中国制造业企业在智力资本上开展持续投入的积极性和热情。此外，股票市场受到其他因素影响大，影响市净率的不仅仅是企业经营运作情况，还受到投资者心理预期、信息不完全、资金炒作等诸多原因的影响。

第四节　研究总结与局限性

通过对中国智力资本密集型制造业、信息技术业和金融保险业的面板数据分析可看出，现阶段，中国企业的智力增值效率在各行业间存在着一定的差异，相比较而言，金融保险业的智力增值效率最高，而信息技术业由于行业发展尚不成熟，智力资本增值效率尚不能得到有效的体现。而各行业的智力增值效率的驱动力主要来自人力资本和结构资本，可使用资本相对来说驱动力较小，在未来，中国企业要提高效率，就必须要注意优化驱动力结构。对制造业来说，要在保持现有人力资本增值效率的同时，加快企业组织结构和管理制度的完善，提高结构资本的增值效率，将企业的智力增值驱动因素尽可能地保留在企业内部结构之中，减少因高层次员工流失所带来的风险，并相应地带动提高企业可使用资本的增值效率。对信息技术业来说，智力资本的发展还有很大的提升空间，要想成为名副其实的科技密集型企业，就要加大智力资本投资，尽快提高人力资本增值效率和结构资本增值效率。对金融保险业来说，需要在保持现有智力资本增值效率的水平上，进一步加强智力资本和可使用资本对企业绩效的渗透作用力，促进产业的发展。

本章采取 VAIC 法衡量智力资本的效率，自然不能避免 VAIC 法的局限，未来期待能够找出更加有效的方法来衡量智力资本对企业绩效的影响。本章将企业绩效分为经济绩效、财务绩效和股票市场绩效，是为了更全面地考察企业的业绩状况，未来可以对多个指标用因子分析法进行综合，提炼出一个能较全面地反映企业绩效的因子作为企业绩效因变量。此外，智力资本分为人力资本和结构资本，本章只对两者与企业绩效之间的关系进行了实证分析，而人力资本在某种程度上需要依附于结构资本才能发挥更大的作用，人力资本与结构资本是否存在着相互促进的作用，仍有待于未来的后续研究。

第十一章 基于知识属性的合资企业动态演进研究

第一节 前言

许多企业在新进入一个市场或希望获得当地公司所掌控的某种知识时，都倾向于选择合资形式（Hennart，1991），合资企业是企业拓展市场的一种重要途径（Makino and Chan，2007）。但是研究表明，合资企业具有很强的不稳定性（Yan and Zeng，1999），其股权的不稳定性高达 68%（Hennart and Zeng，1997）。而在中国，娃哈哈与达能之争、华晨与宝马等合资企业的困境都说明，中外合资企业也存在着较高的不稳定性。因此，研究中外合资企业的不稳定性问题，对于处于高度动态环境的中国企业而言，具有重要的现实意义。

值得注意的是，目前学术界对合资企业的不稳定性仍然缺乏理论性的、一致性的定义，大量的实证研究使用了多种不同的方法来测定合资企业的不稳定性，因此极易产生高度异质性的结论（Yan and Zeng，1999）。更重要的是，目前关于合资企业不稳定性的研究大多采用结果导向性方法，其焦点往往集中于合资企业的终止比率和不稳定因素的计量验证，这致使研究停留在静态层面上，忽略了对合资企业不稳定性的动态过程分析。而在国内，对这一问题的研究起步较晚，研究成果较少，大多只是从理论上分析导致合资企业不稳定的原因，与国外相比，有很大差距。

本章试图从知识的复杂程度和合资企业各方的学习能力的角度去研究合资企业不稳定的动态过程。同时，为了更好地阐释各合资的动态演变过程，本章引入了博弈论研究方法，通过一次性博弈解释知识获取与合资意愿以及讨价还价能力之间的关系，进而通过动态演化博弈阐释合资各方关系的动态变化过程。本章从合资过程的角度去研究合资企业的不稳定性这一研究思路，对于当前中国企业的合资行为具有一定的指导意义。

本章的结构如下：第二节对国内外相关研究进行简单的回顾和评论；第三节介绍研究思路和博弈模型；第四节通过案例分析，证实本章博弈模型所得出的一系列命题；最后是本章的结论和建议。

第二节　文献综述

对于合资企业不稳定性的研究主要集中于不稳定的内涵和不稳定的原因两个方面。其较早的研究可以追溯到弗兰科（Franko，1971），他将合资企业不稳定性定义为合资企业的终止和合资企业所有权结构的转变。在此基础上，戈梅斯－卡瑟里斯（Gomes－Casseres，1987）认为，合资企业的不稳定性有三种形态：终止运营并将资产清算；外方将股权出售；外方收购股权，将合资企业独资化。有些学者将合资企业不稳定性定义得更为狭窄，仅指合资企业的终止。伯格和弗里德曼（Berg and Friedman，1978）以出售或清算形式的合资企业终止作为不稳定性进行测算，计算出其不稳定性比率为41%。国内一些学者则将合资企业的不稳定性分为技术、组织结构和价值三个方面（徐艳梅、韩福荣，2000）。

对于不稳定的原因，研究表明，至少以下因素会影响合资企业的稳定性。首先，合资各方在共同管理过程中的潜在竞争关系会破坏合作关系（Harrigan，1988）。其次，文化差异和不稳定性之间存在正相关关系（Barkema and Vermeulen，1997）。再次，合资企业中股权结构也在很大程度上影响其稳定性。平衡股权结构相较于非平衡股权更有利于合资企业的稳定（Harrigan，1988）。最后，合资各方母国的特征和政策（Hennart，Roehl and Zietlow，1999）以及东道国政府的政策和行业结构（Contractor，1990；Vachani，1995）也会影响合资企业的稳定关系。

以上研究都采取了结果导向性研究方法（Makino and Chan，2007）。这些研究结论，对于本章构造研究假设非常重要。但是，结果导向性研究方法至少存在以下两个问题：首先，对于不稳定性的界定很难清晰和一致，因为不稳定率的界定取决于研究的目的（Yan and Zeng，1999）。其次，为了计量的方便，合资企业的研究更多地集中于探讨什么因素导致合资企业的不稳定，而这种研究方法的最大问题就是省略掉了合资企业最重要的动态演进过程。

为了解决这一问题，本章采取过程导向性研究方式。我们认为，不稳定性是企业重大的重组或契约的再次协商，具体表现为控制权结构（而不仅仅是股权结构）的变化（Killing，1983）。相比较结果导向性研究，过程导向性研究相对匮乏，其主要原因可能是对于合资企业的合作过程研究更加难以进行大样本的实证研究，只能使用模型推导和案例研究的方法。但是，合资企业的过程研究显然比结果导向性研究更为重要，这是因为，它将研究的关注点从静态转向动态，关注合资企业的动态演进过程。

其实，一些研究已经尝试从合作者内部竞争性学习的角度解释合资企业的终止过程（Hamel，1991；Lyles，1994）。这一观点将合资企业的不稳定性定义为"在合作的一方或双方看来，双方的关系发生了非计划的、出乎意料的重大变化"（Harrigan and Newman，1990）。他们认为，在合资企业中，合资各方都在尽力获取对方掌握的专业技能、资源和核心能力。一旦其中一方达到了学习的目标，合资企业就将终止（Inkpen and

Beamish，1997）。与以上研究不同的是，我们使用博弈论工具对于不稳定性问题进行分析。另外，我们加入了知识的不同属性作为影响学习能力的因素。

在合资企业中，学习的效果取决于合作各方所投入的知识的属性和各方获取知识的能力（Inkpen and Beamish；1997）。从知识的复杂性和易表述性方面出发，知识通常被分为显性知识（explicit knowledge）与隐性知识（implicit knowledge）两类。显性知识以一种清晰的、可解析的形式存在，通常存储于企业的文档、专利与产品中，或者可以通过各种方式转化为以上几种形式；而隐性知识则不同，难以清楚地描述，只能通过直接的人际交往进行传授（Leonard and Sensiper；1998）。在企业中，无论显性知识还是隐性知识都可以通过人才的流动、技术、内部惯例和将这些结合在一起的系统的改变而发生转移，并且这种转移是可以进行管理的（Inkpen，2008）。但是，相对于显性知识，由于隐性知识更多地表现为组织内部人与人之间的特殊关系，因此，它提高了技术转移的成本，更难以学习和效仿。

合资企业形成的一个主要原因即向合作伙伴学习，而所学习的知识往往是合作伙伴所特有的、有着重要战略价值且只能通过直接的人际交流才能够获得的隐性知识，例如，外方所掌握的管理经验、技术诀窍和营销经验，以及本国企业所掌握的本地知识。另外，由于合作双方的潜在竞争关系使得合资中的学习行为具备一些独有的特征。双方都希望获取对方的关键性知识，但又担心自己所掌握的知识被对方所获取从而对自己的竞争优势构成威胁，而在合作的框架下，又不得不为合作伙伴提供学习的机会。哈梅尔（1991）将这种状态描述为"学习竞赛"。随着"学习竞赛"的深入，双方在合资中的相互关系与地位也可能会出现动态变化。率先获得对方知识的一方可能在合资中取得领先优势进而获得更强的讨价还价能力，从而改变合资格局，并利用控制权上的优势创造有利于自身的学习条件。而获取知识相对缓慢的一方则可能逐渐演化为简单地依附于对方，其讨价还价能力会不断弱化，核心知识也会加速流失，最终不得不面临对方的独资化举动。例如1995年，克莱斯勒宣布中止与三菱汽车长达25年的合作。在双方合作之初，克莱斯勒的主要目的是获得一种能够在美国市场上进行销售的小型车，而到1995年，克莱斯勒已经具备自行开发这种小型车的能力，因此合作的基础不复存在。换言之，克莱斯勒已经从三菱汽车获取了所需的知识，因此合作的终止成为必然。

根据以上论述，我们建立起以下博弈模型。

第三节　博弈模型

一　模型前提假设

为简便起见，同时又不失一般性，我们提出以下假设：

假设1：双方最初在股权上对等。

假设2：获取对方的知识能够在一定程度上使自身受益。

假设3：双方的"合作"是指双方提供高质量的知识投入，而"不合作"则是指双方只意图获取对方的知识而避免甚至拒绝提供知识投入。

假设 4：不考虑知识的溢出效应[①]。

二　参与人

本章将从知识的复杂性与学习能力角度来刻画参与人的类型。

(一) 知识的复杂性

正如前面所提到的，任何一项知识都是隐性部分和显性部分的有机结合。显性知识在组织或个人间转移比较容易，而隐性知识只能通过直接的人际交往进行传授，也因而成为建立合资企业所要获取的主要知识类型。企业内部的隐性知识在复杂程度上存在差异，例如，当地知识和技术知识的复杂性就不同。即使同为技术知识，其复杂程度也不尽相同。基于这一考虑，本章采用知识的复杂性 $\alpha \in (0, 1)$ 这一变量来刻画合资中参与人所掌握的知识的特征，当 $\alpha \to 0$ 时，所掌握的知识以隐性知识为主，知识的复杂性相对较高，学习与掌握的难度也较大；当 $\alpha \to 1$ 时，所掌握的知识以显性知识为主，知识的复杂性相对较低，学习与掌握的难度较小。同时，参与人的行为也可能会改变知识的复杂性，例如，如果参与人能够利用人事任免和调动权，避免对方与己方掌握隐性知识的员工发生直接的人际交往，那么对于对方而言，知识的复杂性会大大增加。而如果其中一方向对方提供接触更多知识的机会，则对于对方而言，知识的复杂性可能会明显降低。同样的道理也同样适用于显性知识。这也就意味着知识的复杂程度不是既定的，而是存在人为控制的可能的。

(二) 学习能力

学习能力与知识的复杂性共同决定了一方获取知识的效果。学习能力所描述的是参与人从合资中吸收、学习合作伙伴技能与知识的能力。令其为 $\beta \in (0, 1)$，学习能力越强则 $\beta \to 1$；反之则 $\beta \to 0$。如果知识的复杂性较低，且对方学习能力较强，则知识获取的效果最好，时间也最短；如果知识的复杂性较高，而对方学习能力较弱，则知识获取的效果最差，耗时也最长；另外的两种情况下 (知识复杂性低，对方学习能力差；知识复杂性高，对方学习能力强)，知识获取的效果比较一般，维持在中等水平，而耗时也在前两者之间。

(三) 一次性博弈

在一次性简单博弈中，双方主要针对各自所拥有的资源 (知识) 展开博弈。两个参与人在单期的博弈中就是否合作同时作出选择。在该博弈中，一方如果已经单方面成功地获取对方的知识则会倾向于选择不合作，而未获得知识的一方仍然需要依赖于对方，在这种情况下，获得知识的一方能够利用其掌握的知识侵蚀对方的收益。当双方都合作时，双方除各自掌握的知识的基本收益之外，还能够获得协同效应带来的收益。而如果双方都获得对方的知识，收益状况会相对复杂，每一方除了侵蚀对方的利益同时还需要面对对方于自身利益的侵蚀，但这种侵蚀与被侵蚀都受到双方直接竞争的影响。双方的收益矩阵如表 11 - 1 所示。

---

① 该项约束仅出于简化模型的目的，并没有改变模型的最终结论。

表 11 - 1 一次性博弈

		P₂	
		合作（θ）	不合作（1-θ）
P₁	合作（ρ）	$(a+e, b+e)$	$(a-f(\alpha_1),$ $b+f(\alpha_1))$
	不合作（1-ρ）	$(a+f(\alpha_2),$ $b-f(\alpha_2))$	$(a+k(f(\alpha_2)-f(\alpha_1),$ $b+k(f(\alpha_1)-f(\alpha_2))$

其中，a 和 b 分别为参与人 1 与参与人 2 所掌握的知识为他们各自所带来的基本收益，这种收益并不依赖于双方是否合作；e 为双方合作的情况下所实现的协同效应为双方所分别带来的收益增加部分，通常为常数[①]；$u_i = f(\alpha_i)$，$(i=1,2)$ 为单方面获取了知识的一方从合作的另一方的利益中攫取的部分，u_i 主要依赖于对方的知识类型，且存在 $\frac{\partial f}{\partial \alpha_i} > 0$，并且存在 $u_i = f(\alpha_i) < e$，即任何一方通过获取知识所攫取的对方的收益总会小于双方合作时其所获得的协同效应收益。而 $k \in (0,1)$ 作为一个系数体现了在双方均不合作的情况下，由于双方直接竞争使得双方不能完全从所获取的知识中获益的情况。

在该博弈中存在两个纯策略纳什均衡，分别为（合作，合作）和（不合作，不合作）。相应的重复博弈的均衡策略为"双方一直选择合作，但只要有一方选择不合作，双方都会选择不合作，并持续下去"，最终使合资走向失败。但问题在于，由于该博弈中"合作"与"不合作"反映的是双方提供知识的质量，因此，任何一方都很难判断出对方是否选择了"不合作"，这就需要双方建立起牢固的信任关系。由于本章主要讨论知识的属性与合资不稳定之间的关系，因此对于该问题不再赘述。

对于混合策略均衡，双方分别以一定的概率对不同的行动进行选择。在上述博弈中，混合策略均衡为：

$$\rho^* = \frac{f(\alpha_1) + (1-k)f(\alpha_2)}{e - (1-k)f(\alpha_1) + (1-k)f(\alpha_2)}$$

$$\theta^* = \frac{f(\alpha_2) + (1-k)f(\alpha_1)}{e - (1-k)f(\alpha_2) + (1-k)f(\alpha_1)} \tag{11.1}$$

因此可以得出：

$$\frac{\partial \rho^*}{\partial \alpha_1} > 0, \quad \frac{\partial \rho^*}{\partial \alpha_2} < 0 \tag{11.2}$$

同样的，有：

$$\frac{\partial \theta^*}{\partial \alpha_2} > 0, \quad \frac{\partial \theta^*}{\partial \alpha_1} < 0 \tag{11.3}$$

---

① 双方协同效应在双方知识内容不发生变动时会基本保持恒定水平，而由于知识创新不在本章的考虑范围内，因此 e 通常作为常数处理。

从而有：

命题 1：当一方掌握的知识的复杂程度越低，而对方掌握的知识的复杂程度越高，该方越依赖于双方的合作，而讨价还价的能力就越弱；反之亦然。

三　动态博弈

在整个合资期内，合资企业双方的博弈会不断演化，主要体现为双方的收益结构的变化，即整个博弈是一个动态的过程。此外，在动态博弈中，双方的学习能力成为重要的影响因素，因此需要将其纳入考虑中。

在一次性博弈基础上，加入学习能力属性后，在博弈的第一期，双方实现以下均衡：

$$\rho^* = \frac{f_1(\alpha_1, \beta_2) + (1-k)f_1(\alpha_2, \beta_1)}{e - (1-k)f_1(\alpha_1, \beta_2) + (1-k)f_1(\alpha_2, \beta_1)}$$

$$\theta^* = \frac{f_1(\alpha_2, \beta_1) + (1-k)f_1(\alpha_1, \beta_2)}{e - (1-k)f_1(\alpha_2, \beta_1) + (1-k)f_1(\alpha_1, \beta_2)}$$

$$(11.4)$$

其中，$v_i = f_1(\alpha_j, \beta_i)$，$(i, j = 1, 2; i \neq j)$ 为单方面获取了知识的一方从合作的另一方的利益中攫取的部分，v_i 主要依赖于对方的知识类型、己方的学习能力，且存在 $\frac{\partial f_1}{\partial \alpha_j} > 0$，$\frac{\partial f_1}{\partial \beta_i} > 0$，并且存在 $v_i = f_1(\alpha_j, \beta_i) < e$，即任何一方通过获取知识所攫取的对方的收益总会小于双方合作时其所获得的协同效应收益。

而在合资的动态过程中可能存在以下三种状态：

状态 1：当双方合作意愿一致并且都较高时，双方都愿意继续合作，双方对于合资形式存在较高的依赖性。

状态 2：当双方合作意愿一致且都较低时，合资可能以一种友好协商的方式结束。

状态 3：当双方合作意愿存在差异时，双方相互的依赖性存在差异。

从系统的观点来看，前两种状态属于相对稳定，不需要对其进行内部协调。第一种状态保持了较高的稳定性以及良好的合作关系，因此是合意的。而状态 2 虽然出现了合资的终结，但是考虑到双方的合作意愿都较低，即双方可能都已经从合资中各取所需，因此结果也是合意的。

而第三种状态则不同，由于双方合作的意愿存在差异，双方相互的依赖性也存在差异，因此双方的讨价还价能力存在差异。此时合资作为一个系统的稳定性较低，具体表现为合资企业中一方单方面获取了知识，并因此拥有相对于另一方较强的讨价还价能力。

即当动态博弈的第 1 期中存在 $\rho_1^* \neq \theta_1^*$ [这可能源于双方的知识特性（α_i）以及学习能力（β_i）上的差异] 时，由于双方股权不会发生轻易变动，因此双方讨价还价能力上存在的差异会影响合资的控制权结构 S 的稳定性。通常双方会就控制权问题进行重新谈判，从而使得第 2 期合资企业的控制权结构 S_2 适应第一期双方的讨价还价能力差异（$\rho_1^* - \theta_1^*$）[①]。

---

① 在这里用双方合作意愿的差异反映双方讨价还价能力的差异。

　　然而，适应了 $\rho_1{}^* - \theta_1{}^*$ 的 S_2 并不一定是一个稳定状态。通过重新分配控制权所实现的 S_2 很可能会改变己方的学习能力 β，原因在于拥有控制权的一方可以要求对方提供接触更多知识的机会，许多显性知识可能因此公开，拥有控制权的一方从获取对方知识中获益的能力进一步提升。因此，在第二期的控制权结构 S_2 下，如果参与人 1 获取知识，则其收益为：

$$f_2（\alpha_2，\beta_1）=f_1（\alpha_2，\beta_1）+g（\rho_1{}^*-\theta_1{}^*） \tag{11.5}$$

　　其中，单调递减的奇函数 $g（\rho_1{}^*-\theta_1{}^*）$ 为第一期参与人 1 与参与人 2 讨价还价能力的差异所导致的第二期收益变化；同理，如果参与人 2 获取知识，则其收益为：

$$f_2（\alpha_1，\beta_2）=f_1（\alpha_1，\beta_2）+g（\theta_1{}^*-\rho_1{}^*） \tag{11.6}$$

　　因此双方的博弈矩阵演化为：

表 11 – 2　　　　　　　　　　　　　　　　　动态博弈

		P_2	
		合作（θ_2）	不合作（$1-\theta_2$）
P_1	合作（ρ_2）	$(a+e，b+e)$	$(a-f_2（\alpha_1，\beta_2），$ $b+f_2（\alpha_1，\beta_2）)$
	不合作（$1-\rho_2$）	$(a+f_2（\alpha_2，\beta_1），$ $b-f_2（\alpha_2，\beta_1）)$	$(a+k（f_2（\alpha_2，\beta_1）-f_2（\alpha_1，\beta_2）），$ $b+k（f_2（\alpha_1，\beta_2）-f_2（\alpha_2，\beta_1）))$

　　不难求出在第二期博弈的均衡为：

$$\rho_2{}^*=\frac{f_2（\alpha_1，\beta_2）+（1-k）f_2（\alpha_2，\beta_1）}{e-（1-k）f_2（\alpha_1，\beta_2）+（1-k）f_2（\alpha_2，\beta_1）}$$

$$\theta_2{}^*=\frac{f_2（\alpha_2，\beta_1）+（1-k）f_2（\alpha_1，\beta_2）}{e-（1-k）f_2（\alpha_2，\beta_1）+（1-k）f_2（\alpha_1，\beta_2）} \tag{11.7}$$

　　假设在第一期参与人 1 单方面获取了对方的知识并从中获益，由于 $\frac{\partial \rho_1{}^*}{\partial f_1（\alpha_2，\beta_1）}<0$，$\frac{\partial \theta_1{}^*}{\partial f_1（\alpha_1，\beta_2）}>0$，因此，在其他条件不变的情况下，存在 $\rho_1{}^*<\theta_1{}^*$，即参与人 1 的讨价还价能力强于参与人 2。而当博弈进入第二期时，考虑到由于 $\rho_1{}^*<\theta_1{}^*$ 导致 $g（\rho_1{}^*-\theta_1{}^*）>0$，因此有 $f_2（\alpha_2，\beta_1）>f_1（\alpha_2，\beta_1）$。因为博弈中双方收益结构上的相似性导致了 $\frac{\partial \rho_i{}^*}{\partial f_i（\alpha_2，\beta_1）}<0$，$\frac{\partial \theta_i{}^*}{\partial f_i（\alpha_1，\beta_2）}>0$[①]，因此，在其他条件不变的情况下，存在 $\rho_2{}^*<p_1{}^*<\theta_1{}^*<\theta_2{}^*$。此时 S_2 已经无法适应当期的上述差异，开展新的谈判并协商新的控制权调整方案已经成为必然。

---

　　① 可通过数学归纳法加以证明，限于篇幅，从略。

在上述博弈机制控制下，对于该博弈的任意第 n（$n>1$）期，随着控制权的相应调整，都有 $\rho_n{}^* < \rho_{n-1}{}^*$ 以及 $\theta_n{}^* > \theta_{n-1}{}^*$ [①]。这就意味着每一期结束时都需要根据当期博弈的结果对控制权进行调整，而这种调整将会在接下来的一期扩大双方讨价还价能力的差异。整个过程将会是路径依赖的，即在一开始陷入不利的一方将会越来越不利，而已开始取得优势地位的一方将会在接下来的博弈过程中越发有利。最后的博弈结果将是处在优势的一方掌握合资企业的核心控制权，同时也掌握了对方的核心知识，独资化成为必然。

命题 2：当双方的讨价还价能力存在差异时，这种差异会在动态博弈的过程中逐渐增大，最终导致独资化。

四　对动态博弈的讨论

上述动态博弈在不改变配置的情况下将使合资企业的控制权加速向一方转移，这常常会导致丧失控制权的一方的利益进一步受到损害。因此，如何解决这一困境是解决合资企业独资化的关键。

考虑到状态 1 与状态 2 的稳定性以及存在政府作为外部参与人的可能，上述困境的解决通常有以下几种思路：通过内部博弈配置变动和（或）外部参与人的干预使得合资从状态 3 向状态 1 过渡[②]；通过外部参与人的干预使控制权锁定于状态 S_i。

（一）向稳定状态过渡

因为随着博弈阶段的增加，越来越多的知识在博弈双方之间转移，双方中获取知识的一方的合作意愿会明显下降。而在不存在知识创新的情况下，任何一方都没有可能提高合作意愿。因此，向状态 1 的过渡就需要讨价还价能力落后的一方采取行动来缩小双方的差距。由于第一期的 $\rho_1{}^* \neq \theta_1{}^*$ 可能源于双方的知识特性（α_i）与学习能力（β_i）上的差异。考虑到（11.2）式与（11.3）式所展示出来的双方均衡的一系列特征，在不考虑知识创新且相对市场范围不变的前提下，有：

命题 3：讨价还价能力较弱的一方如果能够有效地加强对自身知识的保护或提高自身的学习能力，将会有助于维持双方的合作。

（二）锁定所有权状态

在上述动态博弈中，仍然可能存在除合资双方之外的外部参与人（例如政府）人为地对合资企业的控制权结构进行干预。如果外部参与人能够根据行业特征以及双方所掌握的知识状况合理地对控制权结构进行限制，即规定在组建合资企业时只能采用某种控制权分配方案 S_i，并且在整个合资期内应当保持这一控制权结构，那么在控制权锁定的情况下，虽然双方的讨价还价能力可能有所差异，但是拥有谈判优势的一方并没有借助控制权优势来获取更多知识的机会。因此，博弈的均衡在将会维持在（$\rho_i{}^*$, $\theta_i{}^*$）

---

① 同样，可以通过数学归纳法加以证明，限于篇幅，从略。

② 理论上讲，也存在向状态 2 过渡的解决方案。但是，在博弈的后期，一方已经获取了另一方的知识，并因此只拥有较低的合作意愿，此时加强对自身知识的保护已经不起作用。因此，讨价还价能力明显落后的一方只能通过迅速提升自己的学习能力来重新平衡双方的讨价还价能力，这虽然在理论上可行，但在实践中几乎不可能。

的水平上。虽然可能存在一方在现有的控制权结构下尽可能地获取了对方的知识，从而导致了知识上的非稳定状态，但是由于控制权的稳定使得领先的一方不可能扩大这种优势，博弈的动态性将会因此被锁定。最后，双方达到的均衡状态为在给定所有权结构下，双方尽可能地获取对方的知识，但是并不可能接触到双方的核心知识，因此双方仍然需要采取合资的形式进行合作，利用对方的知识来实现自身乃至整个合资的收益最大化。

如果外部参与人的控制不利于其中的一方，那么博弈双方将会在这种控制权状态的指引下不断地进行内部的知识转移直至双方所掌握的知识状况使得其讨价还价能力与这种控制权结构相适应。而如果外部参与人放开对于合资企业控制权的限制。在这种情况下，双方会从上面一种稳定的情况中解冻，通过多期博弈过渡到状态3。因此有：

命题4：政府作为外部参与人对控制权结构的干预会影响博弈的结果。

第四节　合资企业的动态演进：以华晨宝马为例

对于企业的研究主要有规范研究、实证研究和案例研究三种方法。与其他方法相比，案例研究具有获取丰富、详细和深入信息的优点（Berg，2001）。案例研究根据研究的性质与目的的不同，又可以分为探索性案例研究、解释性案例研究和描述性案例研究。探索性案例研究往往是界定一个研究问题前的实验性研究；解释性案例研究通常用于因果关系的探索；描述性案例研究是指在研究前就形成和明确一个理论导向，以此作为案例分析的理论框架，它一般要求在研究前明确分析单元（Berg，2001）。本部分将采用描述性案例研究的方法，通过华晨宝马的单个案例，试图解释前面模型中所得出的部分结论。

本章对于案例中资料的选取主要围绕控制权变更中的人事变动及组织架构变动。而案例研究中最常见的信息来源为文献、档案记录、访谈、直接观察、参与性观察与实物证据，应当采用多渠道收集数据，形成证据三角形或完整的证据链，以增强证据之间的相互印证性（殷，2004）。因此，本章的资料来源主要依靠以下几个方面：（1）本章作者之一在宝马汽车北京代表处实习期间对于华晨宝马和宝马中国实际情况的观察；（2）专业网站上所披露的关于华晨宝马的重要新闻；（3）对于当前就职与曾经就职于华晨宝马和宝马中国的员工的访谈。通过以上三个来源对同一问题进行比对，提高案例资料的可靠性。

一　案例背景

华晨宝马汽车有限公司作为宝马集团和华晨中国汽车控股有限公司共同投资成立的合资企业，于2003年3月在沈阳市注册成立，主要从事BMW品牌汽车的制造、销售和售后服务。

作为其两家母公司之一，宝马集团的历史悠久（始于1916年），总部位于德国慕尼黑，在全球拥有22个生产和组装厂，员工总数超过10.3万人。目前，宝马集团拥有BMW、MINI和Rolls‑Royce（劳斯莱斯）三个品牌，占据了从小型车到大型豪华轿车各个细分市场的高端市场。宝马集团成功的基石在于其一贯坚持的高档品牌战略，其产品在设计美学、动感和动态性能、技术含量和整体品质等方面具有丰富的产品内涵。在宝马集团的国际化战略中，中国市场占据非常重要的位置。宝马集团的产品在20世纪80年代开始出现在中国市场上。1994年4月，宝马集团设立北京代表处，标志着宝马集团正式进入中国大陆市场。在过去十多年间，三大品牌都已进入中国市场。

另一家母公司为华晨汽车（华晨中国汽车控股有限公司以及它的执行子公司的总称）。华晨汽车于1992年6月9日在百慕大成立，并分别在香港证券交易所和纽约证券交易所挂牌交易。其主要业务集中在面包车、轿车的生产和销售方面。该业务由华晨中国的31%控股子公司沈阳华晨金杯汽车有限公司（"沈阳汽车"）承担。沈阳汽车是中国领先的面包车制造商和分销商，也是中国唯一拥有丰田（Toyota）技术许可的面包车制造商。2002年8月，沈阳汽车在中国成功地推出中华牌轿车。此外，华晨汽车在中国还拥有数家生产发动机及其他汽车零部件生产厂。

二 案例分析

（一）双方掌握的知识类型

宝马所掌握的核心知识集中体现在：

（1）核心技术。宝马汽车在发动机、底盘等技术上在全球处于领先地位。2007年，宝马3系车型上所采用的BMW3.0升双涡轮增压发动机作为世界上首次使用双涡轮增压技术的直列六缸发动机同时荣获"2007年度最佳发动机"和"2007年度最佳新款发动机"大奖，并获得2.3—3.0升级的冠军。同时，宝马的V10发动机也多次被评为"年度最佳性能发动机"。这些均体现了宝马汽车在发动机技术上的领先地位。此外，宝马汽车的其他技术也在一定程度上领先于其竞争对手。

（2）管理能力。宝马作为一家国际性集团，在管理特别是跨国管理上具有一定的优势。虽然宝马集团内部存在一定的官僚体制，管理风格缺乏灵活性，但是，其出色的生产管理、严谨的质量控制系统以及完整的管理平台仍然具备其特有的优势。

（3）营销经验。宝马拥有比较成熟的汽车营销经验，这主要体现为规范化的经销商发展与建设体制、大量成熟的营销活动经验（其每年会在全球举办10场左右的大型高尔夫公开赛）等。

反观华晨，其掌握的知识主要体现在本地知识和营销经验两方面。但是，由于之前华晨的业务规模较小，主要集中在面包车的生产和销售方面，对于轿车行业和市场涉猎不多，因此其所掌握的营销知识也比较有限。但是，与宝马相比，华晨在处理政府事务、解读法律法规、对于消费者消费习惯的了解等方面仍然具有相对优势。这种状况也反映了大多数中外合资企业中中方母公司的现状。

（二）双方的博弈过程

宝马自1994年在北京设立代表处起便开始了对于当地市场的理解和学习，但当时的宝马汽车全部依赖进口，业务规模也比较有限。进入21世纪，随着业务的飞速发展，宝马一方面需要通过国产化降低成本，另一方面也需要找到一个合作伙伴来帮助它更深入地了解中国市场。从所掌握的知识角度来看，华晨所掌握的资源（无论是营销知识，还是当地知识），对于宝马来说，复杂程度相对较低，而且宝马本身可能已经掌握部分相关知识。特别是通过在合资企业中设立企业事务部，宝马中国将双方的公关部加以整合，更进一步加快了其学习当地知识的速度。

而从华晨的角度来讲，其自主品牌一直致力于与宝马展开深入的合作，旗下品牌"骏捷"被业内人士称为"小 BMW"。该款车内外部有很多方面均借鉴了宝马的经验：在产品设计、生产的各个环节引入宝马的质量管理体系，双方共享检测线和试车跑道，双方工程师共同设计和执行质量改进流程，华晨轿车与宝马的产品在油漆涂装的工序上共线生产，等等。但总的来看，华晨与宝马的这种合作并没有真正触及宝马的核心知识，表现为：在宝马的发动机和底盘设计等核心技术方面，华晨没有获取到实质性的知识；华晨对于宝马管理经验的学习还停留在表面，无法实现本土化；在经销商发展与建设以及营销活动的开展方面，华晨仍然依赖于宝马的经验。因此，宝马所掌握的知识对于华晨而言具有较高的复杂程度，这种复杂程度一方面来自知识本身的特性，另一方面则源于宝马对于核心知识的控制能力。

此外，宝马与华晨在学习能力上的差异也比较明显。宝马作为一家拥有多年跨国经营经验的大型企业，其海外管理经验丰富，对于东道国知识的吸收能力很强。而华晨之前并没有跨国、跨文化经营的历史，在人员技术水平上的差距也比较明显，因此吸收对方知识的能力相对欠缺，即在双方的竞争性学习中处于劣势。

本章命题 1 指出：在博弈的最初均衡中，一方掌握的知识的复杂程度越高，而对方掌握的知识的复杂程度越低，该方的讨价还价能力就越强。在本案例中，通过分析双方所掌握的知识的复杂程度以及双方的学习能力可以得出这个博弈中参与人的基本类型并进而得出一期简单博弈的均衡：宝马实际上只有较低的合作意愿，对于华晨的依赖性较低，而讨价还价能力较强；华晨对于宝马的依赖程度高，合作意愿也较高，相应的讨价还价能力较弱。在接下来的博弈中，拥有较强讨价还价能力的宝马必定会对当前华晨宝马的权力分配不满，而希望获得对于华晨宝马的控制权。华晨则在很大程度上依赖于宝马，试图维系这一关系，从而利用对方在合作中所提供的知识。随后的一系列事件证实了这种推论，宝马对于控制权的重新分配主要体现在华晨宝马高层的人事变更与组织结构的调整（而不是股权结构的变化）上。

（1）人事变更。2003 年华晨宝马成立时的管理层架构为：普莱斯勒任首席执行官，之下有五位高级副总裁，分别为方志勇（主管销售）、施佩尔（主管生产）、李东辉（主管财务）、李雨珊（主管政府事务）和吕红宇（主管人事）。

2006 年，华晨宝马市场部高级经理德国人武佳碧被调至宝马集团北京代表处，空缺出来的职位随后仍由宝马中国市场部的德国人高乐担任。同年 8 月，华晨宝马经销商发展部高级经理卢迪离职，由宝马中国随后派人补任。2007 年，华晨宝马中高层管理人员出现大规模变动。3 月 1 日，吴佩德接替施润博担任华晨宝马总裁兼首席执行官；4 月 3 日，宝马大中华区业务拓展总监戴雷被任命为华晨宝马营销高级副总裁；3 月，来自德国的柯汉任华晨宝马高级副总裁，主要负责生产方面的工作；7 月 16 日，华晨宝马任命李晶为人力资源高级副总裁。调整后的华晨宝马高层中：吴佩德任首席执行官并兼管人事，负责营销的戴雷、负责生产的柯汉、负责财务的罗国民分任高级副总裁，负责政府事务的王颖仅为副总裁，级别低于另外三位。而李晶负责的人力资源工作，其核心内容仍然是由宝马中国以一种非正式的形式加以控制。因此，虽然从表面上看，在华晨宝马的高层构成中，中德双方的比例比较公平，但是权力的分配已经明显偏向其中一方。

（2）组织结构调整。集中控制权一方面需要依靠人员上的安排，另一方面也需要组织结构做出相应调整。2004 年年末，宝马集团将中国业务从亚太市场中细分出来，成立大中华区并由史登科任总裁兼首席执行官，全权负责大中华区（中国大陆及中国香港、中国澳门、中国台湾）进口车的销售、市场营销和分销，并在宝马集团和华晨之间处理协调工作。

2005 年 9 月 29 日，宝马集团在北京成立了宝马（中国）汽车贸易有限公司，全面负责 BMW 和 MINI 品牌汽车的进口、销售、市场营销、服务及其他所有相关业务，宝马大中华区总裁史登科兼任公司董事长。

当时，宝马（中国）汽车贸易有限公司和华晨宝马汽车销售有限公司在业务职能上完全相同。2006 年下半年，宝马在上海设立了分管华东区域的销售大区，区域经理由德方派驻，主要负责进口车和国产车的并网销售和市场开拓业务。8 月，原本分属华晨宝马和宝马中国的负责售后的两个部门——服务部和配件部，统一由宝马中国进行管理。同年年底，负责广东、广西、海南、福建四个市场的宝马华南大区在广州成立，区域经理同样由宝马中国派遣。

宝马对于其中国分支机构与合资公司的组织结构调整充分反映出其收回合资控制权的意图。结合华晨宝马中的人事变动，我们已经可以大致看出双方的博弈发生了演化，并且其演化模式与状态 3 相符合，而其演化方向也在向状态 3 的结果靠拢。经过多期的知识转移以及由此导致的控制权调整，双方在合作意愿上的分歧会逐渐拉大，而讨价还价能力的差异也会不断增大。

（三）外部参与人对于控制权结构的影响

在华晨宝马的博弈中也存在外部参与人从外部对该博弈施加影响的过程。在本章所关注的汽车行业中，2003 年 4 月 1 日实施的《汽车品牌销售管理实施办法》具有广泛而深远的影响力。该《办法》的初衷在于规范国内的汽车市场，特别是规范比较混乱的汽车经销格局，然而其结果却在很大程度上影响着汽车行业合资的格局。

该《办法》规定："同一汽车品牌的网络规划一般由一家境内企业制定和实施……境外汽车生产企业在境内销售汽车，须授权境内企业或按国家有关规定在境内设立企业作为其汽车总经销商，制定和实施网络规划。"[①] 该条规定确立了外资方的总经销商制度，从而为其整合国内的销售网络提供了机会。在这种情况下，各主要外资汽车企业纷纷建立进口车部门或销售公司。宝马（中国）汽车贸易有限公司就是在这种环境下于同年 9 月组建起来的。该《办法》对于合资双方博弈的影响在于其实际上放开了之前

---

① 《汽车品牌销售管理实施办法》（商务部、发改委、国家工商总局 2005 年第 10 号令），第六条。

对于合资企业销售权的限制。而销售权对于任何一家汽车企业都是至关重要的，一旦掌握了销售权，生产部分的合作者完全可以只以代工者的身份出现。同时，销售部分也是更好地接触和了解本地市场的基础。

这种拥有讨价还价能力的外方集中销售权的情况并非只出现在华晨宝马中。在国内汽车行业中，随着外方对于合作伙伴的依赖性不断下降，而中方对于合作伙伴的依赖性仍然较强，这就导致了普遍出现的外方收权行为。在北京奔驰汽车公司，双方在合资企业成立之初约定由中方负责奔驰汽车的销售，但事实上，德方始终持有销售方面的控制权；而沃尔沃与长安福特的合作中虽然由长安福特公司组装生产其S40型轿车，但该车型的销售却由沃尔沃单方面操控，并采用进口车的销售网络。奥迪为整合进口车和国车的销售权，在合资工厂成立奥迪事业部，将进口及国产奥迪的销售业务一并放在奥迪事业部，由外方负责奥迪事业部的运营。

由于该《办法》明显地有利于其中一方，这就导致了合资企业的博弈进一步向状态3的结果靠拢，从时间表上，我们也可以看出这一趋势。在《办法》出台前，虽然宝马已经开始整合相关权力，但是对于销售权力的整合仍然受到了一定的限制。然而，在销售控制权放开之后，宝马对于包括销售权在内的各项权力的回收开始加速进行。外部参与人对于合资企业格局的影响也略见一斑。同时也证实了权力向一方的集中会帮助该方以更快的速度获取知识，从而导致双方讨价还价能力的进一步拉大并引发新一轮的权力转移，也即证实了模型的动态性。

从上述事实不难看出，知识获取在双方博弈中扮演着重要的角色，而这种博弈的动态性确实存在。此外，外部参与人对于合资格局的影响是巨大的。因此，在现阶段，合资双方，特别是讨价还价能力较弱的一方如何加强自身的学习能力、保护自己的知识，从而增强讨价还价能力是扭转劣势的关键。而作为外部参与人的政府，如何对法律法规进行调整，促进合资双方权力的平衡是推动合资企业健康、稳定发展的关键。

第五节 结论

本书进一步发展了国外学者从合资企业合作者内部竞争性学习的角度研究合资企业不稳定性的命题，是对以结果导向研究合资企业不稳定性问题的一个补充，揭示了在合资初始状态下双方所拥有的知识属性特征以及各自的学习能力对合资企业发展状况和企业稳定性的影响，并通过动态博弈的过程阐述了可能的发展方向和结果。在合资企业中，合资双方本身所拥有的知识属性以及双方各自的学习能力决定了双方对彼此的依赖性，并进而决定了双方各自的讨价还价能力。任何一方对于自己知识的有效保护，或者是对自身学习能力的提升都将有助于提高自身的讨价还价能力，从而增强合作的稳定性，维护自身的利益。而政府作为外部参与人对于合资的前景有着重大的影响。政府制定的政策对于合资格局有着重大影响，并且这种影响将通过合资双方的动态博弈过程不断放大。

第十二章 国际合资企业的战略演进与技术学习

第一节 问题提出

随着经济全球化程度日益提高，兴办合资企业已经成为许多企业国际化战略的重要组成部分。在新兴市场上，国际合资企业（International Joint Venture，IJV）已经变得非常流行。这些合资企业由两个或两个以上的母公司组成，以利用其互补性的资源、能力，甚至核心能力。尽管国际合资企业是由经济上或法律上独立的实体所组成，其母公司之间的相互依赖和相互影响成为这些复杂联盟关系的重要标志。

在跨国经营领域，OEM 制造、国际合资企业和跨国并购是跨国公司进入东道国市场最主要的路径。其中，合资企业是非常有效的制度安排。自 20 世纪 80 年代后期起，中国开始大规模利用国外直接外资，建立合资企业。合资企业与中国本土企业（国有和民营）共同奠定了"中国制造"的产业基础。

本章采用案例研究的分析方法，以在中国最早成立的国际合资企业之一的北京松下显像管有限责任公司（BMCC）（简称"北京松下"）为例，讨论企业战略生态的演进过程，以及本土合资伙伴如何充分利用跨国公司的技术和市场平台，向跨国公司学习技术和管理经验。北京松下显像管有限责任公司成立于 1987 年，1989 年 4 月正式投产，也是松下公司在中国设立的第一家合资企业，因此其原生态在战略上具有很强的"试验性"和"风险性"。我们发现，尽管合资企业在战略上要求服务于跨国公司的全球战略，但它能够动态地平衡国际化和本土化间的关系；尽管合资企业的技术引进和技术学习路径上受制于跨国公司知识产权的限制，但它能够通过这个过程建立学习机制和学习能力，并通过持续的研究开发投资和技术引进发展创新能力。

本章的结构如下：第一节提出本章的研究问题，第二节是相关研究回顾，主要介绍与国际合资企业相关的理论研究。第三节介绍案例研究的对象——北京松下的背景信息；第四节描述北京松下从全面复制松下战略到本土化战略演进的过程，结合理论，具体分析北京松下战略演进的内涵和技术演进路线。第五节进一步分析在技术演进中的破坏创新与北京松下的战略选择；第六节归纳本章研究的结论和启示。

第二节　相关研究回顾

国际合资企业是一种获取知识，尤其是隐性管理知识的组织间安排（Kogut，1988；Hamel，1991；Lyles and Salk，1996）。管理知识和技能是企业获取竞争优势的关键因素之一，很多情形下也是隐性的技术成功转移的必要条件。有些研究认为，管理知识的获取对于组织绩效产生的影响甚至大于技术转移产生的影响（Lyles and Salk，1996）。

在过去的十年里，对于国际合资企业的研究已经越来越多。大多数研究沿着两条理论主线展开。第一条主线是，基于国际合资企业的形成、合作方选择以及谈判问题，研究者主要关注于资源的相互交换和国际合资企业对资源利用的价值（Saxton，1997）。这些研究表明，在新兴市场上的企业选择国际合资企业的意图在于利用合资另一方的金融资产、技术能力及其他有形资产；而发达国家市场的企业则强调利用合资另一方独特的能力和当地市场知识与准入。更为重要的是，企业要想保持竞争力和对市场的变化作出敏捷的反应，就应该把注意力从内部的技术知识积累转向通过协作关系进行学习（Harryson，1998）。另一条主线则关注的是合资双方之间的互动合作性质（Heide and Miner，1992；Parkhe，1991，Saxton，1997）。沿着这一主线展开论述的研究者认为，应当通过使用经济的和社会的机制来维持合资双方的关系。因为合资双方被假定具有机会主义行为倾向，而经济和社会方面的约束能够降低其机会主义行为。

总之，先前的研究认为，国际合资企业的核心问题在于所有权、控制和绩效。然而，由于研究方法所限，这些研究并没有得到唯一确定的结论。在处于转型经济背景下的中国市场上，由于中国政府的政策刺激，西方企业对中国经济潜力认识的增长，再加上中国广阔的市场前景以及可以利用的廉价劳动力和原材料等因素，通过建立国际合资企业可以降低进入新的或者类似中国的复杂市场的难度。当地的合作伙伴有助于外方了解当地市场，解决诸如取得经营和零售许可、解决复杂的法律法规等方面的问题，等等。而中国的本土厂商也会从与国外公司建立合资企业中受益。例如，合资关系会使中方合资者开阔业务运营的国际化视角，并有助于他们改善现有业务的运营。基于以上因素，外商投资不断增长。尽管外资持续进入，而且中国的政策也倾向于引进"先进"、"适当"的技术。然而，实践表明，通过外商直接投资引进先进技术与政策预期仍然相去甚远。造成这一结果的一个主要原因在于，虽然外方合资伙伴出于全球整合的需要而希望本土合资者获得先进的管理知识，他们又同时采取控制措施以防止技术知识无意中流向本土合资者，从而对合资企业双方的相互作用产生了消极影响。正如前通用电气公司全球销售总裁德尔伯特·威廉姆森回忆说：在合资过程中"中方想要的是得到全部的技术，而我们所想的则是保住我们投入巨大财力开发出来的这些技术"。因而，外方合资者必须在对本土合资者的控制与其全球整合战略的需要之间进行权衡。

在本章研究的案例中，松下集团是世界上最大的家用电器企业，在经过将近90多年的经营后，无论在产品技术还是管理技术方面都积累了丰富的经验，北京松下作为松下集团和北京市政府合资成立的企业，可以通过与外方合资者的人员互动行为建立学习机制，获取管理和技术知识，并通过持续的研究开发投资和技术引进发展创新能力。

第三节　公司背景信息

松下电器是世界上最大的家用电器企业。其前身是由创始人松下幸之助在 1918 年创立的松下电器具制作所，主要生产简单的电器插座。后来开始设计自行车灯，1927 年研制成功电熨斗、电热器产品，并开始使用"NATIONAL"商标出售。1929 年改称松下电器制作所。20 世纪 30 年代成为有代表性的无线电厂家。1933 年正式实行分权形式的事业部制，1935 年成立了松下电器贸易公司，同年 12 月建立了松下电器工业公司，将松下个人投资经营的公司转变为合资经营的股份公司。第二次世界大战期间，公司同其他企业一样，由民用转为军工生产，其许多子公司均被指定为军需公司。第二次世界大战后，公司面临经营危机，1950 年，松下幸之助着手整顿企业，60 年代使企业有了新发展，成为日本最大的家用电器制造商。长期以来，松下电器始终以提高人们的生活质量和为世界文化作贡献作为自身的社会使命，以生产、销售各种电器产品为中心开展业务工作。产品的范围涉及家用电器、办公用电器、产业用电器以及社会系统等广泛的领域。通过与世界各个国家开展业务合作，作为"国际性综合电子技术企业"，赢得了世界各国的高度评价。

北京松下为中日合资企业，双方各自占有 50% 的股份。其中，日方出资者为松下东芝影像显示器株式会社（MTPD）；中方股份由三家机构共同持有，分别是京东方科技集团股份有限公司、中国电子进出口北京公司、中国工商银行股份有限公司北京亚运村支行。其中，中方大股东是京东方科技集团股份公司，其股份为 30%，另外两个中方股东股份均为 10%。公司以其精良的技术团队和经营团队，成为彩色显像管（CRT）市场的中坚力量。公司从成立至今一共建立了 8 条生产线（其中照明设备已经独立出去），可以生产 900 万只不同品种的彩色显像管、彩色显示管、彩色投影管，成为同类企业中产品最丰富的厂家。北京松下的核心产品是彩色显像管。显像管是电视机的"芯"，彩色显像管在彩色电视机的成本结构中大约占 60%，彩色显像管的质量直接影响电视机的画质、寿命和体积等。

在合资公司经营期间，通过松下公司专家的技术援助和分批派员工到日本企业实习等途径，北京松下培养了大批专业技术人员，在不断的学习和工作实践中，中方员工和领导层的出色表现渐渐得到各方认可。目前，公司 8 个事业部除财务部外，正职均由中方管理人员担任。通过学习和探索，北京松下逐渐掌握了成熟的显像管技术，拥有了相对独立并很有特色的研究开发团体，这就是北京松下的商品事业化推进部。它的设立衔接了研究开发工作和客户需求，北京松下目前有自己的实验工厂，并通过聘用日方企业的退休技术人员培养中方研究开发人员，并通过双方顶级研究人员的项目小组的沟通交流机制提升了北京松下的开发能力。

按松下幸之助先生的事业规划，北京松下要建成松下在全球的"样板工厂"，并致力于向中国输出先进的产品技术和管理经验。时至今日，在北京松下的每一步发展和每一次重大突破中，松下公司始终倾力投入，而且还引起了日本社会的广泛关注。例如，致力于培养日本政治精英的松下政经署，就将北京松下作为参观、交流和学习的对象。松下政经署是松下公司为培养政治人才而成立的机构，在全国范围内选拔适当人员进行培训，每期8人，现在已经是28期。松下政经署每期学员都被派到北京松下，与北京松下的本土员工同吃同住，目的是让他们感受作为中国社会最小细胞的企业员工的喜怒哀乐、心理活动方式和价值观。长期以来，借助于松下公司的渠道和自己努力建立的渠道，北京松下的海外销售已经占到总销售收入的30%左右。公司的目标是精诚一致向彩色显像管事业的国际竞争挑战。

第四节　北京松下的战略演进：适应与选择

一　战略演进与分析

（一）战略演进

战略在一个企业发展的各个阶段扮演着关键作用，其动态性、渐进性和适时性已经被企业界和学术界广泛认同。作为一个国际合资企业，其战略原生态显然受制于跨国公司全球战略和东道国政府。同时，公司战略还深受企业高层管理者的眼光和智慧的影响。

第一阶段：全面引进和复制日本式管理，建立中国"样板工厂"。

北京松下的成立，从一开始就充满了浓厚的政治色彩。1978年，中国开始实行改革开放政策。同年，中国国家领导人邓小平参观了松下电器的TV工厂；其后，在1979年和1980年，松下幸之助两度访华，并最终于1985年在参观了包括经济特区在内的中国各地之后，决定与北京市政府建立合资公司，并签订意向书。之后经过两年的合同谈判，在1987年5月在中国人民大会堂举行合营合同签字仪式。公司成立之后，中日双方都投入了大量的资源。北京松下的第一任和第二任董事长分别在政府部门和行业协会任职，对于处在转型经济过程中的中国企业，这些社会资本为当时北京松下的发展具有明显的促进作用。作为最早进入中国市场的松下集团，其成立的合资企业所经历的特殊历史背景，为北京松下在中国市场上积累市场知识和稳健经营创造了后来者不可模仿的优势。

北京松下成立之后，由于中方管理水平的欠缺，北京松下几乎完全沿袭松下母公司的战略和文化。这表现以下几个方面：（1）公司的战略定位非常明确——技术领先、差别化产品和全品种产品，将技术和盈利摆在至高无上的位置。（2）制订和编制详细的事业计划。每年的10—12月，公司开始为明年工作制订全年计划。为了使计划工作可操作性，计划制订和编制一般从基层开始，从班组、科室到事业部最后形成全公司的行动计划书。这个行动计划书是公司全年工作的纲领性文件，对公司员工和部门工作具有很强的强制性。（3）公司严格执行年功序列制度，员工对自己的岗位责任和目标负责，工资和福利不受市场绩效的影响。

第二阶段：从全面复制管理模式到适应性改变。

2001 年，北京松下的库存积压严重，库存成本上升，生产线停止生产，形成恶性循环。尽管如此，因为公司管理层笃信松下"盈利第一"的信条，北京松下拒绝低价销售其产品。时任营业部长的范文施深感竞争压力已经来临，变革势在必行。范文施于1987 年进入北京松下，对企业和市场都较为熟悉，曾多次到日本交流学习，熟悉日本企业的战略和管理规则。通过努力，他获得了董事长的授权，以任意价格处理积压的库存产品。由于长虹集团在国内彩电行业占据举足轻重的地位，范文施首先想到长虹可能对显像管有较大的需求量。然而，在与长虹签约却遭遇了更大的麻烦。原来，由于市场形势严峻和电视机淡季市场到来等原因，长虹已经处于停产状态。即便显像管的价格再低，长虹也表示无意购买。经过协商，长虹提出了条件：先交货，后付款，结算价格以年末市场价格为准。最终北京松下接受了长虹开出的条件。2001 年 4 月 30 日，一份无价格条款的合同诞生，北京松下承诺接受长虹方面提出的按照年末显像管的市场价格结算。这对松下公司来说是史无前例的。

合同履行之后，北京松下的产品库存压力得到了极大的缓解，各条生产线也相继恢复了生产。由于当时国内只有北京松下满负荷生产，其他显像管生产厂家停产观望或仅仅少量生产，造成显像管原材料供大于求，价格急剧下跌，使北京松下意外获得了低价的原材料供应。2001 年 7 月，由于电视机市场销售旺季到来，市场开始反弹，原材料价格也相应上涨。由于北京松下先前所获得的低价的原材料供应，故能继续以较低的成本继续供应显像管。与此同时，由于消费者对彩电需求量的增加，促使上游显像管的价格也随之上涨。2001 年年底合同结算时，显像管的市场价格已远远高出市场预期。当年，95% 的同类公司都亏损，而北京松下则盈利达到一个亿。这也成为北京松下在2001 年市场危机中的经典一役。

这一事件也对北京松下的管理理念产生了深刻的影响。"无利润不生产"和"库存积压需要停产"的松下语录逐步被主动的市场竞争战略淡化了，公司管理层意识到了竞争的重要性。2001 年以后，北京松下开始导入市场意识和竞争意识。具体表现在两个领域：一是企业开始主动参与市场竞争，而不是刻板地照搬松下语录；二是公司主动放弃了延续多年的年功序列工资制度，引进了目标激励和绩效评价制度。对一般企业来说似乎看起来非常容易，但对一个有深刻日本管理背景的企业来说，这种变化是一个超越，是一次自我否定和革新。在北京松下的案例中，经过长期经营而积累的管理技术和知识已经成为惯例化的活动，创新本身已经降为例行事务。虽然熊彼特认为，只有少数"英雄式的企业家行为"才能完成"创造性毁灭"，但笔者认为，偶然事件或突发事件也可以导致企业战略的变化，从而改变管理创新的进程，2001 年北京松下的彩管积压事件以及 2003 年"非典"事件，促使北京松下进行管理创新，从而放弃了全面复制日本松下的战略，转而采取适应当地市场的竞争战略。

第三阶段：全球化战略，本土化经营。

北京松下的管理层意识到，企业的核心竞争力建设，不仅要在现有市场上把现有业务做到最好，而且要积极开拓新业务和新市场，发展企业的综合能力。一个企业的落后不是某个方面落后，而是结构性落后。在北京松下看来，单项能力类似于一个建筑材料，建筑材料组合起来才可以搭建成为一个建筑物。但是，如果要增强建筑物的抗风险能力，使建筑物具有文化内涵和社会观感性，必须把技术、人才、市场能力、企业文化和制度建设等融合起来。只有这样，才能确立自己的综合能力。

面对变幻莫测的市场，北京松下提出了"洪水高山理论"。市场变化就好像洪水来了，洪水什么时间来，有多大，企业无法改变。而同样的洪水对同行业不同企业的损害却是不一样的。竞争力强的企业处于高山的顶部，再大的洪水也一定会最后一个被淹没，退水时第一个离开，因此它的生存机会最大。因此强大不一定能够生存，智慧不一定能够生存，适应变化、能力强才能够生存。经过多年的合资实践，北京松下已经深刻意识到，合资企业不仅仅在战略上要服务于跨国公司全球战略的要求，而且必须基于当地市场，发展自己的核心竞争力，在此基础上发展全球竞争优势。在1989年投产以后，北京松下各个事业部的部长都是由松下公司外派人员担任的。2003年"非典"之后，除财务部之外，北京松下其余7个事业部都由中方人员担任正职。这一变化说明，作为中日合资企业的北京松下，已经成为从"全面引进和复制日本式管理"转变为"全球化战略，本土化经营"的典范。

（二）战略演进分析

在分析框架里，我们将北京松下战略演进分为三个不同的阶段。其实，在这个过程中，北京松下战略生态演进始终有两条主线：第一条是战略从刚性向柔性（Flexibility）演进；第二条是从国际化向本土化演进。

安索夫（1988）的柔性战略理论认为，在战略管理过程中，企业可以通过提高战略柔性而确保战略的适应性。他把柔性区分为两个方面：内部柔性和外部柔性。外部柔性是基于产品—市场投资的战略逻辑；内部柔性是基于资源流动性的组织逻辑。荷兰战略研究学者Volberda（1998）进一步将安索夫的内部柔性定义为组织适应环境要求的能力；外部柔性定义为组织影响它们所处环境和免受环境冲击的能力。在北京松下的实践中，"松下语录"一直左右着北京松下的战略选择，尽管取得了不俗的业绩，但是，随着市场变化，"松下语录"已经无法适应不同的市场要求，例如，如何基于价格变化制定竞争战略；如何提高企业解决实际问题的能力；如何应对企业的突发事件等。在上述方面，北京松下的实践说明，战略的有效性必须考虑"状态依存性"和"条件依存性"。

在全球化背景下，国际化和本土化既是相互依存的，又有一定的冲突。从某种意义上说，国际化就是商业标准的统一和规范，可以最大限度地实现成本节约，发挥规模经济优势；而本土化则要求适应当地市场，需要在战略、产品、营销和人力资源管理等方面进行必要的调适，注入当地元素，这无疑会增加企业经营管理成本。松下公司利用股权控制产权包括知识产权、利用品牌控制渠道、利用制度与文化控制人力资源等，实现了其将北京松下建设成为"全球样板工厂"的愿景。但中国和日本企业在制度、战略、管理和经营等方面存在很大的差异，而且两国的商业文明、文化传统和法律体系也不同，"纯粹日本化"在初级阶段往往是可行的，但随着企业发展和危机频繁出现，本土化是必需的。总之，通过适应当地市场，不断提高企业生存与发展能力是本土化的主要评价指标。

二　公司文化的本地植根

从某种意义上说，战略是文化的重要组成部分。因此，在讨论战略演进的同时，我们必然要认真研究文化的变迁。企业文化是指组织成员的共同经营理念体系，它使组织独具特色并区别于其他组织。企业文化的形成是一个复杂的过程，创业者的个人风格、行业经营特性、市场调整变化都对企业文化的发展起着很大的影响。文化与行为准则密不可分。理论研究认为，只有某种价值观念从努力倡导发展成为无意识的惯常行为，即从有意为之到自然而然，才能形成稳定的行为准则。法国社会学家布迪尼为此创造了一个新词汇——惯习。所谓惯习包括两层含义：一是"惯"，指的是形成了无意识的行为习惯，例如，讲卫生和讲礼貌就是一个习惯，无须不断提醒。二是"习"，就是说你的习惯不是天生的，是通过学习、模仿、思考、锻炼等方法而养成的。管理大师西蒙认为，人的行为模式可以概括为两种：一种是"刺激—反应"的习惯模式；另一种是"犹豫—选择"的逻辑模式。西蒙特别指出，人们的大多数行为是由习惯模式支配的，"对一种刺激的反应，一部分是逻辑性的，大部分是习惯性的"。习惯性的那部分不一定不合理，甚至是合理的。

人有性格，企业也有"性格"。许多人在同日本企业打交道的时候都会感受到，除了获得自己欲取得的利益之外，还受到了一种无形气氛的影响和感染。你会感觉到它们非常讲究商业上的规矩和条理。这种现象其实与企业文化关系密切。在北京松下，企业的文化建设始终强调意识引导、程序设计和行为规范。北京松下的企业文化集中体现了日本企业的一些特点，重视群体意识和集体行动。集中体现在以下几个方面（见图 12 - 1）。

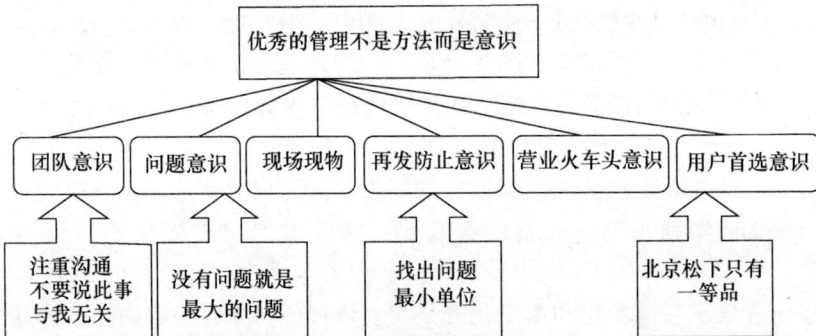

图 12 - 1　北京松下的管理理念和企业文化

第一，在团队和合作意识层面，北京松下注重团队管理和交流机制建设，例如，例行的每日中午的班组沙龙。在合作方面，公司强调"从来不说这件事情我不清楚"。

第二，北京松下特别重视发现和解决问题的意识，强调"句号结束工作"，强调错误不能再犯。一个员工犯了某种错误，可能不必担心被开除，但是必须保证不能再犯同样的错误。对发生的纰漏和过错，当事人必须进行认真反思，并要找到根本原因和切实有效的解决方案。为此，公司设立了"再发防止报告"机制，即在事故发生之后，找出发生问题的最小单元并提出解决办法，明确以后不能再犯，然后将报告存档，这种解决问题的方法可以作为组织知识而在员工内部共享。如此一来，事故再发生的几率大大下降，各项工作也日趋标准化。例如，某员工在用叉车运输过程中不慎将一只显像管摔坏。普通的处理办法是：该员工会检讨自己由于车速过快而导致的这次失误，并保证下次车速不会超过某个值，比如每小时5公里，或许也会有相关的惩罚措施。但这种处理办法并不能从根本上避免此类问题再次发生。而在"再发防止报告"机制中，当事人必须将问题分解到最小的单元：车速过快的原因是油门踩得太多，于是就在叉车油门下方固定一个螺栓，使得油门无法踩到底，从而将车速控制在每小时5公里以下，从而从根本上解决了问题。

第三，营业火车头意识和用户首选意识反映了公司精益求精、致力于成为行业领先者的决心。公司承诺，每一件产品都是上等品。营业火车头和客户首选意识与北京松下的"高山洪水"经营理念相契合：只有做到行业顶尖的位置，才能在市场洪水到来时最后一个受到冲击，而最先一个摆脱影响。

2003年，中国爆发大规模"非典"，北京松下被发现多例疑似及确诊病例。面对复杂的局面，公司5900多名员工和管理层密切配合，以大局为重，主动隔离。管理层通过有效协调，积极应对，最终战胜了"非典"危机。"非典"突发事件过后，公司很快就恢复了生产和经营秩序。事件过后，管理层在总结经验的基础上，提出了以"人正品真"为核心的企业新文化，赋予北京松下文化一些新的含义，可以概括为：

（1）把权力交给制度；

（2）提高公司经营和管理的透明度；

（3）强调战略的可行性（实施蕴涵着员工的主动参与）；

（4）加强学习型组织建设。

尽管在北京松下成立的初期，日本松下公司"利润至上"的管理理念曾一度是合资公司的核心价值观，并一直影响着公司各个环节的运作方式，也给公司成长初期带来了丰厚的盈利。但是，北京松下也在一直探索着适合中国市场和自身发展的管理模式，随着竞争的日益加剧，北京松下管理层在不断地解决危机、积累经验的同时也大大提高了对市场变化的敏感性。公司对产品产量娴熟的调控，加上技术的日臻完善，已使北京松下逐渐成长为彩色显像管市场上的重要力量。

三　技术演进路线

目前，北京松下共有7条生产线，是中国国内外市场上同类企业中产品种类最完整的制造商。在市场环境不断变化、持续的技术进步和产品更新换代的压力下，北京松下阶段性的技术应变能力和持续的技术改造能力不断提升。北京松下的生产线建设共分为三期。

第一期生产线建设包括企业的第一条和第二条生产线的投产。1989 年 7 月，第一条生产线投产，生产 21 型、24 型、25 型全系列产品。

21 型显像管系列产品包括纯平面系列（4:3）中的 21PF（slim）和 21PF 两种，它们都是中小屏幕彩色显像管中的精品。此外，还包括 21 型普通系列，是市场中的普及产品。

24 型产品包括 24 型纯平面宽屏系列（16:9）等，该产品适用于数字标准清晰度电视（SDTV）、多媒体 TV 及高档 TV 产品。

25 型产品包括纯平面系列（4:3）中的 25PF（1 - ARC）等，该产品适用于多媒体 TV 及普及型 TV 产品。这条生产线原本只生产 21 型产品，随着市场对大中型彩色显像管电视需求的增长，公司合理调整了产品策略，对第一条生产线进行持续改造，及时对市场变化作出反应，保证了公司有效地利用资源达到最佳盈利并稳定保有市场份额。

1990 年 5 月，北京松下第二条生产线投产，生产 14 型、15 型全系列产品。其中 14 型为球面普及型产品，15PF（1 - ARC）为纯平面系列（4:3）产品，是中小屏幕彩色显像管中的精品。在已建成 21 型产品生产线的条件下，为适应市场的特殊需求，公司在小型彩色显像管制造领域持续投入。

第二期生产线建设包括企业的第三条和第四条生产线的投产。

1993 年 7 月，第三条生产线投产，生产 21 型、29 型全系列产品。其中 29 型主要是纯平面系列（4:3）产品，包括 29PF - 1/（D - COM）/（1 - ARC）和 29PF - 1（Semi - Fine Pitch）。分别适用于多媒体 TV、普及型 TV 产品、数字标准清晰度电视（SDTV）和高档 TV 产品等。

1995 年 12 月，第四条生产线投产。生产 21 型全系列产品。公司推出 29 型彩管的契机正是市场对较大尺寸彩电的需求渐旺之时。而中小型市场的持续增长也促使企业连续两次追加了 21 型产品的生产。

目前，公司第一、二、三、四条生产线基本都已经折旧完全，处于甚至早已处于无负荷盈利状态。

第三期生产线建设包括企业的第五条和第六条生产线的投产。

1998 年 5 月，第五条生产线投产，生产 28 型纯平面宽屏系列（16:9）产品和 29 型全系列产品。该线产品适用于数字标准清晰度电视、多媒体 TV 及高档 TV 产品等。

2000 年 9 月，第六条生产线投产，生产 29 型全系列产品、34 型全系列产品以及 32 型纯平面宽屏系列（16:9）产品。其中 34 型系列产品包括了纯平面系列（4:3）34PF（D - COM Semi - Fine Pitch）产品、34PF（D - COM）产品和 34SF 普通系列产品。

可以看出，在三期生产线工程前后，市场上尤其是国内市场对于大型和超薄彩电的需求呈现上升趋势，这一方面是由于液晶等平板技术的发展和宣传所致，另一方面也反映了消费者尤其是一级和二级市场消费者偏好发生的持续性变化。而宽屏和超薄彩色显像管也将成为与液晶等平板电视争夺较高端市场的重要手段。

2002 年 9 月，第七条生产线 7 型 PRT 投产，主要应用于中、高档投影电视。

表 12 – 1　　　　　　　　　　　　BMCC 的生产线建设

北京松下		1989年	1990年	1991年	1992年	1993年	1994年	1995年	1996年	1997年	1998年	1999年	2000年	2001年	2002年	2003年	2004年	2005年	2006年	2007年
第一期	No.1 L		21.24.25型全系列																	
	No.2 L		14.15型全系列																	
第二期	No.3 L					21.29型全系列														
	No.4 L							21型全系列												
第三期	No.5 L											28(16:9).29型全系列								
	No.6 L												29.34.32(16:9)型全系列							
	PRT														PRT					

　　纵观北京松下三期 7 条生产线建设及改造的过程,可以发现,市场需求、学习能力提高始终是北京松下生产线技术演进的引擎。北京松下从引进日本松下的彩色显像管技术起步,通过长期努力,公司全面掌握了彩色显像管技术开发软件,而且能够在此基础上进行独立的新产品研究开发、设计与生产,这恐怕是松下公司多少始料未及的。与此同时,在北京松下技术演进过程中,我们还发现,环保与主动承担社会责任对公司的技术水平提高起到了很大的促进作用。

第五节　技术演进中破坏创新与战略选择

一　技术进步

　　目前,彩电领域的显示技术呈多元发展趋势。彩色显像管技术、液晶及等离子技术并存。彩色电视(包括普通彩色显像管、超薄彩色显像管和宽屏彩色显像管等)仍是市场上的主流,液晶电视的销售额已经逼近彩色电视,而等离子电视市场相对稳定,且面临着一定的成长压力。

　　第一,信息产业部的电子信息产业主要指标统计数据显示,2006 年彩色显像管累计生产数量为 9173.6 万只,比 2005 年同期增长了 6.5%。2007 年 1—6 月,彩色显像管累计生产数量为 3312.3 万只,较去年同期减少了 25%。

　　在电视机生产方面,2007 年 1—6 月彩色电视机的累计总产量为 3389.1 万台,较2006 年同期减少了 13%。其中背投电视机仅仅 4.7 万台,比 2006 年同期大幅度缩水,减少了近 92.9%;等离子电视机也有相当程度的下滑,从 2006 年同期的 32.5 万台跌到23.5 万台,跌幅近 27.8%;而液晶电视的成绩则令人瞩目,由 2006 年的 383.7 万台跃至 634.4 万台,增长了 65.4%。数据表明,平板电视的普及和不断降价对彩色显像管构成了巨大的压力,液晶电视的不俗业绩和强劲势头不容忽视,已经成为了彩色显像管的最强劲的竞争对手,彩色显像管行业已经面临危机。在全球平板电视的冲击下,LG—菲利普欧洲工厂、大宇墨西哥工厂、东芝印尼工厂、松下马来西亚工厂和汤姆逊墨西哥工厂等部分停产或关闭，总产能减少近 3000 万台。

随着液晶显示技术和等离子显示技术对彩色显像管市场分割的力度加大，中国彩色显像管厂商开始主动采取行动。2007 年伊始，中国彩管行业协会就在内部工作会议上作出了"全行业春节期间统一停产 20 天"的决定。停产涉及包括北京松下在内的国内八大彩管厂家，包括咸阳彩虹、北京松下、南京华飞、长沙 LG、深圳三星和天津三星等。

第二，彩色显像管仍占据市场主导位置，不会轻易退出市场。首先，彩色电视在技术上目前已经步入成熟期。经过 50 多年的发展，彩色显像管显示技术的综合性能得到不断的改进和提高，生产技术日趋完美。彩色电视在图像亮度、对比度、彩色重现能力、动态清晰度、长寿命和高可靠性等方面的优点是其他固定分辨率显示器件所无法比拟的。通过技术进步和电路改进，彩色电视完全可以实现数字信号和高清晰度信号内容的显示，并可以完全达到中国关于数字电视和高清标准的要求。它仍然是大多数消费者眼中性价比最高的电视产品。

其次，全球彩电工业已形成稳定完善的生产制造和配套供给的产业链，生产技术成熟，规模化生产能力已经形成，产品稳定性和性价比已经接近完美。中国电子视像行业协会预测，从 2006—2010 年，彩电仍将保持较强的生命力，全球市场的总出货量规模将在 4 亿台左右，中国国内市场的需求规模将超过 1 亿台。

最后，彩电仍然存在着技术进步的空间。例如，近年来的大屏幕化、全平面化、各种表面处理技术和工艺和大偏转角超薄技术，等等。除此之外，为满足数字电视对高分辨率显示的要求，业界还开发了纳米着色荧光粉技术、分布式组合场电子枪透视镜、精细节距荫罩等技术，这些新技术为彩色显像管电视升级产品的开发注入了活力。另外，宽屏彩色显像管和超薄彩色显像管的市场也在不断扩大，这类型彩色显像管产品弥补了彩色显像管固有的缺陷，向着更轻薄的方向发展，在市场上具有很强的竞争力。

二　战略选择

（一）技术战略

iSuppli 的调查显示，OLED 显示技术在未来的几年里，将对电视机市场产生一定的影响。所谓 OLED 是指有机发光元器件，它是一种高新的显示技术。目前市场投放量极少，尚未商业化与规模化。但 OLED 所具备的高性能图像和可附着于其他物件以及可卷曲性等极具吸引力的特性，使这种技术有望成为未来电视机市场的主导产品。

尽管在手机行业的使用受到极大的限制，OLED 电视的出货量将会以 170.6% 的年综合增长率增加，预计将从 2007 年的 8000 增长到 2012 年的 120 万台。iSuppli 指出，2007 年 OLED 电视的销售额不到 100 万美元，2012 年，销售额将达到 6.91 亿美元。索尼公司宣布，它们将在 2007 年年底提供使用 OLED 技术的产品，这刺激了消费者对 OLED 电视的兴趣。作为对索尼公司的回应，东芝公司也宣布将加快用于 OLED 电视的 20.8 英寸活动 OLED 点阵（AMOLED）的实用化。AMOLED 是一种被认为适合电视的技术。OLED 提供了包括快速响应、丰富色彩、高亮度、大视角以及高对比度的诸多特性。同时，OLED 已经达到了电视机市场对分辨率的需求。像 20 英寸以上的大屏幕

OLED 电视，有望在 2012 年后上市。然而，OLED 也有一些缺点，制约了它在电视机领域的应用。最大的挑战在于，制造难度高、寿命有限以及价格相对昂贵。

可见，显示器技术领域的技术演进不是渐进性创新，而是破坏性创新。如何应对破坏性创新，依靠的不仅仅是市场眼光，更重要的是研究开发基础和实力。因此，通过进行技术储备和投资，跨过等离子和液晶技术，直接引进和参与 OLED 技术的投资和研究开发，以期公司业务能够在未来获得新的增长点，对北京松下而言是一个重大的机遇。

（二）产品战略

按照公司的战略事业规划和既定的目标，"在现有市场上把现有的业务做到最好"，为此，北京松下应进一步加大投入，将彩色显示器技术推向一个新的阶段。进一步强化与国内整机制造商战略联盟关系，在市场创新和产品创新领域突出自己的特色和优势。

与此同时，对技术处于相对稳定的产品来说，质量改进与个性化服务是至关重要的，而且在成熟产品上进行质量改进和附加个性化服务是相对容易的事情。经济产品的附加价值主要来自技术创新和管理，包括：（1）技术创新（新产品开发和工艺创新）；（2）产品质量管理和改进；（3）个性化服务。

（三）国际化战略

电视机市场是高度全球化的产业，而且发展存在很强的地区不平衡性。联合国开发计划署（UNDP）在一份全球社会发展报告书中指出，目前全球拥有的超过 10 亿台电视中大约有 65% 分布在发达国家，而一些发展中国家的电视普及率则几乎只有百分之几的水平。

从全球范围来看，目前还有很多类似于中国、印度、俄罗斯及非洲等潜在市场有待开发，而要进入这样的市场，彩色电视将比平板电视更加适合。北京松下在埃及、阿根廷、土耳其等国家原有的出口经验和渠道也将有助于企业更加顺畅地拓展全球范围的彩色电视市场。

北京松下作为一家彩色显像管产品出口量占到总产量近 60% 的企业，国内外一级市场和二级市场虽然受到平板电视尤其是液晶电视的挤压而呈现出一定程度的萎缩，但在国外三、四级市场上还存在相当大的利润和成长空间。虽然发达国家对彩色电视的需求在未来几年会有所减少，但广大的发展中国家对彩色电视的需求则在稳步上升。尤其是"金砖国家"（即巴西、俄罗斯、印度和中国）将成为拉动全球彩色电视市场的火车头——其中印度的彩电需求将从 2003 年的 860 万台增长到 2015 年的 2000 万台，俄罗斯彩电市场将保持年均 8% 的增长速度，而巴西将保持年均 60% 的增长速度。非洲正在成为中国家电企业投资兴业的热土。海尔、海信、新科、春兰、志高等中国家电企业已经将触角伸向非洲，或建立海外生产工厂，或实施自主品牌扩张，或与当地企业深入合作。因此，北京松下应该尽快适应国际市场的竞争要求，与中国家电企业在全球范围内建立战略联盟关系。

第六节　结论

随着经济全球化的发展，跨国公司将越来越多的技术活动纳入企业间国际技术网络之中。对于发展中国家和地区来说，接受工业发达国家的技术扩散是提高技术能力的主要途径。全球化使中国有了"后发优势"，大大节约了中国技术进步自我摸索的时间与经济成本。

在本章所研究的案例中，松下集团是世界上最大的家用电器企业，在经过将近90多年的经营后，无论在产品技术还是管理技术方面都积累了丰富的经验，北京松下作为松下集团和北京市政府合资成立的企业，为本土合资者提供了学习外方合资者管理和技术知识的重要渠道。

我们发现，尽管合资企业在战略上要求服务于跨国公司的全球战略，但能够动态地平衡国际化和本土化间的关系；尽管合资企业的技术引进和技术学习路径受制于跨国公司的知识产权，但它们能够通过这个过程建立学习机制和学习能力，获取管理和技术知识，并通过持续的研究开发投资和技术引进发展创新能力。

本书的结论对处于转型经济中的本土合资伙伴建立学习机制、提升战略水平和技术能力具有重要的启发意义。但是，由于案例研究方法本身的局限，本章的研究结果及推论是否能够推广，仍然需要其他相关案例或者实证研究来支持。

第十三章　跨国公司在华战略演进的
制度经济学分析

　　近年来，跨学科、跨领域的研究方法和成果为企业战略管理研究提供了大量可借鉴以及新的视角和思维框架。制度经济学这一学科分支，不仅对经济学界产生了重要的影响，同样也引起了企业战略管理研究者们的关注。特别是如中国、波兰和俄罗斯等这些通常被称做"转型经济"①的众多新型经济体，正处在由计划经济向市场经济的转换过程中，身处其中的微观企业面对着大范围的"制度转型"②，如何进行战略决策成为企业战略管理研究的一个新的热点课题。

　　中国改革开放后的经济持续高速增长，取得了举世瞩目的巨大成就。经济体制逐渐由计划经济向市场经济转变，特别是 2001 年 12 月 11 日中国加入世界贸易组织，标志着中国经济发展的总体战略开始出现重大调整，中国经济发展的制度环境开始处于快速变化阶段。这种特殊的转型经济对企业战略的决策和实施产生了诸多影响，同时，中国转型经济的特殊的制度环境也为制度理论的假设分析提供了一个进行观察和实证检验的平台。因此，研究微观企业在中国制度转型期如何进行战略选择及演进具有重要的现实意义。

　　面对中国加入世界贸易组织带来的新的竞争环境，如何调整市场战略以适应中国经济的制度转型，成为跨国公司中国市场发展战略中极其关键的问题。摩托罗拉公司作为最早进入中国的跨国公司之一，在中国市场上拥有辉煌的历史，然而，近年来由于公司战略和经营管理等问题导致了其业绩大幅度下滑。管理学术界、媒体咨询界等就其兴衰成败展开了多层面深度的分析，而甚少有研究立足于摩托罗拉（中国）的战略决策及业绩受中国特殊制度转型阶段的影响。

　　本章并未全面详细地讨论摩托罗拉中国市场战略中具有规律性和共性的战略失误原因，而是试图从制度经济学视角，基于制度转型的两阶段分析模型，结合摩托罗拉的中

---

　　①　Mike W. Peng（2003）"Institutional Transitions and Strategic Choices". *Academy of Management Review*，28（2）：275－296。近年来，"新兴经济"和"转型经济"这两个术语经常在文献中出现，但是却很少有确切的定义。新兴经济是"低收入、快速发展的国家把经济自由主义化作为经济增长的主要动力"（Hoskisson，2000）。依照《世界银行》（2002）发表文章的定义，"作为新兴经济的一种，转型经济是指中东、中欧和东欧社会主义国家的经济和苏联新的独立经济。新兴经济不只包括转型经济，还包括拉丁美洲、中东、南美洲和非洲国家的经济"。

　　②　袁维刚认为，制度是"社会的游戏规则"，制度转型则是影响游戏参与者的正式和非正式游戏规则所发生的基本的、全面的变革。

国市场竞争案例作实证匹配和战略演进分析，来论证制度转型期不同类型的企业如何选择关系型战略与市场型战略，从而验证制度转型与企业战略选择之间的关系。

第一节　研究背景与问题提出

从 1979 年中国改革开放起，跨国公司在中国的发展经历了三个阶段：

（1）1979—1992 年是跨国公司了解中国市场的阶段，在中国的业务主要是销售终端产品，培育中国的消费市场和消费者的品牌意识，后来也开始向中国转让技术，销售生产线和成套设备等。

（2）1992 年开始，中国加快了改革开放步伐，加上经济全球化潮流的驱使，跨国公司在中国开始进行大规模投资，主要特征是制造业进入中国。

（3）2001 年中国加入世界贸易组织以后，跨国公司开始全面进入中国。在中国加入世界贸易组织后，如何看待中国所处的特殊的制度转型期，如何抓住转型经济的特点并正确判断企业所处的阶段，快速调整中国市场竞争战略，成为跨国公司在华扩张的关键。这些拥有强大竞争力和持续发展能力的跨国公司，尽管在其战略演进中有着各自不同的经验和做法，但有一点是共同的，就是能够根据外部竞争形势的变化，不断地进行战略调整、业务重组和管理机构的改革，以保持市场竞争力。

作为跨国通信设备制造商，摩托罗拉公司在进入中国之前已经是全球知名的"无线通信领域的领导者"。在终端方面，它是手机的发明者，引领了全球移动通信的发展，一度成为手机的代名词；在系统设备方面，它的强项在无线技术上，号称"基站之王"，在全球范围内拥有良好的品牌和声誉。摩托罗拉公司在中国的发展可以分为四个阶段：

（1）80 年代末 90 年代初中国移动电话的"艰难起步"阶段。国内电信市场大量依靠进口和引进技术合资生产，作为最先进入中国无线通信设备经营业务的跨国公司，摩托罗拉在中国的模拟通信时代（1G）抢占了市场先机，迅速成为无线基站接入系统的主要提供商，其终端设备几乎垄断独占了中国手机市场。当时摩托罗拉的传呼机响遍神州，蜂窝移动电话"大哥大"一度成为有钱人的名片。

（2）90 年代中期开始，中国通信市场进入"规模起飞"阶段。数字式移动通信（2G）迅速成为市场主体，诺基亚作为市场后进入者，抓住 GSM 数字网开通所带来的机遇，市场份额急剧上升，移动通信市场形成了摩托罗拉、爱立信、诺基亚三足鼎立的局面。而中国通信设备制造企业也开始崛起，特别是华为、中兴等在引领数字程控交换机国产化方面取得了巨大成功。

（3）2001 年中国加入世界贸易组织后，中国市场更加开放，外资流入越来越多，数字移动通信进入"腾飞"阶段。跨国公司传统的垄断优势在慢慢消失，中国国内企业逐步起到主导产品市场的作用，华为、中兴等在移动通信领域完成了从追赶到超越，取得了一定的竞争优势。摩托罗拉 GSM 基站系统市场份额逐年减少，随着全球 CDMA

市场出现萎缩，其 CDMA 系统设备中国市场的份额也被中兴、华为等竞争对手大肆挤压。在其重要的手机市场上，摩托罗拉也没能保住在中国市场的领先地位，2003 年被诺基亚取代了中国市场第一的位置，并逐渐拉开差距，2007 年 11 月，更是被三星超越。摩托罗拉的高层甚至开始考虑将连续亏损的手机事业部从公司旗下转手卖出，引起了业界的一片哗然。

（4）进入 2008 年以后，中国移动通信市场在技术、体制、竞争格局等方面发生了巨大的变化，国内企业从引进、消化、吸收开始走向自主创新，特别是中国提出的 TD－SCD MA 正式开始建设。而摩托罗拉这个"没落的贵族"面对中国大规模建设的 3G 市场几乎没有话语权，并且着手开始进行分拆、裁员等战略性收缩。在中国加入世界贸易组织之后至今，摩托罗拉逐渐迷失自我，走下坡路，其中包含有历史原因和技术因素等。而我们的研究最关注的则是在以中国加入世界贸易组织作为分水岭的制度转型两阶段，摩托罗拉在中国的战略演进过程是否能够反映中国特殊的制度转型期对企业各阶段的战略选择所产生的影响。

第二节　基于制度转型和战略选择分析框架下的摩托罗拉案例匹配

目前，关于企业战略行为与环境因素的关系的理论和实证研究，多数都是基于西方成熟的市场经济环境下而做的，得出的结论是否适用于解释其他制度背景（如特定转型经济环境）下的企业战略行为却很少有研究进行验证。此外，战略决策的研究者们大多数研究的是企业在相对稳定的制度环境里如何作出战略选择，而对企业在面对大范围的制度转型时如何作出战略选择则很少研究。即使在一些转型理论的文献中，也较少探讨公司层面的战略问题，特别是缺乏公司在基本制度变革过程中如何作出回应的理论框架。

转型经济具有和成熟市场经济不同的制度环境和背景，其主要特征是制度变迁带来的不确定性范围大、规模大；制度要素缺乏；经济和政治快速变化；市场竞争大大加剧等。转型经济特定制度背景下的转型过程意味着市场的一切都在变化，制度框架处在形成之中，市场结构尚不完整、尚不成熟。基于此，我们应该寻找新的分析框架，通过实证来研究企业在特定的转型经济阶段的战略行为和战略选择，以此来探讨企业面对制度转型的不同时期所采取的战略回应。

一　面对新兴市场的进入战略选择

面对新兴市场这一全球经济格局演变中的主要增长机会，跨国公司需要考虑的重要战略之一就是选择正确的进入时机。20 世纪 80 年代末 90 年代初，中国改革开放经过十多年发展，政治和经济发生了很大的变化，特别是 1992 年邓小平南方谈话后，中国确立了经济体制改革的目标是建立社会主义市场经济，并且加快了对外开放的步伐。但由于受中国计划经济的长期制约，市场的基本制度并不完善，甚至可以说相当薄弱。此外，中国特殊的政治背景导致政府政策具有与法律同等的效力，且存在不透明、不稳定的特点，再加上中国各级政府与企业之间千丝万缕的联系，使得跨国公司进入中国时往往要选择采取一种更积极的与政府合作的行为方式。

面对中国这一新兴市场的不稳定性和较大的风险性，一些跨国公司采取了观望的态度，放慢甚至取消了原定在中国的战略投资计划。而摩托罗拉正是在这样一种特殊的政治、经济背景下选择进入中国，对中国政府的对外开放政策给予了有力的支持，迅速占据了市场先行者的优势。而且摩托罗拉从一开始就主动建立与中国政府之间良好的互动关系，特别是其奉行的"权力营销"——高层公关及本土化亲善战略可以说是其在中国取得成功的重要原因之一。另外，新兴市场中往往存在着一些被抑制的对新兴产品的需求，其独特的需求优势为最早的市场进入者在销售市场上独占鳌头提供了不可多得的机会，并且很容易由此建立中长期的市场优势。90年代初期，中国移动通信领域作为尚未开发的处女地，其市场价值是无法估量的，摩托罗拉作为最早进入中国经营通信设备业务的跨国公司之一，凭借其深厚的品牌资源、雄厚的资金支持、领先的技术能力以及在国外市场的成功经验，迅速奠定了中国市场上的垄断地位，成为国内通信设备制造行业利润最为丰厚时期的大赢家。

二　中国转型期的两个发展阶段与拐点

彭维刚（Mike W. Peng）教授在其关于制度转型和企业战略的研究中，提出了市场经济制度转型的两阶段模型[①]（见图 13-1），为我们研究制度转型期的特殊环境对特定的企业战略选择的影响提供了强有力的分析工具。由图 13-1 我们可以看到，转型一般是从占主导地位的以关系为基础的交易结构慢慢地向以规章制度为基础的交易结构转化。中国改革开放后经济体制改革的过程，从实质上说就是一个制度转型的过程，即以适应市场经济的制度安排逐渐取代适应计划经济的制度安排的过程。我们可以将中国经济的制度转型过程纳入两阶段模型的分析框架内，区分为早期和后期（early phase and late phase）两个阶段。

在早期阶段，从1978年改革开放（T1）开始，中国社会的政治、经济体制处于高度不确定状态，制度非常不完善。对企业来说，大量的交易是基于双方的关系来谈判完成的，即关系交易（relationship - based），而且之前国内与非正式交易相关的计划经济实践也给这种商业模式提供了依据。随着中国改革开放经过十年的发展，市场逐渐得到承认，经济全景逐步形成，市场新机会不断出现，以关系为基础的交易结构的成本开始下降，同时收益开始增加。从80年代末90年代初（T2）开始，市场得到了完全的承认，中国改革开放的步伐加快。在这个阶段过程中，很多企业利用关系策略来获得生存与发展，这种关系策略通常建立在个人和管理者之间以及与政府官员之间的非正式协议

---

① 彭维刚提出的这一模型建立在临界假设的基础上——即随着时间的流逝，经济更加倾向于更多交易方参与、更为复杂的交易结构。这一趋势正与全球经济发展相联系的历史模式相一致（世界银行，2002）。相关的研究者们大都同意交易结构归结为两种形式。第一种是所谓的"关系承包"，基于人际关系、人性化交易的交易结构。第二种定义为"公平交易"，即以制度为基础的、通过第三方仲裁的非人性化的交易结构。随着经济的发展，交易规模、范围和特征成指数增长，对依据正式法律和调整机制的第三方仲裁有迫切的需求。

的基础上，目的是克服制度的不确定性。

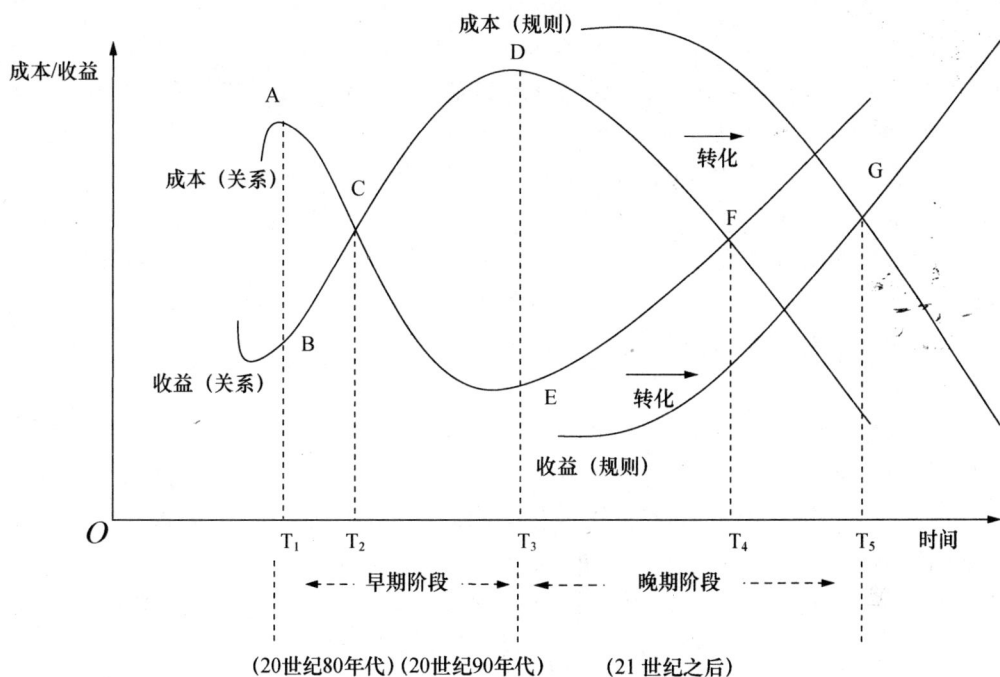

图 13 – 1　制度转型两阶段模型实证匹配分析

彭维刚所说的"企业环境中的国家和社会力量通常成为制度变革中最为关键的动力"的根源包括经济政策的变革。中国 2001 年加入世界贸易组织，成为制度转型过程中的重要拐点（T3），制度结构革命性的变革在这一点发生。因为加入了世界贸易组织，中国必须与国际接轨，原来那些不合理的规章制度，不符合世界贸易组织承诺的东西，都要逐一去掉。加入世界贸易组织前，中国的市场交易方式主要是建立在关系经济的基础上的，但随着交易规模和范围的扩大，越来越需要正式的制度结构来支持更加复杂化的交易结构。世界贸易组织使市场主体能更直接、更方便地面对广阔的国际市场，这弱化了国内盛行的关系经济规则的意义，不讲透明度的关系交易活动与世界贸易组织的透明度原则是相矛盾的。加入世界贸易组织以后，随着政府职能的转换和市场中介组织的发展，关系交易的比重开始持续下降。

在后期阶段（进入 21 世纪，T3 之后），中国经济已经取得了很大的发展，市场制度得到不断的完善，而且随着交易规模、范围、复杂度等的迅速增长，对依据正式法律和调整机制而出现的第三方仲裁的规则需要越来越迫切。因此，市场机制在交易过程中的作用越来越大，正式的、第三方执行的、非个人的公平市场交易机制（rule – based）开始发挥重要作用。

三　转型期企业战略选择及企业形式的实证研究

随着经济转型的进行，参与市场竞争的企业一般可以归纳为三种主要类型：（1）圈内企业①；（2）创业公司；（3）国外企业。在制度转型期间，企业主要有两种基本的战略选择：一是关系型战略，着重强调无形资产，体现在管理者个人和公司与其他不同组织之间的相互关系（Powell，1990）；二是市场型战略，着重关注传统战略研究中独立于公司网络关系之外的竞争资源和能力（如质量、融资和营销）（Barney，1991）。

（一）转型早期阶段的战略选择

大多数企业通常都会倾向于选择普遍采用的战略，但不同的制度压力会影响它们的战略侧重点（Mike W. Peng）②。在转型早期阶段，圈内企业可能主要依赖关系网络而不是竞争资源和能力来参与竞争。创业公司与其他类型的公司相比更可能基于这两种方式参与竞争。国外企业大多数会选择合资和联盟的方式，在关系网络基础上参与竞争，而选择建立全资子公司和收购公司的国外企业通常会在竞争资源和能力的基础上参与竞争。

摩托罗拉于1987年在北京成立代表处，其进入时间正值中国经历制度转型期的T1到T2的阶段（见图13-1）。此时，国内的移动通信行业刚刚兴起，尚处于起步阶段，圈内企业大多是国内传统计划经济体制下的无线电设备厂，以及之前已经在传统电信上进入中国的合资企业等，它们在移动通信的先进技术方面基本不具有竞争力。而移动通信行业的创业环境还不具备，"创业公司"尚未形成气候。作为"国外企业"，摩托罗拉在移动通信技术、品牌与经营管理上拥有绝对的竞争资源和能力，面对新兴经济的巨大商机，摩托罗拉的战略选择是利用自己的竞争资源，将自己的产品、技术和标准等引进到中国，以帮助中国新兴市场建立起它所熟悉的规则和环境。例如，1987年协助中国建立起第一套移动通信系统；1988年在中国推出全球第一款商用移动电话DynaTAC，更是推动了移动电话在中国的革命性发展历程。

进入到T2阶段后，面对国内转型早期阶段特殊的制度不确定性，大量以人际关系为基础的、人性化交易的交易结构等市场环境，摩托罗拉选择采取的最重要的企业战略就是注重关系战略，特别是构筑良好的政府关系，其良好的政府关系被认为是摩托罗拉在中国市场取得巨大成功和特殊市场地位的主要因素。摩托罗拉在发展初期便与中国本土企业密切融合，深入推进与中国政府部门、客户和市场的战略合作，与中国真正结成了双赢的战略合作伙伴关系。每一次中国经济的发展战略发生调整时，摩托罗拉都顺应中国政府的需要，针对性地推出"中国战略"，给予中国政府高度的重视和大力支持。1994年，中国政府强调"用市场换技术"的对外开放战略，摩托罗拉适时地制定了相

---

①　彭维刚认为，圈内企业一般是指转型之前竞争的主要参与者，它们的实践形成了制度规范。然而，它们越是适应转型前的制度环境，就越难以成功地转型。

②　彭维刚认为，对于"制度压力"，斯科特认为，在最基本的层面上，制度有三个"支柱"。一是侧重于正式法规体系的和国家强制性机构的调整支柱。二是定义为使用合法手段追求有价值结果的标准化支柱。三是被迫接受或者内化的信仰和价值观的认知支柱。制度的三个支柱提供了三个"相关但是可区别的合法性基础"。作为回应，企业通过作出战略选择勉强地迎接各种制度压力，例如，顺从、合作和挑战（Child，1972，1997；Oliver，1991，1992）。但是，这些战略往往并未得到有效的实施，尤其是在早期混乱的转型时期，只有当制度结构稳定后，才能优化并且建立起市场竞争能力。

应的中国"四大发展战略":一是投资与技术转让;二是管理本土化;三是配套产品本地化;四是推行合资合作项目。"四大发展战略"充分体现了摩托罗拉对中国市场的长期承诺,其"共赢"和"中国化"政策得到了中国政府高层的欣赏。

2000 年 4 月,摩托罗拉公司在美国国会游说支持中国永久性正常贸易关系法案,给予中国经济最优惠国待遇,著名的"敲门运动"向中国政府表达了和中国利益息息相通的意愿。8 月,摩托罗拉总公司又作出了在华增加 160 亿元人民币投资的决定,用以生产半导体芯片和高科技通信产品,这次投资使摩托罗拉在华投资总额达 280 亿元人民币,一举超过上海大众成为中国最大的外商投资企业。2001 年,在宣布中国加入世界贸易组织的多哈世界贸易组织部长级会议的前两天,摩托罗拉在中国召开全球董事会,并推出了包括在华投资的 3 个 100 亿美元、转移研究开发和制造在内的"2 + 3 + 3"战略①,展现了其致力在中国长期发展的决心和继续引领中国通信市场的信心。因为此时中国既需要坚定外商投资的信心,更需要提升中国的核心技术研究开发能力,摩托罗拉的"2 + 3 + 3"战略给予了中国政府强有力的支持,其行为也在中国市场上得到了回报,2001 年 8 月,联通 CDMA 手机入围名单公布,在信息产业部公布的 19 家生产商中,唯有摩托罗拉以外资的身份入围。

摩托罗拉还大力支持中国的公益事业,摩托罗拉中国公司每年的预算中都有一笔在中国遇到紧急情况和灾害时可动用的捐款。1998 年抗洪,摩托罗拉捐赠长江流域和东北灾区价值达 3000 万元的设备和现金,捐建了 11 所抗洪希望小学;并连续十余年为希望工程捐款达 3000 余万元,捐建 70 多所希望小学,资助了 12000 名学生。摩托罗拉为支持中国的高等教育还向北大、清华等 12 所高校捐赠了 1100 万元人民币。这些行为更使其积极的企业形象获得了中国各方面的高度认可。

在中国转型早期的关键阶段,摩托罗拉中国区总裁赖炳荣(1994 年 8 月到 2001 年 12 月任职)所推行的战略举措起到了重要的作用。在他的 8 年任期里,成功地游说摩托罗拉总部不断地向中国追加投资和项目,"中国市场的巨大利益和中国总裁的游说艺术"形成了摩托罗拉中国独特的影响力。在这 8 年间,摩托罗拉(中国)在寻呼机、手机、电信设备等领域都获得了中国数一数二的市场地位,销售业绩扩大了 11 倍,在华投资扩大了 28 倍,成为摩托罗拉最重要的子公司。摩托罗拉公司董事会主席多次访问中国,并受到江泽民主席的接见,其创始人罗伯特·高尔文表示,中国是摩托罗拉的第二故乡,摩托罗拉要以中国为家,当中国的好公民。他曾有这样的表述:"摩托罗拉好比是一条鱼,中国市场是一汪水。有的人只想着把这条鱼喂得越肥越大越好,但我们要先把这汪水做大,并且让这水充满营养和氧气。"这种表述同时也代表了摩托罗拉对中国战略的看法。

---

① "2"是指把中国建设成世界级生产基地和世界级研究开发基地;第一个"3"是指 3 个新的业务增长点,除了大力发展无线通信之外,摩托罗拉还将积极发展数字集群通信系统、半导体和宽带业务;第二个"3"是指 3 个 100 亿美元目标,即到 2006 年,摩托罗拉在华年产值将达到 100 亿美元;在华累计投入总额达到 100 亿美元;在未来 5 年内,累计从中国采购 100 亿美元的零配件和服务。

　　从以上案例不难看出摩托罗拉在中国制度转型早期阶段的战略，尤其是高度重视关系型战略，使其成功地在中国通信设备市场上占据着长达十多年的垄断地位。其竞争对手诺基亚同样作为"国外企业"，在中国转型早期选择了建立合资企业的方式，注重关系战略和逐步的本地化生产，在数字移动通信技术发展之初抓住机遇迅速发展，成为移动终端的行业巨头。作为国内的"创业公司"，华为公司在中国制度转型早期阶段同时注重关系战略和市场战略：一方面，在关系战略上注重建立政治关系网络，并和其他更强大的参与者建立合作关系，持续不断地重视关系资源，尤其是在客户关系上，通过各层运营商渗透到市场的每个角落，借助利益同盟铺开了市场版图。另一方面，在市场战略上，走自主研究开发创新之路，建立独特的市场竞争力，并且长期坚持不少于销售收入10%的研究开发投入，对新技术、新领域进行持续不断的研究和跟踪；并以市场为驱动，高度重视市场资源，持之以恒地对标准和专利进行投入以掌握未来技术的制高点，正如华为总裁任正非认为的那样，华为真正的核心技术应是可以"创造机会，引导需求"的技术。

　　（二）转型后期阶段的战略选择

　　中国加入世界贸易组织（拐点T3）之后，转型逐渐向以规则为基础的交易制度转换。在转型的后期阶段，相对来说，规模比较小、比较年轻的圈内企业可能通过竞争资源和能力（重组和转型）来参与竞争。对于创业公司，在转型早期阶段建立的新公司相对于现阶段建立的新公司更可能依赖竞争资源和能力而不是利用关系网络来参与竞争。选择建立全资子公司或者收购地方公司的"国外企业"通常也会在竞争资源和能力的基础上参与竞争。

　　摩托罗拉作为最早进入中国移动通信领域的设备提供商之一，此时已经可以看做是移动通信行业的圈内企业（由于现有的游戏规则而在市场上占有一席之地的成员）。通过十多年的积累，摩托罗拉在中国已经建立起了自己稳固的关系网络和关系资源，因此更倾向于坚持其关系型战略，巩固和利用现有的关系网络，继续保持良好的政府关系，巩固与中国各方已经建立起来的伙伴关系，坚持公司在华的各项发展战略，并进一步把它发展成为"一种不可动摇的战略伙伴关系"。

　　赖炳荣在2001年年底卸任时，一手将极具政府公关能力的陈永正推上了摩托罗拉中国总裁的位置，以延续摩托罗拉"中国战略"以及与政府关系的优势。陈永正是摩托罗拉"共赢"和"中国化"政策忠实的秉承者，他上任不久推出的包括"3个100亿"、"2+3+3"战略等是摩托罗拉原来"四大发展战略"的延伸，其核心仍是"双赢"、"扎根中国"和"做社会好公民"。2003年5月17日，在中国人民与"非典"抗争的关键时刻，陈永正极力促成摩托罗拉总裁、首席运营官麦克·扎菲罗夫斯基按计划来华访问，并代表摩托罗拉公司向中国政府捐赠了总价值达1180多万元人民币的抗"非典"设备、现金和物资，同时与北京市政府签署了合作备忘录，注册9000万美元在北京建立研究开发公司。此次访华获得了中国政府、媒体及社会各界的关注和赞扬。

　　然而，随着国内市场的逐渐成熟，制度的不断完善（过了拐点T3），市场竞争越来越激烈，制度转型逐渐向以规则为基础、市场化的交易制度转换，圈内企业多数也需要通过重组和培养市场竞争能力来寻找新的竞争优势，即使是转型前期的"国外企业"

或已经成为目前阶段的圈内企业的先驱者，此时也不得不重视市场竞争战略，重新定义关键的竞争能力，调整品牌、产品与资源的整合。作为曾在半导体、移动通信、集群通信、汽车电子等最前沿的"高科技领域"处于绝对领先地位的企业，摩托罗拉习惯于在"供给创造需求"的市场中引领产业的方向和潮流，对市场本身的变化却没能进行有效的研究。

在第一代模拟通信上（1995 年以前），摩托罗拉曾占据着中国手机市场 80% 以上的份额，通信系统设备市场 50% 的份额。然而，在向第二代数字移动通信技术转变的过程中，摩托罗拉公司把当时业务发展的重点放在了窄带 CDMA 上，并在著名的"铱星计划"上耗费了资金、时间和精力，从而失去了宝贵的市场先机时间，导致其在 GSM 系统设备市场上的被动，更给了诺基亚等后来者机会。1996 年，摩托罗拉在杭州建立 CDMA 终端和设备合资工厂，但中国的移动运营部门后来决定上 GSM，使摩托罗拉措手不及。尽管由于 90 年代中后期的数字手机市场年增长率超过 30%，摩托罗拉凭借其品牌优势和顾客忠诚度等抓住了部分尾巴，但在 GSM 系统设备上却没能占到太多的市场。此外，摩托罗拉在系统设备业务上的致命伤——缺少核心交换技术一直使它无法真正成为提供完整端到端解决方案的公司。近年来，摩托罗拉在 GSM 核心网市场逐渐淡出，仅仅靠与华为合作而勉强维持，尽管 2005 年 4 月 27 日在中国成立了新的 3G 研究开发中心，并于 2006 年先后建立了杭州研究开发中心、与华为合作的上海联合研究开发中心等，然而在网络设备方面，摩托罗拉实际上已经基本放弃了关键技术和设备的投入与创新。即使在其重视的 CDMA 领域，也随着国内竞争加剧而江河日下，虽然在中国联通建网初期占到了一定的优势，但到 2008 年国内 CDMA 网络招标时几乎全军覆没，而这一战场的失利，更多的则是由于其优柔的决策节奏和低效的执行力所造成的。

作为几大业务中权重最高的手机部门，其面向终端消费者的产品直接影响摩托罗拉的业绩。在模拟时代，天线技术和模拟信号处理技术的水平决定了产品的好坏，而产品的外观式样几乎不用考虑，摩托罗拉占据了明显的技术优势，因此，虽然其手机产品价格很高，仍然占领了世界市场 70% 的份额。随着科技的发展，手机逐渐变成大众化产品，各厂商生产的产品同质化程度非常高，竞争日趋激烈，产品主宰市场的时代一去不复返。摩托罗拉在 2002 年推出 MOTO 策略，试图有针对性地将自己的产品品牌定位于具有强大的消费力的人群身上，然而，在成功地推出 Razr V3 等刀锋系列手机之后，仅仅依赖不断改进 Razr 的颜色和功能，使得其新产品研究开发速度落在了诺基亚和三星等厂商的后面，这样带来的结果只能是价格的下降和利润率的降低。而在狂热的市场份额诉求下，摩托罗拉试图通过不断降价来使自己重返市场份额的老大位置，以至于摩托罗拉手机成了价格"跳水冠军"，大幅度降价也迅速拉低了其利润率。2005 年，诺基亚手机运营利润率为 17.8%，远高于摩托罗拉的 11%。大降价也伤害了消费者的利益和对摩托罗拉的品牌忠诚度，而一款杀手级产品的价格领跌对于其他 MOTO 产品来说也无异于一场灾难。除了被证明是相当失败的价格战因素，占摩托罗拉总收入近 70% 的手机业务能跌到今天不到 10% 的全球市场份额，主要原因还有缺乏技术规划能力、手机操作系统平台战略混乱等，其手机操作系统平台方面的问题被业界认为是摩托罗拉手机产品的重要技术失误。直到 2008 年年底摩托罗拉手机部几乎面临分拆变卖时，摩托罗拉才开始对手机产品各个平台进行 "大刀阔斧" 的剪裁和整合。

　　摩托罗拉也进行过多次资源整合、业务重组，例如，2005 年中国区总裁高瑞彬上任后在中国继续推行旨在将各种通讯终端连接在一起的 "无缝移动"，试图在中国实现所有产品和服务均以 "一张面孔面对客户"，并先后整合资源，对组织结构进行调整，然而，由于其固有模式的影响和内部管理混乱的原因，整合效果有限，调整并未从根本上解决摩托罗拉的经营状况。当外部环境使得摩托罗拉进入战略收缩期，盈利空间不再时，长期以来形成的高工资、高福利的企业传统便不合时宜了。在经历了 2002 年的低谷、2003 年的动荡以及 2004 年的整合后，摩托罗拉 2005 年又提出了重新成为手机市场领先者的三年计划。然而三年过去了，摩托罗拉与诺基亚的差距扩大并且被三星超越，在通信系统设备领域更是全面滑坡。不得不说摩托罗拉在中国制度转型后期的战略调整与改革自救是失败的，既失去了关键技术优势，也没能有效地 "重组和培养市场竞争能力"。

　　作为圈内企业相对还比较年轻的竞争者（先前的创业者），华为持续重视以竞争资源和能力来参与竞争，始终坚持以客户为中心的战略[①]，采用多种战略手段和适时的战略调整是其构筑竞争优势的关键所在。目前，华为在网络设备方面已经成为国内的领先企业，并逐步成为行业的领导者之一，特别是近年立足于成功的程控交换机产品所做的拓展和延伸，不仅使其在移动通信的核心网市场上获得了压倒性的优势，而且在无线接入系统上也获得了突破性的发展。进入 21 世纪后，诺基亚作为圈内企业中相对年轻的国外参与者，积极加强与中国在最新的通信技术领域的密切合作，深入参与中国信息产业的发展，致力于将中国发展成为诺基亚的全球人才基地。特别是在中国加入世界贸易组织后，诺基亚及时进行了结构调整和战略转型，采取了一系列重大举措，包括研究开发当地化和生产当地化、整合西门子和诺基亚的网络部门等，使得市场资源迅速增加，市场能力得到大幅提升。与摩托罗拉相比，诺基亚进入中国市场的时间较晚，能在短时间内与摩托罗拉争锋，得益于其充分重视市场资源以及有效的资源整合能力，尤其是在手机方面的成功，最大的根源在于其准确地了解了消费者的需求，把握住了消费趋势，在消费者中树立了良好的品牌形象。

第三节　　结论与未来的研究方向

　　通过以上对中国转型期两阶段中摩托罗拉的市场战略与关系战略的分析，我们可以看到，在加入世界贸易组织前，中国通信市场竞争并不激烈，市场机制也不完善，因此

---

　　① 华为公司战略：（1）为客户服务是华为存在的唯一理由；客户需求是华为发展的原动力。（2）质量好、服务好、运作成本低，优先满足客户需求，提升客户竞争力和盈利能力。（3）持续管理变革，实现高效的流程化运作，确保端到端的优质交付。（4）与友商共同发展，既是竞争对手，也是合作伙伴，共同创造良好的生存空间，共享价值链的利益。

重视关系资源（包括与政府的关系和管理者的各种私人关系等无形资产）是通信设备商成功的关键。而加入世界贸易组织以后，国际竞争对手和本地企业相继进入市场，竞争加剧，中国市场制度环境逐渐从基于人际关系的、人性化的、提倡关系型战略的交易机制向基于规则的、非人性化的、提倡市场型战略的交易机制转变，其游戏规则不再只是初级的"关系型"，更多地转为在关键技术和市场竞争力上的较量。而正如我们在摩托罗拉公司案例中所看到的，重视关系资源而忽视市场资源投入的传统惯性思维未及时扭转，严重影响了其在转型期的表现，而在关键技术与产品、市场资源与经营管理等方面的失误则更加直接地导致了其市场竞争力的丧失和业绩的下滑。

　　与摩托罗拉形成对比的，则是其长期的竞争对手诺基亚凭借成功的结构调整和战略转型，牢牢地抓住了市场资源，成为中国手机市场上占有绝对优势的领头羊。中国本土的设备提供商如华为、中兴公司等迅速崛起和发展，建立和形成了非常强的竞争能力；本土手机制造商也快速成长，占据了低成本和低价格优势。根据案例实证匹配对比的结果，我们认为，跨国公司无论作为转型早期的"创业者"或"国外企业"，还是转型后期的圈内企业，只有正确地判断市场环境和企业所处的不同阶段，在关系战略和市场战略上作出适当的战略调整，才能够在不断变化的市场竞争中居于不败之地。

　　至此，本章以制度理论为依据，采用案例分析方法，对中国转型早期和后期阶段，摩托罗拉在制度转型期的战略演变过程中所表现出来的特点及战略决策进行分析，从而看到在制度转型早期企业需要充分考虑并重视企业的关系资源，而在转型后期，企业的市场资源和市场能力则非常重要，包括控制关键技术、品牌与渠道、企业间网络资源等。然而，本章只讨论了特定产业情境中特定企业的战略安排，未来更为丰富化、更为细致的实证研究应立足于深入的比较分析，来考察在转型经济背景下企业如何进行战略演进。只有理论联系实际，同时将制度理论和其他理论更好地紧密结合，才能对转型经济中企业的战略决策作出更强有力的解释和指导。这也是相关制度理论与企业战略选择未来研究的努力方向。

第十四章　新国际分工体系下跨国公司的战略演进与转型

第一节　引言

波特认为，企业跨国经营一直是战略管理研究的一个核心问题①。随着国际竞争越来越激烈，大多数跨国公司（multi - national corporations - MNCs）仍然在不断地寻找适应跨国经营的合法性机制，进而提升公司的获利能力，适应国际化环境的变化。跨国公司的经营行为是跨越国界的，这个过程必然镶嵌于全球产业价值链中，企业需要参与全球的国际分工。在嵌入全球产业价值链过程中，跨国公司作为一种组织方式，其国际战略、资源配置方式、组织结构和竞争行为等一直在发生着演变。最初，跨国公司是国家意志的体现（creature of the state），代表政府履行特定职责，政府特许（chartered and sanctioned）其控制和开发稀缺性资源。自19世纪中叶开始，英国、美国等国家逐步扩大了跨国公司的自治权，经营者开始承担有限责任，最终成为独立法人，公司性质发生了变化。正是在这个时期，跨国公司迅速崛起。从制度层面上说，这些公司属于富有冒险和创业精神的合股公司，采用简单的中心辐射网络型组织形式，在母国武装力量的支持和保护下，建立并控制了国际贸易的渠道。在一些行业中，公司利用这些渠道进口原材料（钻石、橡胶、茶叶和石油），出口制成品（巧克力、肥皂、人造黄油和其他消费制成品）等，几乎所有行业都形成了"母国制造＋国际分销"的国际交易网络。跨国公司在整个发展过程中，随竞争环境变迁而变，在新的国际分工环境下，产生了新的演变与转型。

第二节　跨国公司的战略演进：历史与发展

一　战略演进的历史过程

1914年，第一次世界大战爆发和美欧经济体相继崩溃，促使跨国公司进入了一个新

---

① Michael E. Porter, *Competitive Strategy: Technique for Analyzing Industries and Competitors—with a New Introduction*, New York: The Free Press, 1980.

的质变时期。跨国公司深刻地意识到传统的以贸易为基础的国际交易网络（trade‑based networks）面临挑战，对稀缺资源的占有已经不能满足跨国公司进行自身规模扩张的需要，将公司的组织延伸到其他国家，寻求互补性与替代性资源成为跨国公司扩大利润源泉与提高竞争优势的主要渠道。20 世纪 30 年代，由于贸易保护主义蔓延，关税增加、外汇管制和其他形式多样贸易壁垒的出现，跨国公司开始在东道国直接投资建厂和在当地销售，成功地绕开了贸易壁垒的限制和管制，形成了今天我们所说的跨国公司（事实上是多国公司）。

20 世纪 50—70 年代，跨国公司已经转型为全球生产的组织者，是一个典型的混血儿。一方面，跨国公司按照纵向一体化整合方式，在东道国建立制造工厂，如美国通用和福特汽车公司在欧亚地区设立生产基地，实现了当地生产和当地销售；另一方面，跨国公司母公司和子公司还分别承担了一些全球性业务，如研究开发、产品设计和品牌推广等。在这个阶段，跨国公司不仅定位于满足国别市场的特定需求，而且还强调以全球市场需求为取向开发和销售产品。70 年代初开始萌动的信息技术革命，不仅改善了全球通信和商业经营的质量，而且还把跨国运营的成本压缩了若干个量级，使跨国公司可以从更多的渠道获得知识和技术等关键资源。进入 20 世纪 80 年代以来，随着经济民族主义日趋抬头和贸易与投资自由化速度加快，国家边界对跨国公司全球业务整合的界定和约束功能大大下降了，跨国公司的全球化进程进一步提速。

自 2000 年开始，跨国公司加速向全球性整合企业（the globally integrated enterprise）转型，即从公司选择做什么转向公司选择如何做，从公司能够提供什么服务转向公司如何提供这些服务。业务模式主要采取两种截然不同的形式：一是决定各个业务模块在什么地方完成（where companies produce things）；二是决定这些业务模块究竟由公司自己完成还是交由外部的合作伙伴完成（changes in who produces them）。IBM 公司首席执行官塞缪尔·J. 帕米萨诺（Samuel J. Palmisano）认为，近十年来，跨国公司创造溢价（premium）能力越来越依赖技术创造和改变做事方法的远见卓识（商业模式），这种创新远不只是生产设计和推出新产品，还包括如何交付服务、如何整合业务过程、如何管理公司和机构、如何转移知识、如何制定政策、如何鼓励社区和社会利益相关者共同参与到企业融会决策，并从中获得共赢等方面的创新。全球整合企业是跨国组织的新形式，这标志着跨国公司演进又向前迈进了一大步。

二　国际竞争的新发展

21 世纪以来，中国经济在世界经济发展进程中取得了瞩目的成绩。经济总量稳定增长，经济结构不断优化，对外经济贸易的各项指标屡创新高。加入世界贸易组织后，随着经济全球化程度的日益深化，中国以持续增长的经济、巨大的市场、低廉的劳动力资源，成为发达国家跨国投资的首选。与此同时，中国企业以"中国制造"的上百个产品领域在世界范围内独占鳌头。然而，在中国经济从总量和对外贸易额上已经成为"经济大国"、"贸易大国"的同时，速度与效益、规模与结构、数量与质量、发展与可持续发展的矛盾日益显现。从理论上看，贸易作为经济增长的发动机之一，必然对本国经济的发展具有根本性的拉动作用，从而促进本土产业的升级。在中国对外贸易正以每年超过 20% 的速度持续增长，成为继美国、德国之后世界第二贸易大国的同时，中国本土产业的升级也在不断发展。伴随着中国对外贸易总量的高速增长，中国出口商品结构发生了很大的改善，甚至从数据上表现为高度化趋势，以农矿产品为代表的资源密集型产品为主的出口转变到以纺织品为代表的劳动密集型工业制成品，再到以机电产品为代表的资本技术密集型工业制成品为主。

中国加入世界经济竞争，改变了世界的国际分工体系。在产业与企业的国际竞争力方面，根据 WEF 的《全球竞争力报告》（2007—2008）（*Global Competitiveness Report*，2007 – 2008），在 131 个国家中，中国全球竞争力指数（GCI）排名第 34 位，技术装备程度（technological readiness）排名第 73 位，高等教育与培训（higher education and training）排名第 78 位。这种贸易大国与产业国际竞争力小国的现实取决于中国企业贸易发展的模式和参与国际分工的形式。产品结构的演进、加工贸易的发展、贸易主体的变化，与中国企业积极承接国际产业迁移，参与全球价值链的国际分工有关。而粗放型的贸易增长方式、频发的贸易摩擦、持续恶化的贸易条件，则与中国企业在全球价值链的低端地位密切相连。多年来，中国出口增长主要得益于以外商直接投资企业为主的加工贸易的迅速扩张，自主品牌、核心技术以及营销网络等核心竞争力缺失。中国出口产品无论从技术知识含量还是从产品附加价值增值的角度看，依然处在全球产业价值链的价值创造与分配的低端，生产经营和技术专利受到跨国公司和海外资本的强大控制，对于中国产业升级和增长模式的顺利转换造成巨大的压力。可以说，中国产业在国际上的竞争力仍然在全球产业价值链的低水平徘徊。这种基于全球价值链与价值网络分工的视角突破了以比较优势为基础的传统贸易理论，使得分工主体从国家向产业甚至企业层次迈进，也突破了资源使用的国家界限，产生了源自整合各个价值生产环节比较优势企业的系统性竞争力，实现了国家比较优势与世界比较优势的有机结合，这种系统竞争力主要为先进的跨国企业所拥有。基于以上分析，中国企业在进入全球竞争过程中，创造了新的全球国际分工体系，跨国公司在嵌入世界产业价值链、获得产业链溢价、实施国际战略、资源配置方式、组织结构和竞争行为等也发生了新的转型和演变。

第三节　跨国公司战略范式演变的理论解释

国际贸易与投资的传统理论对均衡模型的假设是：完全竞争、要素不可流动性、贸易产品同质性和零交易成本。然而，20 世纪 60 年代，这些假设遭遇置疑，跨国公司的战略动机、组织专长与企业家能力等开始受到关注。迪肯（Dicken）认为，过去十年来，国际直接投资持续快速增长，跨国公司在国际分工体系中开始扮演新角色，并成为全球化的首要推动者。跨国公司的战略行为正在从基于稀缺性的比较优势和竞争优势向基于互补性和网络性的专业化分工优势和产业价值链控制权转型[1]。随着各国引资政策

---

[1]　Dicken，P.，*Global Shift*：*Mapping the Changing Contours of the World Economy*，5th ed. London：Guilford Publications，2007.

激励和生产要素国际流动壁垒的降低，跨国公司价值创造能力大幅度提升。理论和实践迫切需要对这些新的经济现象作出新的理论解释。

一　稀缺性和可占有性竞争优势的获取

理论界在解释跨国公司动机与行为的基础上逐步形成了三个流派：邓宁（Dunning）的 OIL 折中范式（Electric Paradigm – Ownership/Internalization/Localization）、资源基础学派（RBV of the Firm）与动态能力学派（Dynamic Capability）。

20 世纪 60 年代，海默（Hymer）提出了跨国公司研究的基本假设：一个企业要成为跨国公司，必须拥有一些特定优势，其源之于基于研究开发、专门技能、渠道或品牌等无形资产，这种特定或所有权优势是对外直接投资的主要诱因和前提条件，而且这种优势可弥补一个外国企业在东道国的先天劣势①。伯克利（Buckley）和卡森（Casson）从节省交易成本的视角提出跨国公司通过层级组织方式（或垂直一体化）利用和开发知识性资产，并因此可获得内部化优势（Internalization Advantage）②③，其中弗农（Vernon）的国际产品周期理论较好地解释了内部化优势的实践意义。邓宁基于已有理论研究成果和成熟型跨国公司实践提出了"OIL 折中范式"，认为跨国公司基于所有权优势，通过多国股权投资和纵向一体化整合，能够获取内部化优势，通过发现并投资于有潜力的区域市场获取区位优势，并指出其对外直接投资可以充分整合三种优势。邓宁一直反对"内部化是对外直接投资的主要成因"的观点，认为 OIL 如同一个三条腿的凳子，三条腿之间相互支持才能发挥系统性功能④⑤⑥。

以巴尼（Barney）等为代表的资源基础学派提出，企业资源显著地影响着企业的战略决策，企业可以通过占有优势资源、阻止竞争对手进入、持续创新等途径获得和维持竞争优势⑦⑧。按照沃尼尔福尔特（Wernerfelt）的观点，企业资源存在异质性、非流动性和难以模仿性的特征，因此具有很强的可占有性，它是企业核心竞争力的来源⑨。帕拉哈拉德（Praharad）和哈梅尔（Hamel）在三个层面上对战略范式（Strategy Paradigm）作了再定义，指出战略不仅仅是路径和目标（fit your means with your goals）的匹

①　Hymer, S. H., *The International Operations of National Firms：A Study of Direct Foreign Investment*, Doctoral Dissertation, MIT（Published by MIT Press in 1976）, 1960.

②　Buckley, P. and Casson, M. C., *The Future of the Multinational Enterprise*, London：Holmes & Meier, 1976.

③　Buckley, P. and Casson, M. C., An Economic Model of International Joint Venture Strategy. *Journal of International Business Studies*, 1996, 27（5）：pp. 849 – 876.

④　Dunning, J. H., *The Eclectic Theory of the MNC*, London：Allen & Unwin, 1981.

⑤　Dunning, J. H., The Eclectic Paradigm of International Production：A Restatement and Some Possible Extensions. *Journal of International Business Studies*, 1988, 19（1）：pp. 1 – 31.

⑥　Dunning, J. H., Reappraising the Eclectic Paradigm in an Age of Alliance Capitalism. *Journal of International Business Studies*, 1995, 3：pp. 461 – 491.

⑦　Barney, Jay B., Strategic Factor Markets：Expectations, Luck and Business Strategy. *Management Science*, 1986, 9（10）：pp. 1231 – 1241.

⑧　Barney, Jay B., Resource – based Theories of Competitive Advantage：A Ten – year Retrospective on the Resource – based View. *Journal of Management*, 2001, 27（6）：pp. 643 – 650.

⑨　Wemerfelt, Birger., A Resource – Based View of the Firm. *Strategic Management Journal*, 1984, 5（6）：pp. 171 – 80.

配，核心竞争力内在价值在于其可以在资源能力和目标之间发挥重要的媒介功能，可以使一个企业在资源和能力条件不充分的情况下实现更高目标，即战略扩展。在企业资源能力和战略抱负之间有意识地保持一定的不匹配，最大限度地发挥核心竞争力的功能，在这个过程中，企业家精神是至关重要的，它们在创造新业务和降低风险能够发挥特殊功效。普拉哈拉德和哈梅尔还主张，企业的关键资源是累积的智力资本。因此，核心竞争力是员工和团队，企业一定是建立在深层信仰上坚持以人和团队为中心，而不是以机构和利益团体为中心。战略不仅仅是对企业目前所处行业进行定位，还应该努力创造新的竞争空间①。

　　事实上，折中范式与资源基础观在理论上一脉相承，它们的研究对象都是西方跨国公司，都是以资源稀缺性和可占有性为基础的，都强调利用李嘉图租来获取能力。很显然，两个流派都把"稀缺性"（特定优势或核心能力）作为跨国经营的前提条件，对在不具备这种特定优势的发展中国家跨国公司的对外直接投资缺乏解释力。

　　二　互补性和网络性合作优势的获取

　　自 20 世纪 90 年代以来，随着信息技术尤其是互联网技术的广泛应用，企业间战略关系建立越来越便利化，企业间的标准合作、共同研究开发、渠道合作、品牌联盟、人力资本开发等已经成为跨国公司企业的惯例、学习的基点和深耕国际市场的主要战略取向。科恩（Cohen）和利文索尔（Levinthal）较早提出跨国公司已经建立了一个跨组织的网络机制，这个网络通过股权和非股权投资形式成为一个利益共同体②。朵兹（Doz）和哈梅尔（Hamel）从控制风险剩余和不确定性角度分析了联盟优势的产生机制和作用机理，这对企业的特定优势研究是一个扩展。合作剩余和专业化分工优势为网络的进一步扩展和繁荣提供了坚实的基础③。在跨国公司构建的跨组织网络中，蒙特扎斯（Mentzas）等学者特别注重网络的知识载体性，将网络中的企业知识管理行为区分为五种类型：知识获取、知识组织、知识分享、知识创造和知识使用④。普拉纳姆（Puranam）等人认为，从知识属性的视角看，跨网络组织中的参与企业可以创造性地融合以过程为中心和以产品为中心两种路径积累和开发网络知识资产。以过程为中心的路径侧重于知识交流、互补和共享；以产品为中心的路径则强调知识储存、创建和创新⑤。

---

①　Prahalad, C. K. and Gary Hamel, The Core Competence of the Corporation. *Harvard Business Review*, 1990, 7, pp. 35－41.

②　Cohen, W. M., and Levinthal, D. A., Absorptive Capacity: A New Perspective on Learning and Innovation, *Administrative Science Quaterly*, 1990, Vol. 35, pp. 128－152.

③　Doz, Y. L. and Hamel, G., *Alliance Advantage: The Art of Creating Value Through Partnering*, Boston: Harvard Business School Press, MA, 1998.

④　Mentzas, G. N., D. Apostolou, R. Young and A. Abecker, Knowledge Networking. *Journal of Knowledge Management*, 2001, Vol. 5, No. 1, pp. 94－106.

⑤　Puranam, P. and Srikanth, K., What They Know, vs. What They Do: How Acquirers Leverage Technology Acquisitions, *Strategic Management Journal*, 2007, 28, pp. 805－825.

阿德勒（Adler）等人指出，网络建立与扩展是以社会资本为基础的[①]。凯沃斯吉尔（Cavusgil）等人将企业的社会资本分为内部和外部两个部分。他们通过对企业内、外部社会资本与知识强度、国外市场知识、地理位置多样性和跨国进入模式经验的关系，从实证的角度验证了企业社会资本与业绩之间的关系，得出的结论是：企业跨国经营能力与企业拥有的内外部社会资本之间存在着显著的正相关关系[②③]。

桑托罗（Santoro）等人从资产属性的视角指出，企业无论是内生性增长还是外生性增长，都必须对专用性资产进行投资，从而逐步形成一般性互补资产和专业化资产，通过合作能力开发，最终网络内企业形成了共同性的专业化资产——包括共同制造、共同营销和共同开发等[④]。共同制造是合作方在制造流程上联合生产，以弥补自身制造缺陷或提高制造效率；共同营销是指在各自品牌下销售一种产品，或者是以共有品牌销售一种产品，这种方式需要一个合作机构对其市场份额和市场发展进行协调和管理[⑤]；共同开发是指在合作各方就发展阶段中所需诀窍知识进行长时间的合作，这种形式需要建立长期合作的信任机制。共同性专业化资产对网络内企业实现组织创新和商业模式创新都发挥着重要作用。随着网络外部性效应增强和共同性专业化资产的开发，更大的合作剩余便会产生，使每一个企业都可获得增量收益[⑥]。

总之，在跨国公司理论研究中，基于互补性关系及与之紧密关联的学习性和网络外部性的研究影响力越来越大，研究视角包括社会资本、合作博弈、契约和非契约型制度安排等。研究聚焦于三个层面上：（1）企业需要掌握什么能力或如何组织这些能力去适应合作和网络关系的特定要求，显然，一个企业必须努力清除开放式合作路上的"障碍物"；（2）在网络（共同创造的社区）中企业必须重建市场行为和组织行为，吸引和激励共同创造者；（3）企业必须重建并形成开放性的合作境界，促进和建立有效率的治理机制。总之，跨国公司合作优势源于互补性、学习性和网络外部性。

三 价值链整合的控制权获取与治理

以一个制造业跨国公司为例，当其制造业务分包后，其价值链的治理涉及四个关键指标，包括：（1）生产什么产品；（2）生产流程和工序如何设计，包括采用的技术、质量标准、劳工标准和环保标准等；（3）什么时间组织生产；（4）产量是多少。基于

---

① Adler, P. S., Kwon, S. W., Social Capital Prospects for a New Concept. *Academy of Management Review*, 2002, 27 (1): pp. 17 - 40.

② Cavusgil, S. T., Calantone, R. J., Zhao, Y., Tacit Knowledge Transfer and Firm Innovation Capability. *Journal of Business and Industrial Marketing*, 2003, 18 (1): pp. 6 - 21.

③ Cho, K. R. and Lee, J., Firm Characteristics and MNC's Intra - network Knowledge Sharing. *Management International Review*, 2004, 44 (4): pp. 435 - 455.

④ Santoro, M. D., Mcgill, J. P., The Effect of Uncertainty and Asset Co - specialization on Governance in Biotechnology Alliances. *Strategic Management Journal*, 2005, 26 (13): pp. 1261 - 1269.

⑤ Simonet, D., Licensing Agreements in the Pharmaceutical Industry. *International Journal of Medical Marketing*, 2002, 2: pp. 329 - 341.

⑥ Gupta, A. K., Govindarajan, V., Knowledge Flows within Multinational Corporations. *Strategic Management Journal*, 2000, 21: pp. 473 - 496.

这个描述可知，全球价值链整合和治理是指在一定制度和机制框架下协调经济活动时所采取的权力，既可以是市场式的也可以是企业层级式的或网络式的[①]。构建价值链及其治理的框架主要基于三个要素：（1）交易复杂性：一个特定交易所必需的知识与信息转移的复杂性；（2）编码交易能力：知识和信息可编码程度，以便于交易各方无须进行专门化投资就可以有效地完成知识和信息转移；（3）现有的和潜在的制造商满足交易要求的能力。

根据学者约翰（John）、哈伯特（Hubert）和朱迪（Jodie）的定义，全球价值链按跨国公司与供应商之间按照公开协调和控制权的不对称性程度分为五种类型的价值链和治理模式：层级型价值链、俘获型价值链、关系型价值链、模块型价值链和市场型价值链。后三种治理模式中，企业间关系是能力互补，不存在控制与被控制的关系，供应商技术升级不受限制，分配格局也较为平等，在发展中国家不多见。而在发展中国家最常见的是俘获型价值链，主导企业对发展中国家企业升级的态度是矛盾的[②③]。表 14 - 1 展示了跨国公司全球价值链及其治理形式之间的比较关系。

表 14 - 1　　　　　　　　　　不同全球价值链及其治理方式的比较

治理类型	交易复杂性	编码交易能力	供应商交易能力	公开协调程度和权力的不对称性
市场型	低	高	高	低
模块型	高	高	高	
关系型	高	低	高	
俘获型	高	高	低	
层级型	高	低	低	高

哈伯特全面分析了全球价值链嵌入类型与发展中国家的产业嵌入与升级的对应关系。与价值链类型对应，发展中国家产业升级区分为以下类型：（1）工序升级：通过生产流程重组或引进先进技术扩大产出，提高生产率水平。嵌入全球价值链后，跨国公司对降低成本、提高品质和保证交货期等制定了十分严苛的标准，同时也传授一些实用的实践经验，以协助制造商增加产出，改进流程和提高技能。（2）产品升级：生产附加价值更高的产品（也可以定义为增加单位产品的附加价值）。（3）功能升级：在产业

①　Williamson, O., Transaction - cost Economics：The Governance of Contractual Relations. *Journal of Law and Economics*, 1979, 22：pp. 33 - 61.

②　John Humphrey and Hubert Schmitz, Developing Country Firms' in World Economy：Governance and Upgrading in global value chains, *INEF Report*, Heft, 2002, 61.

③　Jodie Keane, *A New Approach to Global Value Chain Analysis*. Research Officer Working Paper, 293, Overseas Development Institute, London SE17JD, 2008.

价值链上获得了新的能力，提高了企业创造价值的总体技术水平；（4）链条升级：将在一个特定产业价值链上获得的知识或技能应用到另外一个产业，即所谓的网络外部性①。

以上三种理论，从不同的视角对跨国公司适应新环境变化的战略演变与转型的动因做出解释，从最初的稀缺性和可占有性竞争优势的获取，到互补性和网络性合作优势的获取，再到全球价值链整合的控制权获取与治理的目的，跨国公司的战略范式发生着深刻的变化。

第四节　跨国公司战略演变：以惠普为例

在新的国际分工体系下，跨国公司的战略演变发生着深刻的变化，各国跨国公司战略实施的结果也影响国家竞争力的提升和获得，惠普的战略演进和转型案例可以给出更多启发。创建于1939年的惠普公司是硅谷第一批高科技企业之一。过去30年间，惠普经历了三次重大变革与转型。第一次发生在20世纪80年代初，惠普决定从电子仪表产业进入工程计算产业，催生了公司的IT业务。第二次发生在20世纪90年代末，惠普在专注打印机业务同时，决定以开放式系统进入商用计算领域，并于2002年完成对康柏的收购，将众多产品线一分为四：打造出企业系统集团（ESG）、专业与支持服务集团（HPS）、信息产品集团（PSG）和打印及成像系统集团（IPG）。第三次始于2005年，马克·赫德出任首席执行官后，推出了惠普"动力铁三角战略"——成长、效率和资本策略，大规模下放经营决策权，实施"技术导向"向"技术为本、市场导向"转型。以IPG集团为例，2005年开始在全球推行针对企业级打印服务的全面客户解决方案，惠普也因此成了企业的"文印大管家"。文印的管理服务正在成为一种新兴产业，这意味着企业可以从惠普租赁机器，可以按每月打印纸页付费，可以使用惠普管理工作流程的软件，而不仅仅是从惠普手中购买打印机器。这也使得原本打印机加耗材的一锤子买卖变为延长其生产价值链。过去十年间，惠普向全球整合企业转型同时，不断强化企业之间的战略联盟合作关系，完成了一系列重要收购。像惠普这样成熟型跨国公司的竞争优势已经不再仅仅是高端技术或稀缺资源占有，越来越多的跨国公司致力于技术创新与商业模式创新的组合。惠普从最初的稀缺性和可占有性竞争优势获取的跨国经营动机，到互补性和网络性合作优势的获取，再到最终全球价值链整合的控制权获取与治理的目的演变，实现了前者基于生产者导向、后者强调消费者导向以及全产业价值链导向的重要演变（表14-2展示了惠普全球价值链整合的战略演进脉络）。

---

① Hubert Schmitz, *Local Upgrading in Global Chains: Recent Findings*, Paper to be presented at the DRUID Summer Conference on Industrial Dynamics, Innovation and Development, Ellsinore, Denmark, 2004, June 14 – 16.

表 14 - 2　　　　　　　　　　　　惠普的全球产业价值链整合战略演进

时间	整合目标公司	行业地位	地理空间分布	价值链整合目标
2001 年 9 月 6 日	Indigo N. V.	领先的商业和工业打印系统公司	荷兰（总部）、以色列（研究开发、生产）	进军数字化商业打印市场
2005 年 3 月 21 日	Snapfish	领先的在线照片服务商	旧金山（总部）、英国（运营）	进军在线照片打印新兴市场
2005 年 8 月 11 日	Scitex Vision	领先的超宽幅数码打印公司	以色列（总部）、美国、比利时、中国、墨西哥、南非（子公司）	扩展到工业超宽幅打印领域，加强其作为一站式印刷服务供应商合作伙伴的地位
2005 年 12 月 13 日	PIXACO	欧洲领先的在线照片服务和产品电子商务网站	德国（总部）	进一步扩大在线照片服务在欧洲的市场
2006 年 6 月 6 日	Silverwire	在零售照片市场上拥有强大影响力的商业数码摄影解决方案和软件提供商	瑞士（总部）	进军零售市场，发展成为全球领先的数码集成服务提供商
2007 年 4 月 24 日	Logoworks	领先的分布式网络为基础的平面设计服务供应商	美国犹他州（总部）	为中小企业提供专业设计解决方案
2007 年 3 月 22 日	Tabblo	提供便捷网络打印的服务商	美国马萨诸塞州（总部）	为顾客提供最便捷、最好的网上打印服务体验
2007 年 9 月 13 日	MacDermid ColorSpan	领先的紫外光固化墨水显像打印机提供商	美国明尼苏达州（总部）	进军商铺标识和快速打印市场；向打印服务提供商提供低成本平台和紫外光固化墨水显像技术
2007 年 12 月 10 日	NUR Macroprinters	领先的紫外光固化和溶剂喷墨显像打印机供应商	以色列（总部）	扩大其在平面艺术数码打印机和宽幅印刷机方面的影响力
2008 年 12 月 2 日	Exstream Software	领先的简化个性化文件和发行的企业软件提供商	美国	进军高速增长的文档自动化市场

第五节　结论

　　世界经济主导力量是跨国公司，这是不争的事实。随着全球化进程加快，跨国公司对一个国家经济发展的推动作用变得越来越重要。相对于现有的主流跨国公司理论，在新的国际分工体系下，中国企业到海外投资并没有现成的竞争优势可以利用，中国跨国企业的战略目标就是形成竞争优势。这是因为，中国跨国企业的所有权优势主要建立在网络或母国基础之上，而这种优势一旦走出国门，就会大打折扣，这使得中国企业的投资主要集中于区域内而不是全球性的扩张。换言之，中国企业必须尽快成熟起来，努力去积累和创造更多的市场资源——资本运作、市场开发和人力资源管理等方面，因为在国际市场上，中国企业长期发展所依托的关系资源是无效的。

　　长期以来，人们认为，组织战略和行动建立在经验的基础之上，经验是构建知识的基础资源。一个企业借鉴其他企业以往的经验往往会形成企业的行为基础并决定企业的战略演进。中国企业的跨国经营过程中，需要借鉴国际上成功的跨国企业的战略演进经验，这是因为：首先，与国内投资行为不同，跨国经营的认识论基础是有限理性。在国际化过程中，传统的决策方法所要求的信息量和信息处理难度远远超出人们的信息处理能力，也就是存在着信息超负荷。其次，国际化的经验知识类似于一种公共物品，它可以在不同的国家和地区间分享，而这种分享并不会增加额外的成本。一些跨国公司之所以成功正是因为它们可以不断复制来自其他地区的成功经验。

　　本书总结的跨国企业国际化经验和理论对所有跨国企业来说都是非常重要的。由于中国企业正处于国际化早期阶段，除了借鉴和理论学习之外，必须努力提高实践能力，积累跨国经营实践。由于"经验本身很难转移，这种经验很难与个人相分离"，因此可以预言，在今后很长的一段时间里，中国企业在跨国经营领域是一个学生，因此要通过这个过程，努力提高学习能力，逐步获得国际竞争优势。

第十五章　中国跨国公司海外成长的战略路径演进

第一节　引言

在经济全球化迅速发展的背景下，来自发达国家的跨国公司已经在相关产业领域形成规模并建立了国际竞争力。进入 20 世纪 90 年代后，越来越多的新兴经济体国家和地区的大企业迅速成长并开始向跨国公司演进，世界投资报告显示，来自中国、巴西、印度等新兴经济体国家的对外直接投资在最近十年尤其引人注目，这些国家的跨国公司开始崭露头角（UNCTAD，2006，2009）。约翰·A. 马休斯（2006）称这些类型的跨国公司是国际市场的后来者和新进者（Latecomer and Newcomer），是龙跨国公司（Dragon multinationals），并预期它们在 21 世纪的世界经济发展中会扮演新角色（New player）。

波士顿咨询集团（BCG，2009）年度报告统计了发展中国家 100 个规模最大的跨国公司，其中来自中国的企业达到 36 家，中国的跨国公司在国际直接投资中的地位和作用呈显著上升趋势。中国商务部 2010 年 1 月 15 日公布的数据显示，2009 年中国企业海外并购交易共完成 38 起，同比增长 26.7%；协议并购金额达到 160.99 亿美元，同比增长 90.1%。其中，2009 年中国非金融类境外投资类总额达到 433 亿美元，同比增长 6.5%，为历史最高水平，跨国并购已经成为中国企业对外投资最主要的方式之一。这也说明中国"中国制造"在成功嵌入全球生产链条后，"中国资本"也开始在国际资源配置和国际分工体系中发挥日益重要的作用。

但不可否认的是，中国跨国公司的产品与市场定位、品牌与渠道、组织与管理体制和人力资源等尚处于演进阶段，属于国际市场上的典型的后来者。此外，发达国家与发展中国家在对外直接投资上存在着很大的异质性。这种异质性不仅表现在东道国的经营环境上，如市场环境、制度惯例和文化习俗等方面，而且在战略动机、进入模式及企业东道国经营管理体制安排等方面也存在很大的不同。这两方面的因素决定了中国企业还需要从战略和技术层面上解决跨国经营的成长路径问题，获取、嫁接和整合国际资源的能力问题。正如蔡尔德和罗德里格斯（Child and Rodrigues，2005）在研究中国企业国际化时指出的，西方跨国公司的主流理论并不适用于发展中国家的实际情况，并不能充分解释中国企业的国际化进程，中国企业国际化需要另辟蹊径。

尽管中国企业对外直接投资已经取得了长足发展，但失败的案例仍占多数，很多案例引起了国际学术界和企业界的争论。这从一个侧面反映出中国企业"走出去"存在着战略准备不充分的问题，当然，其中也有"先天不足"和"水土不服"的缺陷。与中国跨国公司的培育和成长相关的理论正在成为政府、学术界和企业界关注的焦点。理论来源于实践，又服务于实践。中国企业跨国经营的战略动机是什么？实现战略动机的技术路径和成功的关键要素是什么？通过这个过程，中国跨国公司是否能够发现海外成长模式和演进路径呢？这些问题已经成为中国跨国公司理论研究的主要领域。

本章以下的研究结构如下：第二节对相关研究文献进行综述并提出本章的理论假设；第三节为对本案例研究方法的说明；第四节是案例分析；第五节给出了结论和启发。

第二节 文献回顾及理论假设

一 文献回顾

随着新兴经济体对外直接投资的持续增长，关于跨国公司后来者尤其是中国跨国公司的发展越来越需要理论支撑和实践指导。正如 Westhead、Wright 和 Ucbasaran（2001）所说，发展中国家的跨国公司需要构建新的概念性战略框架和行为方式，这对其提升国际竞争力是至关重要的。经济合作与发展组织（2006）报告特别指出，现有的"新兴国家跨国公司文献大多建立在一些观察性的证据之上，并大多使用演绎和推论方法进行论证，而缺乏系统的研究"。

目前，国际上关注新兴经济体跨国公司的研究模型已经有三种：（1）针对跨国公司后来者的国际风险投资（International New Venture）模型，认为获得基于企业家精神和学习能力的创新性（熊彼特）租金（Schumpeterian or entrepreneurial rent）能力对解释跨国公司后来者更具有现实性。奥维亚特和麦克杜格尔（Oviatt and McDougall，1994）研究发现，跨国公司后来者的关键资源是更强的吸收和学习能力，通过探索性和开发性学习实现增量能力的提升。奥维亚特和麦克杜格尔（2005）为了从学术上区别跨国公司先行者和跨国公司后来者，将跨国公司后来者定义为创业型国际企业（International Entrepreneurship），从行为认知的视角将跨国公司后来者的国际经营行为描述为"跨越国界的创新性、超前行动性、风险承担性的行为综合"。（2）基于全球价值链的企业成长模型。哈伯特·斯米茨（Hubert Schmitz，2002，2004）将发展中国家的跨国公司成长路径概括为工序升级、产品升级、功能升级和链条升级四个阶段。（3）基于跨国公司后来者的互联—杠杆—学习模型。马休斯（2006）提出了后来者跨国公司的 LLL 分析框架——互联、杠杆化和学习（LLL），认为这种分析框架更适合于解释来自发展中国家的跨国公司。Peter Ping Li（2007）则对 LLL 模型作了进一步的扩展性研究，建议以学习基础观构建跨国公司后来者行为模型，提出了交易价值观（Transaction Value Perspective，TVP）概念，强调通过战略联盟来构建"双边学习机制"。

　　国内理论界围绕中国企业的跨国经营研究则一直存在很大的争论，视角也有差别。国内主要的研究视角可以分为以下四类：

　　（一）基于能力的视角

　　2001 年，林毅夫教授提出了"自生能力"（Viability）的概念，认为在给定资本和劳动相对价格的竞争性市场中，企业的自生能力取决于它的技术选择是否与资源禀赋相一致。谭新生（2004）从动态能力观出发，将跨国公司的能力分为业务层次的能力和公司层次的结构能力，认为企业国际化实际上就是一个能力利用和能力构建的过程。国内很多学者也从能力的视角入手，对中国跨国公司作了实证分析，比如，张方华和陈劲（2003）、王海（2007）、王珏（2008）、罗良忠和陈亚娟（2008）分别对海尔、联想、TCL 和奇瑞四家中国跨国公司的国际化经营案例作了分析；孙林杰和李文鹣（2005）则对中国高技术大企业的能力特性和跨国经营战略作了分析研究。还有学者根据对中国跨国公司的能力分析，分别提出了中国跨国公司的国际化经营战略路径。夏清华（2003）认为，中国企业要想维持和提高国际化的竞争能力，就必须在创利和创牌上进行权衡。孙志毅和乔传福（2004）提出，中国企业进入国际市场可以采取海外建厂或买厂模式，采用国内建厂海外买店或借店模式、OEM 模式、中国—发展中国家—发达国家模式。易志高（2008）认为，中国企业从一诞生开始就面临全球化竞争的压力，可能不具备所有权优势或者比较优势不明显，所以，从市场、行业和企业三个角度提出了中国企业"渐进国际化"的战略逻辑，即市场节奏型扩张战略、产业链延伸战略和价值链递进战略。谭伟强、彭维刚和孙黎（2008）则从国际化阶段模型理论出发，指出"建造—借鉴—购买"是中国企业国际化过程中进化和学习的必然路径。

　　（二）基于全球价值链（GVC）的视角

　　任家华和王成璋（2005）以联想收购 IBM 电脑事业为例，指出中国的高新技术产业沿着全球价值链升级是产业发展的必经之路，中国跨国公司应将嵌入全球价值链组织方式逐渐转换到战略收购与联盟上。卓越和张珉（2008）则通过中国纺织服装业的"悲惨增长"为例，对以跨国采购商为主导的俘获型全球价值链作了分析，提出中国企业应当开拓国内市场，培养自己的高级因素，实现从高端切入全球价值链。彭新敏和吴晓波（2008）则认为，全球价值链是本地企业吸收全球领先企业先进知识从而形成本地企业能力的中介，并对知识转移的过程和影响因素作了分析。

　　（三）基于战略联盟的视角

　　付春（2004）建议中国跨国公司与国外公司建立研究开发联盟，共同研究开发，加强技术合作，拥有自己的技术专利，互换知识专利，降低自身的技术成本。张雄、聂鸣和段文娟（2005）认为，采取外向国际化的高技术企业集群应采取功能升级和价值链升级的方法。陈涛、邓平和金炜东（2007）认为，中国跨国公司缺乏技术、管理诀窍、营销知识和品牌等战略资产。中国跨国公司要想有效地获取战略资产，就必须整体地获取战略资产及其产生和应用的环境，通过并购控制目标公司，使资源的交流成为内部交流，中国跨国公司也就能有效地获得战略资产。

（四）基于全球学习的视角

全球学习是跨国公司应对动态、复杂和不确定性国际竞争环境所作出行为上的改变，从跨国经营中获取知识并努力实现转移和分享，能够促进整个企业的知识创新，维持和提高跨国公司的国际竞争优势。谢泗薪、薛求知和都业富（2004）提出，中国企业应当以内向国际化的互动型战略和外向国际化的本土化战略作为全球学习的路径。谢泗薪和薛求知（2004）认为，中国企业海外经营应采取本土化学习战略，实现内外向国际化的协同和整合，实现全球学习的战略。

二　理论假设

我们借鉴约翰·A.马休斯（2006）提出的后来者跨国公司的LLL分析模型，以这个理论分析范式作为跨国公司后来者的成长路径。我们认为，中国跨国公司海外成长也应当努力与国外发达国家的公司实现互联和杠杆化，在互联和杠杆化过程中，实现自身的学习性，最终达到自身价值创造能力的提升。基于如何与发达国家的公司实现成功的互联、杠杆化和学习，我们对中国跨国公司海外成长路径作如下探索性研究，希望能对丰富发展中国家的海外成长战略有现实的实践指导意义。

中国跨国公司作为国际市场中的后来者，首先应当具有国际化视野，国际化能够为中国跨国公司提供更多的市场机会，有助于获得更多的增量资源。而中国跨国公司相对于作为先行者的发达国家跨国公司来说，在研究开发、技术、品牌、渠道等战略资产方面并不具备所有权优势。要实现国际化，就必须充分利用自身的优势资源，建立与国际市场上主导型跨国公司的互联，通过持续不断的改进互联和杠杆化水平，获取国际化的经验，实现学习效应。

命题一：中国跨国公司作为国际市场上的后来者，不具备所有权优势，与发达国家的公司实现互联和杠杆化的前提是具有理性的国际化的战略意图和战略准备。

LLL分析模型认为，跨国公司的后来者应当开放自有优势，并努力使自有优势和伙伴企业的优势进行对接，从伙伴企业得到更多的国际化经验，通过互联和杠杆化来放大自身的优势。而在与国际性的伙伴进行互联和杠杆过程中，后来者也将面临比国内市场上更多的不确定性以及由此所产生的更高的风险。在互联化初期，跨国公司后来者会考虑到自身的财务风险，进入东道国的政治风险、法律限制等，这些都是确定性的风险因素。而在杠杆化过程中，信任风险、文化冲突、技术丢失等不确定性的风险则会逐渐显露出来。我们认为，实施本土化管理能够使双方产生信任，建立合作的基础，有效地降低双方杠杆化过程中的不确定性风险。

命题二：中国跨国公司与发达国家的公司实现互联化和杠杆化的关键成功要素在于对确定性和不确定性风险的识别，合理地利用契约控制和信用控制的方式，能够有效地减少风险所带来的价值损耗。

从全球价值链的视角来看，LLL分析框架中描述的3个L，实际上是一个动态的递进过程，在这个过程中，每递进一个阶梯，就意味着企业在全球价值中的风险降低了一步，同时在全球价值链上的控制权则取得增量改进。我们认为，互联化是嵌入价值链阶段，杠杆化和学习则是控制权获得增量改进的两个关键阶段。

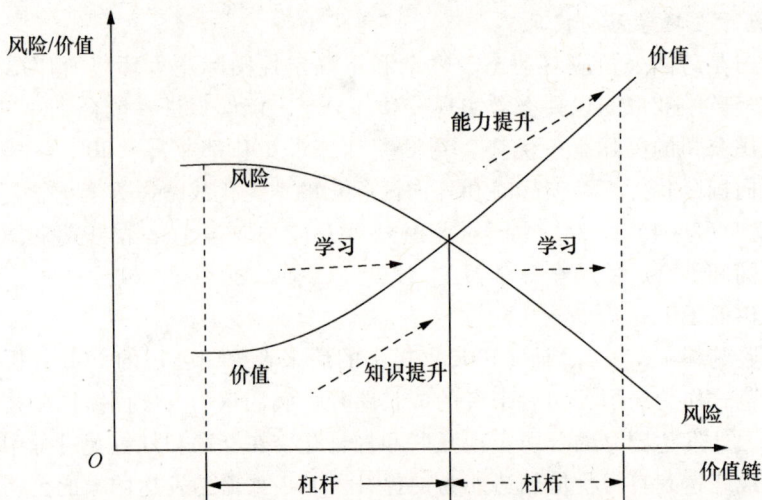

图 15 - 1　LLL 的风险与价值动态变化

从 LLL 过程中的风险和价值的动态变化来看，互联阶段后来者所面对的主要是各种确定性风险，通过对这些确定性风险的分析和学习，后来者就能够获得这些显性知识，增强自身的国际化经验。双方的杠杆化阶段则是双方实质性的合作阶段。这其中既包括资源、技术和能力等内涵性的合作，也包括品牌、渠道和服务等外延性合作。双方在实质性的合作过程中，就会产生更多的合作剩余，中国跨国公司也能真正提升自身的价值创造能力，实现从价值链的低端环节向价值链高端环节的转移。

命题三：中国跨国公司通过持续的互联和杠杆化过程，能够获取国际化经验，提升自身的价值创造能力，实现产业价值链环节的提升。

第三节　研究方法

本章是理论驱动型的，即为了发展出一个广为认同的理论分析范式来解释跨国公司后来者的行为。在已有文献中，关于发展中国家的跨国公司的研究是非常有限的。实践经验归纳提炼也不充分，因此，本章选择了案例研究。案例研究是小样本，不以随机抽样来选择样本，最重要的是样本案例要有助于构建新理论或解释新现象（Eisenhardt，1989；Yin，1994）。

对于单案例研究，在研究方法上，需要通过理论抽样，选择较为极端的案例（Glaser and Strause，1967）。为了达到预期的研究目标，我们在筛选研究对象时，主要考虑三个因素：首先，我们将对象选择限制在技术密集型产业领域，因为该领域国际化程度比较高，跨国公司后来者可以通过积极参与国际分工来获取竞争优势。其次，我们将对象选择限制在技术密集型行业中比较成功的企业。最后，我们选择的对象必须经历一个相对完整的国外收购与整合演进过程（即从后来者到全球参与者）。

　　基于此，我们选择了北京第一机床厂（以下简称"北一厂"）并购德国瓦德里希·科堡公司（以下简称"科堡公司"）作为研究对象。第一，机床行业是"中国制造"中技术含量比较高的行业，能够真实地反映"中国制造"的国际竞争力水平。第二，该并购案例发生在发展中国家与发达国家之间，对"中国制造"企业成功地实现跨国经营具有很高的启发性。这种启发源自：工业品对消费者来说是否具有附加价值取决于设计、功能和服务三个要素，而德国制造是这个领域中的国际学习标杆。第三，该案例是目前中国跨国并购中成功的案例之一，并购后五年中北京第一机床厂实现了持续成长和价值增长，适合作为单案例研究的样本。

　　在数据收集上，本章主要采取文件法、访谈法和观察法。这些数据收集的方法均是为了满足案例研究中资料收集与整理的三个原则：多重证据来源、建立一连串的证据链和建立研究资料库（Yin，1994），以此保证案例研究的信度和效度。本章所收集的数据主要来源于两类：第一类是来自与公司高层管理人员和曾经参与并购交易当事人的多次面对面、非结构化的访谈，以尽可能重现企业海外成长过程中的关键阶段和成功要素。第二类是对公司并购前和并购后相关资料的收集，研究人员自 2005 年并购发生后就一直与北一厂密切联系，跟踪研究企业的可持续成长五年多，并从企业内和行业内收集了详细准确的数据资料。

第四节　北一厂收购科堡的案例分析

　　北一厂成立于 1949 年，是中国三大机床制造商之一，也是中国最大的数控机床制造商。北一厂的产品主要包括重型机床，超大规模、超大承重、超高技术、专机功能等复合化的高档数控机床，在国内的机床生产行业具有较高的知名度和众多的用户群体。

　　科堡公司创建于 1919 年，是全球最大的高精度重型机床制造商之一，产品以质量可靠、性能卓越和高精度著称。科堡公司的产品主要是大型机床产品，其产品的技术性能指标均为世界顶级水平，具有特色的重型龙门铣床更被视为世界行业的标准，产品的市场占有率居于同类产品世界首位。科堡公司的客户跨越 25 个国家、16 个行业，4500 家公司，与许多大客户建立了 50 多年的合作关系，公司的品牌在全世界机床行业得到了广泛的认可。

　　2004 年年初，科堡公司的母公司——美国的 Ingersoll International 公司由于经营不善宣布破产，科堡公司和另一家德国子公司 Waldrich Siegen 一起被法院作为破产资产而打包拍卖。北一厂出于国际化的战略目标需要而尝试去竞购，但由于各种政治和企业内部的原因，北一厂最终主动放弃了这次机会。最后，科堡公司被德国的 Herkules 集团收购。而 Herkules 集团是专门生产轧辊加工机械及设备的国际制造商，其收购的主要目标在于与其业务有关联的 Waldrich Siegen 公司。收购后，Herkules 集团在对科堡公司进行重组的过程中，并没有与科堡公司协商，直接推行接管式的整合，将科堡公司的市场、IT、采购和财务等部门撤销，意图将科堡公司转化为母公司的一个加工制造中心，引起了科堡公司的反对，双方出现了激烈的冲突，科堡公司工会也将Herkules诉至法庭，认为母公司的整合方式侵犯了科堡公司员工的合法权利。再加上2005年年初德国宏观经济的不景气，企业所有权的动荡，科堡公司生产经营出现大幅度萎缩，员工人数减少了一半，现有的员工也人心涣散，母子公司之间彼此已经不再信任，科堡公司陷入了更加艰难的困境中。因此，Herkules在整合不成功的情况下，选择了剥离科堡公司的做法，主动与此前参与竞购科堡公司的北一厂联系，北一厂因此获得了收购科堡公司的机会。

一　互联

（一）互联的可能性分析

北一厂并购科堡公司，首先是因为科堡公司对北一厂来说完全是"用得着"的，是其国际化战略的体现。北一厂从20世纪80年代末就开始了国际化的尝试，在国外设立办事处，虽然最后以失败告终，但也使北一厂积累了国际化的初步经验。进入21世纪后，北一厂制定了"发展中高端数控机床，成为具有全球竞争力的机床制造服务商"的国际化战略目标，北一厂也意识到全球化并不是单纯地利用自己的制造成本低的优势，使自己成为国际知名机床制造商的制造加工基地，而是需要努力嵌入全球价值链的高增加值环节。为了实现这一全球化的战略目标，走出国门，进行国际化合作是其必要的途径。北一厂也围绕着机床制造业这一核心业务，开始不断的国际化探索和转型，通过技术引进、合资和合作，开展产业链的相关多元化和上下游一体化整合活动，努力嵌入全球价值链的高端环节。

其次，从产业链的视角来看，北一厂的产品最初大多属于中端机床，占据着国内中端机床产业链的主导地位，但缺乏高端数控机床产品。从20世纪80年代开始，北一厂就开始与国外著名机床企业进行合作，2003年与日本大隈公司合作组建了北一厂大隈（北京）机床有限公司，通过合作，北一厂引进了大隈的中高档数控机床，解决了北一厂的技术来源。技术引进使北一厂具备了生产高端数控机床的规模和能力。此后，北一厂又与国外设计公司合资组建了北一厂精机设计公司，为北一厂设计自主知识产权的产品。通过合作，北一厂连续开发了CXHA6130车铣复合加工中心、CDHA512立式车铣加工中心、XHAE7610大型卧式加工中心等高精度的高档产品。而科堡公司的重型龙门铣床在并购前是北一厂产业链中所不具备的，两者的产品存在较大的技术差异，属于差异化产品。因此并购后，科堡公司的产品将会对北一厂产业链形成有利的补充。

最后，从价值链的视角来看，北一厂在价值链上所拥有的优势在于低制造成本，产品的研究开发技术并不强，在国内拥有完善的销售渠道，而在国际上并没有成功的渠道；只是在国内拥有相当高的品牌知名度，属于国内的"强本土化"品牌。科堡公司则是世界机械制造业的标杆，拥有世界性的品牌。德国机械产业的工人素质和研究开发技术也是相当高的。从双方拥有的价值链来看，科堡公司所拥有的品牌、技术、渠道、人才和研究开发能力，都是远远优于北一厂的。双方此前虽然有着20多年的合作历史，但是双方的合作主要是利用北一厂的零部件制造成本低和科堡公司整机技术水平高的优势，由北一厂为科堡生产配置产品。北一厂明显处于价值链"微笑曲线"的制造低端，而科堡公司则占据着"微笑曲线"高端的研究开发和渠道终端。科堡公司对这价值链高附加值环节的控制决定了科堡公司占据了绝大部分的利益分配。如果按照资源基础观的观点来分析，科堡公司所拥有核心资源要优于北一厂，那么科堡公司就会努力设置进入障碍，阻止北一厂获取这些优质资源。因此，北一厂就应当努力开放自身的资源，与科堡公司进行互联，并购则能够为北一厂提供这种互联的机会。

对北一厂来说，北一厂自身也有着自身的优势。首先，中国政府近年来对机械加工制造企业海外并购的政策支持，而且高端数控机床更是关系到国家战略，从这一点来说，北一厂对科堡公司的并购能够得到政府的支持。其次，北一厂拥有足够的资金储备，北一厂在从北京市区往郊区搬迁时所获得的 20 亿元补偿金，能够为北一厂的海外并购提供充分的资金支持。此外，北一厂在多年的海外合资与合作过程中，获得了对国外市场和技术的了解和经验，并积累了一定的资源和能力储备，也具备国际化的战略意识。这也使得北一厂有能力与科堡公司进行互联。

（二）互联的风险分析

从我们对并购双方所拥有产业链和价值链来看，科堡公司明显占据着优势地位，并购科堡公司对北一厂来说，完全是以小搏大。这也说明北一厂要想完成对科堡公司的收购，成功地实现与科堡公司的互联，难度会很大，风险也很大。通常在国际并购的初期，互联时所产生的风险主要是确定性风险。为了在最短的时期内尽可能多地识别这些确定性风险，北一厂聘请了一家中国香港的投资银行、美国的普华永道会计师事务所和德国的一家律师事务所，组成了一支国际化的专业顾问队伍，进行收购前的"尽职调查"，以减少互联过程中的信息不对称，全面掌握互联中可能产生的各种风险因素。

（1）互联中的风险首先在于采用何种方式与对方合作。通常发展中国家的企业进行海外并购时，会选择合伙或合资方式，以降低跨国经营的风险和减少不确定性。在最初的收购设想时，北一厂也希望采取联盟的方式，然后逐步过渡过整体收购。但北一厂通过"尽职调查"，发现科堡公司的最大危机在于其与母公司 Herkules 的冲突，如果采取联盟的方式，将会增加互联的风险。因此，在最终的收购中，北一厂采取了全资收购，这就有效地降低了与合作方产生冲突的风险。

（2）进入东道国的政治和法律风险也是北一厂需要重点考虑的。中国跨国公司的海外并购仍处于起步阶段，对国外并购的手法和程序并不熟悉。而中、德两国的法律环境差异也很大。中国很多企业进行海外并购时往往是从中国法律环境的理解来作经营决策的。北一厂为了最大限度地降低德国法律所可能产生的风险，专门聘请了德国的律师事务所，充分了解德国的法律环境，特别是德国的劳动法、税法、公司法以及公司与德国政府的关系等。在德国律师事务所的建议下，北一厂在德国新设成立了京城控股欧洲有限责任公司，由京城控股欧洲有限责任公司对科堡公司 100% 地控股，这样，就有效地避免了德国政府对中国企业并购反垄断的调查①。

---

① 并购前的科堡公司是一家德国的有限责任合伙制公司。由一个无限合伙人和一个有限责任合伙人组成。无限合伙人并不对科堡公司出资，负责管理科堡公司的日常运作，有限责任合伙人仅以其在目标公司的出资额对科堡公司的负债承担责任。

（3）收购当然不可避免地会产生财务风险。财务风险产生的原因主要来源于三个方面：一是评估风险；二是融资风险；三是支付风险。

对目标企业的价值评估，在于寻求最恰当的交易价格。而准确的价值评估则取决于双方的信息是否对称和评估方式是否合理。科堡公司的管理人员为了提高公司价格，自然会有意识地隐瞒科堡公司的财务潜亏损和负债等信息，并夸大科堡公司的品牌价值、市场价格和技术专利等无形资产，而北一之前对科堡公司的信息理解也不是很透彻，再加上德国会计准则和国际会计准则的差异①，更是会增加双方信息不对称所带来的风险。因此，北一厂通过专业的尽职调查，对科堡公司的资产价值，品牌价值，会计准则差异的影响等各种有利、不利因素作了详细的评估，准确地掌握了科堡公司的详细情况，减少了信息的不对称性所可能产生的风险。

价值评估的方式选择会影响到最终的交易价格。目标企业的估价是并购企业对目标企业未来收益的大小和时间的预期，资产价值和盈利价值等方面的综合评估。如果北一厂的估价过高，就会造成未来的财务盈利风险。目前，世界上的并购评估方式主要有三种方式：重置成本法、市场价值法和收益现值法②。北一厂作为一家大型国有企业，既要考虑国资委对跨国收购的资产保值的要求，又要考虑国际上的通常做法。因此，北一厂最终综合了重置成本法和收益现值法两种方法的优势，以科堡公司的账面价值乘以一个合理的系数，作为未来的预期收益，再将估计的预期收益折算成现值，作为收购的价格。由于北一厂之前的尽职调查做得非常详细，再加上合理的评估方法，最终的交易价格竟然比科堡公司账面拥有的自由现金量还要低，如果单纯从财务投资的角度来看，北一厂已经成功地避免了收购时的成本风险。

合同签订后的融资方式的选择，也会影响到并购活动能否顺利完成，而且对收购方和被收购方未来的发展会产生很大的影响。对北一厂来说，要尽量做到以最好的资金来源、最低的资本成本实施收购活动，以求得最佳的投资收益。北一厂自身拥有充裕的资金储备，没有依靠政府和银行的优惠，在收购时完全使用了自有资金，这样既保证了资金的足额性，又保证了融资的灵活性和便捷性，最大限度地降低了融资的风险。

支付是完成交易的最后一个环节，国际上通常的支付方式有三种：现金收购、换股

---

① 德国会计准则和国际会计准则的主要差异有：德国会计准则对销售收入是采取全部完工法来确认，而国际会计准则则是采用完工百分比法来确认收入的，这一准则差异对科堡公司的销售收入、利润、存货、应收账款、坏账准备和预收账款等产生很大的影响；德国会计准则要求不能对任何研究开发费用资本化，而在国际会计准则下有些研究开发费用则必须资本化；德国会计准则和国际会计准则对养老金的计提方法存在很大差异，这种差异使科堡公司的养老金计提额增加了 250 万欧元。此外，德国会计准则和国际会计准则对金融工具的记录，以及融资租赁和经营租赁的区分也存在着很大的差异。

② 市场价值法是选取对等的企业进行市场价值的比较，但是，由于市场条件限制和信息的不对称，对等的目标企业难以选择，即使有，评估的难度和复杂度也很大，所以企业很少使用市场价值法。重置成本法，又称账面价值法，考虑的是目标企业资产目前的价值，评估企业所有资产的现行价值，这种方法简单易行，但缺点是它反映的是企业的历史成本，不能够反映目标公司的未来获利能力，中国对国有企业收购通常会要求采用这种方式；而收益现值法则考虑到了企业未来的收益增值，但是预期收益额预测难度较大，受较强的主观判断和未来不可预见因素影响，往往由于企业对未来的不同预期而造成结果的不正确，这种方法在国际采购时采用的比较多。

并购和综合证券收购。北一厂最终采用了现金支付的方式，这样的方式既可以对被收购方产生巨大的诱惑力，同时还能最大限度地减少竞争收购对手的威胁。当然，现金支付如果造成了北一厂的财务负担，并影响到收购后的科堡公司的正常运营，则会增加收购后的风险。而北一厂拥有大量的现金储备，因此，支付风险也能够有效地降到最低。

二　杠杆化

北一厂通过整体收购，成功地实现了科堡公司的互联，获得了科堡公司的品牌、专利技术和渠道资源，弱化了科堡公司对资源的占有程度，也强化了双方经营环节和产品之间的互补性。互联的成功表明，北一厂已经嵌入了全球价值链的高端，但并不意味着北一厂能够真正获得高的价值增加值。北一厂在互联中对确定性风险的识别和学习，所获取的只是科堡公司的显性知识，显性知识比较容易转移，但同时也容易为竞争对手模仿，很难形成一种竞争优势的资源。而隐性知识则具有较强的主观性和经验上的意义，难以进行正式规范（Nonaka，1994，2000）。北一厂要想真正嵌入高端价值链，获取高价值增加值，更需要获取科堡公司的"know - how"（Kogut and Zander，1992）。而不确定性风险的存在则会阻碍北一厂对科堡公司隐性知识的获取。

（一）不确定性风险的分析

首先，科堡公司员工对北一厂的战略意图缺乏足够的了解和认知，科堡公司非常担心北一厂"战略动机"，在之前的中国企业对德国企业的跨国并购中，很多中国企业在收购后即开始将德国企业设备拆除，转移回国内，然后解雇员工，最后关闭工厂。科堡公司员工也非常担心北一厂会有类似的"战略动机"。

其次，科堡公司员工对北一厂的能力也抱着很怀疑的态度，很多科堡公司的员工认为，中国企业在技术、管理、人才等方面都缺乏经验，况且北一厂对科堡公司的生产、技术、市场和文化都缺乏深入了解，更缺乏跨国经营的经验，即使北一厂有发展壮大的决心，但未必有这样的能力。

最后，德国的机械产业有上百年的历史，机械产业工人的素质相当高，德国机械行业对质量的要求也非常严格。而中国机械制造产业的历史时间短，产业工人的专业水平要远远落后于德国。通过短期简单的模仿来嵌入高端价值链，并不会增加北一厂的价值增加值。

从这三方面的潜在性风险来看，如果科堡公司的员工对北一厂缺乏信任和信心，自然而然地会产生人才流失，即使科堡公司的人才没有流失，北一厂通过收购获得了科堡公司的品牌、技术和人才，但中国产业工人的低水平也决定了模仿科堡公司的资源容易，真正的吸收很难，自主创新更难。而真正的自主研究开发和创新才真正决定了高端价值链的利益分配。

（二）本土化管理

合作能否顺利进行，既需要明确的契约对合作方进行有效的监督，也需要合作方的相互信任。在跨国并购中，要想使不确定性风险有效地降低，就需要将契约控制和信用控制结合，对合作的过程进行有效管理。我们认为，"本土化管理"是能够将契约控制和信用控制结合起来的有效方式。首先，本土化管理能够让对方产生信任和信心；其次，通过清晰地界定总部和子公司的权力关系，也能够加强对子公司的控制管理；最后，通过品牌和渠道的本土化，也能够获得当地社会公众的认可，增加母公司在当地运营的合法性。而北一厂所采取的"本土化管理"方式也使双方真正有效地实现了合作。

（1）战略本土化。国际并购后的整合通常是先让被并购企业对并购企业的能力有了认同，再对并购企业的管理风格有所认同，最后才是对并购企业的愿景进行认同。而北一厂在并购后所面临的最大的不确定性风险是信任风险，如果科堡公司员工对北一厂的"战略动机"存在质疑，那么员工的流失很快就会出现。因此，北一厂的做法是首先让科堡员公司工认可北一厂的战略意图，即双方是共同发展，产品能够实现互补与合作。北一厂提出"科堡公司将继续引领全球重型机床业的发展"的规划，并将科堡公司和北一厂在产业内的定位作了明确规划：在全球机床产业中，科堡公司将继续实行差异化战略、追求技术领先和品牌制胜；科堡公司与北一厂其他产品不是竞争关系，而是互补与合作关系，北一厂与科堡公司是共同与外部对手竞争，而不是内部激烈竞争。北一厂的目标是要和科堡公司员工一起把科堡公司做好，提高科堡公司的全球竞争地位。北一厂为科堡公司制定的愿景和战略定位，有效地消除了科堡公司员工对北一厂"战略动机"的忧虑。

（2）人员本土化。解决了科堡公司员工对北一厂的"战略动机"的信任问题，接下来北一厂所面对的则是科堡公司员工对其管理能力的信心问题。不可否认的是，北一厂作为跨国公司的后来者，缺乏跨国管理的经验。而且，中德双方在文化和管理思想也存在着很大的差异，德国人对技术和工作流程的严谨，远远超过了中国人。北一厂意识到要想最大限度地降低管理风险，管理思想最重要，必须要懂德国人的思想，而最能读懂德国人思想的莫过于德国人自己。因此北一厂采取了与科堡公司前两任股东不同的做法，并没有全盘掌控科堡公司，而是保留了科堡公司现有的管理层，实施有条件的本土化管理，然后逐步过渡到完全的本土化管理模式。北一厂在保持科堡公司现行管理制度不变的情况下，仅派出四名中方员工到科堡公司的关键岗位，参与到日常管理和决策，而且北一厂派出的在科堡公司的四个主要管理者中，主管财务和人力资源的、主管生产制造和技术的、主管销售和市场的管理者都是德国人，而唯一的中国人只负责科堡公司与母公司的协调。

（3）管理本土化。通过人员本土化，维持原有的管理人员，让德国人管理自己，解决了科堡公司员工对北一厂的管理能力的信心问题，最大限度地降低了缺乏信心所产生的不确定性风险。在具体的管理风格上，北一厂采取了"参与不主导"的做法。"参与不主导"就是在通过信用控制的同时，将契约控制结合进来，制定出决策矩阵。北一厂在给予德方管理层充分自主权的前提下，由德方把涉及日常经营的56项业务作了划分，然后由双方来确定哪些需要股东决策，哪些可以自主决策，对双方的责任权利义务作明确的划分和规定，由此确定了最终的决策矩阵。确定矩阵决策后，科堡公司的管理团队按照决策矩阵进行本土化管理，提供资料或分析由股东决策，或者由管理团队决策后向股东通报。在每年年初，德方管理团队到北京母公司，向股东进行年度述职，对过去的年度进行总结，并对年度经营计划和预算以及基于预算基础上的经营进行预测。北一厂则在中方派出的整合经理人的协助下，与科堡公司的高层管理团队保持密切联系，及时解决经营过程中的各种问题，减少可能出现的不确定性风险。通过这种透明的本土化管理方式，北一厂用明确的契约建立了控制，同时又给予了对方管理层必要的信任和尊重，为双方的合作营造了良好的氛围。

三　学习效应

跨国公司后来者在与发达国家的先行者进行互联化和杠杆化过程中，伴随着的是动态的学习过程。随着互联和杠杆化程度的不断深入，后来者所关注的学习目标也呈动态的演进，从最初的关注财务资产质量，到关注企业的成长性，演进到最后关注企业的价值提升以及价值创造能力的提升。由于北一厂的财务数据很难获得，因此，我们通过科堡公司的财务指标来反映北一厂所得到的学习效应。我们从三个阶段来评价北一厂在收购科堡公司后的学习效应。

（一）互联后的学习效应

在北一厂与科堡公司成功互联后，北一厂所最关心的是如何消化吸收并购交易所带来的资产负债问题，此时，降低企业杠杆化风险的最大保障就是确保企业有稳健的财务能力和良好的财务质量，因此，在互联后的阶段，我们通过企业的偿债能力和资产质量的变化来分析并购财务风险的降低情况。

通常，对企业的资产质量的评价主要通过资产的构成来体现。科堡厂在并购的2005年，总资产为5451万欧元，其中，流动资产为4595万欧元，占总资产的84%。而2006年分别达到9318万欧元和8485万欧元，2007年分别达到1.7亿欧元和1.6亿欧元。从并购后的资产构成来看，科堡公司的流动资产占总资产的比重很大，而流动资产中的货币资金所占的比重也很大，达到60%左右。说明并购后的当年，甚至其后的两年，科堡公司的资产质量都非常好。

对企业的偿债能力的评价，我们可以通过资产负债率、流动比率和速动比率来体现。科堡公司在并购后的生产经营活动中产生的现金流量充足，公司的流动负债都是属于由生产经营活动所派生的负债资金，不存在着付息负债，资本成本很低。2005年，科堡公司的流动负债总额为4014万欧元，资产负债率达到86%，指标值偏高，但这主要是由于德国会计准则的谨慎性原则运用得比较充分，企业在税前多提准备金所造成的。从并购后初期的流动比率和速动比率来看，2005年科堡公司的流动比率为1.14，速动比率为0.76，2006年分别为1.21和0.88，2007年分别为1.14和0.83，从指标值上来看，都略低于正常值，这也体现了科堡公司的流动资产质量比较好，结构很合理。

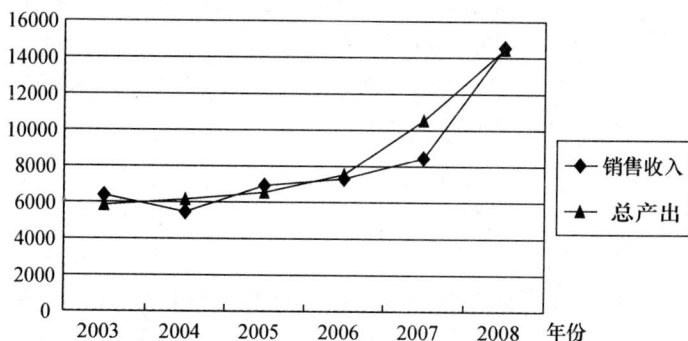

图 15-2　科堡公司销售收入与总产出增长

（二）杠杆化中的成长效应

北一厂在并购科堡公司后的财务风险得到了降低，有了财务上的保障，就会考虑如何通过本土化管理来提高企业的成长。因此，我们通过科堡公司的收入增长，市场增长以及盈利能力的变化来评价科堡公司和北一厂的成长性。

（1）收入增长。科堡公司历年的总产值是，2003年为5708万欧元，2004年为6187万欧元，2005年为6548万欧元，2006年为7571万欧元，2007年为1.05亿欧元，2008年为1.44亿欧元。2008年比2007年增长37.3%，与2005年收购之初的6548万欧元相比，增长幅度达到120.3%。而在科堡公司的总产值中，主营收入占总产值的比重很大，历年的销售收入是，2003年为6366万欧元，2004年为5435万欧元，2005年为6903万欧元，2006年为7270万欧元，2007年为8477万欧元，2008年为1.5亿欧元。从并购前两年和并购后三年的数据来看，科堡公司的总产值和主营收入都在增长，呈逐年上升趋势，表明并购后科堡公司的生产经营状况良好，主营业务盈利能力提高。

从科堡公司并购后的订单增长中我们也可以看出科堡公司的市场情况的成长。科堡公司2005年的订单额为6440万欧元，2006年的订单额为1.78亿欧元，2007年的订单额为2.49亿欧元，2008年的订单额为2.54亿欧元。而根据最新的数据，科堡2010年的订单也已满，2011年也已经有订单储备，说明科堡公司的潜在的市场成长性非常高。另外，科堡公司在收购前的2004年员工人数为534人，收购后的2007年则达到652人，2008年达到710人，员工人数的不断增长也反映了科堡公司的规模在不断扩大和成长。

（2）对科堡公司的盈利能力的变化我们可以通过毛利润、EBIDT、EBIT和净利润等利润指标的变化来评价。

从利润的增长情况表来看，毛利润在逐年增长；EBIDT的逐年增长，说明科堡公司的主营业务产生现金的能力很强；而EBIT由于剔除了利息和所得税的影响，因此说明了科堡公司的主营业务盈利能力也很强；净利润在并购后的前两年并不明显，2005年由于与收购的费用在当年消化，因此变化并不大，而从2006年开始，净利润开始急速增长。

表15-1   科堡公司历年利润指标的变化

单位：万欧元

项目	2003年	2004年	2005年	2006年	2007年	2008年
毛利润	3687	4072	4396	5190	6529	8907
EBIDT	308	238	779	891	1322	2207
EBIT	129	67	638	740	1141	2060
净利润	51	64	83	784	1189	2549

（三）LLL的价值提升效应

北一厂与科堡公司进行互联和杠杆化，其最终的关注目标在于战略目标能否实现，能否实现价值链上的价值提升。因此，我们可以通过企业的战略、渠道、品牌、技术的变化来评价长期学习效应。

从战略上来看，北一厂的国际化战略得到了实现，满足了企业的战略需求。而且通过并购，也在某种程度上实现了国家战略，北一厂在德国以科堡公司的名义销售产品，在欧洲能够避免"中国威胁论"和反倾销调查；科堡公司在中国以北一厂的名义销售产品，能够避免中国国内对国家主权的过分担忧。

从品牌上来看，并购后的科堡公司在德国运营正常，员工就业稳定，当地税收也在增加，当地政府非常满意，而当地的社会舆论和媒体对北一厂也有着非常高的评价，这直接提升了北一厂在德国的品牌形象；通过对科堡公司的成功并购和整合，以及科堡公司——北一厂的产品品牌，北一厂的国际品牌也得到了很大的提升。而从科堡公司的库存订单来看，其销售的区域并没有多大变化，其中欧洲占 17%，德国占 29%，北美占 12%，美洲中南部占 6%，亚洲占 10%，中国占 26%，说明并购后的科堡品牌仍然是一个强劲的国际品牌。

从渠道上来看，双方的采购、销售和服务网络优势实现了互补。一方面，利用双方采购渠道的优势，北一厂需要在欧洲进口的关键部件由科堡公司和供应商进行协商，科堡公司在中国国内的零件采购则由北一厂负责，到 2008 年年底，北一厂通过科堡公司采购达到 1588 万欧元。而科堡公司通过北一厂采购累计达到 979 万欧元，2008 年累计 270 万欧元。在科堡公司最重要的原材料铸件上，科堡公司通过北一厂采购累计达到 378 万欧元，共 2431 吨，2008 年达到 145 万欧元，共 959 吨。这种双方采购的方式大大降低了采购成本。

另一方面，双方也建立了销售方面的信息交换和协同配合机制，协助北一厂的产品在欧洲和世界市场的销售，以及科堡公司的产品在中国市场的销售。科堡公司 2005 年在中国未得到任何订单，而在并购后的半年内，就借助北一厂的中国销售网络，在中国获得了三笔价值 1000 多万欧元的订单，北一厂还对德国员工进行培训，协助其了解和进入中国、韩国和东南亚市场，而科堡公司也利用德方的技术成功地帮助北一厂承接了世界上规格最大的龙门跨度达到 10.2 米的数控龙门铣床的重要订单，到目前为止，北一厂已经在亚洲、欧洲和美国市场取得了很大的突破，获得了大量的客户资源。并购后的几年，双方协作开拓的国际市场不断获得突破。仅在 2008 年，北一厂为主承包商的项目有 10 个，科堡公司则有 26 个，包括科堡公司在中国的独资项目 4 个，双方合作项目达到 8 个。

从技术上来看，北一厂在并购后，每年派十多个研修生去科堡公司学习德方的技术思想和机械技术，同时也请德方的专家来北一厂进行技术指导。通过这种频繁的技术交流和人员培训，北一厂的技术水平得到了很大的提升，产品的工艺和质量水平得到了提高，产品线也得到了扩大。同时，双方还利用科堡公司的研究开发能力和北一厂的制造能力，在北一厂开发制造具有科堡公司的性能质量、销往全球市场的产品，这种合作产品既有新产品开发项目也有市场合同产品，单以 2008 年来说，北一厂开发的新产品就有自制立车、HTC、M2、GSC200C、LIEBHERR 立车，而技术完全来自科堡公司。

此外，科堡公司也协助北一厂开展售后服务的技术业务，北一厂设置重型机床事业部的售后服务在 2008 年开始运营，目前已经在宜昌、DMD、哈电、东汽进行了维修工作，在上汽、上电、济南电力、西安中钢等进行了安装调试工作。

第五节　结论和启示

从北一厂的案例分析可以发现，部分产业领域的"中国制造"已经成功地实现了创新增长，正从粗放型经营向集约化经营转型，这个结论的依据是：中国企业的技术能力正在发生质变，产品升级能力大大增强；中国丰富的高水平的人力资源储备足以支撑中国企业继续维持低成本的创新增长；中国的环保标准、劳工标准、专利标准等已经对企业的专业化经营产生正激励效应。

研究发现，中国企业的成功很大程度上源于成功的引进与利用外资，而且引进外资和对外投资已经在政策层面和企业战略层面上被赋予同等重要的地位，这是中国过去十年对外直接投资规模增长的重要原因之一。引进外资与"中国制造"在战略上是匹配的，而"中国资本"（对外直接投资）与中国跨国公司成长是一脉相承的。

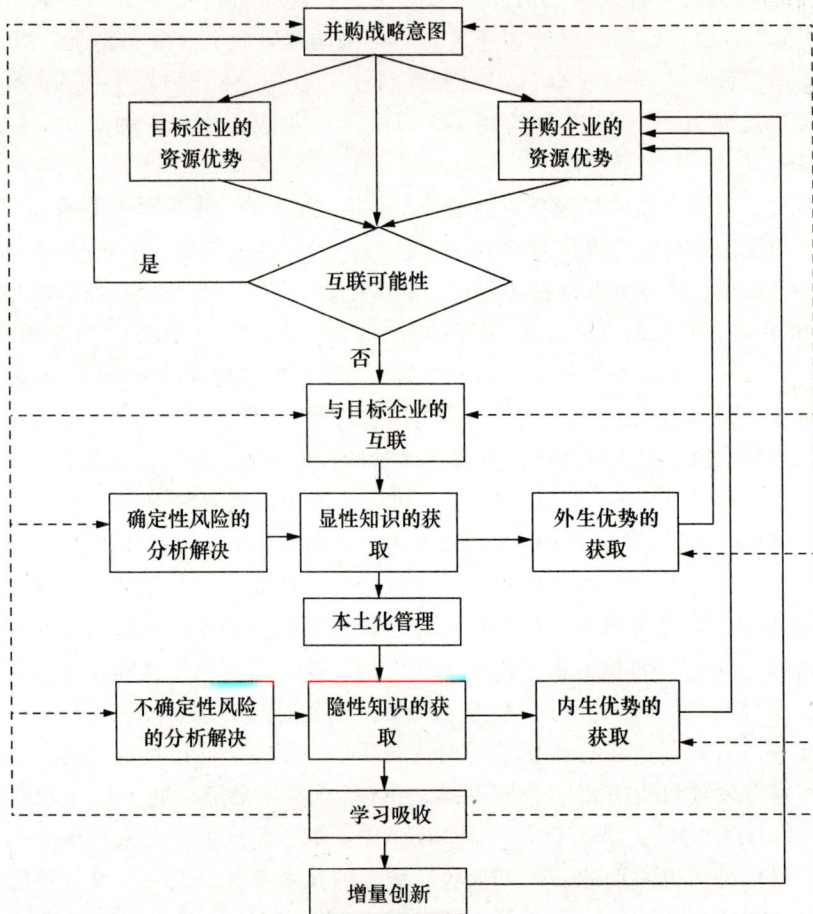

图 15 - 3　中国跨国公司海外并购的成长路径

　　在图 15 - 3 中，"战略匹配—风险降低—价值提升"、价值创造能力和"内生优势"是中国跨国公司成长过程中的主要瓶颈。

　　中国跨国公司需要经过一个相当长的 LLL 实践探索期。其中，第一个 L 是广泛联结，这个阶段通过利用外资已经取得了阶段性成果，不仅生产者完成了联结，而且市场业实现了部分联结；第二个 L 是学习，包括探索性和开发性学习，学习是后来者成功的关键路径；第三个 L 是获取杠杆性能力，即可以使企业在平等的利益关系上进行分工与合作，这个阶段的关键是专业化分工效率和能力。

　　我们从研究获得的最大启发是：在开放经济环境中，中国企业"独立地决策自己应该做什么和如何做的历史"已经结束，而应当开启"基于互利、多元的视角决策我们应该做什么和如何做的新纪元"。

　　本书对中国的探索性研究将对丰富中国跨国公司的海外成长理论作出有益的补充，也希望能对中国非资源类企业进行海外并购产生有益的启示：

　　（1）战略意图是否理性？真正的跨国并购应该是中国企业发展战略的有机组成部分，是为了改变目前中国企业在国际分工中的不利地位，是基于产业方向的投资，而不是财务上的抄底。"海外并购"是获取跨国公司先行者所拥有的知名品牌、完善的国际营销渠道、技术研究开发能力等价值链优质环节的最好方式，中国企业要考虑双方的资源优势是否能形成互补，跨国并购是否能有利于价值链高端环节的嵌入。

　　（2）风险的识别和控制是否适当？中国很多企业握有大量的现金，近几年信心也在急速膨胀，纷纷利用金融危机的难得机会，加快海外并购的步伐。而这种急速膨胀的信心也使中国企业很容易头脑发热，只考虑并购的机遇，而不考虑并购的风险。国际合作中的各种确定性风险和不确定性风险的识别与控制，将会对中国跨国公司的海外成长具有决定性的意义。

　　（3）价值创造能力是否得到提升？中国跨国公司海外成长的最终目标是获取产业链的升级和对价值链高附加值环节的控制权。与发达国家跨国公司的互联、杠杆化和学习是一个动态的递进过程。只有不断地学习和吸收，将企业的"外生优势"转化成"内生优势"，才能真正提升中国跨国公司的价值创造能力。

　　基于 LLL 的中国跨国公司战略成长路径，强调战略性、系统性和递进性的结合，互联、杠杆化和学习强调知识和资源的互补与共生。基于风险和价值的分析则能够增强中国跨国公司的战略意识和风险意识，提升中国跨国公司在全球市场上的竞争地位。

第十六章 中国跨国公司成长的 LLL 路径

进入 21 世纪以来，一种新经济现象更加引人注目。《世界投资报告》显示，来自中国、巴西、俄罗斯、印度等"新兴经济体"国家的对外直接投资大幅度增加，这些国家的跨国公司已经开始崭露头角。澳大利亚学者马休斯（2006）称这些新兴的跨国公司是国际市场的后来者和新进者，是龙跨国公司，并预期它们在 21 世纪的世界经济发展中会发展至关重要的作用。

与传统"中国制造"OEA→OEM→ODM→OBM 成长路径相比，"中国资本"和"中国跨国公司"开始在国际资源配置和国际分工体系中扮演更为重要的角色。不可否认，中国跨国公司的产品与市场定位、品牌与渠道、组织与管理体制和人力资源等尚处于演进阶段。中国企业的实践和创新迫切需要理论界回答："中国跨国公司成功的关键要素是什么？其成长是否有某种战略路径可循？通过这个路径，中国跨国公司是否能够实现组织能力提升和国际竞争力提高呢？"

第一节 中国对外直接投资概况

要从更为开阔的视野来探讨中国跨国公司的成长路径，就离不开对中国对外直接投资整体结构和环境的剖析。

《世界投资报告》显示，2003—2008 年，中国对外直接投资年均增长率接近 80%（UNCTAD，2006，2009）。据商务部统计，2009 年中国非金融类境外直接投资总额达到 433 亿美元，比 2008 年增长 6.5%，为历史最高水平，跨国并购成为中国企业对外投资最主要的方式之一。

一 从全球数据看中国对外直接投资

联合国贸发会议（UNCTAD）《2011 年世界投资报告》显示，2010 年全球外国直接投资流出流量 1.32 万亿美元，年末存量 20.4 万亿美元，以此为基期进行计算，2010 年中国对外直接投资分别占全球当年流量、存量的 5.2% 和 1.6%，2010 年中国对外直接投资流量为 688.1 亿美元，名列全球国家（地区）排名第 5 位，存量排名第 17 位。2010 年,中国对外直接投资在 2009 年历史最高位的基础上实现 21.7% 的快速增长，年度流量首次超过日本的 562.6 亿美元和加拿大的 385.8 亿美元等传统的对外投资大国。

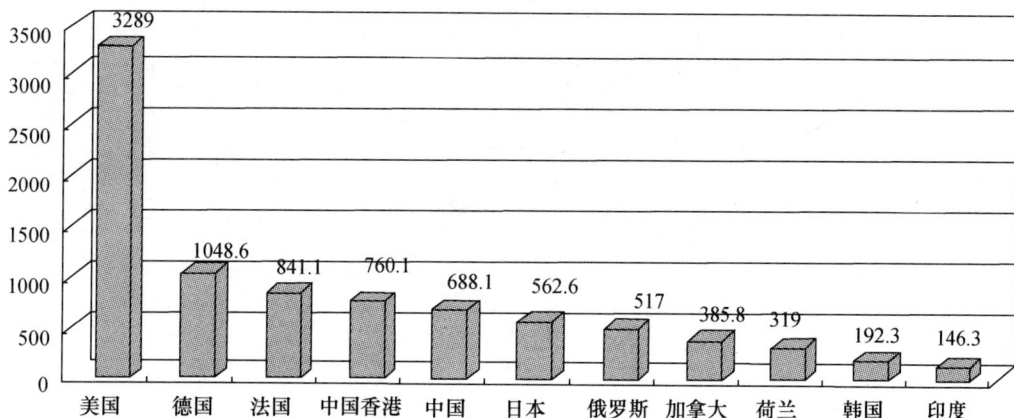

图 16 - 1　2010 年中国与全球主要国家（地区）流量对比（单位：亿美元）

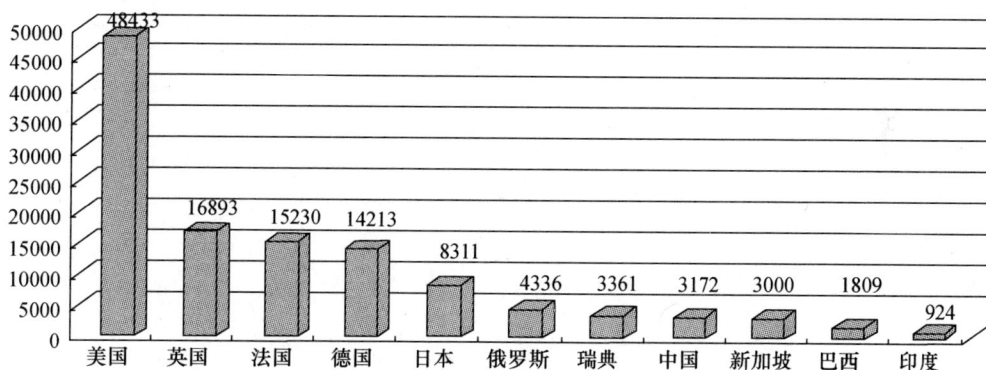

图 16 - 2　2010 年中国与全球主要国家（地区）存量对比（单位：亿美元）

二　从历史数据看中国对外直接投资

从表 16 - 1 及图 16 - 3 和图 16 - 4 可以看出，1991—2010 年中国对外直接投资流量发展大体可以分为三个阶段：

第一阶段（1980—1991 年），中国对外直接投资开始于 1979 年，统计资料只能显示 1980 年以后的相关数据。1980—1991 年，中国的对外直接投资很少，直接投资年流量虽然在逐年增加，但是规模不大，增长缓慢，年流量不到 10 亿美元，反映出当时中国较低的对外开放水平。

第二阶段（1992—2004 年），得益于当时国内新一轮思想大解放、全面提高对外开放水平浪潮的席卷，中国对外直接投资自 1992 年开始启动，年流量有较大增加，大部分年流量在 20 亿美元以上。尤其值得注意的是，1992—1993 年，正值人民币汇率并轨前，中国对外投资年流量达到 40 亿美元以上，可以说是中国对外直接投资的一个高峰期。此后，中国对外直接投资流出量出现小幅回落，年流量徘徊在 20 亿—30 亿美元。比较异常的是 2000 年年流量甚至回落到 10 亿美元，然而，2001 年中国的对外直接投资开始出现"井喷",达到了 68 亿美元之巨,是上年的 7 倍多。对这一现象,一个合理的解释是在东南亚金融危机后人民币相对升值的结果。2001 年人民币相对美元升值 1.69 个百分点,考虑到危机国家相对美元的贬值,人民币相对这些货币有一个较大的升值幅度,促进了我国在这些国家的对外直接投资。

表 16-1   中国对外直接投资(流量和存量)、出口额和进口额

单位:亿美元

年份	对外直接投资(流量)	对外直接投资(存量)	出口总额	进口总额
1980	0.46	0.46	182.7	195.5
1981	0.43	0.89	220.1	220.2
1982	0.44	1.33	223.2	192.9
1983	0.93	2.26	222.3	213.9
1984	1.3	3.56	261.4	274.1
1985	6.3	9.86	273.5	422.5
1986	4.5	14.36	309.4	429
1987	6.5	20.86	394.4	432.2
1988	8.5	29.36	475.2	552.7
1989	7.8	37.16	525.4	591.4
1990	9.1	46.26	620.9	533.5
1991	10	56.26	719.1	637.9
1992	40	96.26	849.4	805.9
1993	43	139.26	917.4	1039.6
1994	20	159.26	1210.1	1156.2
1995	20	179.26	1487.8	1320.8
1996	20.8	200.06	1510.5	1388.3
1997	26	226.06	1827.9	1423.7
1998	27	253.06	1837.1	1402.4
1999	19	272.06	1949.3	1657
2000	10	282.06	2492	2250.9
2001	69	351.06	2661	2435.5
2002	27	299.0	3255.7	2952
2003	28.5	332.0	4378.9	4130.6
2004	55	448.0	5933.3	5612.3
2005	122.6	572.0	7619.5	6601.2
2006	211.6	906.3	9690.7	7916.1
2007	265.1	1179.1	12180.1	9558.2
2008	559.1	1839.7	14285.5	11330.9
2009	565.3	2457.50	12016.6	10056.0
2010	688.1	3172.10	15779.3	13948.3

资料来源:商务部网站。

第三阶段为 2005 年至今，中国对外直接投资流程跃升到 688.1 亿美元，规模提升至一个新的平台。这与中国 2005 年 7 月 21 日中央银行宣布人民币汇率调整，开始形成更富弹性的人民币汇率机制，以及 2007 年发生在美国的次贷危机及之后席卷整个欧洲的债务危机导致的西方国家货币相对贬值密切相关。

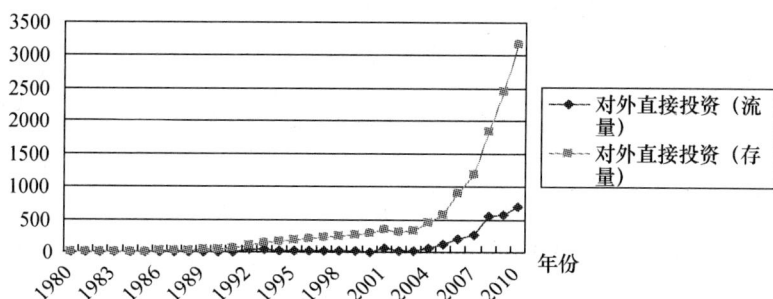

图 16-3 1980—2010 年中国对外直接投资流量、存量折线（单位：亿美元）
资料来源：商务部网站。

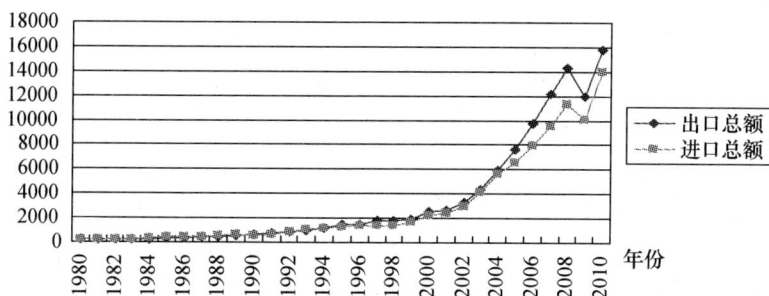

图 16-4 1980—2010 年中国的进出口总额折线（单位：亿美元）
资料来源：商务部网站。

三 从投资结构看中国对外直接投资

从中国对外投资企业的注册性质、对外投资资金结构、对外投资东道国的地区分布以及在东道国投资行业的分布四个角度来看，中国对外直接投资有三个主要特点：第一，大型国有企业是中国对外直接投资的主力军，所占比重为 66.2%；第二，当期利润再投资、新增股本分别各占对外直接投资资金总额的三成，比例平均；第三，2010年，中国以并购方式实现的直接投资 297 亿美元，同比增长 54.7%，占流量总额的43.2%，主要涉及租赁服务业、银行业、采矿业、制造业和电力供应链等；第四，中国对外直接投资仍主要集中在低税收、自由开放的避税区和自由贸易区，如中国香港、英属维尔京群岛、开曼群岛、卢森堡、澳大利亚和瑞典等。

集体企业占0.2%　　外商投资企业占0.7%

私营企业占1.5%

股份合作企业占1.1%　　　　　　　　港澳台商投资企业占
　　　　　　　　　　　　　　　　　　　　0.1%

股份有限公司占6.1%　　　　　　　　其他占0.5%

有限责任公司占23.6%

国有企业占66.2%

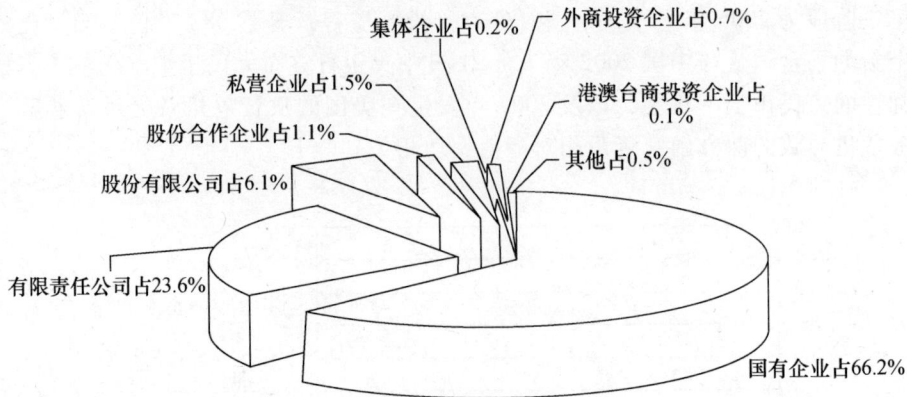

图 16 - 5　2010 年中国对外直接投资者企业类型分布情况

资料来源：商务部网站。

四　存在的问题

　　不得不说的是，在对外直接投资流量、增量和进出口额迅猛增长的同时，中国的投资结构也面临着投资主体单一、投资行业敏感等问题。中国对外直接投资主要集中在商务服务业、批发零售业、金融业、采矿业、交通运输/仓储和邮政业，这说明资源寻求型和市场寻求型对外直接投资在中国总体对外直接投资中据主体地位，而技术寻求型对外直接投资所占比重较少，只是集中在一些拥有先进技术和管理理念的发达国家或地区。此外，从中国对外直接投资的地域主要集中在一些低税收、政策宽松的国家和地区不难看出，中国对外直接投资仍然以避税和节约成本为主要目的，忽略了对外直接投资对国家创新能力培养的重要作用。通过对外直接投资，企业可以与拥有高新技术和先进管理理念的国家互联，并通过先进的通信技术在跨国家的公司网络中共享，提高自身的创新能力。因此，中国对外投资持续扩大需要更多的知识、经验和智慧，包括对国际环境、各国国情的掌握以及相关法律法规的了解等。

第二节　文献综述

　　发达国家与发展中国家在对外直接投资上存在着很大的异质性。成熟型跨国公司具有独特的所有权优势，通过国际直接投资，可以成功地实现所有权优势、内部化优势和区位优势的组合，这就是邓宁教授提出的 OIL 折中范式。该范式对具有所有权优势的成熟型跨国公司的战略成长有很强的解释力，但无法解释不具有所有权优势的新兴经济体跨国公司。

　　目前，国际上关注新兴经济体跨国公司的研究模型已经有三种。

　　第一，针对跨国公司后来者的国际风险投资（International New Venture）模型，认为跨国公司后来者可以获得基于企业家精神和学习能力的创新性（熊彼特）租金

（Schumpeterian or Entrepreneurial Rent）。奥维亚特和麦克林格尔（1994）研究发现，跨国公司后来者的关键资源是更强的吸收和学习能力，通过探索性和开发性学习实现增量能力的提升。奥维亚特和麦克林格尔（2005）为了从学术上区别跨国公司先行者和跨国公司后来者，将跨国公司后来者定义为创业型国际企业，从行为认知的视角将跨国公司后来者的跨国经营行为描述为"跨越国界的创新性、超前行动性、风险承担性的行为综合"。

第二，基于跨国公司后来者的互联—杠杆—学习模型。马休斯（2002，2006）认为，企业资源基础论和邓宁的 OIL 理论都不是寻求如何创造竞争优势，而是关注企业的静态竞争优势，力图说明企业如何通过延伸或扩大其所有权优势（或核心能力），延长和扩展企业的竞争优势。马休斯认为，新兴经济体的企业国际化是创造竞争优势的过程，是竞争优势的重要来源。他提出了跨国公司后来者的 LLL 分析框架——互联、杠杆化和学习（LLL），认为跨国公司后来者的国际战略首先是要与目标企业进行互联以获得机会，在跨国公司后来者与目标企业建立互联关系之后，就可以对目标企业的资源进行利用，在不断地与目标企业进行重复性的互联和利用的过程中，向目标企业学习，最后获得动态能力。

第三，LLL 模型和 OIL 模型的整合研究。李平（Peter Ping Li，2007）认为，跨国公司先行者和后来者除了在国际化演进早期阶段存在很大差异外，其他阶段并没有什么本质区别。他认为，尽管 OIL 模型与 LLL 模型的聚焦点不同，但它们有共同的核心主题：跨边界学习既是国际化动机，也是国际化能力。他认为，OIL 模型聚焦点是企业内部，而 LLL 模型是企业外部，它们之间是可协调的。据此，他建议，以学习基础观构建跨国公司后来者的行为模型，提出了交易价值观（Transaction Value Perspective，TVP）分析视角，强调通过战略联盟来构建"双边学习机制"（独特的组织形式——共同探索与共同开发是跨国公司后来者加快国际化进程的核心）。

李平和马休斯等人的研究给出了三个重要观点：（1）企业的知识基础观和学习更适合于解释跨国公司后来者；（2）学习是分阶段的递延过程；（3）后来企业的国际化本身就是创造竞争优势的过程。

有鉴于此，本章的基本假设是：企业本质是一种知识性存在，企业间的知识差异是企业竞争力差异的主要原因，企业在不同发展阶段的知识差异形成了能力差异，持续学习和学习能力提升可以提高企业的竞争力。本章还认为，马休斯提出的"LLL"范式适合于解释跨国公司后来者，但他并没有论述后来者运用"LLL"的过程和方法，虽然强调了组织学习性，但也没有充分地阐述学习与组织能力升级的逻辑关系与演进过程。

第三节 中国跨国公司成长的 LLL 路径

进入和融入国际市场后，中国企业大多数天然不具备所有权优势（或核心能力），有很强的企业家精神导向，而且在中国本土市场上所形成和建立的存量优势（如成本优势）等还会受到挑战，因为产生这种优势的环境（制度环境、市场环境等）发生了本质性变化。可以推断，中国企业的国际竞争力源泉不是存量优势所致，而必须开发和建立增量优势和能力。从某种意义上说，在全球化情景下，美国企业的优势是存量优势，中国企业的优势则是增量优势。因此，学习以及借此建立相应的组织能力是中国跨国公司成长的基本战略路径。

一　学习行为和过程的分析维度

企业国际化是一个创造优势的学习过程。从学习过程看，德国学者尤里克（Lichtenthaler，2009）认为，这个过程需要经历探索性学习、转换性学习和开发性学习三个阶段。探索性学习是指企业在不确定的环境下获取外部知识，有助于累积企业的潜在吸收能力。开发性学习是指对已有知识的整合利用和再开发，可以反映企业已经实现的吸收能力。转化性学习将这两个学习阶段联系在一起，指的是知识存储、维持和转换。而且探索性、转换性和开发性学习之间具有很强的互补性，某一种学习能力的增强会提高其他类型学习能力的提高，三种类型的学习对组织的创新能力提升和业绩改进具有互补性效应。

二　组织知识内容的分析维度

从学习的知识内容看，国际化的不同阶段，学习的知识内容是有差异的，不同层面的知识内容又使得企业的组织能力呈现出一定的阶段性。

大量研究表明，组织知识内容一般包括三个基本层面，从低级到高级依次为实践性知识、专业性知识和认知性知识。

实践性知识是标准化知识和成败经验的提炼，可以直接模仿和利用。

中间层面的专业知识是我们通常说的管理诀窍及专门性知识（know - how）。这种类型的知识不可能直接复制，必须经过一个学习内化的过程。打一个比喻：做任何事情都有一个"把1做到10"的过程，我们可以复制这个"从1—10的过程"，但是"从1—10"的系统设计、战略路径和方法论是不能简单复制的。当然，还必须掌握如何从1—2，从2—3……"从1—10"这个过程，每一个阶段都隐含着能力变迁和升级，属于know - how的过程。

认知性知识属最高级的知识，是企业经营中的软实力和软技能，如系统设计能力、人文表达能力、市场运作能力和公司治理能力。

三　组织能力的分析维度

从组织能力变迁分析，企业在国际化成长的不同阶段，其组织能力依次表现为嵌入能力、平衡能力和内生能力。

嵌入能力既包括制度文化层面的历史嵌入、文化嵌入和制度嵌入等，也包括经营运营层面的市场嵌入、关系嵌入、结构嵌入等①。

当企业充分嵌入国际市场和国际产业价值链后，企业需要努力发展平衡能力。例

---

①　嵌入性是经济社会学研究中的一个基础性概念，最早见于20世纪50年代经济史学家卡波拉尼的《作为制度过程的经济》论文中，其中心观点是经济嵌入于更大的社会背景之中。

如，当两个企业共同做一张饼时，企业一定要超越"简单的加法或减法的游戏层面"，表现出积极合作的态度，有能力在利益分配问题上与合作方达成一致。需要特别说明的是，现在企业之间的合作不是把事情做好了再谈利益分配，而是在项目启动前就对后面利益分配有明确的共识，因此平衡能力更重要。

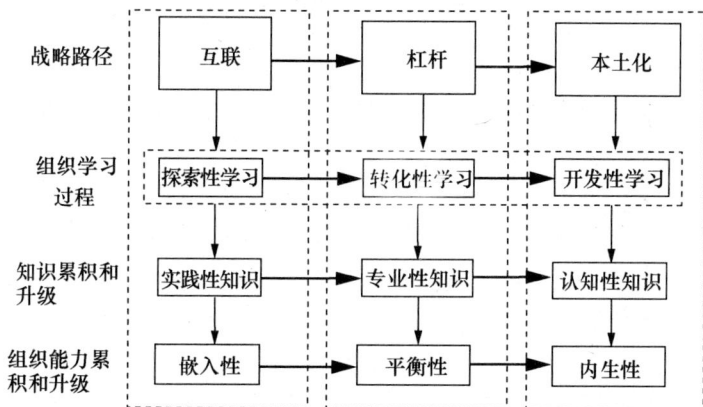

图 16-6　基于组织学习视角的中国跨国公司成长的战略路径

在完成了平衡能力建设后，标志着企业已经全面参与国际分工体系。这个阶段能力建设的核心是发展"专业化经济"，并因此获得"内生比较优势"①，简称内生能力。内生比较优势认为，产业或企业的竞争力来源于不断细化和深化的分工与专业化，分工和专业化能够加速知识的积累和创造，产生收益递增效应。

图 16-6 体现了中国跨国公司国际化的战略、过程和结果的成长范式。互联、杠杆化和本土化是中国跨国公司所呈现出国际化成长战略路径中的三个明显的阶段。在技术进步日新月异、产业周期日益缩短、竞争日趋激烈的国际竞争格局下，决定中国跨国公司顺利走过三个国际化战略成长阶段，并形成国际化竞争优势的关键是知识和组织能力的累积和升级，而组织学习是中国跨国公司在三个国际化成长阶段中实现知识和组织能力升级的过程和手段。

在三个战略成长阶段，组织所获知识内容以及由此所建立的能力存在很大的差异性，互联阶段学习的关切点是实践性知识和嵌入能力建设；杠杆化阶段学习的关切点是专业性知识和平衡能力发展；本土化阶段学习的关切点是认知性知识和内生能力开发。

----

①　杨小凯等人（Xiaokai Yang and Jeff Borland，1991）开创的新兴古典经济学理论，运用超边际分析方法，将斯密理论中关于分工和专业化的思想发展成为决策和均衡模型，以解决分工效率和交易费用两难冲突问题。分工和专业化能够加速知识的积累和创造，产生收益递增效应；而协调分工需要支付成本（即交易费用），分工的深化会引起交易费用的增加，交易费用取决于交易机制的效率。分工产生的收益和交易费用的代价之间需要折中，构成分工演进的基本约束。在折中的过程中，分工的深化程度取决于交易费用与分工收益之间的相对比较，呈现出一个自发演进的过程。按照新兴古典经济学的理论框架，斯密的绝对优势属于"内生比较优势"，而李嘉图的比较优势属于"外生比较优势"。

　　总之，中国跨国公司开发和建立增量优势和能力需要经历一个较长时期的演进过程。需要指出的是，互联、杠杆化、本土化是一个可以不断重复、循环的过程，通过这个过程，企业的优势和能力可以逐步递进，竞争力可以不断提升。

第四节　结论

　　一个国家的产业和企业可以从开放经济体系中获得很大的惠益，经济学家将这种惠益区分为"静态惠益"和"动态惠益"。静态惠益是基于现有生产能力可以迅速实现的收益；动态惠益需要与更大的全球市场相连接。一个国家的产业和企业通过积极参与全球竞争，其资源配置和竞争能力会显著提高，技术与制度创新的步伐会明显加快。中国对外直接投资已经进入加速阶段，对外直接投资和跨国公司的迅猛增长是一个必然。在纷繁复杂的国际经济环境中，中国跨国公司作为全球价值链的后来嵌入者，其成长路径不再是传统的 OEA→OEM→ODM→OBM 成长路径。

　　在企业层面上，我们对中国跨国公司成长提出如下建议：

　　（1）深悉全球产业价值链各环节特征，明确自己在全球价值链中所处的位置，知晓自身实现跨越式发展所真正需要的战略性资产，发现外部好的机会时及时把握，切忌盲目跟风。

　　（2）中国跨国公司需要通过 LLL 战略路径到发达国家进行逆向投资，获取最稀缺的创造性知识资产，实现外生性优势到内生性优势的升级。

　　（3）LLL 战略路径是一个层级递归过程，其中，最关键的环节是杠杆化和本土化，最重要的关键点是平衡性和内生性。中国跨国公司要最大限度地积累经验、知识和技能，从借用外部资源升级到内化为内生创造能力，最终实现价值链的控制权。

　　在政策层面上，我们主张从生态学视角深入全面地理解中国企业走出去的深刻含义。健康经济体应该是：有一些是参天大树，比如国有企业；有大量的灌木，比如中型企业；也必须有茂密的植被，主要指中小企业。客观地分析，中国企业"走出去"已经有了一定的基础，大量的中小企业海外投资已经为中国企业走出去创造了良好的"植被"。现在，大企业对外投资一定不要单兵作战，要系统地建立中国企业的国际群落和团队，要致力于建设中国企业跨国经营共同体。

参 考 文 献

1. Adenfelt, M. , Lagerström, K. , 2008, The Development and Sharing of Knowledge by Centres of Excellence and Transnational Teams: A Conceptual Framework. *Management International Review*, 48（3）: 319 - 328.

2. Aitken, B. and Harrison, A. , Do Domestic Firms Benefit from Direct Foreign Investment? Evidence from Venezuela. *American Economic Review*, 1999, 89（3）.

3. Anand, V. , Clark, M. A. , Zellmer - Bruhn, M. , 2003, Team knowledge Structures: Matching task to Information Environment. *Journal of Managerial Issues.* 15（1）: 15 - 31.

4. Andriessen, D. , 2004, Making Sense of Intellectual Capital: Designing a Method for the Valuation of Intangibles, Elsevier Butterworth - Heinemann, Oxford.

5. Ansoff, H. I. , 1975, "Managing Strategic Surprise by Response to Weak Signals". *California Management Review* , pp. 21 - 33.

6. Armbrecht, F. M. R. , Chapas, R. B. , Chappelow, C. C. , Farris, G. F. , Friga, P. N. , McIlvaine, M. E. , Postle, S. R. , Whitwell, G. E. , 2001, Knowledge Management in Research and Development. *Research Technology Management*, 44, 4: 28 - 48.

7. Ashton, R. H. , 2005, Intellectual Capital and Value Creation: A Review. *Journal of Accounting Literature*, Vol. 24, pp. 53 - 134.

8. Bagozzi, R. P. , 1980, *Causal Modeling in Marketing*, New York: Wiley.

9. Bagozzi, R. P. , Yi, Y. , 1988, On the Evaluation of Structural Equation Models. *Academy of Marketing Science*, 16（1）: 74 - 94.

10. Barney, J. B. , 1991, Firm Resources and Sustainable Competitive Advantage. *Journal of Management*, Vol. 17 No. 1, pp. 99 - 120.

11. Bartol, K. M. , Srivastava, A. , 2002, Encouraging Knowledge Sharing: The Role of Organizational Revard Systems. *Journal of Leadership and Organizational Studies*, 9（1）: 64 - 76.

12. Bhartesh, K. R. and Bandyopadhyay, A. K. , 2005, Intellectual Capital: Concept and its Measurement. *Finance India*, Vol. 19 No. 4, pp. 1365 - 1674.

13. Bismuth, A. and Tojo, Y. , 2008, Creating Value From Intellectual Assets. *Journal of Intellectual Capital*, Vol. 9 No. 2, pp. 228 - 245.

14. Blalock, G. and P. J. Gertler, 2003, Technology from Foreign Direct Investment and Welfare Gains through the Supply Chain, Working Paper, Department of Applied Economics

and Management, Cornell University.

15. Blomstrom, M. and A. Kokko, 1998, Multinational Corporations and Spillovers. *Journal of Economic Surveys*, 12 (2).

16. Bornemann, M., 1999, Potential of Value Systems According to the VAIC Method. *International of Journal of Technology Management*, Vol. 18, No. 5 – 8: pp. 463 – 475.

17. Cabrera, A., Cabrera, E. F., 2002, Knowledge – sharing Dilemmas. *Organization Studies*, 23, 687 – 710.

18. Canibano, L., Garcia – Ayuso, M. and Sanchez, P., 2000, Accounting for Intangibles: A Literature Review. *Journal of Accounting Literature*, Vol. 19, pp. 102 – 130.

19. Casta, J. – F., Escaffre, L. and Ramond, O., 2005, Intangible Investments and Accounting Numbers: Usefulness, Informativeness and Relevance, on the European Stock Markets, Working Paper, available at: www. ssrn. com.

20. Chan, K. H., 2009, Impact of Intellectual Capital on Organisational Performance: An Empirical Study of Companies in the Hang Seng Index (part 1). *The Learning Organization*, Vol. 16 No. 1, pp. 4 – 21.

21. Chen, M. C., Cheng, S. J. and Hwang, Y., 2005, An Empirical Investigation of the Relationship Between Intellectual Capital and Frms' Market Value and Fnancial Performance. *Journal of Intellectual Capital*, Vol. 6 No. 2, pp. 159 – 176.

22. Child, J. T., Rodrigues, S. B., 2005, The Internationalization of Chinese Firms: A Case for Theoretical Extension? *Management and Organization Review*, Vol. 1, No. 3, pp. 381 – 410.

23. Child, J. T., Shumate, M., 2007, The Impact of Communal Knowledge Repositories and People – Based Knowledge Management on Perceptions of Team Effectiveness. *Management Communication Quarterly*: McQ. 21, (1): 29 – 52.

24. Choi, B., Lee H., 2003, An Empirical Investigation of KM Styles and Their Effect on Corporate Performance. *Information and Management*, 4 (5): 403 – 417.

25. Contractor, N., Monge, P. R., 2002, Managing Knowledge Networks. *Management Communication Quarterly*. 16: 249 – 258.

26. Cummings, J. N., 2004, Work Groups, Structural Diversity, and Knowledge Sharing in a Global Organization. *Management Science*, 50 (3): 352 – 364.

27. DeLong, D. W., Fahey, L., 2000, Diagnosing Cultural Barriers to Knowledge Management. *Academy of Management Executive*. 14 (4): 113 – 128.

28. Edvinsson, L. and Malone, M. S., 1997, Intellectual Capital: Realizing Your Company's True Value by Finding Its Hidden Brainpower. *Harper Business*, New York.

29. Eisenhardt, K. M., 1989, Building Theories from Case Study Research. *Academy of Management Review*, 14: 532 – 550.

30. Eriksson, K., Johanson, J., Majkgard, A., Sharma, D., 1997, Experiential

Knowledge and Cost in the Internationalization Process. *Journal of International Business Studies.* 28: 337 – 360.

31. Filip Abraham, Jozef Kongings, Veerle Slootmaekers, 2010, FDI Spillovers in the Chinese Manufacturing Sector. *Economics of Transition*, 18 (1): 143 – 182.

32. Firer, S. and Williams, S. M., 2003, Intellectual Capital and Traditional Measures of Corporate Performance. *Journal of Intellectual Capital*, Vol. 4, No. 3: pp. 348 – 360.

33. Gerbing, D. W., Anderson, J. C., 1988, An Updated Paradigm for Scale Development Incorporating Unidimensionality and Its Assessment. *Journal of Marketing Research*, 25 (5): 186 – 192.

34. Glaser, B. M., Strauss, A. L., 1967, The Discovery of Grounded Theory: Strategies for Qualitative Research. Hawthorne, NY: Aldine de Gruyter.

35. Globerman, S., 1979, Foreign Direct Investment and Spillover Efficiency Benefits in Canadian Manufacturing Industries. *Canadian Journal of Economics*, (12).

36. Goh, P. C., 2005, Intellectual Capital Performance of Commercial Banks in Malaysia. *Journal of Intellectual Capital*, Vol. 6, No. 3: pp. 385 – 396.

37. Gold, A. H, Malhotra, A., Segars, A. H., 2001, Knowledge Management: An Organizational Capabilities Perspective. *Journal of Management Information Systems*, 18 (1): 185 – 215.

38. Gu, F. and Lev, B., 2003, Intangible Assets: Measurement, Drivers, Usefulness, Working Paper, Boston University, Boston, MA.

39. Guthrie, J., Petty, R., Yongvanich, K. and Ricceri, F., 2004, Using Content Analysis as a Research Method to Inquire Into Intellectual Capital Reporting. *Journal of Intellectual Capital*, Vol. 5 No. 2, pp. 282 – 293.

40. Haddad, M. and Harrison, A., 1993, Is There Positive Spillover from Foreign Direct Investment? Evidence from Panel Data for Marocco. *Journal of Developing Economics*, (42).

41. Hair, J. F. Jr., Anderson, R. E., Tatham, R. L., Black, W. C., 1992, *Multivariate Date Analysis with Reading* (3rd ed.). New York, NY: Macmillan Publishing Company.

42. Hamel, G., 1991, Competition for Competence and Inter – Partner Learning Within International Strategic Alliances. *Strategic Management Journal*, No. 12, pp. 83 – 103.

43. Hansen, M. T., 1999, The Search – transfer Problem: The Role of Weak Ties in Sharing Knowledge Across Organization Subunits. *Administrative Science Quarterly*, 44, 1, 82 – 111.

44. Harryson, S., 1998, Japanese Technology and Innovation Management: From Know – how to Know – who, Edward Elgar Publishing Limited.

45. Heide, J. B. and Miner, A. S., 1992, The Shadow of the Future: Effects of Antici-

pated Interaction and Frequency of Contact on Buyer – Seller Cooperation. *Academy of Management Journal*, No. 35, pp. 265 – 291.

46. Ho, C. A. , and Williams, S. M. , 2003, International Comparative Analysis of the Association between Board Structure and the Efficiency of Value Added by a Firm from Its Physical Capital and Intellectual Capital Resources. *The International Journal of Accounting*, Vol. 38: pp. 465 – 91.

47. Hollingshead, A. , Fulk, J. , Monge, P. , 2002, Fostering Intranet Knowledge – Sharing: An Integration of Transactive Memory and Public Goods Approaches. In P. J. Hinds and S. Keisler (Eds.), *Distributed Work: New Research on Working Across Distance Using Technology* (pp. 335 – 355) . Cambridge, MA: MIT Press.

48. Human Capital in Transformation, 1998, Supplemen to Skandia's 1998 Annual Report.

49. Humphrey, J. , Schmitz, H. , 2002, Developing Country Firms' in World Economy: Governance and Upgrading in Global Value Chains, INEF Report, Heft.

50. International Business Efficiency Consulting, LLC, 2002, Intellectual Capital: Efficiency in Croatian Economy, Zagreb, Europapress Holding.

51. Ipe, M. , 2003, Knowledge Sharing on Organizations: A Conceptual Framework. *Human Resource Development Review*. Thousand Oaks, 2 (4): 337 – 359.

52. Javorcik, B. , 2004, Does Foreign Direct Investment Increase the Productivity of Domestic Firms? In Search of Spillovers through Backward Linkage. *American Economic Review*, 94 (3) .

53. Jones, D. W. , 2000, Network Power for 21st Century Teams: The Knowledge Window Quality Congress. ASQ's. Annual Quality Congress Proceedings, 47 – 53.

54. Jones, P. , Jordan, J. , 1998, Knowledge Orientations and Team Effectiveness. *International Journal of Technology Management*, (16): 152 – 161.

55. Kamath, G. B. , 2007, The Intellectual Capital Performance of Indian Banking Sector. *Journal of Intellectual Capital*, Vol. 8 No. 1, pp. 96 – 123.

56. Kamath, G. B. , 2008, Intellectual Capital and Corporate Performance in Indian Pharmaceutical Industry. *Journal of Intellectual Capital*, Vol. 9 No. 4, pp. 684 – 704.

57. Karayaz, G. A. , 2006, Dyadic Composition to Foster Virtual Team Effectiveness: An Experimental Study", Unpublish Dissertation, Old Dominion University, Norfolk, VA.

58. Karayaz, G. A. , 2008, Utilizing Knowledge Management for Effective Virtual Teams. *The Business Review*, Cambridge, 10 (1): 294 – 299.

59. Kasvi, J. J. , Vartiainen, M. , Hailikari, M. , 2003, Managing Knowledge and Knowledge Competences in Projects and Project Organizations. *International Journal of Project Management*, 21 (8): 571 – 582.

60. Kearns, G. S. , Lederer, A. L. , 2003, A Resource – based View of Strategic IT Align-

ment: How Knowledge Sharing Creates Competitive Advantage. *Decision Science*, (34): 1 – 29.

61. Kogut, B. , Zander, U. , 1992, Knowledge of the Firm, Combinative Capabilities and the Replication of Technology". *Organization Science* 3 (3): 383 – 397.

62. Kogut, B. , 1998, Joint Ventures: Theoretical and Empirical Perspectives. *Strategic Management Journal*, Vol 9, No. 4, pp. 319 – 332.

63. Kogut, B. , Zander, U. , 2003, Knowledge of the Firm and Evolutionary Theory of the Multinational Corporation. *Journal of International Business Studies*, 26 (4): 625 – 644.

64. Kokko, 1996, Productivity Spillovers from Competition between Local Firms and Foreign Affiliates. *Journal of International Development*, 8(1).

65. Kokko, 1994, Technology, Market, Characteristic and Spillover. *Journal of Development Economics*, 431.

66. Kujansivu, P. and Lonnqvist, A. , 2007, Investigating the Value and Effciency of Intellectual Capital. *Journal of Intellectual Capital*, Vol. 8 No. 2, pp. 272 – 287.

67. Laursen, K. , Salter, A. , 2006, Open for Innovation: The Role of Openness in Explaining Innovation Performance Among U. K. Manufacturing Firms. *Strategic Management Journal*, 27: 131 – 150.

68. Leonard, D. and Sensiper, S. , 1998, The Role of Tacit Knowledge in Group Innovation. *California Management Review*. 40 (3): 112 – 132.

69. Lev, B. , Sougiannis, T. , 1996, The Capitalization, Amortization, and Value – relevance of R&D. *Journal of Accounting and Economics*, Vol. 21, pp. 107 – 138.

70. Lev, B. , Zarowin, P. , 1998, The Market Valuation of R&D Expenditures, Working Paper, New York University, Leonard N. Stern School of Business, New York.

71. Levinthal, D. A. , March, J. G. , 1993, The Myopia of Learning. *Strategic Management Journal*, 14: 95.

72. Liao, S. , Chang, J. , Cheng, S. , Kuo, C. , 2004, Employee Relationship and Knowledge Sharing: A Case Study of a Taiwanese Finance and Securities Firm. *Knowledge Management Research and Practice*, (2): 24 – 34.

73. Liu, Xiaming, Pamela Siler, Chengqi Wang and Yingqi Wei, 2000, Productivity Spillovers from Foreign Direct Investment: Evidence from UK Industry Level Panel Data. *Journal of International Business Studies*, 31.

74. Lowendahl, B. R. , Revang, O. and Fosstenlokken, S. M. , 2001, Knowledge and Value Creation in Professional Service Firms: A Framework for Analysis. *Human Relations*. 54: 911 – 931.

75. Lyles, M. A. , Salk, J. , 1996, Knowledge Acquisition from Foreign Parents in International Joint Ventures: An Empirical Examination in the Hungarian Context. *Journal of International Business Studies*, Special Issues, pp. 877 – 903.

76. MacDougall, G. D. , 1960, The Benefits and Costs of Private Investment from A-

broad: A Theoretical Approach, Economic Record, 36.

77. March, J. G. , 1991, Exploration and Exploitation in Organizational Learning. *Organization Science*, 2: 71 – 87.

78. Markusen, James R. , Anthony, J. , 1999, Foreign Direct Investment as a Catalyst for Industrial Development. *European Economic Review*, (43) .

79. Mathews, J. A. , 1999, A Silicon Island of the East: Creating a Semiconductor Industry in Singapore. *California Management Review*, 41 (2), 55 – 78.

80. Mathews, J. A. , 2002, Competitive Advantages of the Latecomer Firm: A Resource – Based Account of Industrial Catch – Up Strategies. *Asia Pacific Journal of Management*, Vol. 19 No. 4, pp. 467 – 488.

81. Mathews, J. A. , 2006, Dragon Multinationals: New Players in 21st Century Globalization. *Asia Pacific Journal of Management*, 23: 5 – 27.

82. Mavridis, D. G. , 2004, The Intellectual Capital Performance of the Japanese Banking Sector". *Journal of Intellectual Capital*, Vol. 5, No. 1: pp. 92 – 115.

83. Mavridis, D. G. , 2005, Intellectual Capital Performance Determinants and Globalization Satus of Greek Listed Firms". *Journal of Intellectual Capital*, Vol. 6, No. 1: pp. 127 – 40.

84. Mavridis, D. G. and Kyrmizoglou, P. , 2005, Intellectual Capital Performance Drivers in Greek Banking Sector. *Management Research Reviews*, Vol. 28, No. 5: pp. 43 – 62.

85. Nakamura, L. I. , 2001, What is the US Gross Investment in Intangibles? (At least) one TrillionaYear! Working Paper, Federal Reserve Bank of Philadelphia, Philadelphia, PA.

86. Nelson, R. , winter, S. , 1984, *An Evolutionary Theory of Economic Change.* Boston: Harvard Business Press.

87. Nigel, D. , Munday, M. , Roberts, A. , 2002, Foreign Direct Investment, Transactions Linkage and the Performance of the Domestic Sector. *International Journal of the Economics of Business*, 9.

88. Nonaka, I. , 1994, A Dynamic Theory of Organizational Knowledge Creation. *Organization Science*, 5 (1): 14 – 23.

89. Nonaka, I. , Konno, N. , 1998, The Concept of Ba: Building a Foundation for Knowledge Creation. *California Management Review*, 40 (3): 40 – 54.

90. OECD, 2006, Creating Value From Intellectual Assets, Paper Presented at Meeting of the OECD Council at Ministerial Level, Paris.

91. OECD, 2006, Emerging Multinationals: Who are They? What Do They Do? What is at Stake? OECD, Paris.

92. O'Leary – Kelly, S. W. , Vokurka, R. J. , 1998, The Empirical Assessment of Construct Validity. *Journal of Operations Management*, (16): 387 – 405.

93. Oviatt, B. M. , McDougall, P. P. , 1994, Toward a Theory of International New Ven-

tures. *Journal of International Business Studies*, 25 (1): 45 – 64.

94. Oviatt, B. M. , McDougall, 2005, The Internationalization of Entrepreneurship". *Journal of International Business Studies*, 36 (1): 2 – 8.

95. Palazzolo, E. T. , Serb, D. A. , She, Y. , Su, C. , Contractor, N. S. , 2006, Coevolution of Communication and Knowledge Networks in Transactive Memory Systems: Computational Models for Theoretical Development. *Communication Theory*. 16: 223 –250.

96. Parkhe, A. , 1991, Interfirm Diversity, Organizational Learning, and Longevity in Global Strategic Alliances. *Journal of International Business Studies*, No. 22, pp. 579 –601.

97. Pedhazur, E. J. , Schmelkin, L. P. , 1991, *Measurement, Design and Analysis: An Integrated Approach*. NJ: Lawrence Erlbaum Associates Publisher.

98. Peter, Ping Li, 2007, Toward an Integrated Theory of Multinational Evolution: The Evidence of Chinese Multinational Enterprises as Latecomers. *Journal of International Management* , 31: 296 –318.

99. Peteraf, M. A. , 1993, The Cornerstones of Competitive Advantage: A Resource Based View. *Strategic Management Journal*, Vol. 14 No. 3, pp. 179 –91.

100. Pitt, M. , MacVaugh, J. , 2008, Knowledge Management for New Product Development. *Journal of Knowledge Management*, 12 (4): 101 –116.

101. Polanyi, M. , 1962, *Personal Knowledge: Toward a Post – Critical Philosophy*. New York: Harper Torchbooks.

102. Power of Innovation, 1996, Supplement to Skandia's 1996 Annual Report.

103. Pulic, A. , 1998, Measuring the Performance of Intellectual Potential in Knowledge Economy, The 2nd World Congress on Measuring and Managing Intellectual Capital, McMaster University, Hamilton.

104. Pulic, A. , 2004, Intellectual Capital—Does it Create or Destroy Value? *Measuring Business Excellence*, Vol. 8 No. 1, pp. 62 –68.

105. Raeside, R. , Walker, J. , 2001, Knowledge: The Key to Organizational Survival. *The TQM Magazine*. 13, 3: 156 –160.

106. Reed, K. K. , Lubatkin, M. and Srinivasan, N. , 2006, Proposing and Testing an Intellectual Capital – based View of the Firm. *Journal of Management Studies*, Vol. 43 No. 4, pp. 867 –893.

107. Riahi – Belkaoui, A. , 2003, Intellectual Capital and Firm Performance of US Multinational Frms. *Journal of Intellectual Capital*, Vol. 4 No. 2, pp. 215 –226.

108. Sabherwal, R. , Becerra – Fernandez, I. , 2003, An Empirical Study of the Effect of Knowledge Management Processes at Individual, Group and Organizational Levels. *Decision Sciences* 34 (2): 225 –260.

109. Saint, Onge H. , 1996, Tacit Knowledge: The Key to the Strategic Alignment of Intellectual Capital. *Strategy & Leadership*, Vol. 24, No. 2: pp. 10 –14.

110. Samuelson, P. A. , 2004, Where Ricardo and Mill Rebut and Confirm Arguments of Mainstream Economists Supporting Globalization. *Journal of Economic Perspectives*, 18 (3): 135 - 146.

111. Saxton, T. , 1997, The Effects of Partner and Relationship Characteristics on Alliance Outcomes. *Academy of Management Journal*, Vol. 40, No. 2, pp. 443 - 461.

112. Schmitz, H. , 2004, Local Upgrading in Global Chains: Recent Findings, Paper to be presented at the DRUID Summer Conference 2004 on Industrial Dynamics, Innovation and Development, Elsinore, Denmark, June 14 - 16, 2004.

113. Schulz, M. , 2001, The Uncertain Relevance of Newness: Organizational Learning and Knowledge Flows. *Academy of Management Journal*, 44 (4): 661 - 681.

114. Serenko, A. , Bontis, N. and Grant, J. , 2009, A Scientometric Analysis of the Proceedings of the McMaster World Congress on the Management of Intellectual Capital and Innovation for the 1996 - 2008 Period. *Journal of Intellectual Capital*, Vol. 10, No. 1, pp. 8 - 21.

115. Shiu, H. J. , 2006, The Application of the Value Added Intellectual Coefficient to Measure Corporate Performance: Evidence From Technological Firms. *International Journal of Management*, Vol. 23 No. 2, pp. 356 - 365.

116. Skinner, D. J. , 2008, Accounting for Intangibles—A Critical Review of Policy Recommendations. *Accounting and Business Research*, Vol. 38 No. 3, pp. 191 - 204.

117. Smarzynska, B. , 2004, Does Foreign Direct Investment Increase the Productivity of Domestic Firms? In Search of Spillovers Through Backward Linkages. *American Economic Review*, 94 (3).

118. Stewart, T. A. , 1997, Intellectual Capital: The New Wealth of Organizations, New York, NY, Doubleday.

119. Stewart et al. , 2000, Confronting the Assumptions Underlying the Management of Knoledge: An Agenda for Understanding and Investigating Knowledge Management. The Data Base for Advances in Information Systems. 31 (4): 41 - 54.

120. Sullivan, P. , Petrash, G. and Edvinsson, L. , 1998, *Profiting from Intellectual Capital: Extracting Value from Innovation*, John Wiley & Sons.

121. Sveiby, K. , 1997, The New Organisational Wealth: Managing and Measuring Knowledge Based Assets, Berrett - Koehler, San Francisco, CA.

122. Swan, J. , Newell, S. , Scarbrough, H. and Hislop, D. , 1999, Knowledge Management and Innovation: Networks and Networking [Electronic version]. *Journal of Knowledge Management*. 3: 262 - 275.

123. Tan, H. P. , Plowman, D. and Hancock, P. , 2007, Intellectual Capital and Financial Returns of Companies. *Journal of Intellectual Capital*, Vol. 8 No. 1, pp. 76 - 95.

124. Trethewey, A. and Corman, S. , 2001, Anticipating K - commerce: E - commerce,

Knowledge Management and Organizational Communication. *Management Communication Quarterly 14*: *619 – 628.*

125. Ulrich Lichtenthaler, 2009, Absorptive Capacity, Environmental Turbulence, and the Complementarity of Organizational Learning Processes. *Academy of Management Journal*, 52 (4): 822 – 846.

126. UNCTAD, 2009, World Investment Report 2009: Transnational Corporations, Agricultural Production and Development, New York and Geneva, Switzerland: UN.

127. Usoff, C. , Thibodeau, J. and Burnaby, P. , 2002, The Importance of Intellectual Capital and Its Effect on Performance Measurement Systems. *Managerial Auditing Journal*, Vol. 17, No. 12: pp. 9 – 15.

128. Van der Zahn, M. J. – L. W. , Tower, G. and Neilson, J. , 2004, Intellectual Capital and the Efficiency of Value Added: Trends in the Singapore Capital Market 2000 – 2002, Burleigh, Poseidon Books.

129. Volberda, H. W. , 1998, *Building the Flexible Firm: How to Remain Competitive.* New York: Oxford University Press.

130. Von Krogh, G. , 1998, Care in Knowledge Creation. *California Management Review* 40 (3): 133 – 153.

131. Wernerfelt, B. , 1984, A Resource – Based View of the Firm. *Strategic Management Journal*, Vol. 5 No. 2, pp. 171 – 174.

132. Westhead, P. , Wright, M. and Ucbasaran, D. , 2001, The Internationalization of new and Small Firms: A Resource – based View. *Journal of Business Venturing*, 16 (4): 333 – 358.

133. Wiklund, J. , Shepherd, D. , 2003, Knowledge – based Resources, Entrepreneurial Orientation and the Performance of Small and Medium – sized Business. *Strategic Management Journal.* 24: 1307 – 1314.

134. Williams, S. M. , 2001, Is Intellectual Capital Performance and Disclosure Practices Related? *Journal of Intellectual Capital*, Vol. 2, No. 3: pp. 192 – 203.

135. Williams, S. M. , 2004, Downsizing – Intellectual Capital Performance Anorexia or Enhancement? *The Learning Organization*, Vol. 11, Nos 4/5: pp. 368 – 379.

136. Yalama, A. and Coskun, M. , 2007, Intellectual Capital Performance of Quoted Banks on the Istanbul Stock Exchange Market. *Journal of Intellectual Capital*, Vol. 8 No. 2, pp. 256 – 271.

137. Yin, R. K. , 1994, *Case Study Research: Design and Methods*, Beverly Hills: Sage.

138. Youndt, M. A. , Subramaniam, M. and Snell, S. A. , 2004, Intellectual Capital Profiles: An Examination of Investments and Returns. *Journal of Management Studies*, Vol. 41 No. 2, pp. 335 – 361.

139. Zahra, S. A. , George, G. , 2002, Absorptive Capacity: A Review, Reconceptual-

ization and Extension. *Academy of Management Review*, 27: 185 – 203.

140. Zárraga – Oberty, C., Bonache, J., 2003, The Impact of Team Atmosphere on Knowledge Outcomes in Self – managed Teams. *Organization Studies.* 26 (5): 611 – 681.

141. Zeghal, D., 2000, New Assets for the New Economy. *FMI Journal*, Vol. 11 No. 2, pp. 35 – 40 (Financial Management Institute of Canada).

142. Zeybek, A., Brien, Y. O., Griffith, D. A., 2003, Perceived Cultural Congruence's Influence on Employed Communication Strategies and Resultant Performance: A Transit Ional Economy International Economy International Joint Venture Illustration. *International Business Review.* 12 (4): 499 – 521.

143. 李京文:《知识经济概论》,社会科学文献出版社 1999 年版。

144. 高祥宇、卫民堂、李伟:《人际信任对知识转移促进作用的研究》,《科研管理》2005 年第 6 期。

145. 邓建友、周晓东:《企业文化对知识共享的影响分析》,《科学学与科学技术管理》2005 年第 9 期。

146. 邝宁华、胡奇英、杜荣:《强联系与企业内跨部门知识共享研究》,《科学学与科学技术管理》2003 年第 11 期。

147. 田慧敏、李南、邓丹:《弱连接在促进隐藏隐性知识转移中的作用》,《科技进步与对策》2005 年第 22 期。

148. 苏方国、赵曙明:《论知识与战略决策权的有效配置》,《当代财经》2005 年第 8 期。

149. 张作凤:《谈咨询企业知识共享机制的构建》,《情报杂志》2003 年第 12 期。

150. 野中郁次郎:《知识创新公司》,《南开管理评论》1998 年第 2 期。

151. 常宝、储雪林、李红艳:《试论黏滞知识及其管理对策》,《科学学研究》2005 年第 2 期。

152. 侯杰泰、温忠麟、成子娟:《结构方程模型及其应用》,教育科学出版社 2004 年版。

153. 慕继丰、张炜、陈方丽:《建立企业竞争优势的知识管理框架》,《决策借鉴》2002 年第 4 期。

154. 吴建组、宣慧玉:《企业内员工之间知识互换的博弈分析》,《科学学研究》2004 年第 2 期。

155. 张虎、冯华、王志勇:《智力资本与人力资本、无形资产的比较研究》,《现代管理科学》2006 年第 11 期。

156. 潘安成:《基于智力资本的企业核心能力理论研究》,《安徽大学学报》(哲学社会科学版),2002 年第 6 期。

157. 杭荣:《战略并购中的智力资本整合机理研究》,《商业文化》2007 年第 11 期。

158. 高山行、徐新、李亚辉:《跨国公司技术溢出对我国企业创新产出影响的实证研究》，《管理工程学报》2010 年第 2 期。

159. 江心英、陈丽珍：《外国直接投资技术溢出理论研究综述》，《国际贸易问题》2006 年第 6 期。

160. 姜瑾：《国内 FDI 行业间溢出效应实证研究综述》，《外国经济与管理》2006 年第 7 期。

161. 姜瑾、朱桂龙：《外商直接投资行业间技术溢出效应实证分析》，《财经研究》2007 年第 1 期。

162. 金成晓、王猛：《外商直接投资的行业内与行业间技术溢出——基于中国制造业数据的检验》，《南方经济》2009 年第 1 期。

163. 王耀中、刘舜佳：《基于前后向关联分析的外商直接投资与技术溢出》，《经济评论》2005 年第 6 期。

164. 许和连、魏颖绮、赖明勇、王晨刚：《外商直接投资的后向关联溢出效应研究》，《管理世界》2007 年第 4 期。

165. 严兵：《外商在华直接投资的行业间溢出效应》，《亚太经济》2006 年第 1 期。

166. 范黎波、王林生：《跨国经营理论与战略》，对外经济贸易大学出版社 2003 年版。

167. 张新民、张建平、范黎波、郑建明主编：《跨国经营理论与战略分析》，对外经济贸易大学出版社 2003 年版。

168. 范黎波：《跨国公司技术转移与中国企业学习战略研究》，中国财政经济出版社 2004 年版。

169. 马春光：《国际企业管理》，对外经济贸易大学出版社 1997 年版。

170. 范黎波、李自杰：《企业理论与公司治理》，对外经济贸易大学出版社 2001 年版。

171. ［德］马克思·M. 哈贝、佛里茨·克劳格、麦克·R. 塔姆：《并购整合》张一平译，汪洱审订，机械工业出版社 2003 年版。

172. ［美］迈克尔·波特：《竞争论》，高登第等译，中信出版社 2003 年版。

173. ［英］查尔斯·盖伊、詹姆斯·艾辛格：《企业外包模式》，华经译，机械工业出版社 2003 年版。

174. ［美］小阿瑟·A. 托马森、A. J. 斯特里克兰三世：《战略管理学》，机械工业出版社 2002 年版。

175. 胥和平：《WTO 与中国产业重组》，广东旅游出版社 2000 年版。

176. 颜建军、胡泳：《海尔中国造》，海南出版社 2001 年版。

177. ［美］韦尔奇：《韦尔奇经理法则全书》，谢德高编译，九州出版社 2002 年版。

178. ［美］托马斯·彼得斯、罗伯特·沃特曼：《追求卓越》，北京天下风经济研究所译，中央编译出版社 2003 年版。

179. 廖春：《论跨国公司研究开发的国际化趋势》，《国际贸易问题》2003 年第

11 期。

180. IDC 中国：《中国软件离岸外包市场 2007—2011 年预测与分析》，2007 年 5 月 11 日。

181. IDC 中国：《中国软件外包市场：十大主要软件外包公司介绍》，2005 年 5 月 25 日。

182. IDC 中国：《IDC 2008 年亚太区服务外包业十大预测》，2008 年 1 月 28 日。

183. 毕博管理咨询公司：《2007 年度中国服务外包产业发展战略报告》，2007 年 8 月。

184. 毕博管理咨询公司：《2008 年中国软件与信息服务外包企业发展调研报告》，2007 年 6 月。

185. 麦肯锡中国：《将中国打造成全球服务外包行业的巨人》，2007 年 6 月 11 日。

186. 麦肯锡中国：《打造外包产业的全球巨人：2008 新思考与展望》，2009 年 1 月。

187. 中国软件行业协会编：《中国软件产业发展研究报告》（2008），信息产业部电子信息产品管理司，2008 年 5 月。

188. 上海市人民政府：《关于促进上海服务外包发展的若干意见》，2006 年 8 月 10 日。

189. 许晖、安发耀：《高新技术企业国际化风险感知与预防研究》，《管理世界》2008 年第 4 期。

190. 甘卫华：《离岸软件外包服务内涵与范围研究》，2007 年。

191. 丘慧慧：《我国软件业外包模式渐失优势出现拐点》，《21 世纪经济报道》2008 年 4 月 8 日。

192. 赵海旗：《人力资源外包是双赢的管理模式》，《北方经济》2007 年第 14 期。

193. 秦燕、张国梁、汪克夷：《从软件外包看中国软件企业的发展与创新》，《科学学与科学技术管理》2006 年第 1 期。

194. 胡国良：《中国、印度软件外包业国际分工、发展模式及竞争力比较》，《世界经济与政治论坛》2007 年第 6 期。

195. 吴洁：《国际服务外包的发展趋势及对策》，《国际经济合作》2007 年第 5 期。

196. 赵楠、李静：《中国发展服务外包的路径选择》，《经济学家》2007 年第 3 期。

197. 周扬、许晓宁、孙华峰、高晓蓉：《全球软件外包产业发展格局研究》，《扬州职业大学学报》2007 年第 3 期。

198. 李岳云、席庆高：《国际服务外包趋势与我国服务外包的发展》，《南京农业大学学报》（社会科学版）2007 年第 3 期。

199. 吴生高、季春：《我国软件与信息服务外包发展战略与措施研究》，《科技与经济》2007 年第 5 期。

200. 郑鸿飞、任荣明：《离岸服务外包及中国对策》，《上海管理科学》2005 年第 2 期。

201. 戴永红：《印度软件企业外包发展模式及其对我国的启示》，《南亚研究》2004 年第 2 期。

202. 张培培：《我国承接国外 IT 服务外包的现状与对策研究》，《现代商贸工业》2008 年第 1 期。

203. 张云川、蔡淑琴：《离岸外包与中国软件产业发展的思考》，《科技进步与对策》2005 年第 3 期。

204. 李东红、李蕾、王凤彬：《组织信心对并购的影响及并购方的对策研究》，《中国软科学》2009 年第 6 期。

205. 林毅夫、刘培林：《自生能力和国企改革》，《经济研究》2001 年第 9 期。

206. 林毅夫：《自生能力、经济转型与新古典经济学的反思》，《经济研究》2002 年第 12 期。

207. ［韩］W. 钱·金、［美］勒妮·莫博涅：《蓝海战略》，商务印书馆 2005 年版。

208. ［美］迈克尔·希特、［美］杜安·爱尔兰：《战略管理——竞争与全球化》，机械工业出版社 2005 年版。

209. ［美］熊彼特：《资本主义、社会主义和民主主义》，绛枫译，商务印书馆 1979 年版。

210. 谭新生：《基于动态能力观的企业国际化战略》，《经济问题》2004 年第 4 期。

211. 张方华、陈劲：《基于能力的国际化战略》，《科学管理研究》2003 年第 1 期。

212. 王海：《中国企业海外并购经济后果研究——基于联想并购 IBMPC 业务的案例分析》，《管理世界》2007 年第 2 期。

213. 王珏：《从 TCL 跨国并购视角看中国中小企业国际化战略》，《管理世界》2006 年第 3 期。

214. 孙林杰、李文鹏：《基于资源观的我国高技术大企业跨国经营战略》，《科学学与科学技术管理》2005 年第 5 期。

215. 罗良忠、陈亚娟：《我国汽车企业"以技术换市场"的跨国经营新模式》，《国际经贸探索》2008 年第 9 期。

216. 夏清华：《我国企业的国际化战略与绩效》，《中国软科学》2003 年第 7 期。

217. 孙志毅、乔传福：《我国制造业企业国际化战略模式选择探析》，《中国软科学》2004 年第 8 期。

218. 徐晨：《北京第一机床厂：后发国家技术追赶型跨国并购的范例》，《北京市经济管理干部学院学报》2008 年第 4 期。

219. 易志高：《中国企业国际化的 M—I—V 战略模式研究》，《科学学与科学技术管理》2008 年第 7 期。

220. 谭伟强、彭维刚、孙黎：《规模竞争还是范围竞争？——自中国企业国际化战略的证据》，《管理世界》2008 年第 2 期。

221. 任家华、王成璋：《嵌入全球价值链：中国高新技术产业的升级路径——以联想收购 IBM 个人电脑事业部为例》,《科学学与科学技术管理》2005 年第 6 期。

222. 卓越、张珉:《全球价值链中的收益分配与"悲惨增长"——基于中国纺织服装业的分析》,《中国工业经济》2008 年第 7 期。

223. 彭新敏、吴晓波:《基于全球价值链的知识转移影响因素研究》,《重庆大学学报》(社会科学版) 2008 年第 1 期。

224. 付春、陈秀梅:《国际战略联盟与中国企业国际竞争力》,《经济问题探索》2004 年第 6 期。

225. 张雄、聂鸣、段文娟:《嵌入全球价值链的发展中国家企业升级途径研究》,《科技管理研究》2005 年第 12 期。

226. 陈涛、邓平、金炜东:《中国公司获得战略资产的途径及其比较优势》,《国际经济合作》2007 年第 6 期。

227. 谢泗薪、薛求知、都业富:《以国际化双向路径为基构建中国企业全球学习战略模式》,《科研管理》2004 年第 5 期。

228. 谢泗薪、薛求知:《中国企业全球学习战略的脉络与机理——基于国际化双向路径的视角》,《复旦学报》(社会科学版) 2004 年第 3 期。